Diagnose und individuelle Förderung
in der MINT-Lehrerbildung

AF281796

Waxmann Verlag GmbH
Steinfurter Straße 555, 48159 Münster
info@waxmann.com

Stephan Hußmann
Christoph Selter
(Hrsg.)

Diagnose und individuelle Förderung in der MINT-Lehrerbildung

Das Projekt dortMINT

Waxmann 2013
Münster / New York / München / Berlin

Bibliografische Informationen der Deutschen Nationalbibliothek
Die Deutsche Nationalbibliothek verzeichnet diese Publikation in
der Deutschen Nationalbibliografie; detaillierte bibliografische
Daten sind im Internet über http://dnb.d-nb.de abrufbar.

ISBN 978-3-8309-2861-4

© Waxmann Verlag GmbH, 2013
Postfach 8603, 48046 Münster
Waxmann Publishing Co.
P.O. Box 1318, New York, NY 10028, USA

www.waxmann.com
info@waxmann.com

Umschlaggestaltung: Inna Ponomareva, Münster
Umschlagfoto: Maxim Sundermann, Dortmund
Satz: Stoddart Satz- und Layoutservice, Münster

Gedruckt auf alterungsbeständigem Papier,
säurefrei gemäß ISO 9706

Inhalt

dortMINT im Kurzüberblick..7

dortMINT-Leitbild 9

Geleitwort der Rektorin der TU Dortmund...11

Geleitwort des Geschäftsführers der Deutsche Telekom Stiftung...................13

1.   Das Projekt dortMINT..15
     Stephan Hußmann und Christoph Selter

2.   Diagnose und individuelle Förderung erleben 27
     Hannah B. Busch, David-S. Di Fuccia, Maria Filmer, Silke Frye,
     Stephan Hußmann, Birgit Neugebauer, Bernd Ott, Alexander Pusch,
     Kai Riese, Maike Schindler und Heike Theyßen

3.   Diagnose und individuelle Förderung erlernen 97
     Sandra Anus, Holger Danielsiek, Sandra Fischer, Annika Girulat,
     Dittmar Graf, Patrícia Jelemenská, Insa Melle, Marcus Nührenbörger,
     Wolfgang Paul, Jan Vahrenhold und Franz B. Wember

4.   Diagnose und Förderung schulpraktisch erproben – am Beispiel
     Mathematiklernen bei Deutsch als Zweitsprache 171
     Susanne Prediger, Lena Wessel, Kristine Tschierschky,
     Bettina Seipp und Erkan Özdil

5.   Die dortMINT-Forschungswerkstatt – ein innovativer Lernort
     in der Lehrerbildung 193
     Monika Schwingen, Ralf Schneider und Johannes Wildt

6.   dortMINT S2 – Personen gewinnen
     Expertise zur Diagnose und Förderung an
     nicht gymnasialen Sekundarschulen 215
     Susanne Schnell, Susanne Prediger, Hannah Busch,
     Thomas Toczkowski und David-S. Di Fuccia

7.   Kompetenzen angehender Lehrkräfte – ein Vergleich von MINT-
     und Nicht-MINT-Studierenden 227
     Miriam M. Gebauer, Stephanie Mönig und Wilfried Bos

dortMINT im Kurzüberblick

Vor dem Hintergrund einer großen Heterogenität unter den Schülerinnen und Schülern haben die Leitprinzipien der Diagnose und individuellen Förderung (DiF) in den letzten Jahren zunehmend an Bedeutung in den bildungspolitischen, didaktischen und professionstheoretischen Diskussionen und Entwicklungsbemühungen gewonnen.

Studien in der Unterrichtsforschung haben darüber hinaus gezeigt, dass Lehr-/Lernprozesse effektiv und nachhaltig gestaltet werden können, wenn sie an individuelle Lernstände der Schülerinnen und Schüler anknüpfen und diese adaptiv weiterentwickeln. Dies gilt gleichermaßen für das Lernen leistungsstärkerer und leistungsschwächerer Schülerinnen und Schüler.

Die große Bedeutung der diagnostischen Kompetenz von Lehrerinnen und Lehrern sowie einer Handlungskompetenz im Bereich individueller Förderung für ein erfolgreiches Lernen im Unterricht wurde zudem vielfach durch Professions- und Unterrichtsforschung empirisch belegt. Aus diesen Gründen wird das Themenfeld Diagnose und individuelle Förderung auch in den Vorgaben für die Lehrerausbildung in Nordrhein-Westfalen als eine zentrale Aufgabe hervorgehoben.

Diese Thematik stellt sich in den MINT-Fächern (Mathematik, Informatik, Naturwissenschaften, Technik) als vergleichsweise brisant dar, weil es hier nicht selten nur wenige Studierende für das Lehramt der Haupt- und Realschule, des Gymnasiums und des Berufskollegs gibt. Im Unterricht der Grund- und der Förderschule müssen Lehrerinnen und Lehrer häufig ein breites Fächerspektrum unterrichten.

Beides hat zur Folge, dass diese Fächer häufig fachfremd unterrichtet werden, wodurch insbesondere das Zusammenspiel einer angemessen Diagnose und Förderung nur schwer umsetzbar ist. Daher muss es zum einen ein Ziel sein, mehr Studierende für das Lehramt eines oder mehrerer MINT-Fächer zu werben, auf der anderen Seite sollten die Studierenden der MINT-Fächer im Bereich DiF so umfangreich ausgebildet werden, dass sich in der Unterrichtspraxis durch und über sie eine Handlungskompetenz im Umgang mit DiF ausbreitet.

Im Rahmen des Projekts dortMINT wird daher das Thema DiF in den fachwissenschaftlichen, fachdidaktischen und schulpraktischen Teilen des MINT-Lehramtsstudiums an der TU Dortmund fest verankert. Hierzu wird die Professionalisierung künftiger Lehrkräfte mit Blick auf ihre diagnostische Fähigkeit und ihre Handlungskompetenz bezüglich des Förderns unterstützt und damit die Lehrerbildung qualitativ verbessert.

dortMINT ist ein Kooperationsprojekt aller sechs MINT-Fächer, der Rehabilitationswissenschaften, des Instituts für Schulentwicklungsforschung, des Instituts für deutsche Sprache und Literatur, des Hochschuldidaktischen Zentrums und des Dortmunder Kompetenzzentrums für Lehrerbildung und Lehr-/Lernforschung.

Anliegen des Projektes dortMINT (www.dortmint.de) ist es, ein gemeinsames theorie- und empiriegeleitetes Verständnis von Diagnose und individueller Förderung zu entwickeln und in zentrale Phasen des Studiums zu integrieren. Der vorliegende Band bilanziert in diesem Sinne die Arbeit des Projekts in den Jahren 2010 bis 2013, die u.a. in der Formulierung des dortMINT-Leitbildes mündete, welches im folgenden Abschnitt dargestellt werden soll.

Der besondere Dank geht an die Deutsche Telekom Stiftung für die Initiierung und Unterstützung des Hochschulwettbewerbs zur MINT-Lehrerbildung im Allgemeinen und für die Begleitung und Förderung des dortMINT-Projekts im Besonderen. Hier sei Herrn Hanekamp und Herrn Schmitt ebenso gedankt wie den dortMINT-Patinnen, Prof. Gräsel und Prof. Parchmann, die dortMINT seit 2010 begleiten und hilfreiche Rückmeldungen zur Weiterentwicklung der Projektkonzeption und der konkreten Projektarbeit gegeben haben.

dortMINT-Leitbild

Ein zentrales Ziel von Unterricht ist die Verbesserung der fachlichen Kompetenzen der Schülerinnen und Schüler. Um dies zu gewährleisten, müssen die Lernenden individuell unterstützt werden. Voraussetzung dafür ist auf Seiten der Lehrperson eine Sensibilisierung für die Spezifität der individuellen Lernprozesse. Es gilt, die Denkwege der Lernenden zu verstehen und sie in geeignete Fördermaßnahmen zu übersetzen. Dies bedarf einer fachlichen, fachdidaktischen und schulpraktischen Professionalisierung von Lehrerinnen und Lehrern.

Das Projekt dortMINT ist ein von der Deutsche Telekom Stiftung initiiertes und unterstütztes Kooperationsprojekt verschiedener Fächer und Institutionen an der TU Dortmund (www.dortmint.de). Es hat sich zum Ziel gesetzt, in der fachwissenschaftlichen, der fachdidaktischen und der schulpraktischen Lehrerausbildung die angehenden Lehrerinnen und Lehrer zu befähigen, Lernprozesse kompetenzorientiert zu diagnostizieren und fachlich fundiert zu verstehen, um auf dieser Grundlage eine am Potential der Lernenden orientierte Förderung zu entwickeln und anzuwenden. Bei der Entwicklung von Konzepten und Instrumenten zur Diagnose und individuellen Förderung konzentriert sich dortMINT auf die sogenannten MINT-Fächer Mathematik, Informatik, Naturwissenschaften und Technik.

Eine adäquate Diagnose und Förderung bedarf einer geeigneten Ausgestaltung der jeweiligen Lernumgebung. Daher beziehen sich die 40 Wissenschaftlerinnen und Wissenschaftler in ihrer Arbeit auf sechs Leitideen für Lehrerhandeln, die sowohl für den Lernort Schule als auch für den Lernort Hochschule relevant sind. Lehrerhandeln ist …

- **diagnosegeleitet**, denn die fachlich fundierte Feststellung der je spezifischen Fähigkeiten und Defizite der Lernenden ist die Grundlage, auf der erfolgreiche Entscheidungen für den weiteren (Selbst-)Lernprozess getroffen werden können,
- **adaptiv**, denn Lehr-/Lernprozesse können effektiv und nachhaltig gestaltet werden, wenn der Unterricht die individuelle Weiterentwicklung der unterschiedlichen Lernstände zielbewusst anregt,
- **kompetenzorientiert**, denn der Erwerb von Fähigkeiten, Fertigkeiten und Kenntnissen zur Bewältigung von Aufgaben und Problemen ermöglicht die erfolgreiche Auseinandersetzung mit den vielfältigen Herausforderungen in Schule, Berufs- und Lebenswelt,
- **aktivitätsfördernd**, denn Lernerfolge können dadurch wahrscheinlicher gemacht werden, dass Lernsituationen und Lernumgebungen geschaffen werden, die den Lernenden Selbstbestimmung, Selbststeuerung und Selbstorganisation ermöglichen,

- **förderorientiert**, denn die bestmögliche Förderung der individuellen Potenziale jeder/s Lernenden in gesamtgesellschaftlicher Verantwortung ist eine zentrale Aufgabe von Schule, und
- **kooperativ**, denn der fächerübergreifende Austausch zu den jeweiligen Stärken und Schwächen der Lernenden ermöglicht ein differenziertes Bild des Einzelnen.

Der nachhaltige Erfolg der Maßnahmen wird in dortMINT gewährleistet durch ...

- eine intensive **Kooperation** und enge Abstimmung zwischen den beteiligten Wissenschaftlerinnen und Wissenschaftlern aus den unterschiedlichen Fachdidaktiken und an der Lehrerbildung beteiligten Institutionen,
- eine **strukturelle und inhaltliche Gliederung des Rahmenkonzepts**: der Phase des eigenen Erlebens inhaltsbezogener Diagnostik und Förderung folgt eine Phase der fachdidaktischen Reflexion, die in eine praxisorientierte Erprobung mündet,
- **Forschungsaktivitäten**, mit denen begleitend zur Entwicklung von Konzepten und Instrumenten, deren Wirkungen auf Lernprozesse und Lernergebnisse, die Entwicklung der fachlichen Kompetenz bei den Studierenden, die Entwicklung der Selbstkonzepte und die Akzeptanz gegenüber den Maßnahmen mit qualitativen und quantitativen Instrumenten analysiert werden, und
- die **Integration von Studierenden** in die verschiedenen Phasen des Projekts, um die Maßnahmen adressatengerecht zu konzipieren.

Geleitwort der
Rektorin der TU Dortmund

Die moderne Arbeitswelt braucht immer mehr Fachkräfte in den MINT-Fächern, also in Mathematik, Informatik, Naturwissenschaften und Technik. Damit junge Menschen einen Beruf im MINT-Bereich ergreifen, brauchen wir an den Schulen gute Lehrerinnen und Lehrer für diese Fächer. Auf die Ausbildung besonders qualifizierter Lehrkräfte zielt das interdisziplinäre Projekt dortMINT an der Technischen Universität Dortmund.

Das Lehr- und Forschungsprojekt startete vor rund drei Jahren an der TU Dortmund, mit der großen Kick-off-Veranstaltung im Februar 2010. Ob Lehramtsstudierende später einmal gut unterrichten, ist keine Frage des Naturtalents – so das Credo von dortMINT. Um alle Schülerinnen und Schüler für MINT-Fächer zu begeistern, können angehende Lehrkräfte in ihrer Ausbildung lernen, auf die Bedürfnisse jedes einzelnen gesondert einzugehen. DiF – Diagnose und individuelle Förderung, so heißt der Kern von dortMINT. In der Lehrerausbildung ist DiF ein Pflichtmodul – bei der Konzeptionierung der neuen Studiengänge nach dem Lehrerausbildungsgesetz NRW 2009 ist dies an der TU Dortmund noch einmal gestärkt worden.

Das Projekt dortMINT setzt auf einem Schwerpunkt der TU Dortmund auf: Rund ein Viertel der knapp 30.000 Studierenden sind in einen Lehramtsstudiengang eingeschrieben. Als eine von nur wenigen Universitäten in Deutschland bietet die TU Dortmund eine Lehrerausbildung für alle Schulstufen und -formen, mit rund 30 Fächern. Ihr besonderes Profil gewinnt die TU Dortmund durch das Zusammenspiel von Natur- und Ingenieurwissenschaften sowie Geistes- und Kulturwissenschaften. Diese Kooperation zeigt sich auch im Projekt dortMINT, an dem fünf MINT-Fakultäten, die Fakultät Erziehungswissenschaft und Soziologie sowie die Fakultät Rehabilitationswissenschaften und das Fach Germanistik beteiligt sind. Besonders hervorzuheben ist das Institut für Entwicklung und Erforschung des Mathematikunterrichts (IEEM), eines der größten Institute für Mathematikdidaktik in Deutschland.

Die Förderung durch die Telekom Stiftung hat es in den vergangenen Jahren ermöglicht, die Grundlagen für die Vermittlung von DiF an der TU Dortmund weiterzuentwickeln. Das war eine lohnende Initiative. Nun muss es gelingen, die Erkenntnisse auch anderen Hochschulen für die Lehrerausbildung zugänglich zu machen – etwa mit diesem Praxis-Handbuch.

Ich wünsche allen Projektpartnern dabei weiterhin viel Erfolg. Und allen Lehramtsstudierenden viel Freude in ihrem zukünftigen Beruf!

Prof. Dr. Ursula Gather

Geleitwort des Geschäftsführers der Deutsche Telekom Stiftung

Im Grunde ist die Gleichung relativ einfach: ohne gut ausgebildete und kompetente Lehrerinnen und Lehrer keine gut ausgebildeten und kompetenten Schülerinnen und Schüler.

Dies gilt natürlich für alle Fächer – es gilt aber insbesondere für die MINT-Fächer, wie uns die jüngste TIMS-Studie gezeigt hat. Das höchste Kompetenzniveau 5 (Schülerinnen und Schüler können ihre mathematischen Fähigkeiten und Fertigkeiten verständig beim Lösen verhältnismäßig komplexer Probleme anwenden und ihr Vorgehen erläutern) erreichen gerade einmal 5,2 % aller bundesdeutschen Schülerinnen und Schüler. Damit liegen wir vor Italien (4,6 %) aber weit hinter England mit 18 %. Das kann uns nicht zufrieden stellen, denn unser Land braucht ein starkes Bildungs- und Wissenschaftssystem, um die Herausforderungen dieser und künftiger Generationen bewältigen zu können.

Fakt ist: die heutige und die künftige (MINT-)Lehrergeneration steht nicht nur vor neuen fachlichen und fachdidaktischen Herausforderungen, sondern vor allem vor bildungs- und erziehungswissenschaftlichen Fragestellungen: wie gehen sie mit Themen wie Heterogenität, Inklusion und Chancengerechtigkeit um? Diese werden einen weit größeren Raum als bisher einnehmen. Lehrerinnen und Lehrer müssen künftig noch besser verstehen, wie sie den Schwierigkeitsgrad einer Aufgabe für die Schülerinnen und Schüler angemessen abschätzen und den Lernprozess insgesamt individualisieren können, denn diese Anforderungen steigen natürlich bei immer heterogeneren Klassen. Aber genau aus diesem Grund haben wir, als Deutsche Telekom Stiftung, die TU Dortmund mit ihrem Konzept „Diagnose und individuelle Förderung" als eine von vier Hochschulen bundesweit ausgewählt, neue Fragen der MINT-Lehrerbildung zu diskutieren.

Wir sind stolz darauf, dass die Ergebnisse hier an der TU Dortmund so bemerkenswert sind – das zeigt diese eindrucksvolle und lesenswerte Publikation. Die Hoffnung ist natürlich, dass sich eine Hochschule von den Ergebnissen eines solchen Projektes, was ihre Lehrerbildung insgesamt betrifft, inspirieren lässt. „Diagnose und individuelle Förderung" ist dabei nicht nur für die MINT-Fächer reserviert! Ich wünsche allen Leserinnen und Lesern viel Zeit zum Reflektieren mit dieser Publikation – eine Fähigkeit die nicht nur für angehende Lehrerinnen und Lehrer eine der wichtigsten Kompetenzen darstellt!

Dr. Ekkehard Winter

1.

Das Projekt dortMINT

Stephan Hußmann und Christoph Selter

Im Jahr 2008 hat die Deutsche Telekom Stiftung einen Exzellenz-Wettbewerb zur MINT-Lehrerbildung ausgeschrieben. Nahezu die Hälfte aller 65 deutschen Hochschulen, die Lehrerinnen und Lehrer in den MINT-Fächern ausbilden, beteiligte sich an diesem bundesweiten Wettbewerb.

In einem zweistufigen Begutachtungsverfahren setzten sich schlussendlich die Technischen Universitäten in Dortmund und München, die Freie Universität Berlin und die Humboldt-Universität zu Berlin durch. Vom Wintersemester 2009/2010 bis zum Sommer 2013 unterstützte die Stiftung diese Universitäten bei der Umsetzung neuer Konzepte und Ideen für die MINT-Lehrerbildung.

Das vorliegende Buch ist ein Sammelband, der die Arbeit des Dortmunder Projekts dortMINT beschreibt. In diesem Kapitel werden nach einer Vorstellung der allgemeinen Konzeption von dortMINT die einzelnen Teilprojekte überblicksartig vorgestellt. In den Kapiteln 2 bis 7 werden die jeweiligen Ziele, Praxisbeispiele und Forschungsstudien zu den initiierten Lernprozessen, den Wirkungen und der Akzeptanz der Maßnahmen ausführlicher dargelegt.

1.1 Zum Zusammenhang von Diagnose und Förderung

Vor dem Hintergrund der großen Heterogenität der Schülerschaft (Baumert et al., 2001; Prenzel & Burba, 2006) haben die Leitprinzipien der Diagnose und individuellen Förderung (DiF) in den letzten Jahren zunehmend an Bedeutung in den bildungspolitischen, didaktischen und professionstheoretischen Diskussionen und Entwicklungsbemühungen gewonnen (vgl. Becker et al., 2006; Helmke et al., 2003).

Studien in der Unterrichtsforschung haben gezeigt, dass Lehr-/Lernprozesse effektiv und nachhaltig gestaltet werden können, wenn sie an individuelle Lernstände der Schülerinnen und Schüler anknüpfen und diese adaptiv weiterentwickeln. So haben etwa Helmke & Schrader in einer Studie zeigen können, dass eine hohe diagnostische Kompetenz gemeinsam mit geeigneten Strukturierungshilfen zu Lernerfolgen führt (Helmke, 2010).

Theoretisch fundiert und empirisch belegt durch die Professions- und Unterrichtsforschung ist daher die große Bedeutung diagnostischer Kompetenz und einer

Handlungskompetenz im Bereich individueller Förderung für erfolgreiches Lernen im Unterricht (Weinert, 2000; Baumert & Kunter, 2006). Weitere Studien haben aufgezeigt, dass die Diagnosekompetenz bei Lehrerinnen und Lehrern häufig nicht hinreichend stark ausgeprägt ist (Helmke, 2010).

In diesem Zusammenhang gilt es zu bedenken, dass durchaus unterschiedliche Konzeptualisierungen von diagnostischer Kompetenz existieren. Diese können sich in ihren zentralen Aufgaben (z.B. Selektions- versus Förderdiagnostik, vgl. Ingenkamp, 2005), in ihren Bezugspunkten (bezogen auf einzelne Schülerleistungen oder auf die ganze Klasse, auf den Lernstoff oder auf Aufgaben, vgl. Helmke, 2009) und in den Zeitpunkten der Diagnose (Lernausgangslagendiagnostik, Lernprozessdiagnostik oder Lernergebnisdiagnostik, vgl. Hußmann, Leuders & Prediger, 2007) unterscheiden (vgl. Prediger et al., 2012, 44f.).

Weinert (2000, 14f.) definiert diagnostische Kompetenz als „Bündel von Fähigkeiten, um den Kenntnisstand, die Lernfortschritte und die Leistungsprobleme der einzelnen Schüler sowie die Schwierigkeiten verschiedener Lernaufgaben im Unterricht fortlaufend beurteilen zu können, sodass das didaktische Handeln auf diagnostischen Einsichten aufgebaut werden kann". Mit anderen Worten: Es geht wesentlich darum, Leistungen festzustellen, um Lernende fördern zu können (vgl. Sundermann & Selter, 2011).

Diagnose und individuelle Förderung sind somit aufeinander zu beziehen: Förderung ohne vorangehende Diagnose erfolgt i.d.R. unspezifisch, Diagnose ohne darauf aufbauende Förderung bleibt häufig wirkungslos und führt nicht selten zur Stigmatisierung.

In diesem Sinne hat die dortMINT-Initiative das Themenfeld DiF als Schwerpunkt gewählt, weil …

- empirische Studien zum Lehrerprofessionswissen hier besonderen Weiterentwicklungsbedarf konstatieren (siehe auch Solzbacher, 2008),
- die Kompetenzentwicklung im Bereich DiF als quer liegende Aufgabe in hervorragender Weise geeignet ist, andere Aufgaben der Lehrerbildung (wie die Befähigung zum Unterrichten und Erziehen, Beurteilen, Beraten) integrierend zu verknüpfen und damit zur Entwicklung der Lehrerbildung als Ganzes beizutragen,
- DiF nur theoriegeleitet und damit bezogen auf fachliche bzw. fachdidaktische Grundlagen entwickelt, durchgeführt und evaluiert werden kann (Moser Opitz, 2009; Schlee, 2004) und sich eine Anbindung von DiF an verschiedene (MINT-) Fächer deshalb aufdrängt,
- Studierende durch die Schwerpunktsetzung des Projekts in verschiedenen Fächern das Grundprinzip von DiF (theorie- und entwicklungsgeleitet beobachten, interpretieren und fördern) erfahren und lernen können,
- es ein geeignetes Feld darstellt für eine enge Verknüpfung von Forschung, Entwicklung, Lehre und Schulpraxis,
- sich am Themenfeld DiF eine Kooperation über verschiedene Fächer initiieren lässt, ohne die Fachspezifität des Bereichs zu vernachlässigen, und nicht zuletzt weil

- das Themenfeld Diagnose und individuelle Förderung auch im Lehrerausbildungsgesetz des Landes Nordrhein-Westfalen (2009) als eine zentrale Aufgabe der Lehrerbildung hervorgehoben wird.

Die Konzeption von dortMINT basiert auf einem engen Zusammenspiel von inhaltlichen und strukturellen Maßnahmen in ihren verschiedenen Facetten, zu verschiedenen Zeiten und in allen Bereichen des Studiums – im fachwissenschaftlichen, im fachdidaktischen und im schulpraktischen Bereich. Die Verknüpfung der Maßnahmen wurde in einem Dreischritt der Professionalisierung in drei inhaltlichen Maßnahmen konzipiert.

- **Erleben** von DiF im eigenen Lernprozess in der fachwissenschaftlichen Ausbildung,
- **Erlernen** theoretischer (allgemeiner und fachbezogener) Hintergründe, empirischer und praktischer Konstrukte und Instrumente für DiF in der fachdidaktischen Ausbildung sowie
- **Erproben** erworbener Kompetenzen in schulpraktischen Zusammenhängen.

Dieser Dreischritt trägt der Bedeutung der eigenen Lernbiographie für didaktisches Handeln ebenso Rechnung wie der Fachspezifität des Themenfeldes DiF. Er ist auch deswegen von Bedeutung, weil empirische Belege darauf hinweisen, dass das unterrichtsbezogene Fachwissen der Lehrpersonen einen wesentlichen Einfluss auf die Entwicklung der Leistungen der Schülerinnen und Schüler hat (Hill, Rowan & Loewenberg Ball, 2005; Blömeke, Suhl & Kaiser, 2011; Kunter et al., 2011). Im Zentrum des Dreischritts stehen die Studierenden, die nicht nur Adressaten, sondern auch Mitproduzenten sind.

Die inhaltlichen Maßnahmen werden durch zwei strukturelle Maßnahmen gestützt, die zum einen den institutionellen Rahmen für fachübergreifendes forschendes Lernen im DiF-Bereich bieten (dortMINT-Werkstatt), zum anderen auf die Rekrutierung exzellenter Studierender für Schulformen zielen, in denen besonderer Bedarf an Lehrkräften mit DiF-Kompetenzen besteht (DiF-Experten).

Für die Neuentwicklung hochschuldidaktischer Ansätze in den inhaltlichen Maßnahmen wurden aus entwicklungspragmatischen und kapazitären Gründen Fokussierungen auf jeweils ausgewählte Fachdidaktiken und Schulformen vorgenommen, die in der folgenden Tabelle ausgewiesen sind (**G**rundschule, **H**aupt- und **R**ealschule/**Ge**samtschule, **S**onder**p**ädagogik, **Gy**mnasium/**Ge**samtschule, **B**erufs**k**olleg).

In dortMINT wurde im Verlauf der Jahre von 2009 bis 2013 ein gemeinsames theorie- und empiriegeleitetes Verständnis von DiF entwickelt (vgl. das dortMINT-Leitbild, S. 9), welches im ersten Schritt in zentralen Phasen des Studiums konkretisiert und evaluiert wurde, um es dann auf die beteiligten Fächer fortzuschreiben und über die Studienphasen hinweg zu vernetzen.

Abb. 1.1:   Inhaltliche und strukturelle Maßnahmen in dortMINT

	Fächer						weitere Beteiligte	Schulformen				
	Ma	In	Bio	Ch	Ph	Te		G	HR Ge	So- Päd	Gy Ge	BK
I1	X			X	X	X		X	X	X	X	X
I2	X	X	X	X			Rehabilitations- wissenschaften	X	X	X	X	
I3	X						Deutsch als Zweit- sprache, Zentrum für Lehrerbildung		X	X	X	X
S1	X	X	X	X	X	X	Hochschuldid., Re- habilitationswiss., Bildungswiss. IfS	X	X	X	X	X
S2	X		X	X	X	X		X				

Abb. 1.2:   Überblick über beteiligte Fächer und Schulformen

Die in diesen Fokussierungen exemplarisch entwickelten Ansätze und Zwischenergebnisse wurden durch einen intensiven Austausch der Maßnahmen auf gemeinsamen Workshops aller Projektbeteiligten vernetzt. Dabei wurden die jeweils fachspezifischen Diagnoseinhalte ebenso berücksichtigt wie die fachübergreifenden Diagnosemethoden und Diagnose- und Förderzyklen. Dieses gemeinsam geteilte Verständnis finden sich nicht nur im o. a. dortMINT-Leitbild, sondern auch in der dortMINT-Broschüre wieder (broschuere.dortmint.de).

In den folgenden Abschnitten sollen nun – im Sinne eines Einblicks – die Ausgangspunkte und Zielsetzungen der einzelnen Teilprojekte beschrieben werden. Detailliertere Ausführungen finden sich in den folgenden Kapiteln 2 bis 7.

1.2 DiF erleben in der fachwissenschaftlichen Ausbildung

Lehramtsstudierende sollen während ihres Studiums Diagnosekompetenz erwerben und lernen, kompetent individuell zu fördern. Meist haben die Studierenden jedoch in der eigenen Schulzeit nur in wenigen Situationen eine gezielte und individuelle Diagnose und Förderung bewusst erleben können. Hier setzt der Maßnahme I1 („Diagnose und individuelle Förderung erleben") als erster der drei Professionalisierungsschritte an.

Beteiligt an diesem Teilprojekt sind die Fächer Chemie, Mathematik, Physik und Technik. Studierende lernen hier Ansätze und Instrumente der Diagnose und individuellen Förderung kennen, indem sie diese unmittelbar in ihrer eigenen fachlichen Ausbildung erfahren. Mit dem subjektiven Erleben der DiF-Ansätze werden drei Ziele verfolgt.

Die Studierenden sollen *erstens* das *Konzept* einer eng miteinander verschränkten Diagnose und individuellen Förderung selbst erleben. So erhalten sie die Gelegenheit, als Lernende die Vorteile von individueller Diagnostik und Förderung für den eigenen Lernprozess zu erfahren. Dieses bildet eine gute Grundlage dafür, dass die Studierenden in ihrer späteren Berufspraxis selbst zu solchen Ansätzen für ihre Schülerinnen und Schüler greifen.

Zweitens sollen die Studierenden verschiedene *Instrumente* zur Diagnose und Förderung kennen lernen. Durch die enge Anbindung dieser Instrumente an einen möglichen Einsatz in der Schulpraxis erhalten die Studierenden – neben der o. a. Selbsterfahrung – auch erste Ideen dazu, wie sie eine gezielte Diagnostik und individuelle Förderung als angehende Lehrkräfte in der Schulpraxis umsetzen können. Damit wird die Intention verfolgt, dass sie solche Ansätze in ähnlicher Form wirkungsvoll in ihrer späteren Tätigkeit im Unterrichtsalltag einsetzen können.

Die Vermittlung von fachlichen Kompetenzen ist ein zentraler Gegenstand der Lehrerausbildung, denn fachliche Kompetenzen stellen, wie bereits erwähnt, u.a. eine Voraussetzung dafür dar, dass die Lehrenden Lern- und Verständnisschwierigkeiten bei den Schülerinnen und Schüler diagnostizieren und fördern können. Der nachhaltige *Aufbau fachlicher Kompetenzen* bei den Studierenden soll deshalb *drittens* durch die Anwendung verschiedener Diagnose- und Fördermaßnahmen unterstützt werden.

Die Bandbreite der Lehrveranstaltungen, in denen die enge Verschränkung von Diagnose und individueller Förderung im Rahmen des Projekts eingesetzt wurde, umfasst sowohl Vorlesungen als auch Praktika, Übungen und Tutorien mit unterschiedlichen Rahmenbedingungen. Hauptzielgruppe der Interventionen sind in allen vier beteiligten Fächern Studierende des Lehramtes für Grund-, Haupt- und Realschulen sowie die entsprechenden Jahrgangsstufen der Gesamtschulen.

Zur Darstellung der Arbeit dieses Teilprojekts wird in Kapitel 2 zunächst der gemeinsame konzeptionelle Rahmen der entwickelten und durchgeführten Maßnahmen entfaltet (Kap. 2.1). Anschließend wird beschrieben, wie Diagnose-Checklisten bzw. Kompetenz-Checklisten, Concept Maps, Forschungshefte, Selbstlerneinheiten, von Studierenden erstellte, kommentierte Musterlösungen und die digitale Lernkartei in den verschiedenen Fächern unter differierenden Rahmenbedingungen und in unterschiedlichen Veranstaltungsformaten eingesetzt wurden (Kap. 2.2 und 2.3). Außerdem werden in Kap. 2.4 zentrale Ergebnisse der Evaluation beschrieben. Abschließend wird in Kap. 2.5 verdeutlicht, dass sich unabhängig von der konkreten fachlichen Ausrichtung Rahmenbedingungen herausstellen lassen, die den Erfolg der implementierten Ansätze zur Diagnose und individuellen Förderung maßgeblich beeinflussen.

1.3 DiF erlernen in der fachdidaktischen Ausbildung

Im Dreischritt des dortMINT-Projektes kommt zwischen dem Erleben und Erproben im zweiten Schritt das Erlernen von Theorien, Kategorien, Ansätzen und Instrumenten zu Diagnostik und Förderung: Nach der Selbsterfahrung in fachinhaltlichen Veranstaltungen in der Studienbiographie sollen theoretische Konzepte in fachdidaktischen Veranstaltungen vermittelt werden, die die Grundlage bilden, um im dritten Schritt, dem Erproben, verschiedene Theorieelemente in der Schule aktiv zu nutzen.

Dabei müssen zukünftige MINT-Lehrkräfte auf die besonderen Bedingungen einer unterrichtspraktischen Diagnose und auf die damit verzahnte individuelle Förderung von Schülerinnen und Schülern vorbereitet werden. Sie müssen Lernschwierigkeiten als auch Lernstärken diagnostizieren und individuelle Förderkonzepte entwickeln können, um eine bestmögliche Förderung zu erreichen.

In Veranstaltungen mit fachdidaktischem Schwerpunkt werden gemeinsam mit Studierenden *erstens* bestehende diagnostische Verfahren und vorhandene Konzepte für eine individuelle bzw. leistungsdifferenzierte Förderung von Schülerinnen und Schülern mit Lernschwierigkeiten oder Lernstärken erlernt und analysiert. *Zweitens* werden neue Verfahren und Konzepte entwickelt, die als konkrete innovative Impulse in Schulen erprobt und verbessert werden. Der Fokus liegt hierbei einerseits auf dem Fach Mathematik in der Primarstufe (Grundschulen und Förderschulen mit dem Förderschwerpunkt Lernen) und andererseits auf den Naturwissenschaften (Schwerpunkt Biologie und Chemie) und der Informatik in der Sekundarstufe I.

Für die Primarstufe steht die Förderung lernschwacher Schülerinnen und Schüler im Mittelpunkt, so dass durch eine erhöhte Diagnose- und Förderkompetenz der zukünftigen Lehrkräfte Lernschwierigkeiten in Mathematik vorgebeugt werden soll. Für die Sekundarstufe I werden alltagstaugliche Instrumente zur Diagnose und

geeignete Fördermaßnahmen in universitären Lehrveranstaltungen entwickelt, an
Schulen evaluiert und deren Ergebnisse zur Weiterentwicklung der Lehrveranstaltungen an der Universität genutzt. Dieses trägt sowohl zur Weiterentwicklung der
Diagnose- und Förderinstrumente selbst als auch zur Professionalisierung der zukünftigen Lehrer und Lehrerinnen bei.

Das dritte Kapitel erörtert in diesem Zusammenhang eingangs Rahmenbedingungen zur konzeptionellen Gestaltung von Veranstaltungen zum Erlernen von
Theorien zu Diagnostik und Förderung im Rahmen der Ausbildung von MINT-
Studierenden (Kap. 3.1). Anschließend werden die vier Teilprojekte in den Fächern
Informatik (Kap. 3.2), Biologie (Kap. 3.3), Chemie (Kap. 3.4) und Mathematik/Re-
habilitationswissenschaften (Kap. 3.5) vorgestellt. Das Kapitel schließt mit einer zusammenfassenden Darstellung von Empfehlungen zur didaktischen und methodischen Gestaltung von DiF-Lehrveranstaltungen (Kap. 3.6).

1.4 DiF erproben in der schulpraktischen Ausbildung

Durch die Maßnahme I3 erfolgt nach dem Erleben und Erlernen der schulpraktische Schritt der Professionalisierung. Dazu wird der Fokus auf eine spezifische
Schülerschaft, nämlich Schülerinnen und Schüler mit nichtdeutscher Muttersprache (und Deutsch als Zweitsprache) gelegt. Am Beispiel des bildungspolitisch und
unterrichtlich wichtigen Handlungsfeldes „Fachliches Lernen in der Zweitsprache"
werden Konzepte entwickelt, um unterrichtspraktische Aspekte von Diagnose und
individueller Förderung in eine solche Ausbildung einzubeziehen.

Diagnose und Förderung bildungs- und fachsprachlicher Kompetenzen bei
Schülerinnen und Schülern ist eine zentrale Aufgabe; daher schreibt das neue Lehrerausbildungsgesetz in Nordrhein-Westfalen für alle Fächer entsprechende Aus-
bildungsanteile fest. In der Maßnahme wird daher exemplarisch für das Fach Mathematik ein schulpraktisches Ausbildungsmodul entlang der Ideen forschenden
Lernens zur Entwicklung didaktisch sensibler diagnostischer Tiefenschärfe und
adaptiver Handlungsfähigkeit entwickelt, erprobt und evaluiert. Dabei werden lin-
guistische und fachdidaktische Grundlagen eng verknüpft mit entsprechenden
schulpraktischen Erkundungen und Fördermaßnahmen.

Die Darstellung des Moduls in Kapitel 4 expliziert zunächst, wie die Kompetenzen zur Diagnose und Förderung hier bereichsspezifisch konzeptualisiert und wie
diese dann in das Konzept des theoriebasierten Forschenden Lernens eingebunden
werden können (Kap. 4.1). Die besondere Fokussierung auf das fachliche Lernen in
der Zweitsprache wird in Kap. 4.2 begründet und in den thematischen Rahmen einer theoriegeleiteten und forschungsbezogenen Diagnose und Förderung eingebettet. Daran anschließend werden die konzeptionellen Grundlagen des Moduls zur
sprach- und fachintegrierten Professionalisierung (Kap. 4.3) und seine Umsetzung
vorgestellt (Kap. 4.4). Abschließend werden Ergebnisse aus der qualitativen und
quantitativen Evaluation diskutiert (Kap. 4.5).

1.5 Die dortMINT-Werkstatt

Im Mittelpunkt des Aufbaus der dortMINT-Werkstatt steht die Idee, einen inter-disziplinären Rahmen für eine kompetente und vernetzte Betreuung von Studien- und Abschlussarbeiten von MINT-Studierenden zu entwickeln und gleichzeitig eine Stärkung der interdisziplinären Vernetzung der beteiligten Lehrenden sowie eine gezieltere Gewinnung von wissenschaftlichem Nachwuchs über Fächergrenzen hinaus zu ermöglichen.

Die grundlegende hochschuldidaktische Idee liegt dabei in der Ausgestaltung des Konzepts *Forschendes Lernen.* Während in Lernwerkstätten zumeist didaktische bzw. pädagogische Fragen im Vordergrund stehen und es um die Gestaltung von Lernsituationen, Unterrichtsvorbereitung, Lehrmaterialien und Medien, Curricula und Lernumgebungen, Methodeneinsatz oder Lernarrangements geht, steht in den Forschungswerkstätten die Verbindung von Lehre und Studium auf der einen und Forschung auf der anderen Seite im Mittelpunkt. Zwar werden dort Forschungspro-jekte ersonnen, konzipiert, vorbereitet, begleitet und ausgewertet; im Sinne des for-schenden Lernens wird daraus jedoch ein didaktisches Format, insofern als hier die Perspektive auf Lernen im Kontext von Forschung ausgerichtet ist.

Die Forschungswerkstatt ist als ein, verglichen mit anderen semesterbegleiten-den Veranstaltungsangeboten, dynamischeres und flexibleres Lehr-Lernformat zu verstehen, in dem projektbezogene und individuell gestaltete Beratungs- und Un-terstützungsleistungen angeboten werden können. Eine ständige „Arbeit im Pro-zess" und die Begleitung unterschiedlicher Arbeitstempi mit adäquater Begleitung werden angestrebt. Studierende sollen unterstützt werden, einen forschenden, eigen-ständigen Zugang zum Lernen zu entdecken und zu entwickeln.

Das Kapitel 5 beschreibt eingangs die konzeptionellen Rahmenbedingungen der dortMINT-Forschungswerkstatt (Kap. 5.1). Anschließend wird die konkrete Arbeit und hier insbesondere die Angebotsstruktur anhand von konkreten Beispielen dar-gestellt (Kap. 5.2). Das Kapitel schließt mit der Auflistung von zehn Gelingensbe-dingungen sowie der Entfaltung von Perspektiven einer Forschungswerkstatt (Kap. 5.3).

1.6 DiF-Experten gewinnen

In der Sekundarstufe I ist der Bedarf für Innovationen im Bereich Diagnose und in-dividuelle Förderung in den nicht gymnasialen Schulformen vermutlich am größ-ten. Dass diese Schulformen in den letzten Jahren die Grundsätze fachdidaktisch fundierter Diagnose und individueller Förderung weniger haben umsetzen können als andere Schulformen, hat nicht zuletzt mit einem sich zuspitzenden Mangel an nachwachsenden, qualifiziert ausgebildeten Lehrkräften in allen MINT-Fächern zu tun.

Dieser Situation tritt dieses Teilprojekt durch vermehrte Öffentlichkeitsarbeit für das Lehramt in den MINT-Fächern und ein attraktives Studienangebot entgegen. Durch gezielte Öffentlichkeitsarbeit unter dem Motto „Beste Lehrkräfte für herausfordernde Schülerinnen und Schüler" wird für ein Lehramtsstudium für Haupt- und Realschulen in den Fächern Mathematik, Naturwissenschaften und Technik geworben. Der Suche nach den Besten wird durch ein Exzellenzprogramm Nachdruck verliehen, mit dem Studierende verschiedener Fächer zu hoch qualifizierten Expertinnen bzw. Experten in DiF ausgebildet werden können. Die Studierenden des Exzellenzprogramms werden bei der Ausbildung zu DiF-Experten in Entwicklungs- und Forschungsprojekten der MINT-Didaktik-Lehrstühle integriert und so individuell gefördert. Die Förderung wird durch individuelles Coaching von erfahrenen Wissenschaftlerinnen und Wissenschaftlern ergänzt.

Im Kapitel 6.1 wird aus verschiedenen Perspektiven die Notwendigkeit der beiden Maßnahmen begründet, die in den folgenden beiden Unterkapiteln dargestellt werden: die dortMINT-Öffentlichkeitsarbeit (Kap. 6.2) und die dortMINT-Bestenförderung (Kap. 6.3) zur Gewinnung und zur Unterstützung exzellenter Lehrkräfte für die Sekundarstufe I an nicht gymnasialen Schulformen.

1.7 Begleitforschung

Neben den spezifischen Forschungen innerhalb der einzelnen Maßnahmen befasst sich das Institut für Schulentwicklungsforschung (IFS) der TU Dortmund mit der Beforschung einiger übergreifender Aspekte. Ziel ist es insbesondere, die Entwicklung der professionellen Handlungskompetenz angehender MINT-Lehrkräfte zu erfassen.

Das Konstrukt der professionellen Handlungskompetenz von Lehrenden wird hierzu ausdifferenziert in die beiden Bereiche Wissen sowie Überzeugungen und Einstellungen mit jeweils weiteren Subkategorien.

So werden die MINT-Studierenden im Wissensbereich hinsichtlich ihres Fachwissens, ihres fachdidaktischen Wissens mit dem Schwerpunkt „Diagnose und individuelle Förderung" sowie ihres pädagogischen Wissens getestet. Sowohl aus theoretischer als auch empirischer Sicht der Lehrerforschung hat sich die Typologisierung in Fachwissen, fachdidaktisches Wissen und allgemeines pädagogisches Wissen vielfach bewährt und bildet die Grundlage professionellen Wissens.

Darüber hinaus werden Überzeugungen und Einstellungen der Studierenden erfasst, denen im Rahmen der professionellen Handlungskompetenz handlungsregulierende Funktionen zukommen: Dazu gehören epistemologische Einstellungen, lehr- und lerntheoretische Überzeugungen sowie Selbstwirksamkeitsüberzeugungen und verschiedene Facetten des Selbstkonzepts der Studierenden.

Design und einige Hauptergebnisse der Erhebungen werden in Kapitel 7 dargestellt.

1.8 dortMINT-Perspektiven

Die Phase der Förderung durch die Deutsche Telekom Stiftung endete im Sommer 2013. Nachhaltigkeit und Breitenwirkung waren bereits bei der Antragstellung zwei wesentliche Aspekte der Projektkonzeption. Während der Förderphase wurden Instrumente und Konzeptionen für eine effiziente Diagnose und Förderung entwickelt und Lehrveranstaltungen konzipiert, die das Erleben, Erlernen und Erproben von Diagnose und Förderung in allen MINT-Fächern ermöglichen.

Dabei wurden einige dieser Schritte der Professionalisierung im Studienverlauf nur in einzelnen Fächern entwickelt und erprobt. Der Prozess der adaptiven Übertragung auf andere MINT-Fächer hat während der Förderphase schon begonnen und wird in den Folgejahren weiter intensiviert. Dieses umfasst einerseits die MINT-Fächer und andererseits die Lehramtsstudiengänge in den MINT-Fächern, die an den projektierten Maßnahmen nicht unmittelbar beteiligt waren. So soll erreicht werden, dass Studierende aller MINT-Fächer und Schulformen den gesamten Dreischritt mit dem Ziel der Professionalisierung durchlaufen können.

Neben der Verstetigung und Verbreitung der Maßnahmen innerhalb der MINT-Fächer werden in der Nachhaltigkeitsphase in den Jahren 2013–2016 die Ansätze und Instrumente zur Diagnose und Förderung innerhalb der Universität auch an andere Fächer herangetragen, und außerhalb der Universität werden die Ergebnisse des Projektes Verantwortlichen für Bildung und Schule in Gestalt dieses Buches, Fortbildungen und Handreichungen zu den Ansätzen und Instrumenten zur Verfügung gestellt, z.B. an anderen Hochschulstandorten, in den Zentren für schulpraktische Lehrerausbildung, den Ministerien und den Schulen.

Literatur

Baumert, J., Klieme, E., Neubrand, M., Prenzel, M, Schiefele, U., Schneider, W. et al. (2001). *PISA 2000. Basiskompetenzen von Schülerinnen und Schülern im internationalen Vergleich*. Opladen: Leske+Budrich.

Baumert, J. & Kunter, M. (2006). Stichwort: Professionelle Kompetenz von Lehrkräften. *Zeitschrift für Erziehungswissenschaft, 9* (4), 469–520.

Becker, G., Horstkemper, M., Risse, E., Städel, L., Werning, R. & Winter, F. (2006). Diagnostizieren und Fördern. Stärken entdecken – können entwickeln. *Friedrich Jahresheft* 24.

Blömeke, S., Kaiser, G. & Lehmann, R. (Hrsg.) (2008). *Professionelle Kompetenz angehender Lehrerinnen und Lehrer. Wissen, Überzeugungen und Lerngelegenheiten deutscher Mathematikstudierender und -referendare – Erste Ergebnisse zur Wirksamkeit der Lehrerausbildung*. Münster: Waxmann.

Blömeke, S., Suhl, U. & Kaiser, G. (2011). Teacher education effectiveness: Quality and equity of future primary teachers' mathematics and mathematics pedagogical content knowledge. *Journal of Teacher Education, 62* (2), 154–171.

Helmke, A. (2010). *Unterrichtsqualität und Lehrerprofessionalität: Diagnose, Evaluation und Verbesserung des Unterrichts*. Seelze: Klett-Kallmeyer.

Helmke, A., Hosenfeld, I. & Schrader, F.-W. (2003). Diagnosekompetenz in Ausbildung und Beruf entwickeln. *Karlsruher Pädagogische Beiträge*, (55), 15–34.

Hill, H.C., Rowan, B. & Loewenberg Ball, D. (2005). Effects of teacher's mathematical knowledge for teaching on student achievement. *American Educational Research Journal, 42*(2), 371–406.

Hußmann, S., Leuders, T. & Prediger, S. (2007), Schülerleistungen verstehen – Diagnose im Alltag. *Praxis der Mathematik in der Schule* (49) 15, 1–8.

Ingenkamp, K. (2005). *Lehrbuch der Pädagogischen Diagnostik*. 5. Auflage. Weinheim u.a.: Beltz.

Kunter, M., Baumert, J., Blum, W., Klusmann, U., Krauss, S. & Neubrand, M. (Hrsg.) (2011). *Professionelle Kompetenz von Lehrkräften – Ergebnisse des Forschungsprogramms COACTIV*. Münster: Waxmann.

Moser Opitz, E. (2009). Rechenschwäche diagnostizieren: Umsetzung einer entwicklungs- und theoriegeleiteten Diagnostik. In A. Fritz, G. Ricken & S. Schmidt (Hrsg.), *Rechenschwäche. Lernwege, Schwierigkeiten und Hilfen bei Dyskalkulie* (S. 286–307). Weinheim: Beltz.

Prediger, S., Tschierschky, K., Wessel, L. & Seipp, L. (2012). Professionalisierung für fach- und sprachintegrierte Diagnose und Förderung im Mathematikunterricht: Entwicklung und Erprobung eines Konzepts für die universitäre Fachlehrerausbildung. *Zeitschrift für Interkulturellen Fremdsprachenunterricht*, (17) 1, 40–58.

Prenzel, M. & Burba, D. (2006). PISA-Befunde zum Umgang mit Heterogenität. In G. Opp, T. Hellbrügge & L. Stevens (Hrsg.), *Kindern gerecht werden. Kontroverse Perspektiven auf Lernen in der Kindheit* (S. 23–33). Bad Heilbrunn: Klinkhardt.

Schlee, J. (2004). Lösungsversuche als Problem – zur Vergeblichkeit der sogenannten Förderdiagnostik. In W. Mutzeck & P. Jogschies (Hrsg.), *Neue Entwicklungen in der Förderdiagnostik* (S. 181–193). Weinheim: Beltz.

Solzbacher, C. (2008). Individuelle Förderung in der Schule – Eine empirische Untersuchung zu Positionen von Lehrerinnen und Lehrern zur individuellen Förderung in der Sekundarstufe I. In I. Kunze & C. Solzbacher (Hrsg.), Individuelle Förderung in der Sekundarstufe I und II (S. 139–143). Baltmannsweiler: Schneider Hohengehren.

Sundermann, B. & Selter, C. (2011). *Beurteilen und Fördern im Mathematikunterricht*. Berlin: Cornelsen.

Weinert, F.E. (2000). Lehren und Lernen für die Zukunft – Ansprüche an das Lernen in der Schule. Vortrag am 29.03.2000 im Pädagogischen Zentrum in Bad Kreuznach. *Pädagogische Nachrichten Rheinland-Pfalz* 2, 1–16.

2.

Diagnose und individuelle Förderung erleben

Hannah B. Busch, David-S. Di Fuccia, Maria Filmer, Silke Frye,
Stephan Hußmann, Birgit Neugebauer, Bernd Ott, Alexander Pusch,
Kai Riese, Maike Schindler und Heike Theyßen

In dem dortMINT Teilprojekt I1 „Diagnose und individuelle Förderung erleben"
sind die Fächer Chemie, Mathematik, Physik und Technik beteiligt. Studierende lernen hier Ansätze und Instrumente der Diagnose und individuellen Förderung (DiF)
kennen, indem sie diese unmittelbar in ihrer fachlichen Ausbildung erfahren. Mit
dem subjektiven Erleben der DiF-Ansätze werden drei Ziele verfolgt.

Die Studierenden sollen *erstens* Diagnose und individuelle Förderung selbst erleben. Ziel ist in dieser Hinsicht, dass Studierende die Gelegenheit haben, als Lernende zu erfahren, wie es ist, eine individuelle Diagnostik und Förderung zu erhalten. Dies ist vor allem vor dem Hintergrund von Bedeutung, dass viele Studierende
angeben, in ihrer eigenen Schulzeit kaum Empfänger gezielter kompetenzdiagnosti-
scher Bemühungen gewesen zu sein und selten eine individuelle Förderung erhalten
zu haben. Dass die Studierenden die Vorteile der individuellen Diagnose und Förderung erleben, bildet einen Grundpfeiler dafür, dass sie in ihrer späteren Berufspraxis selbst zu solchen Ansätzen für ihre Schülerinnen und Schüler greifen.

Zweitens sollen die Studierenden verschiedene Diagnose- und Förderinstrumente kennen lernen. Durch die enge Anbindung der Instrumente an einen möglichen
Einsatz in der Schulpraxis erhalten die Studierenden – neben der Selbsterfahrung
– erste Ideen dazu, wie sie eine gezielte Diagnostik und individuelle Förderung als
Lehrkräfte in der Schulpraxis umsetzen können. Es wird angestrebt, dass die Studierenden die erprobten Diagnose- und Förderinstrumente positiv erleben. Damit
wird die Intention verfolgt, dass sie als spätere Lehrkräfte solche Ansätze in ähnlicher Form eher und wirkungsvoller in ihrer Schulpraxis einsetzen können.

Die Vermittlung von fachlichen Kompetenzen ist ein zentraler Gegenstand der
Lehrerausbildung. Fachliche Kompetenzen stellen u.a. eine Voraussetzung dafür dar,
dass die Studierenden im späteren Lehrerberuf fachdidaktisch angemessen handeln
und u.a. Lern- und Verständnisschwierigkeiten bei den Schülerinnen und Schüler
diagnostizieren und sie entsprechend fördern können. Verschiedene Studien liefern
empirische Belege dafür, dass das unterrichtsbezogene Fachwissen der Lehrpersonen einen wesentlichen Einfluss auf die Entwicklung der Leistungen der Schülerinnen und Schüler hat (z.B. Hill, Rowan & Loewenberg Ball, 2005; Baumert et al.,

2008). Der Aufbau fachlicher Kompetenzen bei den Studierenden soll deshalb *drittens* durch die Anwendung verschiedener Diagnose- und Fördermaßnahmen unterstützt werden.

Die Bandbreite der Lehrveranstaltungen, in denen dieses Vorgehen im Rahmen des Projekts erprobt wurde, umfasst sowohl Vorlesungen als auch Praktika, Übungen und Tutorien mit unterschiedlichen Rahmenbedingungen (vgl. Kapitel 2.1 und Kapitel 2.3). Hauptzielgruppe der Interventionen sind in allen vier beteiligten Fächern Studierende des Lehramtes für Haupt- und Realschulen sowie die entsprechenden Jahrgangsstufen der Gesamtschulen, und in einigen Veranstaltungen auch Studierende des Lehramtes an Grundschulen. Hier sind erfahrungsgemäß größere fachliche Defizite und Lernschwierigkeiten vorhanden als bspw. in den Lehramtsstudiengängen für das Lehramt für Gymnasien und Gesamtschulen. Eine fachliche Diagnose und individuelle Förderung erscheint hier also besonders notwendig.

Damit Studierende darüber hinaus im Rahmen der verschiedenen fachlichen und fachdidaktischen Studienanteile positive Erfahrungen im Bereich der Diagnose- und individuellen Förderung machen können, ist eine gewisse Kompetenz und Kooperationsbereitschaft der beteiligten Lehrenden vonnöten. Nur durch einen regelmäßigen interdisziplinären Austausch der beteiligten Fachdidaktiken und durch die innerfachliche Kooperation mit den jeweiligen Fachwissenschaften kann ein möglichst umfassendes und aufeinander abgestimmtes Konzept von Diagnose und individueller Förderung in das Lehramtsstudium integriert und stetig weiterentwickelt werden. Die Weiterentwicklung und der Einbezug alternativer Ansätze werden dabei unter anderem durch die regelmäßige Evaluation durch die Studierenden und Lehrenden unterstützt.

2.1 Übersicht über ein Spektrum unterschiedlicher Diagnose- und Förderansätze

In dem Teilprojekt I1 haben die vier beteiligten Fächer zunächst ein breites Spektrum unterschiedlicher diagnostischer Instrumente und darauf aufbauender Förderansätze (DiF-Ansätze) entwickelt. Tabelle 2.1 gibt einen kurzen Überblick über das Spektrum der erprobten DiF-Instrumente und deren jeweilige Zielsetzung. In Kapitel 2.2 werden ausgewählte DiF-Ansätze ausführlicher vorgestellt.

Bei der Auswahl der DiF-Ansätze konnte auf einige bereits im Schulbereich etablierte Instrumente zurückgegriffen werden. Hierzu gehören u.a. Concept Maps und diagnostische Tests. Diese Ansätze und Instrumente wurden für den Einsatz im Hochschulbereich adaptiert. Andere Instrumente wurden im Rahmen des Projektes neu entwickelt und mit Hilfe der Begleitevaluation unter Einbezug der Studierenden weiterentwickelt.

Die Rahmenbedingungen waren in den beteiligten Fächern sowohl hinsichtlich der organisatorischen Vorgaben als auch hinsichtlich der Studierendenzahlen und der diagnostizierten Förderbedarfe sehr unterschiedlich. Concept Mapping wurde z.B. von allen am Teilprojekt beteiligten Fächern als Instrument sowohl zur Diagnostik als auch zur Förderung erprobt. Das Instrument konnte jedoch aufgrund der unterschiedlichen Randbedingungen nicht in allen Fächern wirkungsvoll in die Veranstaltungen integriert werden. Beispielsweise lagen im Fach Physik die typischen Schwierigkeiten der Studierenden an ganz anderer Stelle, als dass sie durch Concept Mapping hätten diagnostiziert und gefördert werden können (vgl. z.B. Kapitel 2.2.1 und 2.3.2). Deshalb wurden dort, ebenso wie im Fach Mathematik, aus einem breiten Spektrum an zunächst erprobten DiF-Ansätzen andere Ansätze ausgewählt, wohingegen in Chemie und Technik ein Schwerpunkt auf Diagnose und Förderung durch Concept Mapping gelegt wurde (vgl. Kapitel 2.2.2).

Allen DiF-Ansätzen und -Instrumenten gemeinsam ist die Zielsetzung, den Studierenden Möglichkeiten zur Diagnose und individuellen Förderung bekannt und bewusst zu machen sowie durch positives Erleben die Akzeptanz für einen späteren Einsatz von DiF in der Schule zu steigern. Bezüglich der Förderung der fachlichen Lernergebnisse unterscheiden sich die Zielsetzungen der DiF-Ansätze und –Instrumente in ihren (fach-)spezifischen Schwerpunkten. Einen Überblick gibt Tabelle 2.1, Details sind den ausführlicheren Darstellungen in Kapitel 2.2 zu entnehmen. Die Zielsetzungen differenzieren zwischen der Diagnose und Förderung prozeduraler Kompetenzen und fachlichen Wissens. Das Concept Mapping (vgl. Kapitel 2.2.2) rückt beispielsweise die Förderung fachlichen Wissens sowie der Fähigkeit zur „Strukturierung" in den Fokus: Die Studierenden setzen sich dabei intensiv mit den fachlichen Inhalten sowie deren Zusammenhängen auseinander, um die Inhalte in einem sinnvoll gruppierten Begriffsnetz anzuordnen. Bei den Diagnosechecklisten werden hingegen häufig mehrere Kompetenzen berücksichtigt (vgl. Kapitel 2.2.1).

Neben den Zielsetzungen unterscheiden sich die diagnostischen Ansätze und Instrumente auch darin, ob sie von den Studierenden eine Selbstdiagnose verlangen oder ob eine Fremddiagnose erfolgt. So wird bei den Concept Maps in aller Regel extern diagnostiziert, d.h. die Lehrenden (oder andere Studierende) werten die Concept Maps aus und versuchen, darauf aufbauende individuelle Förderansätze zu entwickeln. Diagnosechecklisten dienen hingegen der Selbsteinschätzung der Studierenden. Die Diagnose erfolgt in diesem Fall also durch die Studierenden selbst. Die Selbst- oder Fremddiagnose ist in Tabelle 2.1 nicht aufgeschlüsselt, aber den Beschreibungen der einzelnen Instrumente in Kapitel 2.2 zu entnehmen.

Da bei den Studierenden teilweise sehr wenig Erfahrung mit Diagnose und individueller Förderung vorlag, erschien es sinnvoll, sie jeweils gezielt darauf aufmerksam zu machen, wann sie spezielle DiF-Instrumente nutzen (im Gegensatz zu anderen Lernmaterialien). So sollte das bewusste Erleben von DiF unterstützt und eine differenziertere Beurteilung (vgl. Kapitel 2.4) ermöglicht werden. Deshalb wurden alle in den beteiligten Fächern verwendeten DiF-Instrumente mit einem einheitlichen Logo gekennzeichnet. Abbildung 2.1 (Kapitel 2.2.1) zeigt dies am Beispiel der Diagnosecheckliste im Fach Physik. So wurde es den Studierenden über

Tab. 2.1: Gesamtübersicht über die eingesetzten DiF-Instrumente (Mathematik (M), Physik (P), Chemie (C) und Technik (T))

	Checklisten	Concept Maps	Forschungs-hefte	Selbstlern-einheiten	Erstellen kommentierter Lösungen	Digitale Lernkartei
Prozessbezogene Kompetenzen						
Problemlösen	Diagnose: **M, P, C** Förderung: **P**		Förderung: M	Diagnose: P Förderung: **P, C**	Diagnose: P Förderung: P	Diagnose: M Förderung: M
Modellieren	Diagnose: M	Diagnose: M	Förderung: M	Förderung: C		Diagnose: M Förderung: M
Argumentieren	Diagnose: M	Diagnose: T Förderung: T	Förderung: M	Förderung: P	Diagnose: P Förderung: P	
Strukturieren	Diagnose: P, C Förderung: P	Diagnose: P, C, T Förderung: **P, C, T**	Förderung: M	Förderung: P	Diagnose: P Förderung: P	
fachliches Wissen						
deklarativ	Diagnose: M	Diagnose: P, C, T, M Förderung: **P, C, T, M**	Diagnose: M Förderung: M	Diagnose: P Förderung: **P, C**	Diagnose: P Förderung: P	Diagnose: M Förderung: M
prozedural	Diagnose: M, P, C		Diagnose: M Förderung: M	Diagnose: P Förderung: **P, C**	Diagnose: P Förderung: P	Diagnose: M Förderung: M
konzeptuell	Diagnose: M	Diagnose: P, C, T, M Förderung: **P, C, T, M**	Diagnose: M Förderung: M	Diagnose: P Förderung: **P, C**	Diagnose: P Förderung: P	Diagnose: M Förderung: M
Vorstellungen			Diagnose: M Förderung: M			Diagnose: M Förderung: M
Details siehe	**2.2.1**	**2.2.2**	**2.2.3**	**2.2.4**	**2.2.5**	**2.2.6**

die Veranstaltungen und (bei passender Fächerkombination) über die Studienfächer hinweg erleichtert, DiF-Instrumente als „roten Faden" in den Veranstaltungen zu erkennen.

Alle DiF-Instrumente wurden im Rahmen fachinhaltlicher Lehrveranstaltungen eingesetzt. Auch hier unterscheiden sich die Ansätze der beteiligten Fächer aufgrund der unterschiedlichen Interventionsmöglichkeiten, der für die Zielgruppe vorgesehenen Veranstaltungsformen und der Studierendenzahlen. Tabelle 2.2 gibt einen Überblick, welche DiF-Instrumente bzw. zusätzlichen Angebote, in welchen Veranstaltungsformen erprobt wurden. Bei den Vorlesungen wird unterschieden, ob es sich um „große" Vorlesungen mit 100 bis 300 Studierenden handelt, wie sie in der Mathematik oft auftreten, oder um „kleine" Vorlesungen mit wenigen Studierenden. Zum Teil lassen sich DiF-Ansätze nicht streng einer Vorlesung oder eine begleitenden Übung zuordnen, wenn diese Veranstaltungen, wie z.B. im Fach Mathematik, unter einer gemeinsamen Leitung stehen oder die Veranstaltungsleitungen kooperieren. In Kapitel 2.3 werden Diagnose- und Förderansätze im Kontext verschiedener Veranstaltungsformen näher beschrieben und die damit gemachten Erfahrungen berichtet.

Tab. 2.2: Einsatz der Diagnose- und Förder-Instrumente bzw. -Ansätze in unterschiedlichen Veranstaltungsformen

	Vorlesung	Tutorium / Vorkurs	Übung	Praktikum
Diagnosechecklisten			✓	
Concept Maps	✓	✓	✓	✓
Forschungsheft	✓		✓	
Erstellen kommentierter Musterlösungen			✓	
Selbstlerneinheiten / Vertiefende Lernaufgaben		✓	✓	
Digitale Lernkarteien			✓	
Lernstandsüberprüfung	✓			
Austausch- und Beratungsangebote	✓		✓	
Diagnostische Tests und Förderangebote		✓		
Details siehe Kapitel	2.3.1 und 2.3.4	2.3.2	2.3.3	2.3.5

2.2 Diagnose- und Förderinstrumente im Detail

Im Rahmen des Projekts wurden unterschiedliche Diagnose- und Förderinstrumente in den Lehrveranstaltungen der beteiligten Fächer erprobt – jeweils angepasst an die Rahmenbedingungen der einzelnen Lehrveranstaltungen und die Studierendenzahlen. Ausgewählte DiF-Instrumente und deren Einsatz werden im Folgenden detailliert erläutert.

2.2.1 Checkliste zur Selbsteinschätzung und Selbstorganisation

Checklisten als Teil der pädagogischen Diagnostik sind Instrumente zur Selbstreflexion und Metakognition. Schon im schulischen Bereich werden sie zur Selbsteinschätzung und Bewusstmachung verwendet (vgl. z.B. Paradies, Linser & Greving, 2011; Röhmer, 2008; Reiff, 2006). In den folgenden Abschnitten werden zwei verschiedene Formen von Checklisten beschrieben. Im Fach Physik wurde die so genannte *Diagnosecheckliste* für *physikalische Rechenaufgaben*, in dem Fach Mathematik verschiedene *Kompetenzchecklisten* zu den fachlichen Lerninhalten eingesetzt.

Die Checklisten der Physik und Mathematik dienen der lernprozessbegleitenden Selbsteinschätzung der eigenen Fähigkeiten bzw. Schwierigkeiten durch die Studierenden und sollen Anlass geben zur Selbstreflexion über die eigenen Lernprozesse. Die Selbsteinschätzung bezieht sich bei der *Diagnosecheckliste* der Physik auf den konkreten Bearbeitungsprozess typischer Übungsaufgaben und bei dem *Kompetenzchecks* der Mathematik auf fachinhaltliche Lernprozesse über die Themen und Lernziele der Veranstaltung hinweg. Aufbauend auf der Selbstdiagnose können die Studierenden Förderangebote auswählen und in Anspruch nehmen. Die *Diagnosecheckliste* der Physik dient den Studierenden weiterhin als strukturierter Leitfaden zur Bearbeitung der Übungsaufgaben und den Betreuenden als Ergänzung der eigenen Diagnose anhand von Übungsabgaben.

2.2.1.1 Diagnosecheckliste in der Physik

Im Teilprojekt I1 Physik wird eine Checkliste im Rahmen einer fachlichen Übung zu einer Experimentalphysik-Vorlesung eingesetzt. Die Übungsaufgaben beziehen sich inhaltlich auf die Mechanik, Wärmelehre, Elektrizitätslehre und Optik. Sie sind überwiegend vom Typ *physikalische Rechenaufgabe*. Die Lösung dieses Aufgabentyps besteht im Kern aus dem Umstellen und ggf. Kombinieren einer oder mehrerer Formeln sowie dem Einsetzen von Werten und dem Ausrechnen des Ergebnisses. Ein typisches Beispiel ist im Infokasten 2.1 dargestellt.

> Eine S-Bahn startet mit einer praktisch konstanten Beschleunigung von 0,8 m/s². Wie lang ist die Beschleunigungsstrecke, die die S-Bahn braucht, um 90 km/h zu erreichen?

Infokasten 2.1:   Beispiel für den Aufgabentyp *physikalische Rechenaufgabe*

Interviews mit Studierenden haben gezeigt, dass ihnen u.a. die zur erfolgreichen Bearbeitung der *physikalischen Rechenaufgaben* benötigten Strategien fehlen. Die mathematischen und physikalisch-inhaltlichen Anforderungen scheinen ebenfalls schwierigkeitserzeugend zu sein. Eine Analyse von bearbeiteten Übungsabgaben kann zur Diagnose der Bearbeitungsprobleme herangezogen werden, gibt aber nicht ausreichend Aufschluss über die individuellen Schwierigkeiten der Studierenden. Aufgaben werden häufig in Teams bearbeitet, nicht gelöste Aufgaben und Lösungsansätze werden oft nicht abgegeben. Wo Punkte für Klausurzulassungen benötigt werden, werden Lösungen abgeschrieben. Eine individuelle Diagnose ist in diesen Fällen kaum möglich. Die *Diagnosecheckliste* soll die anhand der bearbeiteten Übungsaufgaben nur eingeschränkt mögliche Diagnose ergänzen.

Eine erfolgreiche Bearbeitung des oben beschriebenen Aufgabentypus setzt mehrere komplexe Schritte voraus. Die Struktur eines prototypischen Lösungs- und Bearbeitungsprozesses ist im Infokasten 2.2 dargestellt. Dabei ist eine lineare Abfolge der Bearbeitungsschritte nicht notwendig, aber in vielen Fällen sinnvoll. Die *Diagnosecheckliste* soll zu jedem dieser Bearbeitungsschritte eine Diagnostik ermöglichen, indem die Studierenden ihre individuellen Schwierigkeiten bei der Bearbeitung der Aufgaben dokumentieren. Gleichzeitig dient sie den Studierenden als strukturierter Leitfaden für die Bearbeitung der Aufgaben.

Die Struktur und die Inhalte der auf der *Diagnosecheckliste* abgebildeten typischen Lösungs- und Bearbeitungsschritte orientieren sich an gängigen Problemlöseprozessen, wie z.B. nach Polya (1945), Lühe (1995) oder Friege (2001).

1. **Aufgabenstellung lesen und verstehen**
    – Textverständnis & Darstellungsverständnis herstellen.
2. **Aufgabenstellung analysieren**
    – Aufgabe in ein Themengebiet einordnen.
    – Gegebene und gesuchte Größen aufschreiben.
3. **Problemstellung der Aufgabe bearbeiten**
    – Ansätze & Ideen zur Lösung der Aufgabe finden.
    – Eigene Skizze / zeichnerische Lösung erstellen.
    – Benötigte Formel finden.
    – Berechnungen durchführen.
4. **Richtigkeit des Ergebnisses abschätzen (und ggf. nachbessern)**
    – Fragestellung mit dem Ergebnis vergleichen.
    – Größenordnung abschätzen.
    – Dimensionsanalyse durchführen.

Infokasten 2.2:   Typische Lösungs- und Bearbeitungsschritte für den Aufgabentyp *physikalische Rechenaufgabe*. Die Reihenfolge der Teilschritte dieses Bearbeitungsschemas ist nicht vorgeschrieben

Diagnosecheckliste
für Übungsaufgaben mit Formeln und Rechnungen
© Pusch / Theyßen 2011

*dort*MINT
DiF-Instrument

Name: _____ Datum: _____ Aufgabe: _____ _____	Das konnte ich	Dabei hatte ich Schwierigkeiten	Freie Beschreibung der Schwierigkeiten (was genau machte Schwierigkeiten?)		Dafür möchte ich Förderung

1   Aufgabenstellung lesen und verstehen

Textverständnis & Darstellungsverständnis Verstehe ich die den Aufgabentext? Verstehe ich die Skizze oder die Tabelle? Verstehe ich die beschriebene phys. Situation und die Fragestellung?	☐	☐			☐

2   Aufgabenstellung analysieren

2a Einordnen der Aufgabe in ein Themengebiet Kann ich die Aufgabe in ein Themengebiet einordnen, z.B. Mechanik, gleichförmige Bewegungen? Kenne ich ein analoges Problem?	☐	☐			☐
2b Herausfinden und Aufschreiben von Gegeben und Gesucht Kann ich herausfinden und aufschreiben, welche physikalische Größen gegeben und gesucht sind? Beispiel: $v_0 = 4$ m/s, $s = 10$ m, $t = ?$, ist $U_{Verbraucher}$ oder $U_{Leitung}$ gesucht?	☐	☐			☐

3   Problemstellung der Aufgabe bearbeiten

3a Ansätze & Ideen zur Lösung der Aufgabe finden Kann ich einen Ansatz zur Lösung der Aufgabe finden, z.B. das Aufstellen eines Kräftegleichgewichtes? Habe ich eine Idee wie ich die Aufgabe in Teilprobleme zerlegen kann?	☐	☐			☐
3b Eigene Skizze / Zeichnerische Lösung erstellen Kann ich eine eigene Skizze oder eine zeichnerische Lösung erstellen? Beispiel: bei einer Skizze alle auf den Körper wirkenden Kräfte einzeichnen, Konstruktion an der Sammellinse etc.	☐	☐			☐
3c Herausfinden der benötigten Formel Kann ich eine passende Formel zur Bearbeitung der Aufgabe auswählen? (passend zu den gegebenen und gesuchten Größen, Gültigkeitsbereich der Formel beachten)	☐	☐			☐
3d Rechnungen: **Gleichungen Aufstellen, Umformen und Auflösen** Gleichsetzen, nach gesuchter Größe umformen, Ableiten etc. (möglichst lange mit Variablen arbeiten, ohne konkrete Zahlen einzusetzen) **Einsetzen von Zahlenwerten und Ausrechnen** Umrechnen der Zahlenwerte, Einsetzen, Ausrechnen mit nachvollziehbarem Lösungsweg (Einheiten mitführen)	☐	☐			☐

4   Abschätzung der Richtigkeit des Ergebnisses

Vergleichen der Fragestellung mit dem Ergebnis Passt mein Ergebnis zur Fragestellung? Habe ich die Frage damit beantwortet? **Abschätzen der Größenordnung** Stimmt die Größenordnung des Ergebnisses mit meiner Erwartung (sofern vorhanden) überein? Bsp.: Ergebniserwartung im Bereich 10^{-4} N oder 10^{32} N? **Kontrolle der Einheiten** Hat mein Ergebnis die richtige Einheit? **Plausibilitätsbetrachtung** Erscheint das Ergebnis plausibel? Wurde z.B. eine größere Stromstärke ein größeres Magnetfeld erzeugen?	☐	☐			☐

- Die Diagnosecheckliste dient zur wöchentlichen Selbsteinschätzung der eigenen Fähigkeiten und Schwierigkeiten beim Bearbeiten von Übungsaufgaben.
- Übungsaufgaben mit Formeln und Rechnungen sind besonders geeignet für das Schema der Diagnosecheckliste.
- Durch eine ehrliche und reflektierte Selbsteinschätzung können die aufgetretenen individuellen Schwierigkeiten beim Bearbeiten einer Übungsaufgabe lokalisiert und gezielt beschrieben werden.
- Sie können ausgehend von Ihrer Selbstdiagnose frühzeitig individuelle Förderangebote / Hilfen bei Ihrem Tutor anfordern. Zur Anforderung von individueller Förderung geben Sie eine ausgefüllte Diagnosecheckliste samt Ihrer Aufgabenbearbeitung (korrigiert o. unkorrigiert, Original o. als Kopie) beim Tutor ab.
- Das Einschätzen von (eigenen) Fähigkeiten und Schwierigkeiten ist eine wichtige Kompetenz, die Sie vor allem im Hinblick auf Ihre spätere Lehrtätigkeit bereits im Studium trainieren und optimieren sollten.
- Die Diagnosecheckliste kann außerdem als Strukturierungshilfe für die eigene Aufgabenbearbeitung verwendet werden.

Abb. 2.1:   Diagnosecheckliste für *physikalische Rechenaufgaben*

Die Studierenden schätzen ihre eigenen Fähigkeiten auf einer dichotomen Skala („*Das konnte ich*" / „*Dabei hatte ich Schwierigkeiten*") und ihren individuellen Förderbedarf wöchentlich bei konkreten Übungsaufgaben ein.

Die Betreuer bieten aufgrund der Angaben auf der *Diagnosecheckliste* und ggf. unter Einbezug der Übungsabgaben individuelle Förderangebote an. Diese Förderangebote können aus gezielten Theorieergänzungen, ausführlich gelösten Beispielaufgaben (siehe Kapitel 2.2.4 Selbstlerneinheiten) oder auch aus dem Aufgreifen von „Knackstellen" im laufenden Übungsbetrieb bestehen. Die Abbildung 2.1 zeigt die *Diagnosecheckliste*, die unter Einbezug der Studierenden im Laufe von zwei Semestern erprobt und weiterentwickelten wurde.

2.2.1.2 Mathematik: Kompetenzcheckliste zur Selbsteinschätzung

Der Einsatz von Checklisten im Fach Mathematik unterscheidet sich im Wesentlichen dadurch vom Einsatz im Fach Physik, dass Checklisten sich hier nicht auf die Bearbeitung einzelner Aufgaben beziehen, sondern vielmehr das Verfügen über bestimmte *Kompetenzen* in den Blick nehmen. Die mit den Checklisten diagnostizierten Analyseeinheiten sind entsprechend größer. Die Kompetenzcheckliste stellt im Fach Mathematik keine Hilfe zum strukturierten Problemlösen dar, welche sich an konkreten Aufgabenbearbeitungen orientiert, sondern sie ist vielmehr ein Selbstevaluationsinstrument, mit welchem die Studierenden bewusst festhalten, inwiefern sie bereits über bestimmte Kompetenzen verfügen.

Im Fach Mathematik werden Kompetenzchecklisten vor allem in Zusammenhang mit Checks zur Selbsteinschätzung eingesetzt. Im Rahmen der Veranstaltungen „Elementare Funktionen" und „Diskrete Mathematik" erhalten die Studierenden nach jedem inhaltlichen Kapitel der Veranstaltung einen Check zur Selbsteinschätzung. Diese Checks sind nach Kompetenzen gegliedert. Jeder Kompetenz sind verschiedene Aufgaben zugeordnet. Über die Bearbeitung der Aufgaben können die Studierenden überprüfen, inwiefern sie bereits über die betreffende Kompetenz verfügen. Damit wird angestrebt, den Studierenden eine größtmögliche Transparenz über den eigenen Lernprozess zu ermöglichen: Lernen soll sich nicht an einzelnen Aufgaben, sondern vielmehr an Lernzielen orientieren. In Abbildung 2.2 ist ein Ausschnitt eines Kompetenzchecks aus der Veranstaltung „Diskrete Mathematik (DiMa)" dargestellt, der eine Kompetenz sowie eine der ihr zugeordneten Aufgaben abbildet.

Nach der Bearbeitung der Kompetenzchecks erhalten die Studierenden Musterlösungen. Die Studierenden nutzen diese, um selbstständig ihre Lösung des Kompetenzchecks zu kontrollieren und ggf. zu korrigieren. Sie erhalten damit eine Rückmeldung zu ihrer Aufgabenbearbeitung, die einen Ausgangspunkt für weitere inhaltliche Nachfragen bei Übungsgruppenleiterinnen und -leitern darstellen kann. Über die Bearbeitung der Aufgaben des Kompetenzchecks und die Kontrolle

dort**MINT**
DiF-Instrument

Dima Check 1

2. Darstellungsarten

Kompetenz: Ich kann zwischen Adjazenzmatrix und Inzidenzmatrix unterscheiden und in der Darstellungsart zwischen Graph, Adjazenzmatrix und Inzidenzmatrix wechseln.

Aufgabe 2.1. Geben Sie zu der vorgegebenen Darstellung (Adjazenzmatrix) die beiden anderen Darstellungsarten an.

$$\begin{array}{c c c c c c} & a & b & c & d & e \\ a & 0 & 1 & 1 & 0 & 0 \\ b & 1 & 0 & 1 & 1 & 1 \\ c & 1 & 1 & 0 & 0 & 0 \\ d & 0 & 1 & 0 & 0 & 0 \\ e & 0 & 1 & 0 & 0 & 0 \end{array}$$

Abb. 2.2:   Ausschnitt aus DiMa Check

mithilfe der Kompetenzcheckliste können die Studierenden unmittelbar Informationen dazu erlangen, inwiefern sie bereits über die den Aufgaben zugeordneten Kompetenzen verfügen. Die Kompetenzchecklisten dienen schließlich der Reflexion und dem Festhalten der gewonnenen Erkenntnisse. Die Kompetenzchecklisten sind nach denselben Kompetenzen gegliedert wie die Kompetenzchecks. Diese Passung ermöglicht ein unkompliziertes Festhalten der Erkenntnisse.

Für jede der in den Kompetenzchecks vorkommenden Kompetenzen findet sich eine Zeile im Kompetenzcheck (vgl. Abbildung 2.3). Die Studierenden halten im Freitext-Modus fest, inwiefern sie nach eigener Einschätzung bereits über die Kompetenz verfügen bzw. inwiefern sie Unterstützung benötigen. Zudem können die Studierenden freiwillig in einem Antwortmodus auf einer Skala zwischen ++ und -- ihre Selbsteinschätzung notieren.

Kompetenzen/Kenntnisse	Bemerkungen	--	-	o	+	++
Algorithmen vernetzen						
Ich kenne die Gemeinsamkeiten und Unterschiede zwischen folgenden Algorithmen: Breitensuche, Dijkstra, Tiefensuche, Kruskal, Prim.	z.T. ja, aber einige Beziehungen bzw. nicht zusammenpassenden Elementen sind mir nicht direkt klar, damit muss ich mich noch beschäftigen			×		
Beweise						
Ich kann einen gegebenen Beweis nachvollziehen und in eigenen Worten wiedergeben.	Cayley-Formel ist in Ordnung, muss nur die Beweisidee aber nochmal ganz genau angehen, damit ich sie „anwenden" kann				×	

Abb. 2.3:   Ausschnitt aus DiMa Checkliste

Nach dem Festhalten ihrer Selbsteinschätzung sind die Studierenden dazu angehalten, sich eigene, persönliche Lernziele zu setzen – beispielsweise, wenn sie in einer Kompetenz eigene Unsicherheiten wahrgenommen haben (vgl. Abbildung 2.4). Sie überlegen sich – ggf. mit Unterstützung des Übungsgruppenleiters bzw. der Übungsgruppenleiterin – Maßnahmen zur Zielerreichung und überprüfen nach einem selbst zu wählenden Zeitraum (in der Regel ein bis zwei Wochen), inwiefern sie dieses Lernziel erreicht haben oder inwiefern weitere Maßnahmen erforderlich sind.

Ziele:		
	1. Ziel: Maßnahmen	sicher werden in der Übersetzung von Term zu Graph 08.11.10 → GeoGebra
	2. Ziel: Maßnahmen	genau verstehen, was abhängige/unabhängige Größen sind 08.11.10 → Erklärung durch Übungsleiterin + zusätzliche Übungsaufgaben

Abb. 2.4: Förderziel aus DiMa Checkliste

Neben den Checklisten zu fachlichen Inhalten ist auch ein gezielter Einsatz von Checklisten zu prozessbezogenen Kompetenzen erfolgt – zum Modellieren, Problemlösen und Argumentieren (vgl. Abb. 2.5).

Kompetenz – Ich kann...	Bemerkungen	--	-	o	+	++
Einfache Argumentationen durchführen						
mit Alltagswissen argumentieren, Beispiele und Gegenbeispiele geben und damit Plausibilitätsbetrachtungen durchführen.						X
einfache rechnerische Begründungen geben.	hat im Check z.B. bei der Eulerschen Polyederformel gut funktioniert					X
Routineargumentationen (bekannte Sätze, Verfahren etc.) wiedergeben und anwenden.	1. Aufgabe des Checks ging. Wobei ich nicht sicher war, wenn ich nicht alles durch die Sätze zeigen konnte				X	
Mittelschwere und komplexe Argumentationen durchführen						
mehrschrittige komplexe Argumentationen nachvollziehen.	Beweise aus den Vorlesungen verstehe ich nachdem ich mich damit beschäftige				X	
mehrschrittige komplexe Argumentationen erklären.	anschließend kann ich sie auch erklären				X	
mehrschrittige komplexe Argumentationen selbst entwickeln.	Bisher ging es ganz gut, aber immer?!				X	

Abb. 2.5: Ausschnitt aus einer Checkliste zur Argumentationskompetenz

2.2.2 Concept Maps

Concept Maps sind ein Instrument um Wissensstrukturen zu visualisieren. Eine Concept Map stellt eine Art „Begriffslandkarte" dar, mit deren Hilfe inhaltliche Zusammenhänge wiedergegeben werden. Die Methode des Concept Mappings eignet sich demnach sowohl als Ansatz zur Lern- und Übungsunterstützung als auch als Diagnoseinstrument (Friege & Lind, 2000).

Concept Maps bestehen aus Begriffen (Knoten) und Relationen (Kanten). Die Konstellation aus zwei Begriffen und einer Relation wird als Proposition bezeichnet (vgl. Abbildung 2.6).

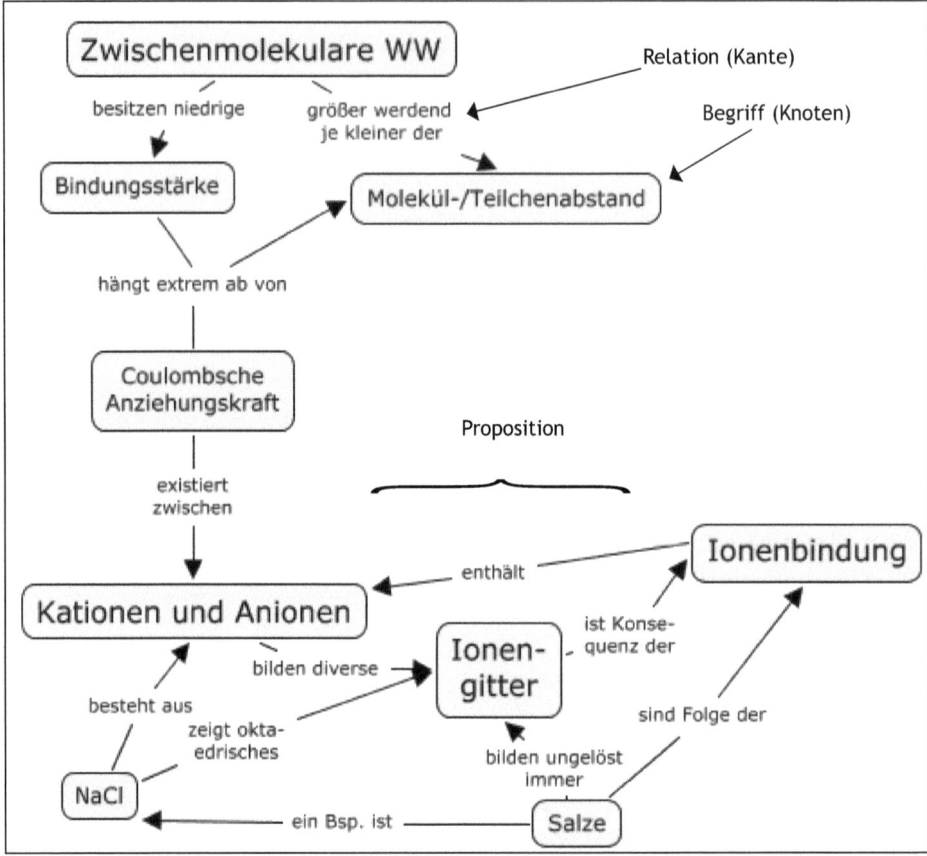

Abb. 2.6:   Ausschnitt aus einer Concept Map zum Thema Ionen

Im Rahmen der universitären Ausbildung von Lehramtsstudierenden in den MINT-Fächern wurden im Wesentlichen drei Ziele formuliert, die mit Hilfe dieser Methode erreicht werden sollten:

1. Vernetzter Überblick über die Vorlesungsinhalte
2. Gezielte Beschäftigung und Nachbereitung von Vorlesungsinhalten
3. Aufdeckung von nicht eindeutig Verstandenem

Einführung in die Methode: Zu Beginn des Semesters wurde den Studierenden der Chemiedidaktik in den Übungsveranstaltungen erklärt, welche Zielsetzungen mit dem Erstellen von Concept Maps verfolgt werden. Sie sollten erkennen, dass die Erstellung der Concept Maps zur Optimierung ihres eigenen Lernens dient.

Die Studierenden wurden außerdem in das Programm „CmapTools"[1] eingeführt, auf dessen Grundlage die Gestaltung der Concept Maps geschehen sollte. Des Weiteren wurden die charakteristischen Eigenschaften von Concept Maps vorgestellt. Hierzu zählt zum Beispiel, dass der Grad der Vernetzung möglichst hoch sein sollte

---

1   Freeware der Firma IHMC (Institute for Human and Machine Cognition).

und dass es, anders als bei Mindmaps, statt eines elementaren Hauptbegriffs mehrere zentrale Knotenpunkte geben kann.

Auf die Vorstellung einer Beispielmap wurde zu Beginn des Semesters bewusst verzichtet, denn die Studierenden sollten möglichst unbefangen und nach eigenen Vorstellungen Concept Maps gestalten. Einige Concept Maps der Studierenden wiesen jedoch im weiteren Verlauf des Semesters noch gravierende strukturelle Mängel auf (zum Beispiel in Bezug auf die Vernetzung der Knotenpunkte), sodass durch eine Gegenüberstellung einer gelungen Concept Map und einer weniger gelungenen Concept Map nochmals die grundlegendsten Kriterien einer Concept Map erklärt wurden.

Umsetzung der Methode: Die Studierenden bekamen den Auftrag, zu den einzelnen Themenblöcken der Vorlesung Concept Maps zu erstellen. Sie sollten zentrale Schlüsselbegriffe aus den Vorlesungen oder aus ihrem eigenen Wissensrepertoire durch eine Concept Map in einen sinnvollen Zusammenhang stellen. Auf diese Weise sollten die Studierenden ihr Wissen strukturieren und gleichzeitig die Themen aus der Vorlesung reflektieren.

Bei der Auswertung der Darstellungen wurde zunächst geprüft, ob die Knotenpunkte der Concept Maps und die Relationen zwischen den Knotenpunkten korrekt gewählt wurden. Die Fehler bei der Wahl der Knotenpunkte und der Relationen, die gemacht wurden, aber auch fehlende Relationen, wurden gesammelt und anschließend ausgewertet. Auf der Grundlage dieser Auswertung wurde dann auf mögliche Fehlvorstellungen oder Verständnisschwierigkeiten der Studierenden geschlossen. Diese Schlussfolgerungen wurden wiederum für die Themenwahl der Übung, die vorlesungsbegleitend stattfand, genutzt, sodass die Studierenden in der Übung mit den Themen konfrontiert wurden, bei denen die Zusammenhänge scheinbar noch unklar waren.

Auswertungsmethode: Die Auswertung der Concept Maps wurde im Verlaufe des Projekts auf Basis der Studierenden-Rückmeldung optimiert, um diese für sie effektiver gestalten zu können. Zu Beginn erhielten die Studierenden keine unmittelbare und individuelle Rückmeldung zu ihren Concept Maps. Die Ergebnisse der Diagnostik konnten die Studierenden nur über die thematische Gestaltung der Übung wahrnehmen. Im Verlaufe des Projekts wurden jedoch Auswertebögen entwickelt, mit deren Hilfe die Diagnostik möglicher Verständnisprobleme systematisch dokumentiert werden konnte und die Studierenden eine persönliche Rückmeldung über ihre Concept Maps erhielten.

Aufbau des Auswertebogens: Zunächst gibt der Auswertebogen Aufschluss über die Anzahl sowohl der eingebrachten Begriffe (Knotenpunkte), als auch der formulierten Relationen, den Verknüpfungen zweier Knoten. Zusätzlich wird vermerkt, wie viele der Begriffe ein- bzw. zweifach, dreifach und vierfach mit anderen verknüpft worden sind, um hiermit den Grad der Vernetzung abschätzen zu können. Je größer der Anteil der drei- oder vierfach verknüpften Knotenpunkte, desto größer ist der Vernetzungsgrad. Hohe Vernetzungsgrade sind im Allgemeinen – bei fachlicher Richtigkeit und inhaltlicher Bedeutsamkeit – Indikatoren für qualitativ hochwertige Concept Maps.

Darauf folgt eine Einteilung aller Propositionen in ein fünfteiliges Kategoriesystem. Propositionen können als richtig (1), unvollständig (2), uneindeutig/unverständlich (3), falsch (4) und als Wiederholung (5) kategorisiert werden. In einer Tabelle wird die Einordnung dann prozentual bezogen auf alle formulierten Propositionen angegeben. Hiermit erhält der Studierende eine Übersicht über die prozentualen Anteile der in die fünf Kategorien eingeordneten Relationen.

Nun erfolgt die eigentliche individuelle Rückmeldung und Förderung. Jede einzelne Proposition, die der Kategorie (3) und (4) zugeordnet wurde, wird tabellarisch aufgeführt und kommentiert. Diese Kommentare können direkte Korrekturen, aber auch Hinweise sein, die den Studierenden beim erneuten Bearbeiten der fehlerhaften Wissensstruktur helfen können. Abschließend erfolgen zusammenfassende Bemerkungen hinsichtlich der Methode des Concept Mapping und der dargestellten Fachinhalte. Diese Bemerkungen enthalten Vorschläge, um konkret erkannte Verständnislücken auszugleichen.

Evaluation des DiF-Ansatzes: Der DiF-Ansatz des Concept Mappings wurde primär mit Hilfe von halbstrukturierten Interviews evaluiert (vgl. Kapitel 2.4.3). Diese qualitative Erhebungsmethode konnte auf Grund der überschaubaren Anzahl der Studierenden (zwischen fünf und fünfzehn) in der Chemiedidaktik gut angewendet werden.

Bei der Befragung der verschiedenen Studierendengruppen ergab sich jeweils ein zweigeteiltes Bild, wobei eine Hälfte der Befragten die Methode generell als gewinnbringend sah, während die andere Hälfte die Methode für sich persönlich als uneffektiv empfunden hat. Folgende Befunde kristallisierten sich heraus:

- Etwa die Hälfte der Befragten empfand die Methode als hilfreich, um ihr Wissen zu strukturieren und Zusammenhänge zu erkennen.
- Die andere Hälfte konnte der Methode keinen Nutzen abgewinnen, weil sie andere Lernstrategien vorzieht.
- Der Zeitaufwand zur Erstellung einer Concept Map wurde häufig als zu groß angesehen, weil er in keinem gewinnbringenden Verhältnis zum subjektiv eingeschätzten Lernerfolg steht.
- Das grundlegende Vorgehen (Vorgabe von Begriffen, Rückmeldung über die Auswertungsbögen) wurde nicht negativ kritisiert.
- Der Aufbau und die Lernhinweise auf den Auswertebögen im Fach Chemie wurden als positiv bewertet.
- Es gibt keinen Zusammenhang zwischen der erbrachten Leistung in der Klausur und der Qualität der Maps.
- Die eine Hälfte der Studierenden sieht durchaus Anwendungsmöglichkeiten wie den Einsatz der Concept Maps als Testersatz oder als Methode, um einen Überblick über Themenzusammenhänge zu geben.

2.2.3 Forschungshefte

Forschungshefte sind Hefte, in denen Lernende ihre eigenen Lernprozesse in schriftsprachlicher Form festhalten und reflektieren (vgl. Hußmann, 2003). Lernende setzen sich in Forschungsheften mit ihren Ideen auseinander: Sie beschreiben, welche Einfälle sie hatten, welche Vorgehensweisen sie ausprobiert haben und welche Irrwege sie beschritten haben. Im fachdidaktischen Diskurs wird in ähnlicher Weise auch der Begriff der „Lerntagebücher" gebraucht. Für die Idee, den eigenen Lernprozess bewusst festzuhalten und zu reflektieren, war der Ansatz der „Reisetagebücher" von Gallin und Ruf (1998) wegweisend, bei dem nicht länger allein die Lösung der Aufgaben von Interesse war, sondern daneben vor allem auch der Lösungsweg in den Blick genommen wurde. Im Forschungsheft werden die Gedanken, die in Zusammenhang mit dem Lernprozess entstanden sind, expliziert. Anders als in Reisetagebüchern werden in Forschungsheften nicht nur die Prozesse festgehalten, sondern auch die Produkte, also Definitionen, Sätze, Beweise, Beispiele in eigenen Worten aber möglichst fachsprachlich formuliert.

Forschungshefte werden im Fach Mathematik eingesetzt. Die Studierenden erhalten in der Veranstaltung „Diskrete Mathematik" die Gelegenheit, ausgehend von authentischen Problemstellungen Mathematik selbst zu entwickeln und zu entdecken. Die Studierenden bekommen bspw. die Problemstellung, zwischen zwei U-Bahn-Stationen den kürzesten Weg zu ermitteln, sie können eigene Modellierungen vornehmen und Algorithmen entwickeln. Sie bekommen keine ‚fertige Mathematik' vorgelegt, sondern können diese, ausgehend von lebensweltlichen Problemstellungen, selbst ‚erfinden'. Damit erfolgt eine berufsbezogene Professionalisierung, da die Studierenden als Lernende selbst erfahren, wie aktiv-entdeckendes Lernen sich aus der Perspektive des Lerners anfühlt, welche Vorteile er für den Lernprozess in sich birgt und welche einhergehenden Herausforderungen der Lernende handhaben muss.

Forschungshefte werden eingesetzt, um diesen Lernprozess optimal zu begleiten. Die Studieren explizieren ihre Gedanken in schriftlicher Form und in Form von Skizzen. Damit wird unter anderem intendiert, den Studierenden eine größtmögliche Transparenz über ihren Lernweg zu ermöglichen. Sie erhalten die Aufgabe, ihr Forschungsheft stets in Heimarbeit, als Nacharbeitung des Lernprozesses in der Übungsgruppe zu verfassen. Damit wird neben der Transparenz auch eine bewusste Reflexion über den eigenen Lernweg angeregt und forciert.

Das Schreiben von Forschungsheften dient mit der Anregung des Durchdenkens des Lösungsweges und der Reflexion zum einen als immanente Förderung. Das Forschungsheft stellt an sich ein Förderinstrument dar. Darüber hinaus wird das Forschungsheft als Diagnoseinstrument genutzt. Die Übungsgruppenleiterinnen und -leiter kontrollieren die Forschungshefte und erhalten Erkenntnisse hinsichtlich inhaltlicher und prozessbezogener Kompetenzen, wie Modellieren, Problemlösen und Argumentieren. Es werden Rückmeldungen an die Studierenden gegeben, die zum einen Verständnisschwierigkeiten oder auch besonders gelungenen Aspekte des Lösungsprozesses oder gute Ideen der Studierenden betreffen.

Zur Umsetzung in der Veranstaltung: Die Studierenden erhalten durch den Dozenten der Veranstaltung in der *Vorlesung* authentische Problemstellungen, die es zu bearbeiten gilt. Die Studierenden haben bspw. die Aufgabe, einen optimalen Rundweg für die Müllabfuhr zu planen, einen optimalen Museumsrundgang zu entwerfen oder den kürzesten Weg zwischen zwei U-Bahn-Stationen zu ermitteln. Die Studierenden erhalten – für jedes Kapitel der Veranstaltung – zwei bis vier authentische Problemstellungen, die auf ähnliche Weise, mit derselben mathematischen Herangehensweise, lösbar sind. Ziel ist es, dass die Studierenden nicht nur die singuläre, vorliegende Problemstellung bewältigen, sondern darüber hinaus allgemeinere Algorithmen entwickeln: Diese sollen bspw. auch für sehr große Netze funktionieren, in denen man eine Lösung nicht durch schlichtes Ausprobieren ermitteln kann und diese sollen nicht an einem einzelnen Kontext verhaftet sein, sondern über verschiedene Anwendungssituationen hinweg anwendbar sein.

In den sich anschließenden Übungen erkunden die Studierenden diese Problemstellungen in Gruppen von 3 bis 4 Studierenden. Die Übungsgruppenleiterinnen und -leiter unterstützen die Studierenden dabei. Sie weisen auf Schwierigkeiten und Hindernisse hin, sie regen zu einer Verallgemeinerung der Algorithmen an u.v.m. In *Heimarbeit* fertigen die Studierenden nach jeder Übung individuell ihr Forschungsheft an. Sie notieren ihre Gedanken, ihre Erkenntnisse und auch Irrwege (vgl. Abb. 2.7).

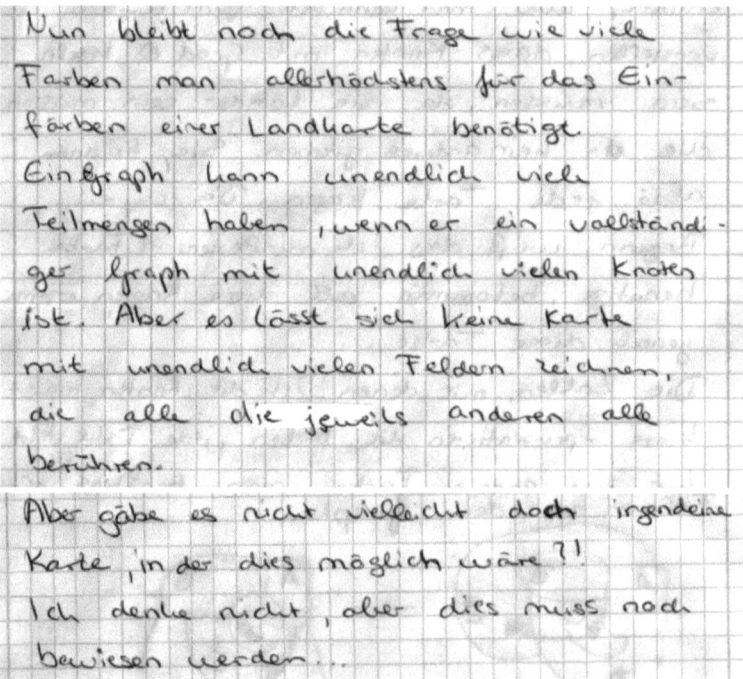

Abb. 2.7: Auszug aus einem Forschungsheft

Nach dem eigenen Lösungsprozess und dem Anfertigen der Forschungshefte geben die Studierenden ihre Forschungshefte an den Übungsgruppenleiter bzw. die Übungsgruppenleiterin ab. Die Übungsgruppenleiterinnen und -leiter lesen die Forschungshefte der Studierenden und geben *Rückmeldungen* in schriftlicher Form im Hinblick auf die Strukturierung, auf fachliche Inhalte und prozessbezogene Kompetenzen.

Schließlich werden die Inhalte in einer das Kapitel abschließenden Vorlesung aufgegriffen. Verschiedene Lösungsansätze der Studierenden, die aus den Forschungsheften herausgescannt wurden, werden vorgestellt und diskutiert. Auch die Lösungen, die in der Mathematik für solche Problemstellungen gefunden wurden, werden anschließend dargestellt, bspw. der Dijkstra-Algorithmus oder die Breitensuche. Das Forschungsheft ermöglicht somit eine enge Verzahnung von aktiv-entdeckendem Lernen aus individueller Perspektive und ‚fertiger Mathematik' aus fachlicher Perspektive. Es stellt oftmals ein Erfolgserlebnis für Studierende dar, dass sie zu den fachlich korrekten Algorithmen sehr ähnliche Algorithmen selbst erfunden haben. Dies bestätigt auch folgendes Zitat aus einem Interview im Rahmen der Evaluation mit einer Studierenden: „Also am Anfang war ich der Sache sehr negativ eingestellt, weil ich dachte so hey super, forschst Du da irgendwie so ein bisschen rum, und dann kriegst Du eh die richtige Version aufgetischt und fertig. … Aber als ich dann gesehen hab, *was* wir dann herausgekriegt haben, da diesen Dijkstra, ich weiß nicht, ob ich *den* so verstanden hätte, wenn ich mich nicht *vorher* schon mit den Sachen da beschäftigt hätte. Ich glaub schon, dass das ganz sinnvoll ist, um sich da so anzunähern."

2.2.4 Selbstlerneinheiten

Das Lernen aus Lösungsbeispielen ist eine typische Methode aus dem mathematisch-naturwissenschaftlichen Bereich (vgl. Renkl, Schworm & Hilbert, 2004, S. 77). Hierbei „treten besonders effektive Lernprozesse dann auf, wenn die Phase des Lösungsbeispielstudiums verlängert und intensiviert wird" (ebenda). Ein Lernen durch Lösungsbeispiele wird als vielversprechend angesehen, da der Cognitive Load (vgl. z.B. Sweller, 1988) durch das begleitende Bereitstellen aller relevanten Informationen gesenkt wird. Hierbei ist vor allem die wahrgenommene Schwierigkeit bzw. Belastung (extraneous Load) geringer und es ist mehr kognitive Kapazität für den eigenen Lernprozess (germane Load) verfügbar (z.B. Renkl, Gruber, Weber, Lerche & Schweizer, 2003).

Die in der Physik eingesetzten *Selbstlerneinheiten* greifen das Konzept des Lernens aus Lösungsbeispielen auf und werden ergänzend zu einer Experimentalphysikvorlesung mit Übungen als freiwilliges Zusatzangebot zur Verfügung gestellt.

Die *Selbstlerneinheiten* bestehen aus zusätzlichen Übungsaufgaben (vom Typ *physikalische Rechenaufgabe*, vgl. Kapitel 2.2.1.1) und dazu gehörigen ausführlichen Lösungsbeispielen (so genannten *kommentierten Lösungen*). Die *kommentierte*

Lösung geht über ein typisches Lösungsbeispiel hinaus, da die einzelnen Bearbeitungsschritte entsprechend dem *Bearbeitungsschema* (vgl. Kapitel 2.2.1.1 und Infokasten 2.2) weitgehend einheitlich strukturiert und ausführlich kommentiert sind. Die Kommentierung umfasst ausführliche Erklärungen und Begründungen der Rechenschritte, Vereinfachungen und Annahmen für jeden Schritt der Aufgabenbearbeitung.

Die *Selbstlerneinheiten* behandeln anhand exemplarischer Aufgaben prototypische Lösungsverfahren. Die inhaltlichen und methodischen Schwerpunkte ergeben sich aus der Analyse der Anforderungen der Übungsaufgaben sowie der Schwierigkeiten der Studierenden. So sind z.B. Aufgaben zum schiefen Wurf in verschiedenen Kontexten ein typisches und für die Studierenden vielfach schwieriges Thema der Übungsaufgaben. Eine *Selbstlerneinheit* zu diesem Thema geht deshalb sehr detailliert auf den prototypischen Lösungsweg für solche Aufgaben ein, bspw. auf die Ausnutzung der Unabhängigkeit von Horizontal- und Vertikalbewegung und die Verknüpfung der beiden Bewegungen über die Zeit.

Dem Abschnitt *Ansatz und Ideen zur Lösung der Aufgabe* wird innerhalb der *kommentierten Lösung* ein hoher Stellenwert beigemessen: er fasst das konkrete Vorgehen zusammen und stellt damit den Schlüssel zur Lösung der (prototypischen) Aufgabe dar. Der Infokasten 2.3 zeigt exemplarisch einen Ausschnitt aus einer *kommentierten Lösung*.

Die Studierenden können die Aufgaben und die dazugehörigen *kommentierten Lösungen* separat anfordern. Die Auswahl treffen sie anhand von individuellen Förderempfehlungen und einer tabellarischen Übersicht über die verfügbaren *Selbstlerneinheiten* mit Angabe der inhaltlichen und methodischen Schwerpunkte. Die Studierenden können die Aufgaben selbständig lösen und ihre Lösung anhand der *kommentierten Lösung* selbst kontrollieren bzw. ergänzen. Haben sie Schwierigkeiten mit der selbständigen Lösung, so können sie die *kommentierte Lösung* als Hilfestellung heranziehen. Wer die Aufgabe nicht selbst bearbeiten möchte, kann die Lösungsschritte nachvollziehen und das Vorgehen auf andere Aufgaben des gleichen Typs übertragen (Verallgemeinerung von Lösungswegen). Durch den standardisierten Aufbau der *kommentierten Lösung* (analog des *Bearbeitungsschemas*), können die Studierenden gezielt Erklärungen und Hinweise zu bestimmten Lösungsschritten suchen und diese nachvollziehen. Gleichzeitig sollen durch den standardisierten Aufbau Bearbeitungsstrategien für *physikalische Rechenaufgaben* gefestigt werden.

Aufgabenstellung

Wie viele andere Fische ernährt sich der Schützenfisch von Insekten, welche sich an der Wasseroberfläche befinden. Um das Angebot an Nahrung zu vergrößern, hat der Schützenfisch eine eindrucksvolle Jagdtechnik entwickelt: Er schießt die Insekten mit einem Wasserstrahl an, damit sie zu ihm ins Wasser fallen.

Berechnen Sie die minimale Geschwindigkeit, mit welcher der Fisch den Wasserstrahl abschießen muss, um das Insekt gerade noch zu treffen. Nehmen Sie geeignete Werte für den Abschusswinkel α, die Höhe des Blattes von der Wasseroberfläche und die horizontale Entfernung an. Als Orientierung dient Ihnen die Abbildung. Nutzen Sie dazu außerdem die Information, dass der abgebildete Fisch in der Realität 20 cm lang ist.

(Quelle: Markus Bennemann: Im Fadenkreuz des Schützenfischs)

Ansatz und Ideen zur Lösung der Aufgabe:

Die wichtigste Überlegung vor der Bearbeitung dieser Aufgabe ist, dass es sich bei der Bewegung des Wasserstrahls prinzipiell um den schiefen Wurf handelt. Dabei ist die Bewegung in der Horizontalen (im Weiteren x-Richtung genannt) eine gleichförmige (d.h. unbeschleunigte) Bewegung. In der Vertikalen (y-Richtung) hingegen wirkt die Erdbeschleunigung, sodass es sich hierbei um eine gleichförmig beschleunigte Bewegung handelt.

Die gegebenen Größen sind nicht, wie in klassischen Aufgaben, direkt dem Aufgabentext zu entnehmen, sondern selbst an Hand des Fotos auszumessen oder abzuschätzen. Dazu müssen Sie zunächst den Maßstab des Bildes kennen. Misst man den Fisch auf dem Bild aus, erhält man 2,5 cm. Dies entspricht in der Realität 20 cm. So ergibt sich, dass ein Zentimeter auf dem Bild acht Zentimetern in der Realität entspricht. Der Maßstab ist also 1:8 [sprich: 1 zu 8].

Infokasten 2.3: Ausschnitt aus einer *Selbstlerneinheit*. Neben der Aufgabenstellung ist der Teil „Ansatz und Ideen zur Lösung der Aufgabe" aus der kommentierten Lösung dargestellt

2.2.5 Erstellung kommentierter Lösungen durch Studierende

Kommentierte Lösungen werden durch Studierende zu ausgewählten Übungsaufgaben der Physik selbst erstellt. Sie dienen hierbei zum einen zur Diagnose von Verständnisproblemen anhand der Kommentierung, zum anderen als Förderinstrument. Eine *kommentierte Lösung* enthält (wie die Lösungen zu den *Selbstlerneinheiten*, vgl. Kapitel 2.2.4) ausführliche Erklärungen und Begründungen aller für die Lösung notwendigen Rechenschritte, Vereinfachungen und Annahmen.

Um eine *kommentierte Lösung* selbst erstellen zu können, müssen die Studierenden sich mit dieser Aufgabe und dem Lösungsweg sehr viel intensiver auseinandersetzen als mit anderen Aufgaben. Das Instrument greift Grundideen des Prinzips „Lernen durch Lehren" auf, beschränkt sich allerdings auf die Formulierung schriftlicher Erklärungen für die eigene Lerngruppe. Die Studierenden sollen dadurch einen tieferen Einblick in die spezielle Thematik und gleichzeitig (durch Reflexion der eigenen Vorgehensweise) Sicherheit in der Anwendung allgemeiner Lösungsschritte gewinnen. Adressaten der *kommentierten Lösung* sind alle anderen Studierenden der eigenen Übungsgruppe, die die Aufgabe zwar kennen, sich aber weniger intensiv damit befasst haben.

Da der Fokus auf der Formulierung der Erklärungen liegt, muss sichergestellt werden, dass den Studierenden bei der Erstellung der *kommentierten Lösung* eine fachlich richtige Lösung vorliegt. Deshalb wird zu der Übungsaufgabe zunächst eine knappe Musterlösung durch die Studierenden oder die Übungsleitenden erstellt. Ausgehend von dieser Musterlösung werden die einzelnen Lösungsschritte nach den Schritten des *Bearbeitungsschemas* (s. Infokasten 2.2, Kapitel 2.2.1.1) gegliedert und kommentiert.

An die Kommentierung werden die folgenden Anforderungen gestellt:
- Jeder Lösungsschritt ist ausführlich und nachvollziehbar erklärt.
- Die Lösung der Aufgabe und die Erklärungen sind fachlich korrekt.
- Die Aufgabenbearbeitung zeigt einen nachvollziehbaren „roten Faden".
- Die besonderen Schwierigkeiten der Aufgabe werden erkannt und entsprechend kommentiert.
- Auf bei den Adressaten (Mitstudierenden) eventuell nicht vorhandene Vorkenntnisse wird eingegangen, z.B. durch Erklärung von Fachbegriffen („Was ist eine Normalkraft? Was ist ein Kräftegleichgewicht?").
- Durch die Kommentierung werden die zentralen Fragen: „Was wird gemacht? Warum wird es gemacht? Wie wird es gemacht?" beantwortet.

Anhand der Kommentierungen können die Betreuenden gezielter als an den typischen, eher knappen Übungsabgaben Schwierigkeiten oder Verständnisprobleme diagnostizieren. Diese Diagnose wird Grundlage einer individuellen Förderung der Studierenden durch die Betreuenden: die potenziellen Schwierigkeiten werden besprochen und Überarbeitungs- und Vertiefungshinweise formuliert. Anschließend wird die *kommentierte Lösung* durch den Studierenden überarbeitet. Ggf. folgt ein weiterer Durchgang mit einer zweiten Überarbeitung.

Die schließlich fachlich korrekte und ausführlich kommentierte Lösung bildet zusammen mit der Übungsaufgabe eine *Selbstlerneinheit*, von der wiederum alle Studierenden des Kurses profitieren können (vgl. Förderung durch *Selbstlerneinheiten*, Kapitel 2.2.4).

2.2.6 Digitale Lernkartei

Im Fach Mathematik wurde darüber hinaus für die Veranstaltung „Elementare Funktionen" eine digitale Lernkartei entwickelt, die Studierende sowohl als Diagnose- als auch als Förderinstrument nutzen konnten, um sie ergänzend zu den bereits vorhandenen Materialien gegen Semesterende zur individuellen gezielten Vorbereitung auf die Modulprüfung zu nutzen.

Die digitale Lernkartei ist ähnlich strukturiert wie die Kompetenzchecks (vgl. Kapitel 2.2.1.2). Auch hier sind verschiedene Aufgaben einer Kompetenz zugeordnet und die Studierenden können durch das Bearbeiten der Aufgaben und den Abgleich mit Musterlösungen eine Selbsteinschätzung darüber vornehmen, inwiefern sie bereits über die Kompetenzen verfügen.

Die digitale Lernkartei bietet neben den Kompetenzchecks zusätzliche Übungsmöglichkeiten im Hinblick auf die Kompetenzen, welche auch in Kompetenzcheck und -checklisten diagnostiziert und gefördert werden. Ein wesentlicher Vorteil der digitalen Lernkartei liegt jedoch in den interaktiven Elementen, die eine unmittelbare Verknüpfung von Diagnostik und Förderung ermöglichen.

Zur Umsetzung in der Veranstaltung: Im letzten Drittel der Veranstaltungszeit wird die Lernkartei für die Studierenden freigeschaltet. Jede Studierende erhält einen individualisierten Zugangscode, mit dem sie Zugang zu dieser online zugänglichen Kartei erhält. Die Studierenden erhalten zusätzlich die URL der digitalen Kartei, an der sie per Internet an beliebigen Arbeitsorten arbeiten können. Nach dem Einloggen gelangen die Studierenden unmittelbar zu der Seite, auf der sie die Themenübersicht einsehen können.

Die Studierenden können unter den angebotenen Themen auswählen und gelangen schließlich zur Übersicht des jeweiligen Themengebiets, bspw. des Themengebiets des „Allgemeinen Funktionenverständnisses". Auf dieser Seite finden sie alle Kompetenzen, die im Rahmen der Veranstaltung für dieses Themengebiet relevant sind (vgl. Abbildung 2.8).

In dieser Übersicht ist hinter jeder Kompetenz ein Ampelsymbol in grüner, gelber oder roter Farbe dargestellt. Dies gibt den Studierenden einen Überblick darüber, bei wie vielen der Aufgaben der betreffenden Kompetenz die Studierenden im Vorfeld Unsicherheiten hatten. Ein grünes Symbol zeigt bspw. an, dass es keine Schwierigkeiten gab, während ein rotes Symbol auf gehäufte Schwierigkeiten mit im Vorfeld bearbeiteten Aufgaben verweist.

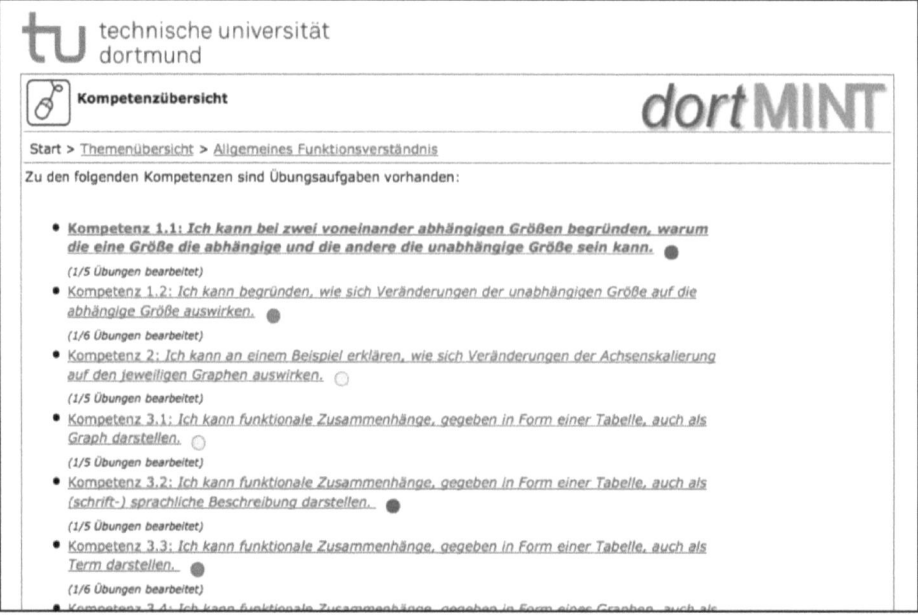

Abb. 2.8:   Kompetenzen in digitaler Lernkartei

Die Studierenden können auswählen, an welcher Kompetenz sie arbeiten möchten. Durch die Auswahl einer entsprechenden Kompetenz öffnet sich eine Seite, auf der sie eine Aufgabe erhalten, die es zu lösen gilt. Die Studierenden bearbeiten die Aufgaben selbstständig und ggf. mithilfe von Notizen. Die Lösung der Aufgabe wird nicht in den Computer eingegeben. Die Studierenden können sich stattdessen nach der Bearbeitung über den Button „Lösung anzeigen" die Musterlösung anzeigen lassen und diese mit ihrer Bearbeitung vergleichen.

Haben die Studierenden auf den Button „Lösung anzeigen" geklickt, so gelangen sie zur Seite mit der Musterlösung. Auf dem unteren Teil dieser Lösungsseite nehmen die Studierenden eine Selbsteinschätzung vor (vgl. Abb. 2.9). Sie kreuzen an „Das kann ich noch nicht!", „Das kann ich mittelmäßig" oder „Das kann ich gut!". Diese Selbsteinschätzung, die die Studierenden für alle Aufgaben vornehmen, geht in das Ampelsymbol ein, welches den Studierenden für jede Kompetenz in der Themenübersicht angezeigt wird (s.o.).

Für ihren weiteren Bearbeitungsprozess können die Studierenden wählen, ob sie mit einer ähnlich schwierigen Aufgabe derselben Kompetenz fortfahren, um daran zu üben, oder ob sie zu einer vertiefenden, schwierigeren Aufgabe der gleichen Kompetenz übergehen möchten. Sie klicken entsprechend entweder auf den Button „ähnliche Aufgabe" oder „vertiefende Aufgabe". Die Studierenden können daneben auch mit der nächsten Kompetenz fortfahren (vgl. Button „nächste Kompetenz") oder zur Themenübersicht zurück navigieren (vgl. Button „Zurück zur Übersicht").

Abb. 2.9: Digitale Lernkartei

2.3 Diagnose- und Förderansätze in unterschiedlichen Veranstaltungsformaten

Die in Kapitel 2.2 beschriebenen Diagnose- und Förderinstrumente wurden im Rahmen fachinhaltlicher Lehrveranstaltungen eingesetzt und ggf. durch weitere Maßnahmen, wie z.B. Beratungsangebote ergänzt. Die zwischen den beteiligten Fächern sehr stark differierenden organisatorischen Rahmenbedingungen der fachinhaltlichen Ausbildung (Veranstaltungsformen, Studierendenzahlen, Interventionsmöglichkeiten) haben dabei zu sehr unterschiedlichen Ansätzen geführt. Im Folgenden werden verschiedene Möglichkeiten aufgezeigt, wie die Integration einzelner Diagnose- und Förderansätze in verschiedenen Veranstaltungsformen erfolgen kann und welche Erfahrungen damit bisher gemacht wurden.

2.3.1 DiF in einer (großen) Vorlesung mit Übungsbetrieb

Im Fach Mathematik wurden Diagnose- und Förderinstrumente und -ansätze für zwei fachliche Veranstaltungen entwickelt und erprobt: „Elementare Funktionen" und „Diskrete Mathematik". Bei beiden Veranstaltungen handelte es sich um Vorlesungen mit Übungsbetrieb mit etwa 150 bis 300 Studierenden. Neben den wöchentlichen Vorlesungen fanden Übungen statt, die jeweils von etwa 30 Studierenden besucht wurden und die von studentischen Übungsgruppenleiterinnen und -leitern gegeben wurden. Im Anschluss an die Veranstaltungen schrieben die Studierenden entweder eine Abschlussklausur zu den Inhalten der Veranstaltungen.

Die Bedingungen der Veranstaltungen mit einer dreistelligen Anzahl von Studierenden stellen eine besondere Herausforderung für das Diagnostizieren und Fördern individueller Kompetenzen dar. Um dieser zu begegnen, fußte die Entwicklung von Diagnose- und Förderinstrumenten im Wesentlichen auf *zwei Grundpfeilern* (vgl. Abbildung 2.10).

Der erste Grundpfeiler bestand in der *Selbsttätigkeit* und *Selbstständigkeit* der Studierenden, die für eine individuelle Diagnostik und Förderung in Form von Selbsteinschätzungen notwendig ist. Denn es ist zum einen aus Kapazitätsgründen kaum möglich und nicht längerfristig in Veranstaltungen implementierbar, dass der Dozent für über 200 Studierende eine individuelle Diagnostik vornimmt. Zudem können studentische Übungsgruppenleiterinnen und -leiter aufgrund der zeitlichen

Belastung und aufgrund mitunter sehr unterschiedlicher diagnostischer Fähigkeiten eine individuelle Diagnostik nicht ohne weiteres bewerkstelligen. Den Studierenden muss folglich insofern die Verantwortung für das eigene Lernen in die Hand gegeben werden, dass sie Selbsteinschätzungen vornehmen, selbst Förderziele festlegen, dass sie diese in Teamarbeit evaluieren, Fördermaßnahmen durch gegenseitige Hilfe in Gruppen vornehmen etc.

Der zweite Grundpfeiler bestand in einer umfassenden *Schulung* der studentischen Übungsleiterinnen und -leiter, welche im Rahmen des Projekts entwickelt wurde. Nach ersten Erprobungen und auffälligen Gruppenunterschieden bezüglich der Akzeptanz der Diagnose- und Förderansätze zwischen den Übungsgruppen wurde die Notwendigkeit der Entwicklung einer solchen Schulung augenscheinlich.

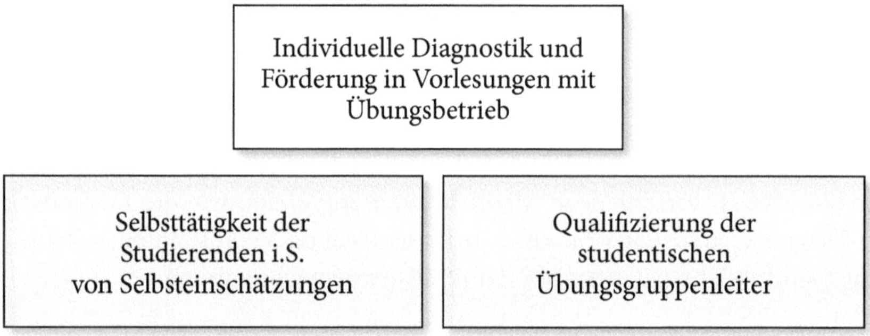

Individuelle Diagnostik und Förderung in Vorlesungen mit Übungsbetrieb

Selbsttätigkeit der Studierenden i.S. von Selbsteinschätzungen

Qualifizierung der studentischen Übungsgruppenleiter

Abb. 2.10: Grundpfeiler für DiF in großen Veranstaltungen

Die studentischen Übungsgruppenleiterinnen und -leiter nahmen im Vorfeld der jeweiligen Veranstaltung an drei Übungsgruppenleiter-Workshops mit dem Schwerpunkt Diagnostik und individuelle Förderung teil.

Übungsgruppenleiter-Workshop I: In einem ersten Workshop kamen die Übungsleiterinnen und -leiter mit der Thematik Diagnostik und individuelle Förderung in Kontakt. Zunächst sammelten sie Argumente für individuelle Diagnostik und Förderung in der universitären Lehre und wurden für die zunehmende Bedeutung von Diagnostik und individueller Förderung für Lehrerinnen und Lehrer sensibilisiert. In einem zweiten Schritt lernten Sie das Projekt dortMINT und vor allem Ziele und Anliegen des Teilprojekts I1 kennen, Studierende berufsbezogen zu professionalisieren und fachliche Leistungen zu steigern. In einem dritten Schritt lernten sie alle DiF-Instrumente und Ansätze kennen, welche für das betreffende Semester von Relevanz waren. Ferner wurde thematisiert, wie Diagnostik und individuelle Förderung in den Veranstaltungen umgesetzt wird, welche Bedeutung ihnen zukommt und schließlich, was unter Diagnostik und individueller Förderung im Rahmen der Veranstaltung zu verstehen ist.

Übungsgruppenleiter-Workshop II: Der zweite Workshop betraf die konkrete Implementation der entwickelten Instrumente und Ansätze in die Veranstaltung sowie den Umgang mit ihnen. Ziel war, dass die Übungsleiterinnen und -leiter erfahren, welche Tätigkeiten und Anforderungen auf sie zukommen, und den Umgang mit den Instrumenten und Ansätzen erproben. Die Studierenden erfuhren bspw., wie Kompetenzchecks während der Übungen kontrolliert werden können, wie sie darauf eingehen können und worauf sie achten müssen. Sie übten an Fallbeispielen, individuelle Förderziele zu setzen und Fördermaßnahmen zu entwickeln und erprobten die Diagnose- und Fördersituationen in Rollenspielen.

Übungsgruppenleiter-Workshop III: Im letzten Workshop wurden die Studierenden mit den semesterbegleitenden Unterstützungsmaßnahmen vertraut gemacht, welche für die Übungsgruppenleiterinnen und -leiter installiert wurden. Diese bestanden aus zwei Elementen: Gruppenhospitationen und kollegialen Fallberatungen.

Gruppenhospitation: Die Studierenden wurden angeregt, in Gruppen aus drei Übungsgruppenleiterinnen und -leitern gegenseitige Hospitationen im Übungsbetrieb vorzunehmen, welche anschließend gemeinsam reflektiert wurden. Sie erhielten einen Leitfaden für die Gesprächsführung, der sowohl unterschiedliche Phasen, aktive Gesprächsteilnehmer als auch ihre Dauer enthielt (vgl. Abbildung 2.11).

„Wie geht es mir jetzt?" (5 min) *Die aktive Person erläutert, wie die Übung für sie war und wie sie sich jetzt im Nachhinein fühlt.*
„Was war gelungen?" (6 min) • *Die beratenden Personen spiegeln wider, welche Aspekte am Handeln der aktiven Person ihnen gut gefallen haben (indem sie Notizen aus der Übung nutzen). (je 2 min)* • *Die aktive Person erläutert anschließend, welche Aspekte ihr an ihrem eigenen Handeln gut gefallen haben. (2 min)*
„Worüber würde ich gerne sprechen/Wo habe ich Beratungsbedarf?" (4 min) • *Die aktive Person erläutert, an welchen Stellen es kleinere oder größere Schwierigkeiten gab oder an welchen Stellen sie sich unwohl gefühlt hat. (4 min)* • *Die beratenden Personen notieren sich dies in Stichpunkten.*
„Welche Handlungsalternativen gibt es?" (15 min) *Die beratenden Personen nennen die Stichpunkte, die sie notiert haben. Sie überlegen gemeinsam nach möglichen Handlungsalternativen. Die aktive Person kann diese Vorschläge diskutieren und notiert sich diese.*
„Worauf möchte ich in Zukunft (mehr) achten?" (5 min) *Die aktive Person äußert einen Schwerpunkt, an dem sie in Zukunft arbeiten möchte, und hält diesen für sich schriftlich fest.*

Abb. 2.11: Leitfaden für die Gesprächsführung nach der Gruppenhospitation

Kollegiale Fallberatung: Daneben wurden die Übungsgruppenleiterinnen und -leiter dazu angeregt, für das Lösen spezifischer Schwierigkeiten oder Herausforderungen semesterbegleitend regelmäßige kollegiale Fallberatungen durchzuführen. „Die kollegiale Fallberatung ist eine zeitlich begrenzte, stark strukturierte Form kollegialer Kooperation, die zur Analyse und Interpretation von konkreten pädagogischen Situationen und Problemen und zur Entwicklung von realistischen Handlungs- und Lösungsoptionen verhilft" (vgl. Bennewitz & Daneshmand, 2010, 192). An diesen Fallberatungen sollten nach Möglichkeit alle sechs Übungsgruppenleiterinnen und -leiter teilnehmen, die jeweils kleinere oder größere Schwierigkeiten aus ihrer Übungspraxis mitbringen. Die Übungsgruppenleiterinnen und -leiter lernten einen möglichen Ablauf der kollegialen Fallberatung kennen (in Anlehnung an Grubmüller, 2012) und erprobten diesen beispielhaft an einem Fall.

Eingesetzte Instrumente und Ansätze: Es wurden in den genannten Veranstaltungen verschiedene Diagnose- und Förderinstrumente miteinander verzahnt und kombiniert eingesetzt, mit dem Ziel, Lernprozesse optimal zu gestalten und die Studierenden zu unterstützen. Die im Folgenden dargestellten Ansätze erwiesen sich als praktikabel, in Bezug auf Diagnostik und individuelle Förderung als gewinnbringend und als langfristig in die Lehrveranstaltungen implementierbar.

Eingangs- und Nachtest: Die Studierenden nahmen in der ersten Vorlesung an einem fachlichen Test teil, welcher im Rahmen des Projektes entwickelt wurde. Die Studierenden hatten die Möglichkeit, die Testergebnisse im Anschluss einzusehen und differenzierte Rückmeldungen zu den unterschiedlichen Aufgaben zu erhalten. Neben dem Eingangstest wurde ein analog aufgebauter Nachtest durchgeführt. Die Studierenden hatten im Anschluss die Möglichkeit, ihr individuelles Ergebnis im Nachtest, sowie die Lernzuwächse für die verschiedenen Aufgaben einzusehen. In der Vorbereitung auf die Modulabschlussklausur haben die Studierenden damit die Möglichkeit, wertvolle diagnostische Informationen zu erhalten. Auch im Falle eines Nicht-Bestehens einer Klausur bieten die Informationen aus Vor- und Nachtest mögliche Ansatzpunkte für eine weitergehende Förderung.

Forschungshefte: Die Studierenden fertigten Forschungshefte an, in denen sie ihren eigenen Lernweg und Lernergebnisse schriftlich festhielten. Sie erhielten hierzu schriftliche Rückmeldungen von ihren Übungsgruppenleiterinnen und -leiter (vgl. Kapitel 2.2.3).

Kompetenzchecks, Musterlösungen und Kompetenzchecklisten: Zu jedem inhaltlichen Kapitel erhielten die Studierenden *Kompetenzchecks*. In diesen waren die Themenbereiche der Veranstaltung in zu erwerbende Kompetenzen aufgegliedert (vgl. Kapitel 2.1.2.2). Den Kompetenzen waren wiederum verschiedene Aufgaben zugeordnet, über welche die Studierenden überprüfen konnten, inwiefern sie bereits über die jeweiligen Kompetenzen verfügen (ebd.). Hierzu diente auch der Abgleich der Lösungen mit *Musterlösungen*. Auf *Kompetenzchecklisten* hielten die Studierenden schließlich ihre Selbsteinschätzung bei der Aufgabenbearbeitung bezüglich der Kompetenzen fest (ebd.).

Concept Maps: Die Studierenden fertigten Concept Maps zur *Wissensstrukturierung* an. Dies fand einmal oder zweimal pro Semester statt und betraf je ein ausgewähltes inhaltliches Themengebiet der Veranstaltung, bei dem die Studierenden Schwierigkeiten hatten, Zusammenhänge zu erkennen. Die Knotenpunkte der Concept Maps wurden (durch die Vorlesungsinhalte) vorgeben und die Studierenden wurden angehalten, Relationen in Form von Kanten einzufügen und zu benennen. Dies erfolgte zunächst in Einzelarbeit. Anschließend fand ein Besprechen in Gruppen statt, bei dem die Studierenden ihre Concept Maps ergänzten und ggf. korrigierten. Daneben wurden auch jeweils einmalig Concept Maps zum

Überblickswissen angefertigt. Dies fand jeweils gegen Ende des Semesters statt und die Studierenden hatten dabei die Aufgabe, die Inhalte der Veranstaltung miteinander in Beziehung zu setzen. Auch hier wurde zunächst in Einzelarbeit gearbeitet und es schloss sich ein Vergleich in Gruppen an.

Digitale Lernkartei: Gegen Ende des Semesters hatten die Studierenden die Möglichkeit, mithilfe einer digitalen Lernkartei das Gelernte zu wiederholen und zu sichern. Dabei nahmen sie individuelle Selbsteinschätzungen bezogen auf die zu erwerbenden Kompetenzen der Veranstaltungen vor (vgl. Kapitel 2.2.6).

Zum Einsatz der Instrumente und Ansätze: Im Laufe der Projektlaufzeit wurde variiert, ob alle Studierenden einer Veranstaltung *verpflichtend* an allen Ansätzen teilnehmen mussten: Es wurde zum einen erprobt, inwiefern es sinnvoll ist, *alle* eingesetzten Ansätze für alle beteiligten Studierenden verpflichtend zu machen. Zum anderen wurde erprobt, nur ausgewählte Ansätze bindend anzubieten: An allen übrigen Ansätzen konnten die Studierenden freiwillig teilnehmen, indem sie ein sogenanntes „Diagnose- und Förder"-Modul wählten, welches ein zusätzliches ‚Paket' an Ansätzen umfasste.

Fazit: Die Ansätze zur Diagnose und individuellen Förderung konnten in einem iterativen Prozess aus sich stets wiederholender Erprobung und konsequenter Evaluation sukzessiv optimiert werden. Die hier dargestellten Ansätze wurden schließlich von den Studierenden als hilfreich und gewinnbringend eingeschätzt. Zudem erwiesen sie sich bezüglich ihres Einsatzes in universitären Lehrveranstaltungen als praktikabel und haben somit das Potential, längerfristig in Lehrveranstaltungen implementiert werden zu können. Die Entscheidung, ob alle oder nur ausgewählte Ansätze zur Diagnose und individuellen Förderung für alle Studierenden obligatorisch sein sollten, hängt maßgeblich mit dem Gesamtumfang der Ansätze, welche in einer Lehrveranstaltung eingesetzt wurden, sowie dem damit verbundenen Arbeitsaufwand für die Studierenden zusammen.

2.3.2 DiF in einem Tutorium

Ähnlich wie in dem Fach Chemie (vgl. Kapitel 2.3.3) wurde in dem Fach Physik zunächst eine Übung begleitend zu einer Fachvorlesung mit Diagnose- und Förderangeboten gestaltet (zu den dort eingesetzten Instrumenten vgl. Kapitel 2.2.1.1, 2.2.4 und 2.2.5). Es hat sich jedoch gezeigt, dass bei vielen Studierenden nicht nur Defizite in den Bearbeitungsstrategien für Übungsaufgaben, sondern auch große Defizite in den mathematischen und physikalischen Vorkenntnissen bestehen, die im Rahmen des normalen Übungsbetriebs nicht aufzuarbeiten sind. Hinzu kam, dass im Projektverlauf die Verantwortlichkeit für die Übungen von der Fachdidaktik zur Fachwissenschaft wechselte, sodass die Interventionsmöglichkeiten hier stark eingeschränkt waren. Deshalb wurde im Sommersemester 2011 und Wintersemester 2011/2012 zusätzlich ein freiwilliges Tutorium zur Diagnose und individuellen Förderung des vorlesungsrelevanten mathematischen und physikalischen Vorwissens sowie zur Weiterführung ausgewählter, in den Übungen bereits bewährter DiF-Ansätze angeboten.

In dem so genannten „DiF-Tutorium" wurde mit Hilfe von diagnostischen Tests das vorlesungsrelevante Schulwissen diagnostiziert (Infokasten 2.4). Hierzu gehören das vorlesungsrelevante physikalische Vorwissen, einschließlich typischer Fehlvorstellungen in diesen Themengebieten, sowie die grundlegenden mathematischen Fähigkeiten, die für die Bearbeitung der Übungsaufgaben vom Typ *physikalische Rechenaufgaben* notwendig sind (Infokasten 2.1).

Die Items der diagnostischen Tests wurden aus vorhandenen diagnostischen Instrumenten adaptiert oder speziell zu den Themen und Inhalten der Veranstaltung entwickelt.

- *Mathematik*
  u.a. Auflösen von Gleichungen, Zehnerpotenzen, Trigonometrie, Vektorrechnung, Differential- und Integralrechnung

- *Mechanik*
  u.a. Interpretieren und Erstellen von x-y-Diagrammen, vektorielle Darstellung von Größen, ausgewählte Grundprinzipien von Kräften

- *Wärmelehre*
  u.a. thermisches Gleichgewicht, Temperatur, Wärme & Innere Energie, Zustandsänderungen

- *Optik*
  Geometrische Optik, u.a. Blenden, Spiegel, Linsen

- *E-Lehre*
  u.a. Schaltung von Messgeräten, Gesetze und Berechnungen in Stromkreisen, Potentialdifferenz

---

Infokasten 2.4: Themen der diagnostischen Tests

Auf Grundlage der Testergebnisse wurden zu den Themen mit den größten und häufigsten Schwierigkeiten Fördersitzungen für das Tutorium konzipiert. Zu weiteren, weniger häufig diagnostizierten Schwierigkeiten wurden zusätzliche Fördermaterialien entwickelt, die außerhalb des Tutoriums bearbeitet werden können. Für die Teilnehmer wurden anhand der Testergebnisse individuelle Förderpläne erstellt. Diese beinhalten eine Aufschlüsselung der Diagnose (nach physikalischem Themengebiet bzw. mathematischer Fähigkeit) mit Empfehlungen zur Nutzung der Förderangebote im Tutorium oder der zusätzlichen Fördermaterialien.

Die Diagnose durch Tests und die anschließende Förderung durch Tutoriumseinheiten und Fördermaterialien beginnt mit der Mathematik und orientiert sich danach an den Fachinhalten der Vorlesung. Die Fördersitzungen des Tutoriums sind modular aufgebaut, sodass ihr Besuch durch die Studierenden mit Hilfe des persönlichen Förderplanes vorab individuell geplant werden kann (Pusch & Theyßen, 2012). Die Tabelle 2.3 zeigt exemplarisch den Ablaufplan des DiF-Tutoriums im Wintersemester 2011/2012 zu den Themen Mathematik, Mechanik und

Wärmelehre. In der Tabelle grau eingefärbt sind Angebote, die nicht aufgrund der Testauswertung angeboten wurden.

Tab. 2.3:   Ablaufplan des DiF-Tutoriums im WiSe 2011/2012

Woche	Diagnose	Förderung
1	Mathematik Test I (55 Minuten)	Bearbeitungsleitfaden für Übungsaufgaben
2	Mechanik Test I (45 Minuten)	Mathematik: Kombinieren mehrerer Formeln / Umstellen / Auflösen
3	Mathematik Test II (20 Minuten) Mechanik Test II (15 Minuten)	Mathematik: Flächen und Volumen umrechnen Mechanik: Unterscheidung und Bedeutung von Betrag und Richtung von Vektoren
4		Mechanik: Darstellung der Geschwindigkeit durch Einzeichnen von Vektoren
5		Mechanik: Wechselwirkungsprinzip
6		Mechanik: Gewichtskraft, Masse, Gewicht und Ortsfaktor
7		Mechanik: Gewichtskraft, Masse, Gewicht und Ortsfaktor
8		Bearbeitungsstrategien für Übungsaufgaben
9	Wärmelehre Test (45 Minuten)	Bearbeitungsstrategien für Übungsaufgaben
10		Wärmelehre: Temperatur, Wärme & innere Energie, Thermisches Gleichgewicht, Wärmeausdehnung
11	Abschlussreflexion	Wärmelehre: Wärmeausdehnung, Teilchenzahl, Zustandsänderungen
12		Bearbeitungsstrategien für Übungsaufgaben

In den Fördersitzungen werden Arbeitsblätter bearbeitet. Diese beginnen jeweils mit einem allgemeinen Teil, der im Plenum bearbeitet wird. Er führt in das Thema ein und enthält die grundlegenden Definitionen und Konzepte. Darüber hinaus beinhalten die Arbeitsblätter Übungsaufgaben zur Anwendung und Vertiefung der allgemeinen Definitionen und Konzepte. Diese sind in Einzelarbeit oder Teams zu bearbeiten. Im Anschluss an die Bearbeitung dieser Übungsaufgaben findet eine Besprechung im Plenum statt. Hierbei stellen die Teilnehmenden ihre Lösungen an der Tafel vor oder besprechen diese gemeinsam mit den Betreuenden. Durch die direkte Abfolge bzw. den Wechsel von Aufgabenbearbeitung und gemeinsamer Besprechung können verbliebene oder neu aufgetretene Schwierigkeiten durch die Lerngruppe oder die Betreuenden aufgegriffen und geklärt werden. In den Fördereinheiten zu mathematischen Themen sind in der Regel je zwei Betreuende anwesend, um eine unkomplizierte Binnendifferenzierung zu ermöglichen.

Das DiF-Konzept des Tutoriums eignet sich in Form einer Blockveranstaltung auch als Vorkurs und wurde vor Beginn des Wintersemesters 2012/2013 für die zukünftigen Studienanfänger angeboten. Zielsetzung ist hierbei die Schließung möglicher Lücken beim mathematischen Vorwissen. Dies stellt eine wichtige Voraussetzung für die erfolgreiche Bearbeitung der Übungsaufgaben und den Nachvollzug der Vorlesungsinhalte dar. Das Angebot erstreckte sich für die Studierenden über vier Tage und kann insgesamt in einer knappen Woche ablaufen:

- 1. Kurstag: Mathematik-Test (ca. 90 min, mehrere Termine zur Auswahl)
- 2. bis 4. Kurstag: täglich zwei Fördersitzungen (je ca. 2 Stunden)
- dazwischen: Auswertung durch die Betreuenden und individuelle Rückmeldung der Förderpläne sowie des Terminplans für die Fördersitzungen

Der so genannte „DiF-Vorkurs" wurde vorab über zentrale Stellen der Studienberatung und die Webseiten der Fakultät Physik beworben.

2.3.3 DiF in einer Übung

Im Verlaufe des Projekts haben sich die Rahmenbedingungen, in denen die Ansätze der Diagnose und individuellen Förderung im Rahmen des dortMINT-Projekts im Fach Chemie erprobt und erforscht werden sollten, grundlegend verändert.

Zu Beginn des Projekts im Wintersemester 2009/2010 wurde die fachliche Ausbildung in der Anorganischen und Organischen Chemie für die Lehramtsstudierenden der Haupt- und Realschulen sowie der Sonderpädagogik von der Chemiedidaktik durchgeführt. Dadurch konnte bei der Gestaltung der Vorlesung und der dazugehörigen Übung dem Forschungsaspekt flexibel und konkret nachgegangen werden.

Seit dem Wintersemester 2011/2012 findet diese Ausbildung jedoch nicht mehr in der Chemiedidaktik, sondern in den jeweiligen Fachdisziplinen im Rahmen von deren Nebenfachangeboten für Maschinenbau- und Journalistikstudierende statt. Damit die Erforschung der Diagnose und individuellen Förderung aber dennoch fortgeführt werden konnte, wurden für die Lehramtsstudierenden zusätzliche Übungsangebote geschaffen. Aufgrund der vorliegenden Studienordnung konnte diese nur in der Anorganischen Chemie als Pflichtübung ausgeschrieben werden; in der Organischen Chemie dagegen als freiwillige Zusatzübung. Die Übungen fanden wöchentlich statt und umfassten eine Zeitdauer von circa einer Zeitstunde, wobei diese häufig auf Grund von zahlreichen Nachfragen seitens der Studierenden überschritten wurde. Als zusätzliches Angebot konnten die Studierenden außerdem einen Übungstermin in der vorlesungsfreien Zeit wahrnehmen, der sie noch einmal explizit auf die Klausur vorbereiten sollte. Hier hatten sie die Gelegenheit, konkrete Fragen zu stellen, die sich im Verlaufe der Klausurvorbereitung bei ihnen ergeben hatten.

Seit der Auslagerung der fachlichen Ausbildung in die Anorganische und Organische Chemie stand in den Übungen zunehmend die individuelle Förderung im Fokus des Interesses. In den Übungen wurden vermehrt individuelle Probleme der Studierenden aufgegriffen und diskutiert, wodurch es zu einer Verlagerung der Fremddiagnostik durch die Übungsleiterinnen und Übungsleiter zu einer stärkeren Selbstdiagnostik durch die Teilnehmenden kam. Außerdem wurde versucht, die Bedeutung des Gelernten für die Schulpraxis besser zu vermitteln, denn dieser didaktisch relevante Aspekt konnte durch die Vorlesungen nicht abgedeckt werden.

DiF in der Anorganischen Chemie: Die Anorganische Chemie ist in den Studienverlaufsplänen für die Lehramtsstudierenden im ersten Semester ihrer fachlichen Ausbildung verankert. Aus diesem Grund bestand die Übungsgruppe aus sehr heterogenen Lernenden. Sie umfasste Studierende, die eine solide chemische Grundausbildung in der Schule genossen hatten, aber auch solche, die nahezu keinerlei fundiertes Wissen aufweisen konnten, weil sie z.B. lediglich in der Sekundarstufe I den Chemieunterricht besucht hatten. Auf Grund dieser Gegebenheiten war es ein wichtiges Ziel der Übungsgruppe, die sehr heterogene Gruppe auf ein ähnliches Wissensniveau zu bringen. Dies wurde versucht umzusetzen, indem im Rahmen der Übung Inhalte aufgegriffen wurden, die die Basiskonzepte einer fachlichen Ausbildung ausmachen und die besonders in Bezug auf den Lehrerberuf relevant sind.

Der inhaltliche Schwerpunkt wurde in dieser Übung darauf gelegt, Basiskonzepte vertiefend zu erarbeiten, die im Kernlehrplan für den Mittelstufenunterricht vorgeschrieben sind und somit eine wichtige Wissensbasis für Lehramtsstudierende im Fach Chemie bilden. Hierfür wurden von den Übungsleiterinnen und Übungsleitern im Vorfeld Übungsblätter erstellt, die dann innerhalb oder außerhalb der Übung bearbeitet wurden. In der Regel wurden die Aufgaben in kooperativen Kleingruppen gelöst, sodass der starken Wissensdifferenz teilweise durch entsprechende Gruppeneinteilungen entgegengewirkt werden konnte.

Die Anwendung des Concept Mapping (vgl. Kapitel 2.2.2) bot sich in diesem Rahmen immer dann an, wenn explizit Basiskonzepte thematisiert wurden. Die Studierenden erhielten dann den Auftrag, mit Zuhilfenahme vorgegebener Begriffe, die sie noch ergänzen sollten, eine Concept Map zu erstellen, die einen möglichst hohen Vernetzungsgrad aufweist. Die Ergebnisse der Auswertung dieser Concept Maps wurden in die Gestaltung der nachfolgenden Übungen integriert, um so Verständnisschwierigkeiten abbauen zu können.

Auf Grund der Tatsache, dass viele Studierende nicht die nötigen Kenntnisse über die Basiskonzepte besaßen, wurden die Concept Maps in der Regel erst angefertigt, nachdem die entsprechenden Inhalte in der Vorlesung und in der zusätzlichen Übung behandelt worden sind. Die alternative Anwendungsweise – Concept Maps zur Wiedereinarbeitung und zur Überprüfung des bisherigen Verständnisses – konnte an dieser Stelle also nicht erprobt werden.

Nach dem erfolgreichen Abschluss der Veranstaltung durch eine Klausur mussten die Studierenden ein Laborpraktikum in der Anorganischen Chemie belegen. Auch hier hatten sie die Möglichkeit, durch die Vereinbarungen von separaten

Sprechstunden mit den Übungsleiterinnen und Übungsleitern ihre Verständnisschwierigkeiten zu äußern und zu diskutieren. Dieses Angebot haben Studierenden vereinzelt wahrgenommen, sofern sie mit der Vorbereitung der Experimente alleine nicht zurechtkamen.

Neben der Unterstützung durch individuelle Gesprächstermine stand den Lehramtsstudierenden außerdem ein Laborassistent während des Praktikums zur Verfügung. Dieser arbeitete mit den Studierenden die Ergebnisse der Antestate auf, die jeweils zu Beginn eines Versuches geschrieben wurden und stand ihnen bei der Durchführung der Versuche beratend zur Seite.

DiF in der Organischen Chemie: In der Organischen Chemie hatten die Lehramtsstudierenden ebenfalls die Möglichkeit, ihre fachliche Ausbildung durch die Teilnahme an einer Übung zu ergänzen. Die Inhalte dieser Übung orientierten sich vorrangig an den Aufgabenblättern, die in der vorlesungsintegrierten Übung gestellt, aber häufig nicht hinreichend vertiefend besprochen wurden. Aus diesem Grund nutzten die Studierenden die Möglichkeit, ihre Fragen innerhalb der Übungsgruppe zu stellen. Dieses Angebot nahmen die Studierenden sehr dankbar an, nicht zuletzt aufgrund der Tatsache, dass in der vorlesungsintegrierten Übung eine sehr große Anzahl an Studierenden (ca. 200) teilnahmen, die häufig in ihrer fachlichen Ausbildung schon weiter fortgeschritten waren. Die Fragen wurden in der Regel direkt in der Übung an die Übungsleiterinnen und Übungsleiter gerichtet, sodass die Interaktion überwiegend spontan verlief. Dieses Vorgehen wurde in der anschließenden Evaluation von den Studierenden durchweg als positiv empfunden und als hilfreicher für die Klausurvorbereitung eingeschätzt als eine vorher komplett durchstrukturierte Übungsstunde. Aus diesem Grund wird dieses Vorgehen auch in den kommenden Semestern beibehalten.

Überwiegend wurde die Übung im Frontalstil durchgeführt, wobei die Übungsleiterinnen und Übungsleiter und zum Teil auch die Teilnehmenden ein Problem oder eine Frage erörterten. Diese meist zeitsparende aber nicht immer effektivste Methode wurde hauptsächlich aus dem Grund gewählt, da die Studierenden – nach eigenen Aussagen – die Inhalte der Vorlesung meist noch nicht ausreichend nacharbeiten konnten, um die Aufgaben lösen und erklären zu können.

Fazit: Mit den zusätzlichen Übungsangeboten konnten überwiegend positive Erfahrungen gemacht werden. Sowohl das Feedback durch die Studierenden als auch die positiven Klausurergebnisse der regelmäßigen Teilnehmerinnen und Teilnehmer der Übung bekräftigen, dass besonders die stärkere Hinwendung zur Selbstdiagnostik und die individuell angepassten Übungen, welche die fachinhaltliche Ausbildung ergänzen, die richtigen Ansätze sind, um die Studierenden auch nach der Auslagerung der fachlichen Ausbildung zu begleiten.

2.3.4 DiF in einer kleinen Vorlesung

Die Bildung von Analogien stellt in der Technik eines der wichtigsten Instrumente der Problemlösung dar. Diese Analogien werden nur auf einer Metaebene, die fach- und dimensionsübergreifende Zusammenhänge abbildet, erkennbar. Nach Analogien zu suchen und dabei Zusammenhänge zu erkennen bedeutet, Wissen zu vernetzen und zu strukturieren. Diese Strukturen bilden die Grundlage des Ansatzes zur Diagnose und individuellen Förderung, der im Fach Technik im Rahmen kleiner Vorlesungen realisiert wurde. Zur Externalisierung der kognitiven Strukturen und Darstellung von individuellen Wissenslandkarten diente dabei das in Kapitel 2.2.2 erläuterte Instrument der Concept Maps.

Zur Anwendung des Ansatzes wurden im Rahmen des Projektes Vorlesungen gewählt, die unterschiedlichen Phasen im Studienverlauf des Lehramts Technik zugeordnet sind, aber strukturelle Ähnlichkeiten aufweisen. Diese Vorlesungen werden in der Regel von einer vergleichsweise kleinen Anzahl an Studierenden (≤ 30) regelmäßig besucht. Dies ermöglicht eine sehr enge und individuelle Betreuung und eine kurzfristige Rückmeldung und Rückkopplung der Ergebnisse. In einem ersten Schritt wurde der Ansatz des Concept Mapping im Rahmen einer Fachvorlesung eingesetzt, an der etwa 15 Studierende regelmäßig teilnehmen. Diese Vorlesung ist einer späteren Phase im Studienverlauf zuzuordnen und wird von Studierenden besucht, die bereits über Vorwissen aus vorhergehenden Grundlagenveranstaltungen sowie technischen Laborpraktika verfügen. Im zweiten Schritt wurde der Ansatz modifiziert und auf Grundlagenvorlesungen, die der frühen Phase im Studienverlauf zuzuordnen sind, ausgeweitet. An diesen Vorlesungen nehmen in der Regel etwa 30 Studierende teil.

Einsatz von Concept Maps in Fachvorlesungen: In der fachwissenschaftlichen Vorlesung fertigen die teilnehmenden Studierenden in Einzelarbeit Concept Maps an, die thematisch auf den jeweiligen Veranstaltungsinhalt bezogen sind. Das regelmäßige Erstellen der Concept Maps stellt eine Vorleistung zur Prüfungszulassung dar und ist für die Studierenden somit verpflichtend. Im Verlauf des Projektes wurde die Anwendung des Concept Mapping schrittweise angepasst und optimiert. Zunächst wurde der Fokus auf die Verwendung des Instruments selbst gerichtet. Die Teilnehmerinnen und Teilnehmer der Vorlesung erhielten die Aufgabe, zu jedem Veranstaltungstermin ein Protokoll in Form einer Concept Map zu erstellen, ohne dass weitere Angaben zum Inhalt und Umfang gemacht oder Anleitungen und Hinweise zur Gestaltung gegeben wurden. Abbildung 2.12 zeigt als Beispiel eine der dabei entstandenen Concept Maps.

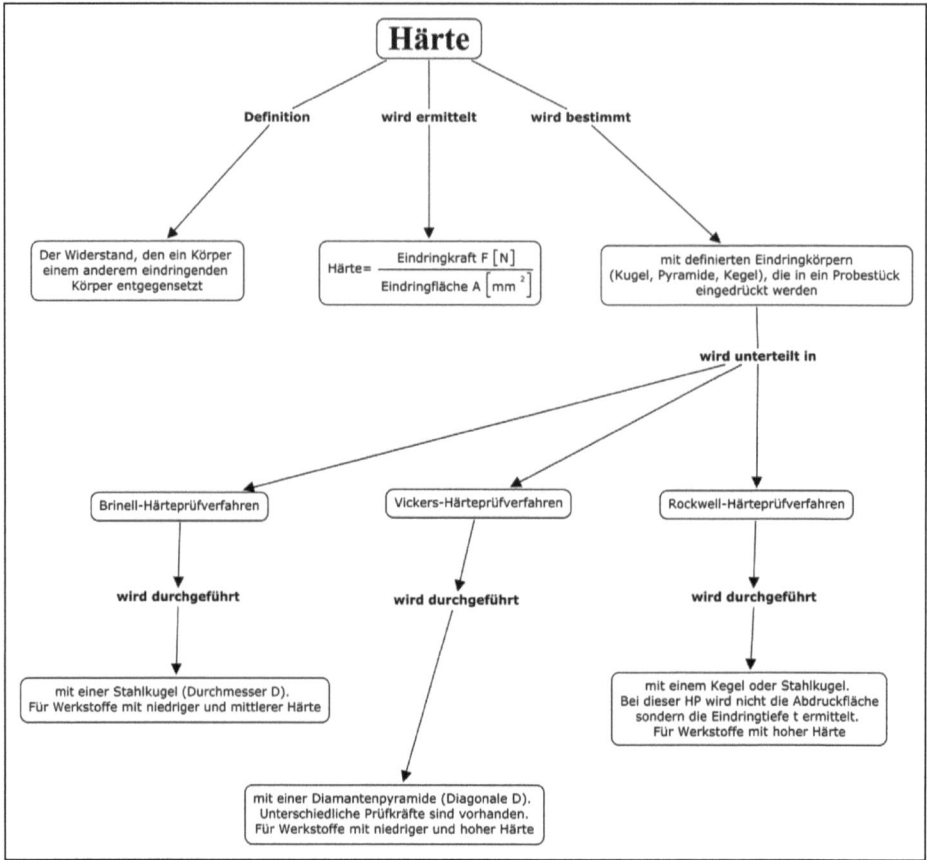

Abb. 2.12: Beispiel einer von einem Studierenden erstellten Concept Map zum Thema Werkstoffeigenschaften und -prüfung

Die Rückmeldung und Kommentierung der erstellten Concept Maps wurde darauf beschränkt, zu Beginn jeder Veranstaltung einige ausgewählte und durch die Lehrenden als gut und weniger gut eingeschätzte Concept Maps vorzustellen und mit den Studierenden zu diskutieren. Aus dem Feedback der Studierenden wurde aber deutlich, dass eine fachliche Korrektur und individuelle Rückmeldung bspw. mit Anregungen zur Gestaltung der Concept Maps und zu möglichen weiteren Verknüpfungen durch die Lehrenden essenziell für die Akzeptanz der Methode und damit die erfolgreiche Anwendung des Concept Mapping sind.

Ausgehend von diesem Ergebnis wurde das Konzept im folgenden Jahr um eine Einführung in die Zielsetzung des Projektes und den Ansatz des Concept Mapping sowie individuelle Rückmeldung jeder erstellten Concept Map durch die Lehrenden erweitert. Im Rahmen der Einführung in den Ansatz wurden mit den Studierenden beispielsweise die in Infokasten 2.5 zusammengefassten Grundregeln zum Erstellen von Concept Maps formuliert.

Die wichtigsten Regeln beim Erstellen einer C-Map

1. Eine Relation beginnt immer an einem Knoten und endet an einem Knoten.
2. Jede Relation braucht eine Richtung!
3. Jede Kante muss bezeichnet werden, um eine Relation darzustellen.
4. Knoten sind meistens eindeutige Substantive und keine langen Texte!
5. Jeder Knoten sollte mit möglichst vielen anderen verknüpft werden.

Infokasten 2.5:   Grundregeln zum Erstellen von Concept Maps

Die Rückmeldung erfolgte in Form von Kommentaren, die mit Hilfe des verwendeten elektronischen Tools direkt in die Concept Maps der Studierenden eingefügt werden können. Abbildung 2.13 zeigt einen Ausschnitt einer Concept Map, die vom betreuenden Dozenten kommentiert wurde.

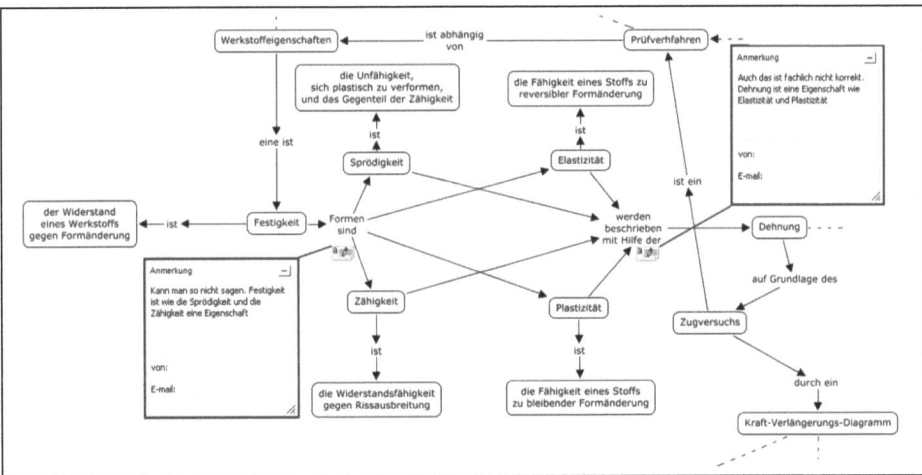

Abb. 2.13: Ausschnitte aus einer Concept Map zum Thema Werkstoffeigenschaften und -prüfung mit Kommentierungen des Dozenten

Dabei wurden einerseits die dargestellten inhaltlichen Zusammenhänge kommentiert und eventuelle fachliche Fehler korrigiert, andererseits aber auch formale Aspekte der erstellten Concept Map angesprochen. So wurden in der Rückmeldung auch Hinweise zur Gestaltung und Formulierung, zur Ergänzung weiterer möglicher Verknüpfungen oder zum Umgang mit dem verwendeten elektronischen Tool gegeben. Insbesondere auf Wunsch der Studierenden wurden zu Beginn jeder Veranstaltung weiterhin einzelne ausgewählte Concept Maps präsentiert und gemeinsam mit den Teilnehmerinnen und Teilnehmern der Veranstaltung diskutiert. Die Auswahl dieser Beispiele richtete sich dabei nicht mehr nach der Qualität der Concept Maps. Vielmehr wurde gezielt ein möglichst breites Spektrum verschiedener Ausprägungen vorgestellt, um den Studierenden so Anregungen für weitere kreative Möglichkeiten der Strukturierung und Gestaltung ihrer eigenen Concept Maps zu geben. Diese Anpassungen führten zu einer deutlich höheren Akzeptanz der Methode durch die Studierenden.

Im folgenden Jahr wurden daher nur geringfügige Veränderungen zur Optimierung des Konzeptes hinsichtlich fachlicher und inhaltlicher Aspekte vorgenommen. Als Grundlage der zu erstellenden Concept Maps wurden konkrete Themenschwerpunkte oder Fragestellungen formuliert und damit die Bindung der Concept Maps an die Protokollfunktion zur Veranstaltung aufgehoben.

Den Studierenden wurde so die Strukturierung und Abgrenzung erleichtert, sie konnten in der Vorbereitung auf die Prüfung auf in sich abgeschlossene Concept Maps zu einzelnen Themenbereiche zurückgreifen. Positiv erwies sich auch, dass Studierende, die nicht in der Veranstaltung anwesend sein konnten, mit Hilfe des gegebenen Themenschwerpunktes bzw. der Fragestellung die Inhalte mit dem Erstellen der Concept Map nacharbeiten konnten. Das Einfügen von Kommentaren wurde zunehmend auch von den Studierenden genutzt, um Fragen an die Lehrenden zu stellen, auf Unsicherheiten und Unklarheiten hinzuweisen oder selbst ebenfalls Rückmeldungen zu geben.

Zukünftig sollen zusätzlich die zeitliche Bindung der zu erstellenden Concept Map an den wöchentlichen Vorlesungstermin aufgebrochen und größere Themenbereiche als Schwerpunkte herausgestellt werden, um so das Erstellen komplexerer Concept Maps und damit ein erweitertes Vernetzen der Inhalte zu forcieren.

Einsatz von Concept Maps in Grundlagenvorlesungen: Ausgehend von den positiven Erfahrungen, die im Rahmen der Fachvorlesung" gemacht wurden, wurde der Ansatz der Concept Maps als Methode zur Diagnose und individuellen Förderung im auch auf einige Grundlagenvorlesungen ausgeweitet. Diese Vorlesungen sind in den Studienverlaufsplänen der Lehramtsstudiengänge im ersten Semester der Ausbildung verankert und stellen damit die erste Möglichkeit zum Erleben von Diagnose und individueller Förderung der Studierenden im Rahmen ihres Studiums dar. Der Einsatz der Concept Maps erstreckte sich hierbei mit verschieden Konzeptionen und entsprechend unterschiedlichem Umfang über mehrere Teilveranstaltungen. Ausgangspunkt stellte auch im Rahmen dieser Vorlesungen eine Einführung in die Zielsetzung des Projektes und die grundlegende Vorstellung der eingesetzten Methode des Concept Mapping dar.

Im Rahmen einer Vorlesung wurden im Verlauf des Semesters Concept Maps zu verschiedenen Themenbereichen als Gruppenarbeiten von den Teilnehmenden sowohl manuell als auch mit Hilfe des elektronischen Tools in der Vorlesung erstellt. Diese wurden von den Studierenden präsentiert und gemeinsam mit allen Teilnehmerinnen und Teilnehmern der Veranstaltung diskutiert. Zusätzlich stellte der Dozent die Inhalte der Veranstaltung selbst in Form einer Concept Map vor und verdeutlichte mit Hilfe dieser im Verlauf des Semesters kontinuierlich die Relationen zwischen den Themengebieten, die im Rahmen der Vorlesung behandelt wurden.

Begleitend zur Vorlesung „Technische Mechanik" wurden von der Dozentin verteilt über das Semester Arbeitsaufträge zur Erstellung von Concept Maps formuliert. Dabei wurde der Fokus auf das Erkennen von Parallelen und die Verknüpfung zwischen verschiedenen Themengebieten bzw. inhaltlichen Abschnitten der Veranstaltung gerichtet. Ein ähnliches Konzept wurde im Rahmen der Vorlesung „Energie- und Elektrotechnik" umgesetzt. Hier wurden nach Abschluss eines Themenblocks Schlagworte vorgegeben, die von den Studierenden als Ausgangspunkte zum Erstellen einer Concept Map genutzt werden sollten. In beiden Vorlesungen wurden die Arbeitsaufträge als begleitendes Angebot der individuellen Förderung zur Verfügung gestellt. Die Bearbeitung durch die Studierenden erfolgte ausschließlich freiwillig. Die erstellten Concept Maps wurden von den Lehrenden fachlich korrigiert und sowohl inhaltlich als auch mit Hinblick auf die Gestaltung kommentiert und individuell an die Studierenden rückgemeldet sowie zum Teil zusätzlich in einem gemeinsamen Gespräch erläutert, diskutiert und erweitert.

Zukünftig soll der Einsatz von Concept Maps insbesondere in den begleitenden Tutorien zu den Grundlagenvorlesungen fortgeführt und intensiviert werden. Dabei wird der Schwerpunkt weniger auf der inhaltlichen Strukturierung, als vielmehr auf der Verbesserung der methodischen Anwendung liegen, um das Concept Mapping weiter als „Werkzeug" zur Unterstützung des individuellen Lernprozesses zu verankern.

Fazit: Mit dem Diagnose- und Förderansatz des Concept Mappings wurden sowohl von den Lehrenden, als auch von den Studierenden ihm Rahmen kleiner Vorlesungen im Fach Technik überwiegend positive Erfahrungen gemacht. Durch die Anpassung des Einsatzkonzeptes (ausgehend vom Feedback der Studierenden) konnte die Akzeptanz des Ansatzes maßgeblich erhöht und sein Nutzen für den individuellen Lernerfolg verdeutlicht werden. Insbesondere die individuelle fachliche Korrektur und persönliche Rückmeldung durch die Lehrenden stellte einen erheblichen Mehrwert im Sinne der Diagnose und individuellen Förderung für die Studierenden dar und wurde von diesen auch so empfunden.

2.3.5 DiF in einem Praktikum

Technische Laborpraktika als regelmäßige, praktisch orientierte Veranstaltungen sind fester curricularer Bestandteil des Lehramtsstudiums im Fach Technik. Aufbauend auf Vorlesungen und Seminare, in denen überwiegend fachwissenschaftliches, theoretisches Wissen vermittelt wird, wird anhand von ausgearbeiteten und geplanten Experimenten praktisches wissenschaftliches und technisches Arbeiten trainiert. Studierende untersuchen, dokumentieren und analysieren hierbei in Kleingruppen grundlegende technische und naturwissenschaftliche Phänomene.

Im Fach Technik umfasst das technische Laborpraktikum zwei Veranstaltungen. Im zweiten Semester des Studienverlaufs wird von den Studierenden in der Regel das technische Praktikum I absolviert. Es gehört damit zu den fachwissenschaftlichen Grundlagenveranstaltungen des Studiengangs. Das technische Praktikum II ist in den Studienverlaufsplänen des Lehramtsstudiums im Fach Technik im fünften oder sechsten Semester verankert. In dieser Phase des Studiums können die Studierenden in der Regel bereits auf ein fundiertes fachwissenschaftliches Vorwissen zurückgreifen. Ausgehend von den positiven Erfahrungen, die im Rahmen kleiner Vorlesungen (vgl. Kapitel 2.3.3) mit dem in Kapitel 2.2.2 erläuterten Ansatz des Concept Mapping gemacht werden konnten, wurde dieser Ansatz zur Diagnose und individuellen Förderung auch auf die Veranstaltungen des technischen Praktikums übertragen. Ausgangspunkt stellte dabei eine Einführungsveranstaltung dar, in der unter anderem die Zielsetzung des Projektes erläutert sowie die eingesetzte Methode des Concept Mappings und des verwendeten elektronischen Tools vorgestellt wurden.

Im Rahmen des technischen Praktikums I und II führen die Studierenden in der Regel jeweils acht Versuche aus verschiedenen technischen Disziplinen durch. Diese gliedern sich in fünf Pflicht- und drei Wahlversuche. Während die Pflichtversuche von allen Studierenden vollständig zu absolvieren sind, besteht im Rahmen der Wahlversuche die Möglichkeit, Versuche nach individuellen Interessen auszuwählen. Im wöchentlichen Rhythmus werden die Versuche von Studierenden in Zweier- oder Dreiergruppen durchgeführt. Dabei können jeweils die Phasen Vorbereitung, Durchführung und Nachbereitung unterschieden werden:

- *Einsatz von Concept Maps in der Versuchsvorbereitung*:
  Die Gruppen bereiten sich selbständig auf die Versuche vor. Dazu stehen Ihnen begleitende Skripte sowie Arbeitsblätter zur Versuchsdurchführung und ergänzende Literaturhinweise zur Verfügung. Im Rahmen einiger Versuche ist das kollaborative Erstellen einer Concept Map Teil dieser Vorbereitung. Abbildung 2.14 zeigt eine zur Vorbereitung auf den Praktikumsversuch „Härteprüfung" erstellte Concept Map.

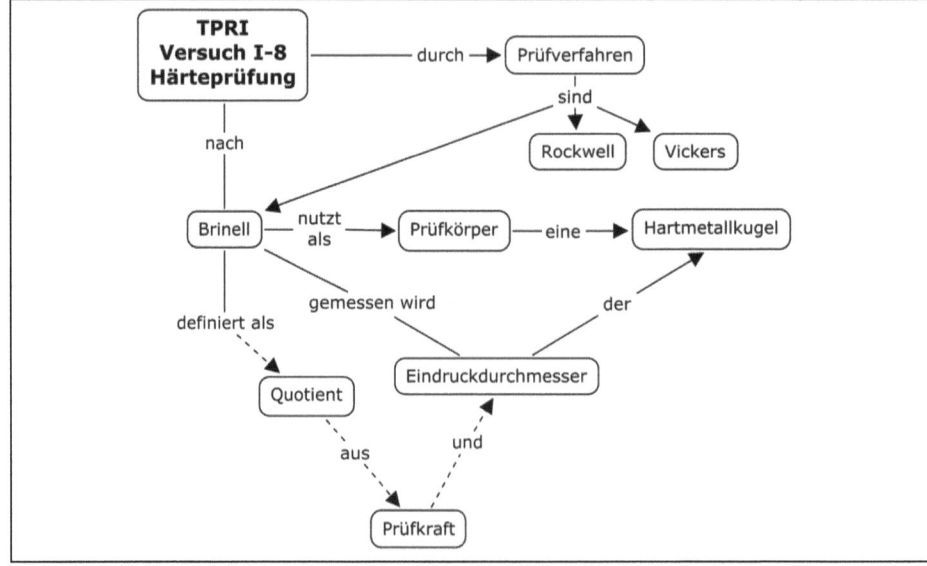

Abb. 2.14: Im Rahmen der Versuchsvorbereitung zum Praktikumsversuch „Härteprüfung" erstellte Concept Map

Die erstellten Concept Maps werden von den Studierenden am Tag vor der Versuchsdurchführung an die betreuenden Dozentinnen und Dozenten übermittelt. Diese haben so die Möglichkeit, sich ausführlich mit den Concept Maps zu befassen, diese diagnostisch einzuordnen und mögliche Fehlvorstellungen nachzuvollziehen. Anhand der Concept Maps können die Dozentinnen und Dozenten außerdem einschätzen, welche Begriffe die Studierenden als wichtig identifiziert und miteinander verknüpft hatten und ob dies ein ausreichendes Grundverständnisses der fachlichen Hintergründe abbildete.

- *Einsatz von Concept Maps in der Versuchsdurchführung*:
Unmittelbar vor der Versuchsdurchführung findet ein sogenanntes Einführungsgespräch statt, anhand dessen die Dozentinnen und Dozenten beurteilen, ob sich die Gruppen ausreichend mit den fachlichen Inhalten auseinandergesetzt und auf die Durchführung des Versuchs vorbereitet haben. In diesem Gespräch diskutieren die Dozentinnen und Dozenten mit den Studierenden die fachwissenschaftlichen Inhalte des Versuchs. Grundlage des Gesprächs waren in bei den betreffenden Versuchen die von den Gruppen erstellten Concept Maps. Die Dozentinnen und Dozenten greifen die darin abgebildeten Zusammenhänge und technischen Abläufe aktiv auf und nutzen sie als Ausgangspunkt der Diskussion. Ausgehend von den Concept Maps werden von den Dozenteninnen und Dozenten Fragen formuliert, präzisiert und von den Studierenden beantwortet. Im Rahmen des Gesprächs werden dabei Hinweise zu ggf. fehlenden oder falschen Bezeichnungen oder Verknüpfungen gegeben sowie mögliche Ergänzungen und Erweiterungen der Concept Map erörtert. Abbildung 2.15 zeigt einige Beispiele dazu.

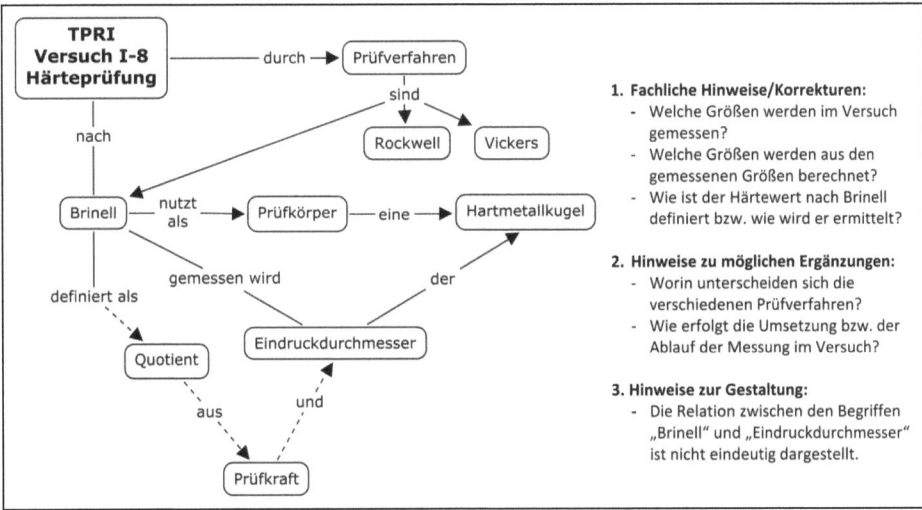

Abb. 2.15: Mögliche Kommentierungen und Hinweise zu einer Concept Map im Rahmen des Einführungsgesprächs zum Praktikumsversuch „Härteprüfung"

Die Studierenden erhalten außerdem den Arbeitsauftrag, die von Ihnen erstellte Concept Map im Anschluss an die praktische Versuchsdurchführung kritisch zu reflektieren und ggf. zu ergänzen oder zu überarbeiten.

Nach einem erfolgreichen Absolvieren des Einführungsgesprächs führen Sie den jeweiligen Versuch im direkten Anschluss selbständig durch. Die Dozentinnen und Dozenten stehen dabei für Rückfragen zur Verfügung, geben bei Bedarf Anregungen zur Problemlösung und beobachten die Gruppen temporär bei der Versuchsdurchführung. Die Durchführung des Versuchs dokumentieren die Studierenden anhand der zur Verfügung gestellten Arbeitsblätter. In der Regel schließt dies eine Auswertung und Interpretation der aufgenommenen Messwerte sowie eine qualitative Einschätzung der eigenen Ergebnisse ein. Auch während der Versuchsdurchführung und Auswertung werden die Studierenden angehalten, auf die erstellten und diskutierten Concept Maps zurückzugreifen und diese ggf. zu erweitern oder anzupassen.

- *Einsatz von Concept Maps in der Versuchsnachbereitung:*
  Nach dem Abschluss der Versuchsdurchführung und -auswertung vereinbaren die Gruppen mit den Dozentinnen und Dozenten einen Termin für das sogenannte Reflexionsgespräch. In diesem Gespräch wird die Versuchsvorbereitung und -durchführung reflektiert sowie die Ergebnisse und die Versuchsdokumentation besprochen. Im Rahmen dieses Gesprächs wird wieder die erstellte und überarbeitete Concept Maps als Grundlage der Diskussion genutzt.
  Abbildung 2.16 zeigt als Beispiel, wie die im Rahmen der Versuchsvorbereitung erstellte Concept Map überarbeitet im Reflexionsgespräch diskutiert wurde.

Die Studierenden werden dazu angeregt, ausgehend von ihren Erfahrungen aus der praktischen Versuchsdurchführung und den Ergebnissen der Auswertung bestehende Relationen zu bewerten und ggf. zu korrigieren sowie diese zu erweitern.

Vorteile des Concept Mapping – Einschätzung der Lehrenden: Aus Sicht der Lehrenden war der Einsatz des Concept Mapping im Rahmen des technischen Praktikums mit einer Vielzahl von Vorteilen verbunden. Zunächst war festzustellen, dass die Studierenden im Einführungsgespräch wesentlich entspannter seien, da ihnen die vorliegende Concept Map eine gewisse Sicherheit gab und damit die empfundene Prüfungssituation entschärfte. In der Regel führte dies auch dazu, dass sich die Studierenden in der Vorbereitung weniger darauf konzentrierten, abrufbereitetes und „abfragbares" Faktenwissen anzusammeln und sich somit deutliche stärker auf das eigentliche Verständnis der Zusammenhänge und Prinzipien konzentrierten. Gleichzeitig stellten die Concept Maps einen nicht zu vernachlässigenden motivationalen Faktor dar. Die grafische Darstellung zeigte den Studierenden unmittelbar ein „Wachsen" des Netzes und damit mittelbar auch ihre Lernfortschritte. Außerdem wurde deutlich, dass die Concept Maps die Bereitschaft und Offenheit der Studierenden zur Diskussion anregten. Mit den Concept Maps werde für das Einführungsgespräch zum Versuch eine gemeinsame Basis der Kommunikation geschaffen, die Missverständnisse in der Diskussion verhindere. Nach Aussage

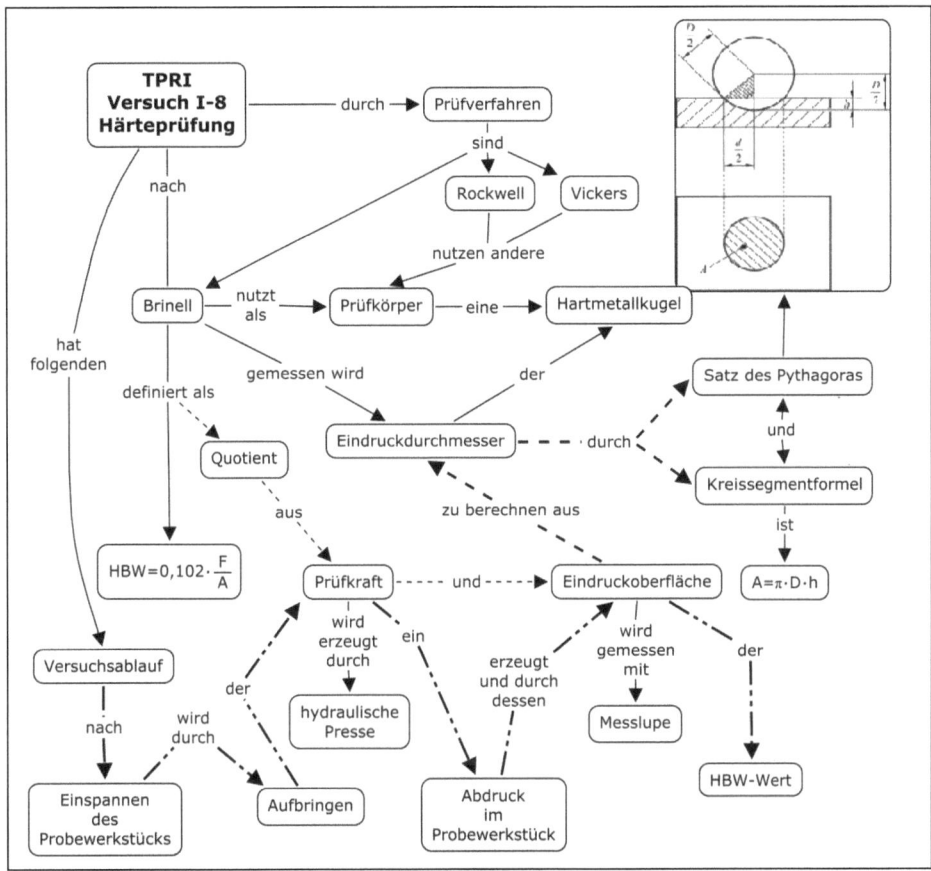

Abb 2.16: Für das Reflexionsgespräch überarbeitete Concept Map zum Praktikumsversuch „Härteprüfung"

der Dozentinnen und Dozenten falle es den Studierenden daher leichter, Fragen mit Hilfe der Concept Map einzuordnen – genauso falle es ihnen selber leichter, Fragen so für die Studierenden verständlich zu formulieren und zu konkretisieren.

Anpassung des Einsatzes und zusätzliche Unterstützungen: Auf Grund von Rückmeldungen der Studierenden, dass das Erstellen der Concept Maps im Rahmen des wöchentlichen Rhythmus der Versuche im technischen Praktikum einen zu hohen Zeitaufwand mit sich bringe, wurde im Verlauf des Projektes die Anzahl der zu erstellenden Concept Maps reduziert. Zusätzlich wird ein Tutorium angeboten, in dem die Studierenden bei der Vorbereitung auf die Versuche und dem Erstellen der Concept Maps unterstützt werden. Im Rahmen dieses Tutoriums wurden Kurzanleitungen und Video-Tutorials zur Arbeit mit dem eingesetzten Programm „CMapTools" (vgl. Kapitel 2.2.2) erarbeitet und in einem durch die Tutorinnen und Tutoren betreuten Moodle-Kurs zur Verfügung gestellt. In diesem Kurs werden in Form einer „CMap FAQ" zusätzlich interaktiv Fragen, Tipps und Hinweise von Studierenden gesammelt und diskutiert. Abbildung 2.17 zeigt einen Ausschnitt dieser „CMap FAQ".

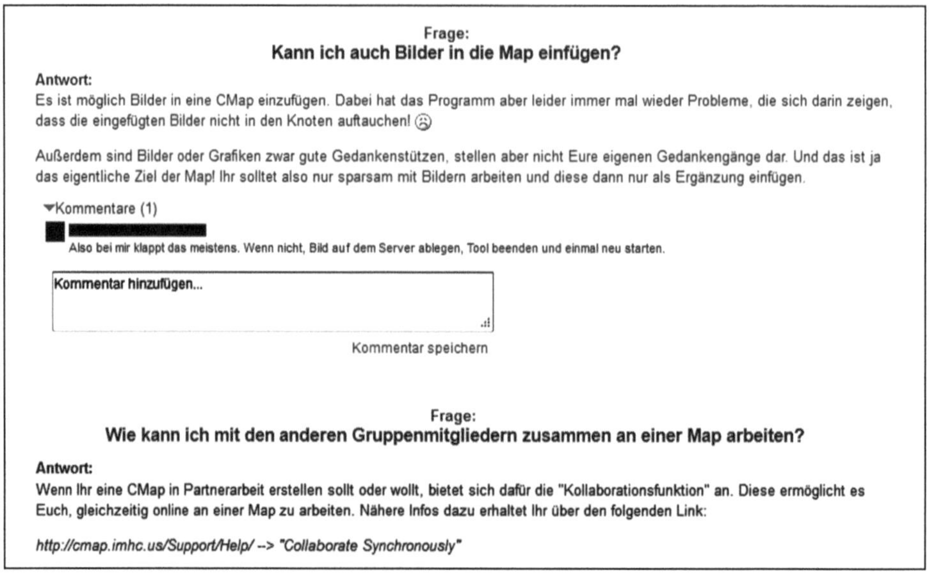

Abb. 2.17: Ausschnitt aus der durch Tutoren betreuten „CMap FAQ"

Fazit: Der Ansatz des Concept Mapping zur Diagnose und individuellen Förderung hat sich im Rahmen des technischen Praktikums bewährt und wurde sowohl von den Studierenden als auch von den Lehrenden als sehr positiv empfunden. Die Studierenden profitieren in der fachlichen Vorbereitung sowie insbesondere im Einführungsgespräch zum Versuch von diesem Ansatz.

Kritisch zu bewerten ist allerdings das kollaborative Erstellen der Concept Maps. Die verfolgte Intention, nach der die Studierenden in der Gruppe zusammen zeitgleich eine gemeinsame Concept Map erstellen, hat sich nicht bewährt. Rückmeldungen der Studierenden ergaben, dass entweder jeweils ein Gruppenmitglied die Concept Map erstellte oder die Gruppenmitglieder nacheinander an der Concept Map arbeiteten. Außerdem wiesen sie auf sie Schwierigkeit hin, gemeinsame Formulierungen, Strukturen und Verknüpfungen zu finden, was sich auf die Individualität ihrer persönlichen kognitiven Strukturen zurückführen lässt. Aus diesem Grund wird zurzeit eine entsprechende Anpassung des Konzeptes diskutiert. Ein möglicher Ansatz ist es dabei, das zeitgleiche Arbeiten an einer gemeinsamen Concept Map zu forcieren, indem das Einführungsgespräch zum Versuch als fester zeitlicher Rahmen genutzt wird. An Stelle der Diskussion der fachwissenschaftlichen Inhalte des Versuchs mit der Dozentin oder dem Dozenten könnte hier das gemeinsame Erstellen einer Concept Map durch die Studierenden treten. Die Dozentin oder der Dozent hätte dabei die Möglichkeit, durch Nachfragen gezielt anzuregen, weitere Knoten und Kanten zu ergänzen und zusätzliche Verknüpfungen zu finden. Gleichzeitig wird beim Erstellen der Concept Map durch den Beitrag der Studierenden auch deutlich, inwieweit sie sich auf den Versuch vorbereitet und mit den fachlichen Inhalten auseinandergesetzt haben. Dieser Ansatz bedeutet aber auch, dass der zeitliche Rahmen des Einführungsgesprächs voraussichtlich zu erweitern sein wird.

2.4 Evaluation aus Fachperspektive

Das gemeinsame Ziel des Teilprojekts I1 besteht über die Fächergrenzen hinweg darin, Studierende in Bezug auf ihre spätere Berufspraxis zu professionalisieren. Im Einzelnen bedeutet dies (vgl. S. 27):

1. *DiF-Ansätze kennen*: Die Studierenden sollen Ansätze der Diagnose und individuellen Förderung kennenlernen.
2. *Akzeptanz für Diagnose und Förderung herstellen*: Bei den Studierenden soll durch positives Erleben die Akzeptanz für den Einsatz von Diagnose und individueller Förderung in ihrem späteren Lehrerberuf gesteigert werden.
3. *Fachliche Kompetenzen entwickeln*: Die fachlichen Lernergebnisse der Studierenden sollen verbessert werden.

Die Verbesserung der fachlichen Lernergebnisse lässt sich nur mit Hilfe einer Kontrollgruppenuntersuchung ursächlich auf die DiF-Ansätze zurückführen. Dies war aufgrund der geringen Studierendenzahlen in Chemie, Physik und Technik nicht möglich. Nur in der Mathematik (vgl. Kapitel 2.4.1) waren entsprechende Untersuchungen in Ansätzen möglich.

Die dargestellten Ziele stellen die Ausgangspunkte für die Begleitforschung und Evaluation des Teilprojekts I1 dar. Auch wenn die beteiligten Fächer, bedingt durch unterschiedliche Rahmenbedingungen, wie Studierendenzahlen, Veranstaltungsformen etc., verschiedene Schwerpunkte setzen, können übergreifend zwei Fragestellungen festgehalten werden.

Fragestellung 1: Zum Erleben der *Studierenden*: Die erste Fragestellung betrifft – dem zweiten o.g. Anliegen entsprechend – die Frage, wie die Studierenden Diagnose und individuelle Förderung als Lernende erleben.

Fragestellung 2: Evaluation und Optimierung der *Ansätze*: Die zweite Fragestellung fokussiert die genutzten Diagnose- und Förderinstrumente und -ansätze, die im Rahmen des Projektes erprobt wurden, um sie sukzessiv für den Einsatz in universitären Lehrveranstaltungen zu optimieren. Die damit einhergehenden Fragestellungen betreffen sowohl die Eignung der Instrumente und Ansätze zur individuellen Diagnostik und Förderung als auch ihre optimale Gestaltung.

Die Begleitforschung der beteiligten Fächer hat methodisch zwei Gemeinsamkeiten. Zum einen lässt sich eine Gemeinsamkeit im Hinblick auf die *Nutzung qualitativer Forschungsmethoden* festhalten: Es wurden vielfach halbstandardisierte Interviews geführt und ausgewertet und es wurden bspw. auch Lernsituationen videographiert und analysiert. Neben der übergreifenden Nutzung qualitativer Forschungsmethoden besteht eine zweite Gemeinsamkeit bezüglich der Begleitforschung in der Nutzung des sogenannten „DiF-Fragebogens". Dieser wurde – ausgehend von der Entwicklung im Fach Physik – für alle im Teilprojekt I1 beteiligten Fächer adaptiert und über die Fächergrenzen hinweg eingesetzt. Mit dem DiF-Fragebogen wurde unter anderem erhoben, wie die Studierenden die Ansätze und Instrumente zur Diagnose und individuellen Förderung erlebt haben.

Der DiF-Fragebogen wird von den Studierenden stets am Ende der Vorlesungszeit ausgefüllt, um die Ansätze zur Diagnose und individuellen Förderung zu evaluieren. Der Fragebogen gliedert sich in verschiedene Teile.

Diagnose und Förderung in der eigenen Schulzeit: In dem ersten Teil wird abgefragt, inwiefern bereits in ihrer Schulzeit Erfahrungen mit kompetenzorientierter Diagnostik und individueller Förderung gesammelt wurden und ob die in dortMINT genutzten Instrumente bereits aus der Schulzeit bekannt sind.

Diagnose und Förderung im eigenen Studium: Es wird zudem abgefragt, inwiefern die Studierenden bereits mit den Themen der Diagnose und individuellen Förderung im Laufe ihres Studiums in Kontakt gekommen sind.

Zum Erleben von Diagnose und Förderung: Im dritten Teil wird der Frage nachgegangen, wie die Studierenden die in den Veranstaltungen eingesetzten Instrumente und Ansätze erlebt haben. Über eine Tabelle wird u.a. abgefragt, ob die Studierenden

- an den jeweiligen DiF-Ansätzen teilgenommen haben,
- ihnen diese positiv oder negativ in Erinnerung geblieben sind,
- sie inhaltlich oder
- organisatorisch hilfreich waren,
- inwiefern die Instrumente bzw. Ansätze interessant waren oder
- ob sie nur unnötig Zeit und Mühe gekostet haben.

Umsetzung von Diagnose und Förderung: Anschließend wurde unter einer globaleren Perspektive abgefragt, in welcher Weise die Studierenden die Ansätze zur Diagnose und individuellen Förderung in der Gesamtschau als passend und angemessen wahrgenommen haben. Dabei wurde unter anderem erhoben, ob die Studierenden empfanden, dass

- die Ansätze sich insgesamt gelohnt haben,
- damit ihre Schwierigkeiten gut erfasst wurden,
- die Diagnostik sie angeregt habe, an individuellen Schwierigkeiten zu arbeiten oder
- sich ihre Einstellung zur Diagnose und individuellen Förderung geändert habe.

Diagnose und Förderung im späteren Lehrberuf: In einem weiteren Teil wurde u.a. der Frage nachgegangen, inwiefern die Studierenden sich vorstellen können, Diagnose- und Förderansätze in ihrer späteren Lehrtätigkeit einzusetzen und inwieweit sich das Erleben im Rahmen von dortMINT auf diese Handlungstendenz ausgewirkt habe.

Detailfragen zu den Ansätzen und Instrumenten: In einem letzten Teil wurden detailliertere Fragen zu den verwendeten Instrumenten und realisierten Ansätzen gestellt. Diese betrafen u.a. sowohl fachdidaktische Aspekte im Zusammenhang mit Diagnose und individueller Förderung als auch fachliche Aspekte. Es wurde bspw. in fachdidaktischer Hinsicht abgefragt, ob die Studierenden durch den Einsatz der einzelnen Instrumente und Ansätze etwas über das Diagnostizieren und das Fördern fachlicher Inhalte gelernt haben. Aus fachlicher Hinsicht wurde bspw. erhoben, inwiefern die Studierenden durch die Arbeit mit den Instrumenten in ihrer eigenen Wahrnehmung fachlich dazu gelernt haben, und ob sie dadurch ihre individuellen Stärken und Schwächen gezielter wahrnehmen konnten oder in welcher Hinsicht sie fachlich gefördert wurden.

Im Folgenden wird die Evaluation – gegliedert nach den beteiligten Fächern – im Detail aufgeführt. Die Forschung orientiert sich jeweils an den o.g. Fragestellungen, setzt jedoch fachspezifisch den unterschiedlichen Rahmenbedingungen und Ansätzen angepasste Schwerpunkte.

2.4.1 Mathematik

Im Fach Mathematik erfolgte im Rahmen der Begleitforschung eine Triangulation qualitativer und quantitativer Forschungsmethoden. Die Wahl der Methoden variierte, da sie sich stets am Stand der Untersuchung und der jeweiligen Fragestellung orientierte.

Ebenso wie für die anderen Fächer war es im Fach Mathematik maßgeblich, im Rahmen der Begleitforschung sowohl zu erfassen, wie Studierende eine Diagnose und individuelle Förderung erleben, als auch, die genutzten Instrumente und deren Einsatz zu evaluieren, um diese optimieren zu können. Hierbei handelte sich um einen iterativen Prozess, in dessen Zuge die Evaluationsergebnisse jeder Durchführung den Ausgangspunkt für Modifikationen im darauf folgenden Durchgang bildeten.

Für die Begleitforschung wurden verschiedene qualitative und quantitative Methoden zur Datenerhebung und -analyse genutzt und miteinander verzahnt. Zu diesen gehörten

- eine qualitative Analyse der entstandenen Studierendenprodukte mit verschiedenen Analysemethoden,
- die Videographierung und qualitative Analyse von Übungen, Lernsituationen und Fördersituationen,
- die Durchführung halbstandardisierter, klinischer Interviews sowie deren Analyse,
- Befragungen in Form quantitativer Fragebogenerhebungen zur Einschätzung der Ansätze und Instrumente durch die Studierenden, insbesondere mithilfe des DiF-Fragebogens (s.o.),
- quantitative Erhebungen der fachlichen Leistungen in Form von Pre- und Posttests sowie
- die quantitative Erhebung verschiedener Einstellungen der Studierenden vor und nach den Veranstaltungen.

Im Folgenden wird anhand ausgewählter Ausschnitte ein Einblick in die Forschung sowie deren Ergebnisse gegeben. Dieser Einblick erfolgt unter zwei verschiedenen

Blickwinkeln. Zunächst wird die *Evaluation eines ausgewählten Ansatzes* zur Diagnose und individuellen Förderung dargestellt. Für das Beispiel der Conept Maps wird skizziert, wie dieser Ansatz iterativ optimiert wurde, welche Versuche unternommen wurden und welche Evaluationsergebnisse sich jeweils ergaben. Anschließend werden die vorgenommenen Ansätze zur Diagnose und Förderung in ihrer *Gesamtwirkung* in den Blick genommen. Es wird betrachtet, wie sich v.a. fachliche Leistungen in Zusammenhang mit dem Einsatz der genannten Ansätze verändert haben.

Evaluation eines ausgewählten Ansatzes – am Beispiel von Concept Maps: Für die Entwicklung und Evaluation von DiF-Instrumenten und -ansätzen im Fach Mathematik ist prägend, dass diese zwischen dem Wintersemester 2009/2010 und dem Sommersemester 2012 fortlaufend weiterentwickelt wurden. Gerade für den Ansatz des Concept Mapping hat es mehrere Versuche und einige Umwege gekostet, diesen auszufeilen, damit er schließlich von den Studierenden als gewinnbringend für den eigenen Lernprozess wahrgenommen wird. Schließlich jedoch gaben im Wintersemester 2011/2012 – in welchem die Concept Maps Bestandteil des zusätzlichen „Diagnose-und-Förder-Moduls waren – weit über 90% der an diesem Ansatz teilnehmenden Studierenden im DiF-Fragebogen an, durch die Arbeit mit den Concept Maps ihr Wissen besser strukturieren zu können. Es gaben teilweise sogar 100% der teilnehmenden Studierenden an, dass dieser Ansatz ihnen positiv in Erinnerung geblieben sei (s.u.). Dies ist im Hinblick auf das Ziel, dass Studierende die kennen gelernten Instrumente und Ansätze als gewinnbringend empfinden, erfreulich.

Im Wintersemester 2009/2010 bestand der erste Ansatz im Zusammenhang mit der Methode des Concept Mapping darin, dass die Studierenden Concept Maps zu ihren eigenen Lernwegen anfertigten. Es erfolgten darüber hinaus – u.a. im Rahmen von Bachelorarbeiten – verschiedene Variationen des Einsatzes. Es wurden Concept Maps …

- zum eigenen Lernweg angefertigt,
- zu ausgewählten Inhaltsbereichen erstellt,
- über die Dauer der Vorlesung fortlaufend fortgeführt, indem sie gewissermaßen mit den Vorlesungsinhalten „wuchsen",
- als Überblicke über die Vorlesungsinhalte angefertigt,
- mit einem Computerprogramm erstellt oder
- mit Papier und Stift gezeichnet und teilweise ausgeschnitten.

Es wurde zudem erprobt, Concept Maps im Anschluss an die individuelle Erstellung im sozialen Diskurs zu vergleichen, zu modifizieren und ggf. zu korrigieren.

Im Folgenden werden ausgewählte, bedeutsame Evaluationsergebnisse vorgestellt. In diesem Zusammenhang ist es wichtig zu erwähnen, welche Rolle dem Ansatz des Concept Mapping im Rahmen der Lehrveranstaltungen im Fach Mathematik zukommt. Concept Maps stellen im Fach Mathematik stets *einen* unter verschiedenen Diagnose- und Förderansätze dar (vgl. Kapitel 2, Tabelle 2.1). Im Gegensatz zu den Fächern Chemie und Technik, in welchen die Methode des Concept Mapping im Fokus der förderdiagnostischen Bemühungen steht, werden Concept

Maps im Fach Mathematik vielmehr in der Regel für bestimmte, geeignete Themengebiete eingesetzt. Durch diesen punktuellen Einsatz wird die Fähigkeit der Studierenden im Umgang mit der Methode des Concept Mapping nicht gezielt geübt. Dies hat u.a. Auswirkungen auf die diagnostischen Möglichkeiten dieses Ansatzes.

Die Begleitforschung dieses Ansatzes wurde beispielsweise durch Interviews mit der Methode des „stimulated recall" realisiert (Gass & Mackey, 2000). Studierende erläuterten anhand einer zuvor im Rahmen der Lehrveranstaltungen von ihnen selbst angefertigten Concept Map, welche Gedanken sie dabei hatten und was sie mit den Knoten und Kanten ausdrücken wollten. Die Ergebnisse wurden mit den Concept Maps selbst sowie im Speziellen den enthaltenden Knoten und Relationen verglichen. In diesem Vergleich ergab sich u.a., dass offenbar mit den angefertigten Concept Maps nicht zuverlässig auf inhaltliche Vorstellungen geschlossen werden konnte. Das Auslassen von Elementen in der Concept Map bedeutete bspw. in den untersuchten Fallstudien nicht, dass die Studierenden hierzu kein Wissen aufgebaut hatten. Auch fehlende Relationen zeugten teilweise nicht davon, dass die Studierenden diese Verbindungen nicht sahen. Es gab vielmehr verschiedene Gründe, welche die Studierenden dazu veranlassten, die Elemente auszulassen. Jedoch zeigte sich auch, dass Gespräche über individuell angefertigte Concept Maps sich sehr gut als Anstoß dazu eigneten, um Schwierigkeiten aufzudecken und aufzuarbeiten: Auch wenn das Fehlen einzelner Elemente offenbar kein eindeutiges Indiz für fehlendes Wissen darstellte, so stellte es doch ein *mögliches* Indiz für Unsicherheiten hin. Durch Gespräche über die Concept Maps konnten solche Unsicherheiten thematisiert und überwunden werden.

Daneben wurden Studierende in qualitativen Interviews zu ihrer Einschätzung des gewählten Ansatzes des Concept Mapping befragt. Hierbei ergab sich u.a., dass sie das Anfertigen von Concept Maps, mit denen sie ihren eigenen Lernweg abbildeten, für weniger sinnvoll hielten als das Anfertigen von Concept Maps als Nachbereitung der Inhalte der Vorlesung. Daneben ergab sich bspw., dass die Studierenden das fortlaufende Fortführen von Concept Maps über die gesamte Veranstaltung hinweg für unpraktikabel einschätzten, weil die Concept Maps in diesem Zusammenhang u.a. sehr groß und unübersichtlich wurden. Die Studierenden hielten es hingegen für sinnvoll, Concept Maps entweder für ein ausgewähltes und klar abgegrenztes Themengebiet anzufertigen oder als Übersicht über die Vorlesungsinhalte anzufertigen. Zudem schätzten die Studierenden vielfach das Vergleichen der Concept Maps in Gruppen als gewinnbringend ein, da auf diese Weise Schwierigkeiten aufgedeckt und besprochen werden konnten.

Ausgehend von diesen Ergebnissen der qualitativen Interviews erfolgte der Einsatz von Concept Maps in den folgenden Semestern wie folgt. Concept Maps wurden …

- einmalig für ein ausgewähltes Themengebiet eingesetzt, in dem die Studierenden besondere Schwierigkeiten hatten,
- einmalig als Überblick über die Vorlesungsinhalte angefertigt sowie

- zunächst individuell in Einzelarbeit durchgeführt und anschließend in Gruppen miteinander verglichen.

Eine sukzessive Optimierung der Einführung in die Methode des Concept Mapping sowie die Entwicklung einer Übungsleiterschulung (vgl. Kapitel 2.3.1) führten dazu, dass die Akzeptanz dieses Ansatzes zur Diagnose und individuellen Förderung sich bis zum Wintersemester 2011 steigerte. Die Ergebnisse im Wintersemester 2011/2012 deuten darauf hin, dass die befragten Studierenden eine recht große Akzeptanz gegenüber dem Ansatz des Concept Mapping entwickelt zu haben scheinen (vgl. Tabelle 2.4).

Tab. 2.4: Ausgewählte Ergebnisse des DiF-Fragebogens im WiSe 2011/2012 zum Ansatz des Concept Mappings

	Concept Maps für ein ausgewähltes Themengebiet (N=29)		Concept Maps als Überblick (N=34)	
	ja	nein	ja	nein
Ist mir positiv in Erinnerung	100,0%	00,0%	94,1%	02,9%
Ist mir negativ in Erinnerung	00,0%	89,7%	00,0%	85,3%
Hat mir inhaltlich etwas gebracht	96,6%	03,5%	91,2%	02,9%
Hat mir organisatorisch etwas gebracht	75,9%	17,2%	70,6%	17,7%
Fand ich interessant	93,1%	06,9%	85,3%	08,8%
Hat unnötig Zeit und Mühe gekostet	00,0%	93,1%	02,9%	85,3%

Es gibt zudem Hinweise darauf, dass die Studierenden bereits Ideen zur Umsetzung dieses Ansatz in ihrer späteren Lehrtätigkeit entwickelt haben: *„Die Concept Maps könnten am Ende einer Lerneinheit als Überblick genutzt werden (evtl. als Poster in der Klasse)."* (Freitextangabe einer Studierenden im DiF-Fragebogen)

Im Hinblick auf die drei Ziele des Teilprojektes I1 kann für den Ansatz des Concept Mapping zusammenfassend festgehalten werden:

- Die Studierenden scheinen mit dem Concept Mapping einen Ansatz zur Diagnose und individuellen Förderung erlebt zu haben, den sie offenbar weitestgehend als gewinnbringend empfinden (vgl. Tabelle 2.4).
- Die Studierenden geben zudem vermehrt an, durch die Arbeit mit Concept Maps fachlich dazu gelernt zu haben (86,2% bzw. 88,2% im DiF-Fragebogen). Der Fragestellung, inwiefern sich der Ansatz des Concept Mapping auf die fachliche Leistung der Studierenden auswirkt, konnte jedoch nicht mit einer quantitativen Untersuchung nachgegangen werden. Da stets verschiedene Instrumente eingesetzt wurden, kann eine Leistungssteigerung der Studierenden nicht auf einzelne Ansätze oder Instrumente zurückgeführt werden.

Evaluation der Gesamtwirkung der Ansätze: Neben der Evaluation einzelner Ansätze zur Diagnose und individuellen Förderung wurde im Fach Mathematik analysiert, inwiefern sich die Ansätze zur Diagnose und individuellen Förderung in ihrer Gesamtheit auf die fachlichen Leistungen der Studierenden und auf die Einstellungen der Studierenden auswirkten. Dies wurde im Wintersemester 2011/2012 über ein Pre-Post-Test-Design realisiert, in dem die Studierenden sowohl *vor* als auch *nach* der Lehrveranstaltung an einem fachlichen Leistungstest sowie einer Befragung teilnahmen.

Die fachlichen Leistungen der Studierenden wurden über einen fachlichen Leistungstest erhoben, welcher für die Veranstaltung „Elementare Funktionen" entwickelt wurde und welcher im Wintersemester 2010/2011 pilotiert wurde. Er umfasste verschiedene Kompetenzen, darunter bspw. das Identifizieren gängiger Funktionstypen, welche als Funktionsgraph dargestellt wurden, sowie die qualitative Interpretation der Verläufe von Funktionsgraphen (bspw. Weg-Zeit-Diagramme). Die Studierenden erhielten bspw. die Aufgabe, bei dem abgebildeten Graphen einer linearen Funktion zu entscheiden, ob es sich um eine lineare, eine proportionale, eine antiproportionale oder eine konstante Funktion handelt.

Der Pre- und Post-Test waren analog aufgebaut, enthielten jedoch verschiedene Aufgaben. Die Leistungsveränderungen zwischen dem Pre- und Post-Test wurden im Wintersemester 2011/2012 statistisch mittels T-Tests ausgewertet. Es ergab sich ein hoch signifikanter Leistungszuwachs der getesteten Studierenden von 62,8% (M, mit SD 13,8%) der zu erreichenden Gesamtpunktzahl im Pre-Test auf 83,4% (M, mit SD 14,0%) im Post-Test. Diese Leistungssteigerung ist erfreulich. Da jedoch aufgrund organisatorischer Rahmenbedingungen kein Kontrollgruppendesign möglich war, kann nicht nachgewiesen werden, inwiefern diese auf die Diagnose- und Förderansätze zurück zu führen ist.

Neben den fachlichen Leistungen wurden die Einstellungen der Studierenden erhoben – darunter unter anderem epistemologische Überzeugungen der Studierenden von Mathematik (Baumert et al., 2008), das Selbstkonzept und die Selbstwirksamkeit der Studierenden im Zusammenhang mit Mathematik (Schwanzer 2002, Schwarzer & Jerusalem, 1999). Für diese Einstellungen sowie die fachlichen Leistungen der Studierenden wurden über *Varianzanalysen* Gruppenunterschiede ermittelt, es wurden *Korrelationen* berechnet und für einen Vergleich zwischen Pre- und Post-Test *T-Tests* durchgeführt.

Da die Ergebnisse nicht im Detail dargestellt werden können, wird im Folgenden beispielhaft ein ausgewähltes Ergebnis der *Varianzanalysen* aufgeführt. Es ergab sich, dass die Haupt- und Realschulstudierenden im Pre-Test signifikant höhere Leistungen erreichten als die Grundschulstudierenden (72,6% (M) vs. 62,0% (M) mit SD 16,0% und 13,0%). Im Post-Test war jedoch dieser Gruppenunterschied mit 82,9% (Haupt- und Realschulstudierende) und 83,3% (Grundschulstudierende) nicht mehr vorhanden. Dies deutet darauf hin, dass die Grundschulstudierenden offenbar in fachlicher Hinsicht mehr von der Veranstaltung und/oder den

Diagnose- und Förderansätzen profitiert haben. Bislang konnten die Gründe für diese unterschiedlichen Ausmaße des Lernzuwachses noch nicht untersucht werden.

Fazit und Schlussfolgerungen: Durch den iterativen Prozess sich wiederholender Erprobungen, Evaluationen und Optimierungen ist es gelungen, die eingesetzten Ansätze zur Diagnose und individuellen Förderung soweit zu optimieren, dass sie von der Mehrheit der Studierenden als gewinnbringend erachtet werden. Die Studierenden erleben die Ansätze in ihrer optimierten Form weitestgehend als positiv.

Zudem konnten für die Veranstaltung „Elementare Funktionen", in welcher die fachlichen Leistungen im Pre- und Post-Test erhoben wurden, signifikante Steigerungen der fachlichen Leistungen der Studierenden über die Veranstaltung hinweg nachgewiesen werden. Da aufgrund der Rahmenbedingungen kein Kontrollgruppendesign realisiert werden konnte, kann die Bedeutung der Diagnose- und Förderansätze für diese Leistungssteigerungen jedoch nicht nachgewiesen werden.

Alle Ergebnisse deuten drittens darauf hin, dass es sich bei den Ansätzen in ihrer aktuellen, optimierten Form um Ansätze handelt, die im o.g. Sinn gewinnbringend für die Studierenden sind. Da sie zudem bewusst so gewählt und ausgestaltet wurden, dass sie längerfristig in die Lehrveranstaltungen implementierbar sind (vgl. Kapitel 2.3.1), sollen sie auch nach der Projektlaufzeit weiter eingesetzt werden.

2.4.2 Physik

Im Mittelpunkt der Evaluation im Fach Physik steht die Frage nach dem subjektiven Erleben und der Akzeptanz der DiF-Instrumente und DiF-Ansätze durch die Studierenden. Hiermit wird auf ein Ziel des Teilprojektes (positives Erleben von DiF und Akzeptanzsteigerung) fokussiert. Aufgrund der geringen Fallzahlen im Fach Physik und der eingeschränkten Interventionsmöglichkeiten lassen sich keine fundierten, quantitativen Aussagen zur ebenfalls angestrebten Steigerung der fachlichen Leistungen machen. Zur Evaluation des subjektiven Erlebens und der Akzeptanz wurde die Frage nach dem positiven Erleben und nach dem empfundenen Nutzen getrennt betrachtet. Zur Beantwortung dieser Fragen wurden vorwiegend qualitative Methoden eingesetzt. Der Schwerpunkt lag auf Interviews und der Analyse von Studierendenprodukten (Übungsabgaben, *Diagnosechecklisten*, *kommentierte Lösungen*, vgl. Kapitel 2.2.1.1 & 2.2.5). Die halbstrukturierten leitfadengestützten Interviews wurden semesterbegleitend oder zum Abschluss des Semesters mit einzelnen Studierenden der DiF-Veranstaltungen auf freiwilliger Basis geführt.

Zusätzlich wurde der im Projekt entwickelte DiF-Fragenbogen zum subjektiven Erleben von DiF eingesetzt, um die Nutzung und Einschätzung der einzelnen DiF-Instrumente durch die Studierenden sowie deren Beurteilung der Umsetzung von DiF in den Veranstaltungen zu erheben. Die Einschätzung durch den DiF-Fragebogen konnte bei einem großen Teil der Studierenden in den DiF-Veranstaltungen erhoben werden. Aufgrund der insgesamt geringen Fallzahlen und weil nicht alle

DiF-Instrumente durchgängig eingesetzt wurden, können jedoch auch diese Ergebnisse lediglich Tendenzen aufzeigen.

Evaluierte DiF-Veranstaltungen und -Instrumente: In der DiF-Übung des Sommersemesters 2010 wurde, ähnlich wie in der Mathematik, ein sehr breiter Ansatz gewählt und zunächst eine Vielzahl von Diagnose- und Förderinstrumenten entwickelt und erprobt. Hierzu gehören unter anderem die *Diagnosecheckliste*, das *Erstellen kommentierter Lösungen* und *Selbstlerneinheiten*. Die Ergebnisse der begleitenden, qualitativen Evaluation gaben Hinweise auf die Akzeptanz der einzelnen Instrumente bei den Studierenden sowie notwendige Überarbeitungen oder Adaptionen der Instrumente in der Praxis. Diese Hinweise wurden in kommenden Semestern sowohl bei der Ausgestaltung der Veranstaltungen als auch beim Einsatz der Instrumente umgesetzt.

Im Sommersemester 2011 und Wintersemester 2011/2012 wurde ein freiwilliges DiF-Tutorium angeboten. In diesem wurden zunächst mit Hilfe von diagnostischen Tests Defizite in dem für den Besuch der fachlichen Einführungsvorlesungen nötigen schulischen Vorwissen identifiziert. Darauf aufbauend wurden den Teilnehmenden individuell nutzbare Förderangebote empfohlen (vgl. Kapitel 2.3.2).

Insbesondere bei den mathematischen Grundlagen ist es sinnvoll, diese vor Beginn des Semesters aufzuarbeiten, da sie praktisch ab der ersten Woche zur Bearbeitung der Übungsaufgaben benötigt werden. Deshalb wurde vor Beginn des Wintersemesters 2012/2013 ein DiF-Vorkurs angeboten, der das gleiche Konzept wie das DiF-Tutorium zugrunde legt und auf die mathematischen Grundlagen fokussiert (vgl. Kapitel 2.3.2).

Evaluation ausgewählter DiF-Instrumente
Im Folgenden werden Evaluationsergebnisse zur *Diagnosecheckliste* (Kapitel 2.2.1.1), zum Angebot der *Selbstlerneinheiten* (Kapitel 2.2.4) und zur *Erstellung kommentierter Lösungen* durch die Studierenden (Kapitel 2.2.5) vorgestellt. Der Schwerpunkt liegt dabei auf der *Diagnosecheckliste*. Die Ergebnisse beziehen sich auf den Einsatz der weiterentwickelten Instrumente im Wintersemester 2010/2011 im Rahmen der DiF-Übung. Die *Diagnosecheckliste* wurde dabei von den Teilnehmenden für mindestens drei Wochen verpflichtend geführt. Ebenfalls verpflichtend war das Erstellen einer *kommentierten Lösung* innerhalb des Semesters. Die Nutzung von *Selbstlerneinheiten* war freiwillig.

Der DiF-Fragebogen wurde am Ende der Vorlesungszeit von elf Studierenden ausgefüllt. Tabelle 2.5 enthält die Anzahl der Nennungen zu den Items, die sich auf die Nutzung und Akzeptanz der drei Instrumente beziehen. Bei der Interpretation der Nutzungsdaten ist zu berücksichtigen, dass die Selbstlerneinheiten hauptsächlich während der Klausurvorbereitung und damit nach Einsatz des DiF-Fragebogens angefordert wurden. Insgesamt zeigen die Ergebnisse der Befragung eine positive Akzeptanz der drei Instrumente, die zwischen inhaltlichen und organisatorischen Aspekten differenziert ist.

Tab. 2.5: Ergebnisse aus dem DiF-Fragebogen zur Diagnosecheckliste, zum Erstellen kommentierter Lösungen und zu Selbstlerneinheiten, n=11.

Item auf Fragebogen	Diagnose-checkliste	Erstellen Kommentierter Lösungen	Selbstlern-einheiten
Habe ich genutzt	11	11	3
Ist mir positiv in Erinnerung	5	6	1
Ist mir negativ in Erinnerung	0	0	0
Hat mir inhaltlich etwas gebracht	3	8	3
Hat mir organisatorisch etwas gebracht	4	3	1
Fand ich interessant	3	3	3
Hat unnötige Zeit und Mühe gekostet	2	2	0

Diagnosecheckliste: Fünf von elf befragten Teilnehmenden der DiF-Übung ist die Diagnosecheckliste positiv in Erinnerung geblieben, keinem negativ (Tabelle 2.5). Die Angabe einer positiven Erinnerung an das Instrument war aber nicht zwangsläufig mit der Angabe eines erlebten Nutzens verknüpft (oder umgekehrt). Zwei Studierende, die nicht angegeben haben, dass ihnen die Diagnosecheckliste in positiver Erinnerung geblieben ist, gaben dennoch an, in der einen oder anderen Weise Nutzen daraus gezogen zu haben. Die befragten Studierenden empfanden diese dabei als inhaltliche oder organisatorische Hilfe, einige nannten beide Aspekte gleichzeitig. Interviews mit sieben Studierenden der Übung stützen dieses Ergebnis und zeigen weitere Formen des Nutzens auf, die im Folgenden durch Ausschnitte aus Interviewtranskripten belegt werden. Zum einen kann die Diagnosecheckliste den Studierenden während des Bearbeitens der Aufgabe als Strukturierungshilfe dienen oder zur abschließenden Kontrolle, ob alle Bearbeitungsschritte durchlaufen wurden: „[die Diagnosecheckliste] *zeigt mir, wie ich an die Aufgaben herangehen kann.* […] *Und liefert so* [eine] *Strukturierungshilfe deren Schema auch für andere Aufgaben verwendet werden. Letztlich habe ich ja sobald ich den Ablauf drin hatte,* [dieses Schema] *für jede Aufgabe verwendet.*" Nach der Bearbeitung der Aufgabe kann die *Diagnosecheckliste* den Studierenden als Hilfsmittel zum Auffinden, Festhalten und ggf. auch Überwinden von Schwierigkeiten dienen: „*Ich hatte eine Aufgabe falsch gelöst und beim Abarbeiten der Diagnosecheckliste konnte ich gelegentlich den Fehler selber finden und korrigieren.*" Manche Teilnehmer nutzen die *Diagnosecheckliste* auch zur Reflexion über die bearbeiteten Aufgaben: „[Nach der Bearbeitung] *kann man selbst noch mal gucken, ob man die Sachen* [Aspekte der Diagnosecheckliste] *wirklich aufgeschrieben hat.*" (Pusch & Theyßen, 2011). Insgesamt wird die *Diagnosecheckliste* also von den Studierenden akzeptiert. Sie wird in der beabsichtigten Weise genutzt und bietet ihnen darüber hinaus weiteren Nutzen.

Den Betreuenden ermöglichen ausgefüllte Diagnosechecklisten durch Zusatzinformationen über die Art der Schwierigkeiten eine differenziertere Diagnostik als die Analyse der Übungsabgaben (Pusch & Theyßen, 2011). In vielen Fällen weist die ausgefüllte *Diagnosecheckliste* auf Schwierigkeiten hin, die anhand der Übungsabgaben nicht zu identifizieren gewesen wären. Sie ermöglicht so eine besser angepasste Ausgestaltung der Besprechung der Übungsaufgaben und eine individuelle Förderung der Studierenden.

Die Analyse der genannten Schwierigkeiten über alle *Diagnosechecklisten* (n = 94) hinweg ergibt, dass insbesondere bei dem Herausfinden von *Ansätzen & Ideen zur Lösung der Aufgabe* (25 Nennungen) sowie den benötigten *Formeln* (25) Probleme vorlagen. Fast jede fünfte genannte Schwierigkeit bestand im Bereich der *Rechnung* (19). Die geäußerten Förderwünsche konzentrieren sich auf die gleichen Bereiche, das Herausfinden von *Ansätzen & Ideen zur Lösung der Aufgabe* (7) oder der benötigten *Formeln* (6) sowie den Bereich der *Rechnung* (5) (vgl. Tabelle 2.6).

Tab. 2.6: Geäußerte Schwierigkeiten und Förderwünsche auf insgesamt 94 ausgewerteten Diagnosechecklisten

Item auf Fragebogen	Schwierigkeiten	Förderwünsche
Textverständnis & Darstellungsverständnis	6	1
Einordnen der Aufgabe in ein Themengebiet	1	0
Herausfinden und Aufschreiben von Gegeben und Gesucht	2	1
Ansätze & Ideen zur Lösung der Aufgabe finden	25	7
Eigene Skizze / Zeichnerische Lösung erstellen	13	1
Herausfinden der benötigten Formel	25	6
Rechnungen	19	5
Abschätzung der Richtigkeit des Ergebnisses	5	1
Summe	96	22

Den hauptsächlich genannten Schwierigkeiten und Förderwünschen der Studierenden entsprechen die Förderangebote, die mit den *Selbstlerneinheiten* und dem *Erstellen kommentierter Lösungen* verbunden sind, denn diese behandeln intensiv die Bereiche *Ansätze & Ideen zur Lösung* sowie *benötigte Formeln* (vgl. Kapitel 2.2.4). Der Punkt *Rechnungen* wird ebenfalls durch die o.g. Instrumente, vor allem aber durch den diagnostischen Test zu mathematischen Grundlagen und die entsprechenden Förderangebote aufgegriffen.

Erstellen kommentierter Lösungen: Das eigene *Erstellen kommentierter Lösungen* ist der Mehrzahl der Studierenden positiv in Erinnerung geblieben (vgl. Tabelle 2.5). Sie empfinden vor allem fachinhaltlichen Nutzen. Äußerungen aus den Interviews und Rückmeldungen aus dem Übungsbetrieb lassen dies auf die intensive Beschäftigung mit der Aufgabenlösung zurückführen. *„Ich wünschte, wir wären „damals"* [vor den Interventionen] *so strukturiert an die Übungen herangeführt worden*

[…] *wir hatten oft das große Fragezeichen im Gesicht, wie wir an „solche" Aufgaben herangehen sollten. Der Zugang ist wesentlich einfacher, wenn man „gezwungen" wird, eine kommentierte Lösung zu erstellen."*

Die Interviews zeigen aber auch, dass die Erstellung als sehr zeitaufwändig empfunden wird. Der Einsatz des Instruments bedeutet auch für die Betreuenden durch die Korrektur und Überarbeitungshinweise einen hohen zeitlichen Aufwand.

Selbstlerneinheiten werden vor allem während der Klausurvorbereitung genutzt. Die drei Studierenden, die *Selbstlerneinheiten* schon vor dem Ausfüllen des DiF-Fragebogens verwendet haben, geben einen subjektiv empfundenen inhaltlichen Nutzen an. Manche Studierende wählen die *Selbstlerneinheiten* dabei gezielt nach dem Inhalt aus, andere bearbeiten sämtliche angebotenen *Selberlerneinheiten.* *„Bei den Aufgaben. bei denen ich Probleme hatte, haben mir die KL* [Kommentierten Lösungen der Selbstlerneinheiten] *geholfen einen Ansatz zu finden, nachdem ich den hatte, konnte ich den Rest der Aufgabe meistens selbst lösen."*

Evaluation der DiF-Veranstaltungen

Im Projektverlauf wurden drei unterschiedliche Formen von DiF-Veranstaltungen erprobt: DiF-Übung, DiF-Tutorium und DiF-Vorkurs. Die Akzeptanz der Veranstaltungskonzepte wird einerseits an der Akzeptanz der dort eingesetzten Instrumente festgemacht (s. vorherige Abschnitte). In die Beurteilung geht aber auch ein, wie angenehm das gesamte Erleben von Diagnose und individueller Förderung im Rahmen der Veranstaltung von den Studierenden beurteilt wurde. Hierzu enthielt der DiF-Fragebogen eine Frage (*„Betrachten Sie bitte die gesamte Veranstaltung. Empfanden Sie die dort erlebte Diagnose und die entsprechende individuelle Förderung als angenehm?"*), zu der sich die Studierenden auf einer vierstufigen Likertskala (s. Tabelle 2.7) oder mit der Angabe *„Ich wurde nicht gefördert"* äußern konnten. Aufgrund der geringen Fallzahlen gibt auch dieser Vergleich der Veranstaltungskonzepte lediglich ein „Stimmungsbild" wieder.

Diagnose und individuelle Förderung werden von den Teilnehmenden (bis auf eine Ausnahme in der DiF-Übung) wahrgenommen und als durchweg angenehm angesehen (vgl. Tabelle 2.7). Bei der Interpretation dieses positiven Meinungsbildes ist zu berücksichtigen, dass außer der DiF-Übung alle anderen Veranstaltungen freiwillig besucht wurden.

Tab. 2.7: Items des DiF-Fragebogens zur Einschätzung der erlebten Diagnose und individuellen Förderung in den DiF-Veranstaltungen

Erlebnis von DiF angenehm?	DiF-Übung WiSe 10/11	DiF-Tutorium SoSe 11	DiF-Tutorium WiSe 11/12	DiF-Vorkurs SoSe 12
Nein	0	0	0	0
Eher Nein	0	0	0	0
Eher Ja	8	1	3	0
Ja	2	6	3	4
Wurde nicht gefördert	1	0	0	0

Zusammenfassung und Schlussfolgerungen

Die DiF-Instrumente *Diagnosecheckliste, kommentierte Lösungen* und *Selbstlerneinheiten*, die in der DiF-Übung des Wintersemester 2010/2011 eingesetzt wurden, können erstens als förderlich und akzeptiert angesehen werden. Dabei ist zu beachten, dass die einzelnen Individuen nicht von jedem Instrument in gleichem Maße profitieren und somit ein breitgefächertes individuell nutzbares Angebot sinnvoll ist.

Das Konzept der DiF-Tutorien (semesterbegleitende Diagnose und individuelle Förderung vorlesungsrelevanten schulischen Vorwissens) wird zweitens von den auf freiwilliger Basis teilnehmenden Studierenden positiv beurteilt. Das gilt insbesondere für die Behandlung der mathematischen Grundlagen, die aufgrund der Schwierigkeitsnennungen der *Diagnosecheckliste*, der Erfahrungen aus dem Übungsbetrieb sowie der Testergebnisse besonders wichtig erscheint.

Der DiF-Vorkurs zu mathematischen Themen kann drittens als Weiterentwicklung des DiF-Tutoriums angesehen werden. In einem Vorkurs kann – anders als im semesterbegleitenden DiF-Tutorium – auf die diagnostizierten Defizite bereits vor Beginn der Vorlesung eingegangen und somit eine wichtige Grundlage für das Verständnis der Vorlesungsinhalte und die Bearbeitung der zugehörigen Übungsaufgaben geschaffen werden. Das Konzept wurde von den Teilnehmenden durchweg positiv beurteilt.

2.4.3 Chemie

Die Didaktik der Chemie setzte in der Forschung und Evaluation den Fokus auf das Instrument Concept Maps als Diagnose- und individuellen Förderungsansatz.

Grundsätzliches Ziel ist es dabei gewesen, mittels qualitativer Erhebungsmethoden einen Eindruck von Effektivität und Akzeptanz dieses Instruments zu erlangen, um im Prozess des Projektes Optimierungsansätze entwickeln und umsetzen zu können. Aufgrund der eher geringen Gruppenstärke im Lehramtsstudiengang Chemie (fünf bis fünfzehn Studierende pro Semester) eigneten sich hierzu sowohl halbstrukturierte, leitfadengestützte Interviews, die in der Regel gegen Ende der jeweiligen Vorlesungszeit durchgeführt wurden, als auch Gruppenarbeitsphasen mit anschließender Gruppendiskussion. Insgesamt wurden von Sommersemester 2011 bis Sommersemester 2012 regelmäßig qualitative Daten erhoben, die als Grundlage der weiteren Planung der Vorgehensweise dienten. In den folgenden Veranstaltungen fanden Interventionen statt.

1. WiSe 2010/2011: Modul A – Basiskonzepte der Naturwissenschaften
2. SoSe 2011: Modul B – Allgemeine und Anorganische Chemie
3. WiSe 2011/2012: Modul AC – Allgemeine und Anorganische Chemie
4. SoSe 2012: Modul OC – Organische Chemie

Im Unterschied zu den ersten beiden Modulen A und B, die jeweils von der Didaktik der Chemie organisiert wurden, ist im Zuge der Umstrukturierung der Lehramtsausbildung nach dem LABG 2009 die Fachausbildung der Lehramtsstudierenden in den Teildisziplinen Anorganische Chemie und Organische Chemie den jeweiligen Fachdisziplinen der Fakultät übertragen worden. Um auch in diesen Veranstaltungen DiF erfahrbar werden zu lassen, wurden zu den Veranstaltungen der Module AC und OC neben der Möglichkeit, Concept Maps zu erstellen, zusätzliche Übungen zur Aufbereitung und Vertiefung der jeweiligen Vorlesungsinhalte durch die Chemiedidaktik angeboten.

Während die Studierenden in den Modulen A und B allein durch die Erstellung der Concept Maps und die Rückmeldung über den entwickelten Auswertebogen (vgl. Kapitel 2.2.2) begleitet wurden, konnte im Rahmen der Zusatzübung darüber hinaus unmittelbar auf Fragen und Verständnisschwierigkeiten eingegangen werden.

Zu Beginn der Interventionen im Wintersemester 2010/2011 konnten die Studierenden auf freiwilliger Basis Concept Maps zu vier verschiedenen, der Vorlesung immanenten Themengebieten erstellen. Die Rückmeldung erfolgte, wie im sich anschließenden Sommersemester 2011 auch, mit Hilfe der Auswertebögen. In Modul B wurde allerdings zusätzlich ein Leitfadeninterview mit den Studierenden durchgeführt, um einerseits unklare Formulierungen sowohl in der jeweiligen Concept Map als auch im zugehörigen Auswertebogen richtig zu stellen. Anderseits konnten so Einblicke in die Handhabung und Akzeptanz des Ansatzes des Concept-Mapping auf Seiten der Studierenden gewonnen werden.

Im Wintersemester 2011/12 konnten die Studierenden des Moduls AC wiederum die Chance nutzen, Concept Maps als Diagnoseinstrument kennenzulernen. Aufgrund des höheren Arbeitsaufwandes durch die zusätzliche Übung wurde die Anzahl der zu erstellenden Concept Maps im Vergleich zum vorangegangen Semester auf insgesamt drei Concept Maps reduziert. Die Einstellungen der Studierenden den Concept Maps gegenüber wurden abschließend über die bereits erwähnte Gruppenarbeitsphase mit abschließender Diskussion der vorgetragenen Stellungnahmen im Plenum gesichert.

Aufgrund der Erkenntnisse aus diesen Datenerhebungen – die im Folgenden dargestellt werden sollen – wurde im Sommersemester 2012 auf die Methode des Concept-Mapping als Diagnoseinstrument verzichtet. Der Fokus lag nunmehr auf der Nachbereitung der Vorlesung und Übung der Organischen Chemie unter Berücksichtigung aufkommender Verständnisfragen seitens der Studierenden. Abschließend wurde wiederum ein leitfadengestütztes Interview durchgeführt, in dem die Studierenden ihre Einschätzung abgeben konnten, inwiefern die von ihnen besuchten Vorlesungen und Übungen im Rahmen des AC und OC Moduls und jene durch die Chemiedidaktik zusätzlich angebotenen Übungen aufeinander abgestimmt waren.

Struktur des leitfadengestützten Interviews: Das Interview (Sommersemester 2011) wurde in drei größere Themengebiete gegliedert, in denen nacheinander Fragen zum …
1. Ansatz des Concept Mapping,
2. Nutzen und zur Effektivität von Concept Maps und
3. persönlichen zukünftigen Einsatz dieses Ansatzes behandelt wurden.

An diesem Interview nahmen acht von neun Studierenden teil. Im ersten Abschnitt sollten die Studierenden ihr Verständnis vom Ansatz des Concept-Mapping darlegen, wobei sowohl die jeweilige persönliche Vorgehensweise beim Erstellen einer Concept Map, als auch allgemeine und spezielle Probleme, wie etwa der Gebrauch der Software, Inhalt sein konnten. In diesem Rahmen wurden dann auch methodische Fehler, die bei der Auswertung der von dem jeweiligen Studierenden erstellten Concept Maps offengelegt worden sind, angesprochen und erläutert.

Im zweiten Teil des Interviews lag der Fokus auf dem persönlichen Nutzen, den die Studierenden in der Anwendung dieses Ansatzes für sich sahen.

Zum Abschluss des Interviews sollten die Studierenden Auskunft über ihren zukünftigen Einsatz dieser Methode in anderen Veranstaltungen oder später in der Schule geben und dazu begründet Stellung nehmen. Zusätzlich sollten positive und negative Aspekte hinsichtlich des Auswertebogens aufgeführt werden.

Zusammenfassung der Ergebnisse der Interviewauswertung
- Etwa die Hälfte der Befragten empfand die Methode als hilfreich, um ihr Wissen zu strukturieren und Zusammenhänge zu erkennen.
- Die andere Hälfte konnte der Methode keinen Nutzen abgewinnen, weil sie andere Lernstrategien vorzog.
- Die Methode wurde von allen Studierenden als zeitintensiv und aufwendig empfunden.
- Das grundlegende Vorgehen (Vorgabe von Begriffen, Rückmeldung über die Auswertungsbögen) wurde nicht negativ kritisiert.
- Der Aufbau und die Lernhinweise auf den Auswertebögen wurden als positiv bewertet.
- Es gibt keinen Zusammenhang zwischen der erbrachten Leistung in der Klausur und der Qualität der Concept Maps.

Struktur der Gruppenarbeitsphase und der Gruppendiskussion: Gegen Ende der Vorlesungszeit im Wintersemester 2011/12 wurde eine Evaluation des Ansatzes des

Concept-Mapping durch die Teilnehmenden vorgenommen. Dabei wurden vier zentrale Aspekte als Fragestellungen in eine Gruppenarbeitsphase eingebettet, die im Sommersemester 2011 ebenfalls Gegenstand der Leitfadeninterviews waren. An dieser Evaluation nahmen neun der 14 Studierenden teil.

Diese zentralen Fragestellungen waren:
1. Welchen Zweck erfüllt eine Concept Map?
2. Wie sind Sie mit dem Ansatz zurechtgekommen?
   a. Umgang mit der Ansatzes
   b. Vorgehensweise
   c. Zeitaufwand
3. Hat das Erstellen der Concept Maps bei dem Verstehen und Lernen geholfen?
   a. Fachwissen
   b. Wissensstrukturierung
4. Ist der Ansatz im Rahmen einer solchen Übung und später im Chemieunterricht geeignet?

Die Beantwortung und Bearbeitung durch die Studierenden bildeten dann die Grundlage der daran anschließenden Ergebnisvorstellung und der Diskussion. Neben der schriftlichen Fixierung sowohl der Bearbeitungen durch die Gruppen, als auch der Einschätzungen durch die einzelnen Teilnehmerinnen und Teilnehmer, wurden die Ergebnisse der Diskussion über kommunikative Validierung abgesichert.

Zusammenfassung der Ergebnisse:
- Der Zeitaufwand zur Erstellung einer Concept Map ist zu groß und er steht in keinem gewinnbringenden Verhältnis zum subjektiv eingeschätzten Lernerfolg.
- Für den überwiegenden Anteil der Studierenden sind das Erstellen einer Concept Map und das entstandene Produkt, die Concept Map selbst, keine Hilfen zur Strukturierung des Wissens.
- Etwa die Hälfte der Teilnehmerinnen und Teilnehmer empfindet Concept Maps als Verstehens- und Lernhilfe, allerdings eher durch die notwendige Beschäftigung mit den relevanten Inhalten.
- Die andere Hälfte sieht in den Concept Maps keine Unterstützung.
- Die eine Hälfte der Teilnehmerinnen und Teilnehmer sieht durchaus Anwendungsmöglichkeiten wie den Einsatz der Concept Maps als Testersatz oder als Methode um einen Überblick über Themenzusammenhänge zu geben.
- Die anderen Studierenden erkennen aus den schon genannten Gründen keinen sinnvollen Einsatz.

Struktur des leitfadengestützten Interviews: Die Intention des Interviews (Sommersemester 2012) bestand darin, dass die Studierenden einen Überblick ihrer Erfahrungen geben, die sie in den Veranstaltungen der Module AC und OC machen durften.

Vor diesem Hintergrund sollten sie dann schildern, wie sie die Förderung innerhalb der Zusatzübungen empfunden haben. Daher wurde das Interview in zwei große Abschnitte geteilt, in denen Fragen gestellt wurden zu …

1. der fachlichen Ausbildungen im Rahmen der Anorganischen und Organischen Chemievorlesungen und den dazugehörigen Übungen und
2. dem zusätzlichen Übungsangebot, das durch die Chemiedidaktik verwirklicht wurde, und der darin eingebrachten individuellen Förderung.

Im ersten Abschnitt sollten die Studierenden darlegen, inwiefern sie mit dem Inhalt und mit der Präsentation dessen zurechtgekommen sind. Gleichermaßen sollten die Übungen zu den jeweiligen Vorlesungen eingeschätzt werden. Im zweiten Abschnitt konnten die Studierenden dann den Mehrwert und Zweck der Zusatzübungen beurteilen, konstruktive Kritik äußern und einen Vergleich zwischen der AC- und der OC-Zusatzübung anstellen. Es nahmen vier von sieben Studierenden teil.

Zusammenfassung der Ergebnisse
- Die Vorlesung „Anorganische Chemie" zeichnete sich laut den Studierenden durch eine große Stofffülle und komplizierten Thematiken aus, die nicht immer gänzlich verstanden wurden.
- Die in die AC-Vorlesung integrierte Übung wurde als gute Vorbereitung auf die Klausur angesehen.
- Die OC-Vorlesung wurde im Vergleich zur AC-Vorlesung besser strukturiert wahrgenommen. Die Studierenden äußerten auch hier Probleme hinsichtlich der Stofffülle und der aufzubringenden Zeit zur Wiederholung und Aufbereitung der Vorlesung.
- Die in die OC-Vorlesung integrierte Übung wurde ebenso als gute Vorbereitung für die Klausur angesehen, trotz der eher seltenen Verständnishilfen des Dozenten.
- Die von der Didaktik der Chemie zusätzlich angebotenen einstündigen Übungen wurden generell positiv hervorgehoben. Sowohl die AC- als auch die OC-Übung wurden als Vertiefung und Erweiterung des Verständnisses der Fachinhalte angesehen.
- Die Einschätzung der Didaktik der Chemie, auf den Einsatz der Concept Maps zu verzichten, wurde von allen Studierenden begrüßt.
- Lediglich die Dauer der Übung von 45 Minuten pro Woche wurde als zu kurz kritisiert und gleichzeitig die Einführung einer 90minütigen Veranstaltung vorgeschlagen. Den Studierenden eine stärkere Verantwortung hinsichtlich der Gestaltung der Übung zu übertragen, wurde als Verbesserungsvorschlag vorgebracht.

Einordnung und Schlussfolgerungen: Der Ansatz des Concept-Mapping hat sich unter bestimmten Bedingungen als ein Diagnoseinstrument bewährt, das mit Hilfe des Auswertebogens im Rahmen der individuellen Förderung eingesetzt werden kann. Es erfüllt die Funktion dann, wenn die Formulierungen innerhalb einer Concept

Map eindeutig und unmissverständlich gestaltet sind, sodass die Interpretationsvielfalt des Auswertebogens möglichst eingeschränkt ist. Diese sprachliche Genauigkeit ist ein grundlegender Aspekt, der diesen Ansatz als Diagnoseinstrument sehr anspruchsvoll und somit nur eingeschränkt einsetzbar werden lässt.

Auch hat sich im Verlauf des Projektes gezeigt, dass eine gute Abstimmung zwischen der Vorlesung und dem Einsatz der Concept Maps in den Übungen eine Gelingensvoraussetzung darstellt. Sichtbar wurde dies in der Chemie besonders dem Zeitpunkt, an dem die Vorlesung aus der Verantwortung der Fachdidaktik in das Fachgebiet der Anorganischen Chemie wechselte. Infolge dessen kam es zu Problemen, die ihre Ursache nicht zuletzt auch in der heterogenen Hörerschaft der Anorganik-Vorlesung hatte. Dadurch wurde es deutlich schwieriger, adressatengerechte Concept Maps begrenzter Komplexität zu generieren und mit den Vorlesungsinhalten in Abstimmung zu bringen. Ein großer Anteil der Lehramtsstudierenden sah daher in dieser Phase den Ansatz des Concept Mapping nicht als Unterstützung für eine bessere Strukturierung von Fachinhalten, sondern eher als zeitaufwendige und wenig ertragreiche Beschäftigung mit fachlichen Konzepten. Ein wichtiges Ziel ist daher, die Abstimmung zwischen Vorlesung und Übung gezielt zu verbessern. Darüber hinaus gab es jedoch immer einen Anteil an Studierenden, der einen Gewinn darin gesehen hat, Inhalte mit Hilfe von Concept Maps zu strukturieren sodass diese Methode als Angebot weiterhin zur Verfügung stehen wird.

Im Gegensatz zu dem geteilten Echo bezüglich des Concept-Mapping ist die Form einer unmittelbaren Betreuung der Studierenden innerhalb von zusätzlich angebotenen Übungen, die inhaltlich auf die Fachvorlesungen abgestimmt sind, einstimmig. In diesen Veranstaltungen sahen die Studierenden den im Vergleich größten Gewinn. Hierzu trug sicherlich die geringe Größe der Übungsgruppe bei, in der Verständnisfragen mit weniger Überwindung vorgetragen werden konnten als im großen Hörsaal. Auch die individuelle Berücksichtigung der behandelten Themen trug zu dieser positiven Einschätzung bei.

2.4.4 Technik

Die Analogiebildung und die dafür grundlegende Strukturierungskompetenz stellt im Fach Technik eines der wichtigsten Instrumente zur Problemlösung dar. Innerhalb des Teilprojektes „Diagnose und individuelle Förderung erleben" richtete das Fach Technik daher den Fokus auf die Förderung der Entwicklung dieser Kompetenz zum Strukturieren von Wissen. Voraussetzung für eine gelungene Förderung ist die Diagnose vorhandener Wissensstrukturen, d.h. das Sichtbarmachen von Wissen über strukturelle Beziehungen. Als geeigneter Ansatz konnte die Methode des Concept Mapping (vgl. Kapitel 2.2.2) identifiziert werden. Im Rahmen des Projektes beschränkte sich das Fach Technik daher auf diesen Ansatz, um ihn in hinreichender Tiefe untersuchen zu können. Ziel war es dabei, die Wirksamkeit und

Akzeptanz dieses Instrumentes sowohl in der Diagnose, als auch der individuellen Förderung einzuschätzen und erfolgsförderliche Einflussfaktoren abzuleiten.

Implementierung des Ansatzes Concept Mapping: Im Wintersemester 2009/2010 wurde der Ansatz des Concept Mapping den Studierenden erstmals vorgestellt und in Form eines Pre-Tests eingesetzt. Die Studierenden erhielten den Arbeitsauftrag, an einzelnen Terminen begleitend zu verschiedenen Vorlesungen manuell Concept Maps zu erstellen. Dabei wurden von den Lehrenden zunächst keinerlei Vorgaben hinsichtlich Inhalt, Umfang oder Gestaltung gemacht. Ziel war die Einschätzung der grundsätzlichen Bereitschaft der Studierenden, Concept Maps als begleitendes Instrument im Kontext ihres individuellen Lernprozesses anzuwenden. Die Betrachtung der dabei entstandenen Concept Maps führte zu dem Schluss, dass dieses Instrument einen geeigneten Ansatz zur Diagnose und individuellen Förderung im Fach Technik darstellt. Außerdem wurde deutlich, dass sich insbesondere technische fachwissenschaftliche Vorlesungen zur Implementierung dieses Instrumentes eigneten. Im weiteren Verlauf des Projektes wurde die Anwendung außerdem auf die technischen Laborpraktika und im weiteren Verlauf auf begleitende Tutorien zu den Veranstaltungen ausgeweitet.

Der Einsatz der Methode des Concept Mapping erfolgte im zeitlichen Verlauf des Projektes somit im Rahmen verschiedener Veranstaltungen:

- WiSe 2009/2010   *Pre-Test*
- SoSe 2010   *Fachvorlesung:*   Werkstoffkunde und -prüfung
- SoSe 2011   *Fachvorlesung:*   Werkstoffkunde und -prüfung
- WiSe 2011/2012   *Grundlagenvorlesung:*   Anwendungen der Technik
      Praktikum: Technisches Praktikum I und II
- SoSe 2012   *Fachvorlesung:*   Werkstoffkunde und -prüfung
      Praktikum: Technisches Praktikum I und II
      Tutorium: begleitend zu technischen Praktika
- WiSe 2012/2013   *Grundlagenvorlesung:*   Anwendungen der Technik
      Tutorium: begleitend zu den Vorlesungen
      Praktikum: Technisches Praktikum I und II
      Tutorium: begleitend zu technischen Praktika

Untersuchung der Wirksamkeit und Akzeptanz von Concept Maps: Im Rahmen des Projektes wurde im Fach Technik die Wirksamkeit und Akzeptanz des Ansatzes des Concept Mapping zur Diagnose und individuellen Förderung mit Hilfe qualitativer Methoden untersucht.

Begründet durch die vergleichsweise kleinen Teilnehmerzahlen zwischen 10 und 30 Studierenden in den verschiedenen Veranstaltungen eigneten sich insbesondere Interviews und eine anschließende qualitative Inhaltsanalyse als Erhebungsmethode. Die Interviews wurden in der Regel nach dem Ende der Vorlesungszeit des

jeweiligen Semesters durchgeführt. Dabei wurden einerseits Fragen zum individuellen Lernerfolg der Studierenden und andererseits zum Umgang mit der Methode des Concept Mapping als Lernmethode gestellt. Die Antworten der Studierenden
auf diese Fragen wurden bestimmten Kategorien zugeordnet, die im Untersu-
chungsablauf aus den Daten erhoben wurden. So wurden beispielsweise alle Aussagen zum Erleben des Concept Mapping oder dem zeitlichen Aufwand beim Erstellen einer Concept Map in einem Aussagenpool gesammelt und stellten so im
Untersuchungsverlauf die Grundlage der erhobenen Daten dar. Hieraus wurden die
ausgewählten Aussagen, wenn möglich, in positiv, neutral oder negativ klassifiziert,
um so auch die Häufigkeit der grundlegenden Einschätzungen bestimmen zu können.

Im Anschluss an die Fachvorlesung Werkstoffkunde und -prüfung wurden in
den Sommersemestern 2010 und 2011 mit allen teilnehmenden Studierenden Interviews geführt. An beiden Vorlesungen nahmen jeweils 15 Studierende regelmäßig teil.

Eine grundlegende Fragestellung richtete sich auf das individuelle *Erleben* des
Lernens mit Hilfe des Concept Mapping als Ansatz zur Diagnose und individuellen Förderung. Im Sommersemester 2010 sahen sich nur sechs der befragten Studierenden in der Lage, hinsichtlich dieser Fragestellung eine bewusste Einschätzung
vorzunehmen. Drei dieser Studierenden äußerten sich positiv, da das Erstellen der
Concept Maps zum einen eine Abwechslung zum herkömmlichen „Anlesen von
Fachwissen" darstelle und zum anderen ein intensiveres Auseinandersetzen mit den
Inhalten mit sich bringe. Im Sommersemester 2010 wurden als *Rückmeldung* lediglich einzelne Concept Maps in der Vorlesung vorgestellt und diskutiert. Ausgehend
davon gaben nur zwei Studierende an, dass für sie diese Rückmeldung zu den erstellten Concept Maps hilfreich und ausreichend war. Acht Studierende äußerten
hingegen Bedenken, die von ihnen erstellten Concept Maps als verlässliche Grundlage ihres Wissens anzuerkennen. Diese Bedenken seien vor allem auf die unzurei-
chende Rückmeldung und Korrektur der dargestellten Zusammenhänge zurück zu
führen, die die Studierenden im Unklaren ließe, ob sie ein Thema ausreichend verstanden hätten oder die erstellte Concept Map sogar fachliche Fehler beinhalte. Einen deutlichen Hinweis auf die persönliche Beurteilung der Eignung von Concept
Maps zur selbstdiagnostischen Einschätzung geben auch die Aussagen der Studierenden hinsichtlich der Nutzung ihrer Concept Maps im Rahmen der *Klausurvorbereitung*. Im Sommersemester 2010 gaben lediglich drei Studierende an, dass sie
explizit mit den erstellten Concept Maps für die Klausur lernten. Fünf Studierende nutzen die erstellten Concept Maps nicht zur Vorbereitung auf die Klausur, da
sie sich aufgrund der fehlenden Rückmeldung und Korrektur nicht auf ihre Arbeiten verlassen wollten. Diese Erfahrungen schlugen sich auch in der Bewertung der
Zukunftsbedeutung des Ansatzes durch die Studierenden nieder. Sieben Studierende gaben an, dass sie versuchen würden, den Ansatz des Concept Mapping später
in ihren eigenen Unterricht einzubinden. Sie äußerten aber gleichzeitig Bedenken,
dass ihnen das Instrument je nach Schulform und Klassenstufe als zu schwierig

erscheine. Acht Studierende konnten keine Aussage treffen, inwiefern Concept Mapping für Ihr weiteres Lernen oder ihren späteren Unterricht Bedeutung haben könne.

Insgesamt beeinflusste insbesondere die Unsicherheit über die fachliche und inhaltliche Korrektheit das Erleben des Lernens mit dem Ansatz des Concept Mapping eher negativ, da sowohl der Diagnose- als auch der Förderaspekt für die Studierenden zu gering erschienen. Aufgrund dieser Ergebnisse wurden im Sommersemester 2011 grundlegende Veränderungen des Konzeptes vorgenommen. Zu Beginn des Semesters wurde nun das Projekt dortMINT und die damit verbundenen Zielsetzungen sowie des Ansatzes des Concept Mapping vorgestellt. Außerdem wurden alle erstellten Concept Maps von den Lehrenden korrigiert und individuell kommentiert. Diese Veränderungen hatten deutlichen Einfluss auf die Bewertung des Ansatzes durch die Studierenden.

In den Interviews, die im Anschluss an das Sommersemester 2011 durchgeführt wurden, äußerten sich bereits acht Studierende eindeutig positiv hinsichtlich ihres individuellen *Erlebens* des Concept Mapping als Ansatz zur Diagnose und individuellen Förderung. Nur zwei Studierende gaben an, dass sie das Erstellen von Concept Maps nicht als bereichernd erlebten. Die eingeführte Korrektur, *Rückmeldung* und Kommentierung der Concept Maps wurde von zwölf Studierenden als hilfreich eingeschätzt. Sie äußerten sich vor allem positiv darüber, dass sie sich hinsichtlich der fachlichen und inhaltlichen Korrektheit auf ihre Concept Maps verlassen konnten. Elf der befragten Studierenden bestätigten, dass sie sich vor allem aufgrund des individuellen Feedbacks durch die Lehrenden positiv gefördert fühlten. Eine eindeutige Veränderung zeigte sich im Sommersemester 2011 auch hinsichtlich der Angaben zur Nutzung der erstellten Concept Maps im Rahmen der *Klausurvorbereitung*. Neun Studierende erkannten hierbei einen positiven Effekt des Concept Mapping. Dabei nannten sie verschiedene Gründe für diese Einschätzung. Einige führten an, dass durch die intensive Beschäftigung mit dem Thema und durch das Erstellen der Concept Maps der Zeitaufwand zur Klausurvorbereitung geringer sei, da sie sich schon im Vorfeld gut vorbereitet fühlten. Auch führten Studierende an, dass ihnen die Concept Maps dabei halfen, einen groben Überblick zu erhalten und sie so in der Wiederholung den Inhalt besser festigen konnten. Aufgrund der geringen Studierendenzahlen lassen sich jedoch keine verbindlichen quantitativen Aussagen über einen Zusammenhang dieser positiven Einschätzung des Nutzens von Concept Maps in der Klausurvorbereitung und der im Rahmen des Projektes angestrebten Steigerung der fachlichen Leistung machen. Die insgesamt sehr positive Bewertung des Ansatzes des Concept Mapping zeigt sich auch in der Einschätzung der *Zukunftsbedeutung* des Ansatzes durch die Studierenden. Elf Studierende bewerteten ihre persönlichen Erfahrungen mit dem Concept Mapping so positiv, dass sie dieses Instrument sowohl weiterhin beim Lernen, als auch später in ihrem eigenen Unterricht nutzen möchten.

Strukturanalyse der Concept Maps: Ergänzend zu den Interviews wurden die von den Studierenden im Rahmen der Vorlesung „Werkstoffkunde und -prüfung" erstellten Concept Maps qualitativ hinsichtlich Aufbau und Strukturierung analysiert. Insbesondere wurden die Maps auf ihren Vernetzungsgrad, also auf das Verhältnis der Anzahl an Knoten zur Anzahl an Relationen, bzw. ihren strukturellen Aufbau untersucht und unterschiedlichen Qualitätsstufen zugeordnet.

Im Sommersemester 2010 erstellte annähernd die Hälfte der Studierenden rein hierarchisch aufgebaute Concept Maps. Rein hierarchisch gestaltete Concept Maps zeigen quasi keine Querverbindungen und zeichnen sich daher durch eine sehr geringe Vernetzung aus. Dieses Ergebnis unterstützt die Einschätzung, dass die Studierenden aufgrund der fehlenden Einführung in die Methode und der geringen Rückmeldung die eigentliche Zielsetzung einer Concept Map noch nicht umsetzen konnten. Beim Vergleich der Struktur der Concept Maps aus dem Sommersemester 2010 mit denen des Sommersemesters 2011 ist zu erkennen, dass die Anzahl der vorwiegend rein hierarchisch aufgebauten Maps deutlich geringer wurde. Elf der Studierenden erstellten im Verlauf des Semesters mindestens eine Concept Map, die der Qualitätsstufe „viele Vernetzungen" zugeordnet werden konnte. Im Sommersemester 2010 gelang dies lediglich fünf Studierenden.

Die Strukturanalyse bestätigte die Vermutung, dass Studierende Unterstützung benötigen, um den Umgang mit dem Instrument des Concept Mapping zu erlernen. Auch wenn das Erstellen einer Concept Map auf den ersten Blick einfach erscheinen könnte, bedarf es Übung, das eigene und neu erworbene Wissen in einem individuellen Netzwerk darzustellen. Das positive Bewerten und ein Erleben des Ansatzes als lernförderlich werden stark durch den Übungsgrad beim Erstellen der Concept Maps bestimmt. Die Gestaltung der Concept Maps als verpflichtende Prüfungsvorleistung führte dazu, dass sich die Studierenden umfassend mit dem Ansatz auseinandersetzen und diesen (unabhängig von einer möglichen negativen Ersteinschätzung) über einen längeren Zeitraum kontinuierlich einsetzen mussten. Dieses stellt einen grundlegenden Unterschied zur Realisierung des Ansatzes im Fach Chemie dar.

Ergebnisse in den Grundlagenvorlesungen: Zu Beginn des Wintersemesters 2011/2012 meldeten sich im Rahmen der Vorlesungen der Grundlagenveranstaltungen „Anwendungen der Technik" 17 Studierende zur Teilnahme am Testlauf zur Diagnose und individuellen Förderung an (vgl. Kapitel 2.3.4). Alle Studierenden erhielten eine ausführliche Einführung in die Zielsetzung des Projekts dortMINT und des Concept Mapping sowie eine erste Anleitung zum Umgang mit dem verwendeten elektronischen Tool. Insgesamt erstellten im Verlauf des Semesters jedoch nur zwei Studierende eigene Concept Maps. Diese Concept Maps waren auffallend komplex und zeichneten sich durch einen sehr hohen Vernetzungsgrad aus.

An der abschließenden Befragung der Studierenden zu ihrer Erfahrung mit dem Concept Mapping und ihrer Einstellung gegenüber dem Instrument nahmen neun Studierende teil. Die Studierenden, die keine Maps erstellt hatten, lehnten Concept Maps als Instrument nicht grundsätzlich ab, allerdings fanden sie auf Grund von äußeren Umständen nicht ausreichend Zeit, sich hinreichend mit dem Ansatz auseinanderzusetzen und eigene Concept Maps zu erstellen.

Ergebnisse in den technischen Laborpraktika: Im Wintersemester 2011/2012 wurde das Concept Mapping als Ansatz zur Diagnose und individuellen Förderung erstmalig auch im technischen Praktikum eingesetzt (vgl. Kapitel 2.3.5). An den Praktika nahmen vier Gruppen mit insgesamt 13 Studierenden teil, die eine unterschiedliche Anzahl an Versuchen absolvierten. Die Evaluation erfolgte in diesem Semester mit Hilfe eines offenen Fragebogens, der den Studierenden per E-Mail zugesandt wurden. Sieben Studierenden beteiligten sich an der Befragung und übermittelten ihre Antworten.

Fünf der Studierenden gaben an, sie hätten von der kollaborativen Erstellung der Concept Maps profitiert, aber nur ein Studierender beschrieb die Vorgehensweise als kontinuierliche und zeitlich synchrone Gruppenarbeit, bei der die Gruppenmitglieder gemeinsam Begriffe gesammelt, vernetzt und diskutiert hätten. Drei Studierende gaben an, dass ihre Gruppen die Concept Maps erstellten, indem sie zeitlich versetzt arbeiteten, also nacheinander Teile einfügten und diese nachträglich miteinander vernetzten. Drei andere Studierende erläuterten, dass ein einzelnes Gruppenmitglied die Concept Map komplett erstelle und die übrigen Teilnehmenden diese lediglich nachvollzogen und ggf. korrigierten oder ergänzten.

Alle Studierenden nannten verschiedene Vorteile, die sie durch das Concept Mapping erlebt hätten. Fünf Studierende gaben an, dass sie aufgrund der Rückmeldungen ihr Wissen weiter entwickelt sowie mögliche Fehlvorstellungen erkannt und diese auch korrigiert hätten. Vier Studierende hatten außerdem den Eindruck, dass sie anhand der Rückmeldungen zu ihren Concept Maps ihre eigenen Fähigkeiten besser einschätzen konnten und ihnen mögliche Wissenslücken bewusst wurden. Nachteile, die ihnen durch das eingesetzte Instrument entstanden seien, konnte keiner nennen. Allerdings merkten einige Studierenden an, dass mit dem Erstellen der Concept Map, insbesondere beim ersten Einsatz des Instrumentes, ein großer Zeitaufwand verbunden sei.

Einordnung und Bewertung der Evaluation: Die Veränderung des Anwendungskonzeptes des Concept Mapping im Sommersemester 2011 stellte einen entscheidenden Wandel hinsichtlich der Wirksamkeit und Akzeptanz dieses Ansatzes dar.

Das Instrument Concept Map wurde von den Studierenden als geeigneter Ansatz zur Diagnose und individuellen Förderung erlebt und bewertet. Insbesondere wurden die intensiven und individuellen Rückmeldungen von den meisten Studierenden sehr positiv empfunden. Zum einen förderte dieses Feedback die Strukturierungskompetenz auf methodischer Ebene, zum anderen fühlten sich fast alle Studierenden durch die persönlichen Rückmeldungen zu ihren Concept Maps individuell gefördert. Insgesamt zeigt sich, dass die vorgenommenen Anpassungen des Konzeptes die positive Einschätzung des Concept Mapping als Instrument zur Diagnose und individuellen Förderung erhöhen. Weitere Optimierungen des Konzeptes, wie z.B. eine Anpassung der Anzahl der zu erstellenden Concept Maps oder das Formulieren einer konkreteren Aufgabenstellung wirken sich ebenfalls positiv auf die Akzeptanz des Ansatzes aus.

Resümee: Insgesamt haben sich Concept Mapping als Ansatz zur Diagnose und individuellen Förderung im Fach Technik eindeutig und nachhaltig bewährt. Als essenziell für den Erfolg konnten dabei aber verschiedene Rahmenbedingungen identifiziert werden:

- Eine Einführung in die Methode der visuellen Strukturierung ist unerlässlich. Erst durch den kontinuierlichen praktischen Umgang mit dem Instrument lernen Studierende, das Concept Mapping mit seinen Vorteilen zu nutzen. Daher muss ein besonderes Augenmerk auf das Erlernen des Lernens mit Concept Maps gelegt werden.
- Das Erlernen des Instruments benötigt ausreichend Zeit. Wenn die Studierenden den Umgang mit dem Concept Mapping verinnerlicht haben, fällt es ihnen leichter, ihr Wissen zu strukturieren und zu vernetzen. Dies ist eine wichtige Voraussetzung, die Möglichkeiten und Vorteile der Methode ausschöpfen zu können, ohne eine übermäßige zeitliche Belastung in Kauf nehmen zu müssen.
- Da diese Strukturierungen jedes Studierenden höchst individuell sind, kann es den Lehrenden nicht möglich sein, diese einheitlich im Sinne einer standardisierten Leistungsbeurteilung zu bewerten. Auch im Sinne einer Förderdiagnose ist eine Leistungsbeurteilung kaum hilfreich.
- Die Bereitschaft der Lehrenden, sich auf diese individuellen Darstellungen einzulassen, sie nachzuvollziehen und darauf eine Einschätzung des Wissens und Verstehens der Studierenden unter dem Aspekt der Förderdiagnostik zu entwickeln, ist eine Voraussetzung für das Arbeiten mit Concept Maps als Diagnose- und Förderinstrument. Dies ist jedoch mit einem erheblichen zeitlichen Aufwand verbunden, der in der im Fach Technik umgesetzten Form nur bei geringen Studierendenzahlen zu realisieren ist.

Der besondere Förderaspekt des Instrumentes geht untrennbar mit einer umfangreichen Förderdiagnose einher, indem Lehrende in der Concept Map weitere Möglichkeiten der Vernetzung, Strukturierung und Wissenserweiterung erkennen und diese den Lernenden vermitteln. Nur durch eine solche individuelle Förderdiagnose erhalten die Lernenden die Möglichkeit, ihr Wissen weiterzuentwickeln und zu vernetzen.

2.5 Rückschau und Ausblick

Im dortMINT Teilprojekt I1 „Diagnose und individuelle Förderung erleben" wurden verschiedene Ansätze zur Diagnose und individuellen Förderung in der Lehramtsausbildung implementiert und ihr Einfluss auf das Lernen der Studierenden untersucht. Im Rahmen des Projektes wurden dabei Veranstaltungen der fachwissenschaftlichen Ausbildung in den Fächern Chemie, Mathematik, Physik und Technik im Hinblick auf das zentrale Leitprinzip der Diagnose und individuellen Förderung weiter entwickelt. Dabei war es das Ziel, dass Lehramtsstudierende ausgehend von eigenen, positiven Erfahrungen lernen, in ihrem späteren Lehrerhandeln selbst kompetent individuell zu fördern.

Im Rahmen der im Projekt realisierten Zusammenarbeit und aus den in den einzelnen Fächern erzielten Ergebnissen wird deutlich, dass sich unabhängig von der konkreten fachlichen Ausrichtung Rahmenbedingungen herausstellen lassen, die den Erfolg der implementierten Ansätze zur Diagnose und individuellen Förderung maßgeblich beeinflussen.

DiF positiv erleben – Erfolgsförderliche Rahmenbedingungen: Als eine entscheidende Erfolgsgröße ist die konsequente und durchgängige Berücksichtigung der Ansätze zur Diagnose und individuellen Förderung bereits bei der Konzeption einer Lehrveranstaltung herauszustellen. Dies bezieht sich einerseits auf inhaltliche Aspekte, wie beispielsweise die Abstimmung des einzusetzenden Instrumentes mit den fachwissenschaftlichen Inhalten oder auch die Einbindung des gewählten Ansatzes bereits im Rahmen des eigentlichen Vermittlungsprozesses. Andererseits sind selbstverständlich auch organisatorische Rahmenbedingungen ausschlaggebend für den Erfolg und insbesondere das Erleben von Ansätzen der Diagnose und individuellen Förderung durch die Lernenden. Für die Ansätze muss Raum im Lernprozess vorgesehen werden, entsprechende Zeitfenster sind einzuplanen, und auch Sozialform sowie Gruppengröße müssen zu den Instrumenten zur Diagnose und individuellen Förderung passen.

Diese Faktoren lassen unmittelbar darauf schließen, dass auch personelle Zuständigkeiten als erfolgsförderliche Rahmenbedingungen zu berücksichtigen sind. Eine gute Kooperation zwischen der Veranstaltungsleitung und den für die Koordination von Diagnose und individueller Förderung verantwortlichen Personen ist für eine erfolgreiche Umsetzung unerlässlich. Reibungsverluste durch interne und periphere Schnittstellen können durch das Prinzip „alles in einer Hand" vermieden werden.

Gleichzeitig ist aber auch der kreative Austausch notwendig, um isolierte Insellösungen zu vermeiden. Hierbei bietet sich eine fächerübergreifende Vernetzung verschiedener Ansätze der Diagnose und individuellen Förderung an. Wechselnde Perspektiven ermöglichen ganzheitliche Ansätze und regen die Diskussion und damit den „Blick über den Tellerrand" an. Im Idealfall wird aus dieser Vernetzung eine Kooperation, die das positive Erleben von Diagnose und individueller Förderung unterstützen kann.

Abschließend ist auch die Nachhaltigkeit als erfolgsförderliche Rahmenbedingung zu nennen. Im Rahmen des Projektes wurde deutlich, dass Diagnose und individuelle Förderung nicht als kurzfristige, projektierte Maßnahmen zu realisieren sind. Sowohl aus Sicht der Lehrenden als auch der Lernenden muss das Konzept längerfristig angelegt sein. Viele Vorteile verschiedener implementierter Ansätze zeigen sich erst nach einer gewissen Eingewöhnungsphase. Nur wenn die Studierenden eine längerfristige Perspektive und damit eine gewisse Regelmäßigkeit und Zuverlässigkeit erkennen, ist damit zu rechnen, dass sie sich vollständig auf die verschiedenen Ansätze einlassen und diese positiv erleben. Das positive Erleben stellt damit unmittelbar den ersten Schritt zum Transfer in die Schulpraxis dar.

Erlebte DiF weitergeben – Transfer in die Schulpraxis: Schulen und damit auch alle Lehrerinnen und Lehrer stehen vor der Herausforderung, den Bedürfnissen aller Schülerinnen und Schüler, auch der besonders leistungsstarken und der leistungsschwächeren, gleichzeitig gerecht zu werden. Förderplanung wird für Lehrerinnen und Lehrer damit immer wichtiger. Grundlage einer fundierten Förderplanung ist die diagnostische Kompetenz der Lehrenden. Diese beinhaltet sowohl das Erfassen der Lernvoraussetzungen als auch des Lernstandes, um eine gezielte Unterstützung der einzelnen Schülerin oder des einzelnen Schülers zu planen. Verschiedene diagnostische Zugänge, wie Sie von den Lehramtsstudierenden der Fächer Chemie, Mathematik, Physik und Technik im Rahmen des Teilprojektes selbst erlebt wurden, ermöglichen bzw. unterstützen das Erkennen und Realisieren des individuellen Förderbedarfs.

Ziel des dortMINT Teilprojektes I1 „Diagnose und individuelle Förderung erleben" ist es, dass Lehramtsstudierende der Fächer Chemie, Mathematik, Physik und Technik im Rahmen ihres Studiums aus eigenen positiven Erfahrungen eine Bereitschaft und Kompetenz zur Diagnose und individuellen Förderung in ihrem späteren Lehrerhandeln entwickeln und zu Multiplikatoren der im Rahmen ihres Studiums erlebten Ansätze werden. Der Transfer der erlebten Instrumente und Ansätze in die Schulen wird bereits dadurch erleichtert, dass die Auswahl der im Rahmen des Teilprojektes angewendeten Diagnose- und Förderansätze durch die Schulpraxis inspiriert wurde. Die realisierten Ansätze (vgl. Kapitel 2.2) eignen sich daher insbesondere für den Einsatz zur Diagnose und individuellen Förderung im Unterricht.

Literatur

Baumert, J., Blum, W., Bruner, M., Dubberke, T., Jordan, A., Klusmann, U., Krauss, S., Kunter, M., Löwen, K., Neubrand, M. & Tsai, Y.-M. (2008). *Professionswissen von Lehrkräften, kognitiv aktivierender Mathematikunterricht und die Entwicklung von mathematischer Kompetenz (COACTIV): Dokumentation der Erhebungsinstrumente.* Berlin: Max-Planck-Institut für Bildungsforschung.

Bennewitz, H. & Daneshmand, N. (2010). Kollegiale Fallberatung. Professionalisierung und Entlastung für Lehrerinnen und Lehrer. In H. Bartnitzky & U. Hecker (Hrsg.). *Allen Kindern gerecht werden. Aufgabe und Wege* (S. 191–200). Frankfurt am Main: Grundschulverband.

Di Fuccia, D. & Theyßen, H. (2011). Diagnose und individuelle Förderung in der MINT-Lehrerbildung. In D. Höttecke (Hrsg.), *Naturwissenschaftliche Bildung als Beitrag zur Gestaltung partizipativer Demokratie. Gesellschaft für Didaktik der Chemie und Physik. Jahrestagung in Potsdam 2010* (S. 149–151). Münster: LIT-Verlag.

Friege, G. (2001). *Wissen und Problemlösen. Eine empirische Untersuchung des wissenszentrierten Problemlösens im Gebiet der Elektrizitätslehre auf der Grundlage des Experten-Novizen-Vergleichs.* Berlin: Logos-Verlag.

Friege, G. & Lind, G. (2000). Begriffsnetze und Expertise. In H. Fischler, & J. Peuckert (Hrsg.), *Concept Maps in fachdidaktischen Forschungsprojekten der Physik und Chemie* (S. 147–178). Berlin: Logos Verlag.

Gallin, P. & Ruf, U. (1998). *Sprache und Mathematik in der Schule – Auf eigenen Wegen zur Fachkompetenz.* Seelze: Kallmeyersche.

Gass, S. M. & Mackey, A. (2000). *Stimulated recall methodology in second language research.* Mahwah, New Jersey: Lawrence Erlbaum.

Grubmüller, J. (2012). *Kollegiale Fallberatung für Pädagoginnen und Pädagogen – Frankfurter Modell –, eine Methode kommunikativer Qualitätsentwicklung der BFZ-Arbeit.* Im Internet unter: http://www.landkreis-hildburghausen.de/media/custom/328_5605_1. PDF. [28.11.2012].

Helmke, A. (2009). *Unterrichtsqualität und Lehrerprofessionalität.* Seelze: Kallmeyer & Klett.

Hußmann, S. (2003). *Mathematik entdecken und erforschen – Theorie und Praxis des Selbstlernens in der Sekundarstufe II.* Berlin: Cornelsen.

Hußmann, S. & Lutz-Westphal, B. (Hrsg.) (2007). *Kombinatorische Optimierung erleben. In Studium und Unterricht.* Wiesbaden: Vieweg.

Lühe, F. (1995). *Gleichungen zur Physik. Formelsammlung und Anleitung zur Lösung physikalischer Rechenaufgaben.* Berlin: Verlag Technik, 1. Auflage.

Ministerium für Schule und Weiterbildung des Landes Nordrhein-Westfalen (Hrsg.). *Schulgesetz für das Land Nordrhein-Westfalen.* Im Internet unter: www.schulministerium.nrw.de/BP/Schulrecht/Gesetze/Schulgesetz.pdf [20.01.2012].

Novak, J.D. & Cañas, A.J. (2006). The Origins of the Concept Mapping Tool and the Continuing Evolution of the Tool. *Information Visualization Journal,* 5, 175–184.

Paradies, L., Linser H. & Greving J. (2011). *Diagnostizieren, Fordern und Fördern.* Berlin: Cornelsen Scriptor.

Peuckert, J. (1999). Concept Mapping – Lernen wir unsere Schüler kennen! Teil 1 Grundlagen des Concept Mappping. *Physik in der Schule* 37, 1, 47–55.

Pólya, G. (1945). *How to Solve It.* Princeton University Press.

Pusch, A. & Theyßen, H. (2011). Instrumente zur Diagnose und individuellen Förderung in der fachwissenschaftlichen Lehramtsausbildung Physik – am Beispiel einer Diagnosecheckliste zur Bearbeitung von Übungsaufgaben. In *PhyDid B – Didaktik der Physik – Beiträge zur DPG-Frühjahrstagung, 2011.* Im Internet unter: http://www.phydid.de/index.php/phydid-b/article/view/257 (31.03.2013).

Pusch, A. & Theyßen, H. (2012). Umsetzung von Diagnose und individueller Förderung (DiF) am Beispiel eines DiF-Tutoriums in der fachinhaltlichen Lehramtsausbildung Physik. In S. Bernholt (Hrsg.), *Konzepte fachdidaktischer Strukturierung für den Unterricht. Gesellschaft für Didaktik der Chemie und Physik. Jahrestagung in Oldenburg 2011* (S. 440–442). Münster: LIT-Verlag.

Reiff, R. (2006). Selbst- und Partnerdiagnose im Mathematikunterricht *Friedrich Jahresheft Diagnostizieren und Fördern,* 68–73.

Renkl, A, Gruber H, Weber S, Lerche T & Schweizer K (2003). Cognitive Load beim Lernen aus Lösungsbeispielen. *Zeitschrift für Pädagogische Psychologie,* 17, 93–101.

Renkl, A., Schworm, S. & Hilbert, T. S. (2004). Lernen aus Lösungsbeispielen: Eine effektive, aber kaum genutzte Möglichkeit, Unterricht zu gestalten. In J. Doll & M. Prenzel (Hrsg.), *Studien zur Verbesserung der Bildungsqualität von Schule: Lehrerprofessionalisierung, Unterrichtsentwicklung und Schülerförderung.* Münster: Waxmann, 77–92.

Röhmer, M. (2008): Checklisten und Lernüberblicke. *mathematik lehren,* H. 147, 52–53.

Schwanzer, A. (2002). *Entwicklung und Validierung eines deutschsprachigen Instruments zur Erfassung des Selbstkonzepts junger Erwachsener.* Berlin: Max-Planck-Institut für Bildungsforschung.

Schwarzer, R. & Jerusalem, M. (Hrsg.) (1999). *Skalen zur Erfassung von Lehrer- und Schülermerkmalen. Dokumentation der psychometrischen Verfahren im Rahmen der Wissenschaftlichen Begleitung des Modellversuchs Selbstwirksame Schulen.* Berlin: Freie Universität.

Sumfleth, E., Neuroth, J. (2010). Concept Mapping – Eine Lernstrategie muss man lernen. *ChemKon,* 2/17, 66–70.

Sweller, J. (1988). Cognitive load during problem solving: Effects on learning. *Cognitive Science, 12,* 257–285.

3.

Diagnose und individuelle Förderung erlernen

Sandra Anus, Holger Danielsiek, Sandra Fischer, Annika Girulat,
Dittmar Graf, Patrícia Jelemenská, Insa Melle, Marcus Nührenbörger,
Wolfgang Paul, Jan Vahrenhold und Franz B. Wember

Zukünftige MINT-Lehrkräfte müssen auf die besonderen Bedingungen einer unterrichtspraktischen Diagnostik und auf die damit verzahnte individuelle Förderung von Schülerinnen und Schülern vorbereitet werden. Sie müssen sowohl Lernschwierigkeiten als auch Lernstärken diagnostizieren und individuelle Förderkonzepte entwickeln können, um eine bestmögliche Förderung der fachspezifischen Kompetenzen in den MINT-Fächern zu erreichen. Die Umsetzung dieser Forderung fällt zu großen Teilen in die Verantwortung der fachdidaktischen universitären Ausbildung. Das vorliegende Kapitel stellt einige Konzeptionen zu fachdidaktischen Lehrveranstaltungen vor, die im Dreischritt von Erleben, Erlernen und Erproben von individueller Diagnose und Förderung den mittleren Schritt des Erlernens thematisieren: Ausgehend von Selbsterfahrungen in fachinhaltlichen Lehrveranstaltungen sollen die Studierenden Theorien von Diagnostik und Förderung erlernen, die sie schulpraktisch explorieren können, bevor umfassendere Erprobungen zur Implementierung in der schulischen Praxis durchgeführt werden können. Das Kapitel erörtert zunächst grundlegende Fragestellungen zur konzeptionellen Gestaltung entsprechender DiF-Lehrveranstaltungen (3.1) und stellt anschließend vier konkrete Projekte in den Fächern Informatik (3.2), Biologie (3.3), Chemie (3.4) und Mathematik/Rehabilitationswissenschaften (3.5) vor. Diese stellen einerseits die Besonderheiten der fachspezifischen Kultur, andererseits die unterschiedlichen Schwerpunkte im Bereich von Diagnostik und individueller Förderung heraus. Das Kapitel schließt mit einer zusammenfassenden Darstellung von Empfehlungen zur didaktischen und methodischen Gestaltung von DiF-Lehrveranstaltungen.

3.1 DiF in der fachdidaktischen Ausbildung

Die Forderung nach einer unterrichtspraktisch orientierten Diagnostik, in der individuelle Lernschwierigkeiten und Lernstärken ermittelt werden, um eine individuell angepasste, bestmögliche Förderung von fachspezifischen Kompetenzen in den MINT-Fächern zu erreichen, lässt sich in drei für die Umsetzung dieser Forderung zentrale Fragstellungen konkretisieren, die im Rahmen des Teilprojektes „Diagnose und individuelle Förderung erlernen" untersucht wurden:

- An welcher Stelle und mit welchen Instrumenten ist auf der Schulebene eine unterrichtspraktische Diagnostik fachlich ergiebig und fachdidaktisch sinnvoll angelegt? Welche Implikationen ergeben sich für eine fachlich fundierte, individuelle und leistungsdifferenzierte Förderung?
- An welcher Stelle und mit welchen Schwerpunktsetzungen ist auf der Universitätsebene die Thematisierung der Auswahl, des Einsatzes und der Auswertung diagnostischer Instrumente sowie individueller bzw. leistungsdifferenzierter Fördermaßnahmen sinnvoll und fachdidaktisch fundiert zu verankern?
- Welche Gelingensbedingungen lassen sich für die konsequente Umsetzung eines Lehrschwerpunktes „Diagnose und individuelle Förderung" in der universitären Lehrerausbildung erkennen?

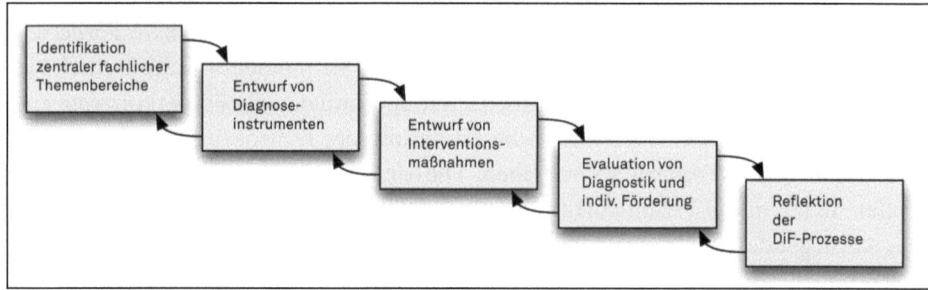

Abb. 3.1: Sequenzielles Prozessmodell von Diagnose und individueller Förderung mit Rückkopplungsmöglichkeiten und Gesamtreflexion

Die drei Fragestellungen wurden exemplarisch unter der leitenden Perspektive der Diagnostik fachlich tragfähiger und fachlich unangemessener Vorstellungen untersucht. Bei der Erarbeitung eines hierzu passenden Gesamtkonzepts für Diagnostik und individuelle Förderung lässt sich aus Sicht der fach- und hochschuldidaktischen Entwicklungsforschung (Prediger, Link, Hinz, Hußmann, Ralle & Thiele, 2012) das in Abbildung 3.1 dargestellte Prozessmodell zu Grunde legen, dessen einzelne Stufen durch Rückkopplungsmöglichkeiten verbunden sind und die eine abschließende Gesamtreflexion vorsieht. Entsprechend der unterschiedlich weit entwickelten Erkenntnisse in den jeweiligen Fachdidaktiken variierten die in den beteiligten Fächern schwerpunktmäßig in den Blick genommen, teilweise verschränkt verlaufenden Prozesse: So wurden in einigen Lehrveranstaltungen bestehende Theorien zu diagnostischen Verfahren und vorhandenen Konzepten für eine individuelle bzw. leistungsdifferenzierte Förderung von Schülerinnen und Schülern diskutiert, in anderen hingegen neue Verfahren und Konzepte entwickelt und als konkrete innovative Impulse in Schulen erprobt und verbessert. Exemplarische Erhebungen und Erprobungen in der Schulpraxis wurden stets mit der universitären Lehrpraxis verbunden.

Wenn man die Entwicklung der Lehrveranstaltungen über die Laufzeit des Projektes betrachtet, flossen die Erfahrungen und Erkenntnisse, die in den Lehrveranstaltungen jeweils gewonnen wurden, im Sinne eines iterativen Prozesses über mehrere Semester in die Gestaltung von nachfolgenden Lehrveranstaltungen ein. Ein in der Teilprojektkonzeption bereits verankerter, erwünschter Nebeneffekt ist, dass sich auf diese Art und Weise die Expertisen bei der Entwicklung der Lehrveranstaltungen im Sinne der o. a. Übertragbarkeit ergänzen und nach Abschluss des Projektes ein breites Spektrum an Erkenntnissen zur Gestaltung und Evaluation von Lehrveranstaltungen vorhanden ist. Dieses Spektrum ist einerseits auf Grund der unterschiedlichen fachspezifischen Schwerpunktsetzungen aus der Perspektive der einzelnen MINT-Fächer strukturiert und evaluiert worden. Andererseits erlauben aber die evaluierten fach- und hochschuldidaktischen Erkenntnisse Übertragungen auf andere Fächer.

Entsprechend der oben vorgestellten Systematik erstreckten sich die Forschungsarbeiten in diesem Teilprojekt von der Identifikation zentraler fachlicher Inhalte, zu denen fachlich mehr oder minder angemessene Schülervorstellungen erfasst werden sollten, bis hin zu der Dokumentation, Evaluation und Reflexion der auf Seiten der Studierenden erworbenen Kompetenzen in Hinblick auf die theoretischen Erkenntnisse zu Diagnostik und Förderung. Im Einzelnen lässt sich dies wie folgend auffächern:

- Das Fach Informatik beschäftigte sich ausgehend von der Identifikation zentraler fachlicher Themenbereiche, zu denen fachlich unangemessene Vorstellungen erfasst werden sollen, mit dem prototypischen Entwurf und der Evaluation von Diagnoseinstrumenten.

- Im Fach Biologie sind besonders zur Evolution die fachlich unangemessenen Schülervorstellungen bekannt. Die Anwendung dieser Ergebnisse für die Entwicklung von Diagnoseinstrumenten auf der Universitätsebene als auch auf der Schulebene wird in der biologiedidaktischen Forschung zurzeit erarbeitet. Hier wurde der Ansatz konkrete Diagnoseinstrumente (Multiple-Choice-Aufgaben) zu entwickeln, auf der Schulebene verfolgt. In den Hochschulveranstaltungen wurde der Umgang mit Multiple-Choice-Aufgaben (Diagnostik) und Concept-Maps (Diagnostik und individuelle Förderung) erlernt und dabei die Verständnisschwierigkeiten der Studierenden herausgestellt.

- Das Fach Chemie setzte Diagnostik sowie prototypische Interventionsmaßnahmen ein, baute diese weiter aus und führte eine Evaluation durch, um so zu abgesicherten Erkenntnissen über die Effektivität von Diagnostik und Förderung zu gelangen. Parallel dazu wurde eine Seminareinheit zu Diagnose und individueller Förderung entwickelt und evaluiert, durch die Studierende aller Lehramtsstudiengänge zum Umgang mit Diagnoseinstrumenten und Fördermöglichkeiten kompetent gemacht werden. Die Ergebnisse der Evaluation in der Schulpraxis flossen unmittelbar in die Seminareinheit ein.

- Die Fächer Mathematik und Rehabilitationswissenschaften konnten bereits auf vielfältigen Vorerfahrungen im Bereich der Mathematik an Grund- und

Förderschulen aufbauen. Hier wurde die enge Verzahnung und wechselseitige Erschließung von Diagnostik und individueller Förderung in fachdidaktischen Lehrveranstaltungen thematisiert, von den Studierenden in ersten Praxisversuchen erprobt und der Kompetenzerwerb der Studierenden wurde evaluiert.

Literatur

Prediger, S., Link, M., Hinz, R., Hussmann, S., Ralle, B. & Thiele, J. (2012). Lehr-Lernprozesse initiieren und erforschen – Fachdidaktische Entwicklungsforschung im Dortmunder Modell. *Der mathematische und naturwissenschaftliche Unterricht, 65,* 452–457.

3.2 Entwurf eines Diagnosekonzepts für die Sekundarstufe I am Beispiel des Faches Informatik

Holger Danielsiek, Wolfgang Paul und Jan Vahrenhold

Eine zuletzt im Jahr 2010 aktualisierte Studie der Technischen Universität Dresden (Starruß, 2010) lässt die Erkenntnis zu, dass es aus curricularer Sicht keinen bundesweit tragfähigen Konsens darüber zu geben scheint, in welchem Umfang und mit welchen Inhalten das Fach Informatik in der Sekundarstufe I unterrichtet werden soll. Gleichzeitig hat die Veröffentlichung von Bildungsstandards für den Informatikunterricht in der Sekundarstufe I (Brinda *et al.*, 2008) gezeigt, dass ein solcher Konsens in Hinblick auf die Ziele des Informatikunterrichts herstellbar ist. Zum Zeitpunkt des Projektbeginns hatten diese Bildungsstandards noch keinen Einfluss auf in der Breite umgesetzte unterrichtliche Entwicklungen nehmen können, wohingegen die Thematisierung der Bildungsstandards bereits fester Bestandteil der fachdidaktischen Ausbildung ist. Vor diesem Hintergrund wurden die durchgeführten Arbeiten zur Diagnose und individuellen Förderung in der Sekundarstufe I mit unterschiedlichen Schwerpunkten auf Universitäts- und Schulebene angelegt.

3.2.1 Projektziele auf der Universitätsebene

Aufgrund der im Vergleich zu anderen Naturwissenschaften noch jungen Fachdidaktik Informatik ist der Themenkomplex der schulischen „Diagnose und individuellen Förderung" noch nicht in einem Maße untersucht worden, dass in universitären Lehrveranstaltungen zur Fachdidaktik auf in der Breite und Tiefe validierte Erkenntnisse zurückgegriffen werden kann. Aus diesem Grund bestand das Projektziel auf universitärer Ebene darin, zunächst durch die Konzeption und Erprobung von Instrumenten zur Diagnose fachlich unangemessener Vorstellungen von Lernenden erste Schritte hin zu einem Erkennen und Nachvollziehen solcher Vorstellungen zu unternehmen, um somit die Grundlage für den Aufbau fachdidaktischer Lehrveranstaltungen zu schaffen. Aufbauend auf bereits vorhandenen Forschungsergebnissen zu fachlich unangemessenen Vorstellungen bezüglich Fragen der objektorientierten Modellierung und Programmierung in der Studieneingangsphase (Eckerdal, 2006; McCracken *et al.*, 2001; Ragonis & Ben-Ari, 2005) sollte der Fokus auf die Fachinhalte des ersten Studienjahrs ausgeweitet werden, die sich in reduzierter Breite und Tiefe in der Sekundarstufe II wiederfinden lassen. Die in der Studieneingangsphase verankerten Forschungsarbeiten sollten so angelegt werden, dass die Studierenden bereits früh und im Sinne des Teilprojekts I1 „Diagnose und individuelle Förderung erleben in der fachwissenschaftlichen Ausbildung" mit Diagnoseinstrumenten in Kontakt kommen und somit durch eigene Lernerfahrungen für das Gebiet „Diagnose und individuelle Förderung" sensibilisiert werden.

3.2.2 Projektziele auf der Schulebene

Wie bereits einleitend bemerkt, stellen sich die curricularen Rahmenbedingungen für den Informatikunterricht in der Sekundarstufe I als sehr heterogen dar. Dies ist teilweise bereits innerhalb eines Bundeslandes der Fall, sofern das Fach einen reinen Wahlcharakter hat. Ein Spezifikum des Fachs Informatik besteht zudem darin, dass es im Kontext der Sekundarstufe I bisweilen nicht mit einem fachwissenschaftlichen Schwerpunkt sondern mit einem Fokus auf Themen der Informationstechnischen Grundbildung bzw. Medienpädagogik unterrichtet wird. Dieser Interpretation versuchen die im Jahr 2008 durch die Gesellschaft für Informatik vorgestellten Bildungsstandards entgegen zu wirken, eine in die Breite gehende Implementierung dieser Standards ist jedoch zum aktuellen Zeitpunkt noch nicht zu erkennen.

Die Projektziele auf Schulebene bestanden aus diesen Gründen vorrangig darin, erstmals Bausteine für einen Kanon von als konsensfähig angesehenen Themenbereichen zusammen zu stellen, für den dann prototypische Diagnoseinstrumente entwickelt werden sollten, die in einer akzeptablen Breite einsetzbar sind.

In den nachfolgenden Kapiteln wird erläutert, in welcher Form auf das Erreichen der in Kapitel 3.2.1 und Kapitel 3.2.2 genannten Ziele hingearbeitet wurde und welche Ergebnisse hierbei erzielt wurden. Kapitel 3.3.3 stellt zunächst einen Überblick über das der gesamten Projektarbeit zu Grunde liegende diagnostische Instrument *Concept Inventory* sowie ein mehrphasiges Vorgehensmodell zur Erstellung eines *Concept Inventory* vor. Die bei der Erstellung zu durchlaufenden Phasen bilden den strukturellen Rahmen für die Darstellung sowohl der Verbindung von Forschung und Lehre (Kapitel 3.2.4) als auch der im Rahmen des Projekts erzielten Forschungsergebnisse (Kapitel 3.2.6). Das sechste Kapitel fasst zusammen, in welcher Form die Projektarbeit Einfluss auf die Konzeption bzw. Ausgestaltung fachwissenschaftlicher und fachdidaktischer Lehrveranstaltungen im Fach Informatik genommen hat.

3.2.3 Das Concept Inventory als diagnostisches Instrument

Ein *Concept Inventory* ist ein standardisiertes Messinstrument, das aus einer Menge von *Multiple-Choice*-Testitems besteht, mit deren Hilfe das Vorhandensein fachlich unangemessener Vorstellungen diagnostiziert werden soll. Durch den Aufbau in Form von *Multiple-Choice*-Testitems wird ein zeiteffizienter Einsatz während einer Unterrichtseinheit in Verbindung mit einer ebenso effizienten Diagnoseerstellung angestrebt.

Grundlegend für die Konstruktion als Instrument mit validen Messergebnissen sind genaue fachliche Kenntnisse des zu testenden Konzepts sowie der zugehörigen fachlich unangemessenen Vorstellungen; diese müssen in Distraktoren überführt werden, die eine repräsentative Menge fachlich unangemessener Vorstellungen abbilden und sorgfältig so konstruiert sind, dass sich nicht allein durch Falsifikation ausgeschlossen werden können. Weiterhin wird für jedes zu testende Konzept mindestens ein Testitem benötigt und kann dann auch nur genau diese bekannte Fehlvorstellung abprüfen.

Das wohl bekannteste *Concept Inventory*, das *Force Concept Inventory* (Hestenes *et al.*, 1992), bezieht sich auf das Gebiet der Newtonschen Kräfte in der Physik. Im Bereich der Informatik sind Berichte über die Entwicklung eines *Concept Inventory* erst seit dem Jahr 2006 bekannt (Almstrum *et al.*, 2006). Im Anschluss an die dort dokumentierte Entwicklung eines *Concept Inventory* für den Bereich „Diskrete Mathematik" wurden erste Schritte hin zu einem *Concept Inventory* für die Bereiche „Digitale (Schalt-)Logik" (Herman *et al.*, 2010) und „Programmierung" (Tew und Guzdial, 2010) unternommen; alle angesprochenen Beispiele aus dem Bereich der Informatik betreffen die Studieneingangsphase und somit die Universitätsebene; für die Schulebene existieren bislang keine dokumentierten Ergebnisse. Vor dem Hintergrund, dass die Entwicklungs- und Validierungszeit der Themen und Distraktoren des o. g. *Force Concept Inventory* sieben Jahre betrug (Hestenes *et al.*, 1992), ist hier für die nahe Zukunft noch erheblicher Forschungsbedarf zu erwarten.

Almstrum *et al.* (2006) folgend ist es vorteilhaft, bei der Erstellung eines *Concept Inventory* einem beschriebenen, festen Vorgehensmodell zu folgen, das die einzelnen Entwicklungsschritte vorgibt und in einem validen und zuverlässigen Testinstrument mündet (vgl. Abb. 3.2.1). Für die Erstellung eines *Concept Inventory* wird von Almstrum *et al.* (2006) ein iterativer Prozess vorgeschlagen, der mit der Identifikation der fundamentalen Konzepte bzgl. des zugrunde gelegten Themas beginnt (Phase 1). Hierbei sehen Almstrum *et al.* (2006) vor, dass auf das Expertenwissen von (Hochschul-)Lehrenden und – soweit vorhanden – auf Unterrichtmaterialien zurückgegriffen wird. Sind die Inhalte festgelegt, so müssen in der Analyse- und Synthesephase (Phase 2) aus dem Expertenwissen bekannte fachlich unangemessene Vorstellung in Distraktoren umgewandelt werden. Ergänzend hierzu werden offene Fragestellungen entworfen, mit deren Hilfe in halbstrukturierten Interviews Lernende befragt werden, um so Antworten und Denkschemata hinsichtlich ggf. noch nicht bekannter unangemessener Vorstellungen analysieren zu können. Sollten sich hier neue fachlich unangemessene Vorstellungen ergeben, werden aus dem Abgleich mit dem Expertenwissen entsprechende Testitems bzw. Distraktoren konzipiert. Wenn die statistische und inhaltliche Analyse der Ergebnisse impliziert, dass anschließend eine Anwendbarkeit noch nicht gegeben ist, müssen die offenen Fragen überarbeitet und erneut als Grundlage für Interviews verwendet werden.

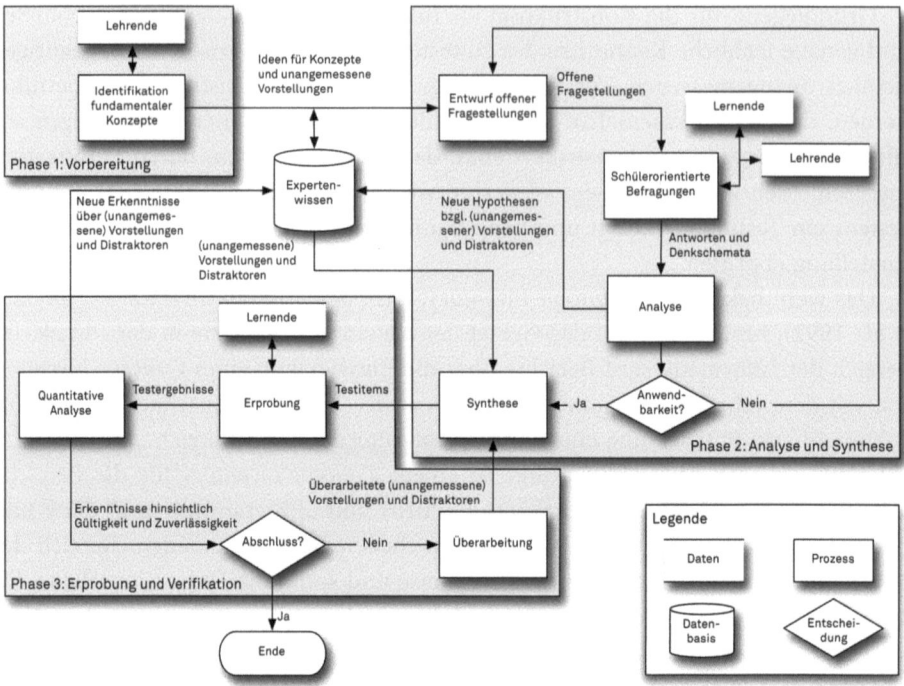

Abb. 3.2.1: Ablauf der Entwicklung eines Concept Inventory nach Almstrum *et al.* (2006), ergänzt um eine Einteilung in drei Phasen

Mit dem Abschluss der Synthesephase erfolgt ein Übergang in die Erprobungs- und Verifikationsphase (Phase 3), in der der konstruierte Test pilotiert wird und in der die Ergebnisse mittels quantitativer Analyse verifiziert werden müssen. Bei gegebener Validität und Reliabilität kann der Prozess nun abgeschlossen werden. Sind einzelne Testitems nicht zufriedenstellend oder wurden Distraktoren nicht berücksichtigt, empfiehlt sich hier eine Überarbeitung des Testitems und eine Rückkehr zur Synthesephase.

3.2.4 Verbindung von Forschung und Lehre

Das Instrument *Concept Inventory* ist das im Rahmen des Projekts eingesetzte Forschungswerkzeug, dient jedoch gleichzeitig auch als Lehrgegenstand der entwickelten bzw. modifizierten Lehrveranstaltungen. Insbesondere sollen die Erkenntnisse der fachdidaktischen Forschung so in die Planung der Lehrveranstaltungen einfließen, dass die Studierenden zum Ende ihres Studiums alle drei oben beschriebenen Phasen sowohl aktiv als auch passiv kennengelernt haben (vgl. hierzu Kapitel 3.2.6). Dies impliziert, dass der in 3.2.3 beschriebene Prozess nicht sequentiell auf den Studienverlauf abgebildet werden kann, sondern sich dem Wissens- und Erfahrungsstand der Lernenden angemessen Rechnung tragend auf die unterschiedlichen

Studienabschnitte aufteilen lassen muss. Die nachfolgende Darstellung orientiert sich am Ablauf des in 3.2.3 beschriebenen Prozesses, die Darstellung aus Sicht des Studierenden wird in Kapitel 3.2.6 (Konzeption der Lehrveranstaltungen) behandelt.

Phase 1 der Erstellung eines Concept Inventory: Vorbereitung
Die in der ersten Phase notwendige Identifikation zentraler Themen zur Diagnose setzt voraus, dass die zu befragenden Experten (Lehrenden) über vertieftes und breites Fachwissen sowie eine gewisse Lehrerfahrung verfügen. Diese beiden Kriterien können frühestens zum Ende des Studiums als ansatzweise erfüllt angenommen werden. Aus diesem Grund findet aus Sicht der Studierenden die Beschäftigung mit Fragen der Konsensbildung im Rahmen des Bachelor- und Masterstudiums überwiegend passiv statt. In der Vorbereitung der schulpraktischen Tätigkeiten werden die Studierenden mit der aktiven Nutzung eines Instruments zur Konsensfindung, der so genannten Delphi-Methode (Clayton, 1997), vertraut gemacht. Diese Methode wird begleitend zu einer Lehrveranstaltung genutzt, um die Studierenden für die Verwendbarkeit von Fachinhalten aus dem Bereich der Informatik sowie der Informationstechnischen Grundbildung im Informatikunterricht der Sekundarstufe I zu sensibilisieren.

Das Ziel des Einsatzes der Delphi-Methode besteht darin, durch iterierte, an Feedback gekoppelte Einschätzung von Experten innerhalb weniger Befragungsrunden zu einem Konsens über ein einzuschätzendes Thema bzw. einen Themenkatalog zu gelangen (vgl. Clayton, 1997; Goldman *et al.*, 2010). Die in diesem Teilprojekt zu Grunde gelegten Themen ergaben sich aus im Vorfeld durchgeführten Experteninterviews (vgl. Kapitel 3.2.3), die durch die Analyse von Lehrbüchern ergänzt wurden. Zudem wurden die befragten Studierenden vor der ersten Runde aufgefordert, Themen zu benennen, die für den Einsatz im Informatik-Unterricht der Sekundarstufe I obligatorisch, optional oder nicht adäquat erschienen; hier mehrfach genannte Punkte wurden ebenfalls in den Katalog der zu bewertenden Themen aufgenommen, um sicher zu stellen, dass dem Prozess eine möglichst breite Datenbasis zur Verfügung stand.

Der Methodik von Goldman *et al.* (2010) folgend wurden in der sich direkt anschließenden ersten Runde den Studierenden die sich aus der Analyse der Experteninterviews ergebenden 12 Oberbegriffe und 26 Unterbegriffe zur Bewertung vorgelegt. Die Bewertung erfolgte durch Einstufung von Schwierigkeit und Wichtigkeit mittels einer zehnstufigen *Likert*-Skala. In der eine Woche später durchgeführten zweiten Runde erhielten die Studierenden zu jedem Bewertungsraster ein Intervall mit den inneren Quartilen, d.h. den mittleren 50%, der Bewertungen der ersten Runde, um ihre Antwortmöglichkeit einzugrenzen und zu einem Konsens zu gelangen. Studierende konnten eine Bewertung außerhalb dieses Bereichs vornehmen, wurden aber aufgefordert, in diesem Fall die Abweichung zu begründen. Die dritte Bewertungsrunde wurde erneut mit einem Abstand von zwei Wochen durchgeführt. Hier wurden den Studierenden neben dem teilweise noch weiter verkleinerten Antwortintervallen der zweiten Runde auch die in dieser Runde getätigten Abweichungsbegründungen zur Kenntnisnahme vorgelegt.

Im Nachgang zur Anwendung der Delphi-Methode wurden die Studierenden gebeten, für alle Themen, bei denen eine signifikante Veränderung ihrer Einschätzung zwischen der ersten und dritten Runde zu beobachten war, anzugeben, was diese Abweichung veranlasst hatte. Diese Befragung erfolgte wie auch der gesamte vorausgehende Prozess vollständig anonymisiert. Um die Wirksamkeit des Instruments sowohl in Hinblick auf fachliche Einschätzungen als auch vor dem Hintergrund der Kompetenzentwicklung zu erfassen, wurden zudem halbstrukturierte Interviews auf freiwilliger Basis durchgeführt.

Phase 2 der Erstellung eines Concept Inventory: Analyse und Synthese von Testitems

Die in der zweiten Phase durchgeführten Datenerhebungen erleben die Studierenden bereits im ersten Studienjahr in der Rolle der befragten Lernenden. In Kooperation mit den Modulverantwortlichen der Vorlesungen „Datenstrukturen, Algorithmen und Programmierung 1/2" wurden Testitems entwickelt, die in den Studienjahren 2010–2012 in den vorlesungsbegleitenden Tutorien eingesetzt und evaluiert wurden. Diese Vorlesungen wurden gewählt, da sich einerseits viele der dort thematisierten Fachinhalte in einer zielgruppenadäquat angepassten Form auch in der Sekundarstufe II unterrichten lassen und andererseits die Studierenden in diesen Vorlesungen mit dem Einsatz diagnostischer Instrumente im Sinne des Projektbereichs „Diagnose und individuelle Förderung erleben" konfrontiert werden sollten. Die Studierenden wurden im Studienjahr 2010/2011 wöchentlich mit so genannten Blitzlicht-Abfragen, d. h. mit einzelnen *Multiple-Choice*-Testitems, die bekannte und neu entwickelte Distraktoren enthielten, nach ihrem Verständnis des aktuell in der Vorlesung und den Übungen thematisierten Stoffes befragt. Zusätzlich wurden zu mehreren Zeitpunkten freiwillige *Think-Aloud*-Interviews durchgeführt. Im Studienjahr 2011/2012 wurde neben der Validierung der vorhandenen Erkenntnisse der Einsatz von alternativen, weniger auswertungsintensiveren Diagnoseinstrumenten getestet (vgl. Kapitel 3.2.5).

In der Rolle der das Instrument einsetzenden Lehrenden bzw. Entwickelnden kommen die Studierenden mit dieser Phase erst zu dem Zeitpunkt im Masterstudium in Kontakt, wenn die Thematik fachlich unangemessener Vorstellungen in den fachdidaktischen Lehrveranstaltungen aufgegriffen wird (vgl. Kapitel 3.2.6). An dieser Stelle ist der zeitliche Abstand zu den eigenen Lernerfahrungen aus der Studieneingangsphase groß genug, um die dort eingesetzten Messinstrumente hinreichend distanziert zu betrachten.

Phase 3 der Erstellung eines Concept Inventory: Erprobung und Verifikation

In der dritten Phase sollen die entwickelten Testfragen im schulischen Umfeld erprobt und beurteilt werden. Bedingt durch den auf der Grundlagenforschung und Betrachtung der universitären Ebene liegenden Fokus dieses Teilprojekts kann hier lediglich auf die Anschlussfähigkeit zu den schulpraktischen Studien (vgl. Kapitel 3.2.6) verwiesen werden, in denen erste Erprobungen hinsichtlich der Auswahl und des Einsatzes erlernter diagnostischer Instrumente bzw. selbst konzipierter Testitems erfolgen können.

3.2.5 Forschungsergebnisse

Vor dem Hintergrund der bereits oben angesprochenen geringen Anzahl an Vorarbeiten im Bereich der Fachdidaktik Informatik ergab sich die Notwendigkeit, die Forschungsvorhaben so anzulegen, dass der in Abbildung 1 angesprochene Prozess möglichst breit abgedeckt wurde.

Phase 1 der Erstellung eines Concept Inventory: Vorbereitung

Da sich, wie bereits einleitend bemerkt, die curricularen Rahmenbedingungen für das Fach Informatik bundesweit vergleichbar heterogen gestalten, wurde bei der Übertragung des Ansatzes von Almstrum *et al.* auf die Arbeiten im Teilprojekt I2 die Datenerhebung in der ersten Phase auf das Bundesland Nordrhein-Westfalen beschränkt. In der ersten Hälfte der Projektlaufzeit wurden hierbei mit insgesamt 23 Lehrpersonen an Real- und Gesamtschulen, Gymnasien und Berufskollegs in mehreren Phasen Experteninterviews durchgeführt, in deren Verlauf ein Konsens über schwerpunktmäßig zu betrachtende Fachinhalte erstellt werden sollte. Alle Lehrpersonen wiesen entweder eine grundständige Ausbildung oder aber eine langjährige, sich an eine Weiterqualifikation anschließende Unterrichtstätigkeit im Fach Informatik auf. Während die Auswertung der Interviews den antizipierten Konsens auf relativ breiter Ebene herstellte, fiel jedoch auf, dass ein großer Anteil der Lehrpersonen angab, in der Sekundarstufe I bewusst keinem Spiralcurriculum im Sinne einer Vorbereitung auf die Sekundarstufe II zu folgen; dies impliziert insbesondere, dass es nicht möglich ist, bereits aus der Sekundarstufe II bestehende Erkenntnisse über inhaltliche bzw. konzeptuelle Schwerpunkte als Ausgangsbasis für die Identifikation von Themenbereichen in der Sekundarstufe I zu nutzen. Die übereinstimmende Begründung für dieses Vorgehen bestand darin, dass Schulen in der Regel nur einen Informatikkurs in der Sekundarstufe II anbieten könnten, der sowohl von Schülern, die bereits in der Sekundarstufe I das Fach Informatik gewählt hätten, als auch von Schülern, die diesen Kurs neu einsetzend wählten, besucht werde.

Dieses, der universitären und nach universitären Ausbildungspraxis nicht notwendig entsprechende, gleichwohl pädagogisch und pragmatisch klar nachvollziehbare Vorgehen führte dazu, dass in der zweiten Hälfte der Projektlaufzeit ein besonderer Fokus auf die Stellung von Themen der Sekundarstufe I im Rahmen der fachdidaktischen Ausbildung gerichtet wurde. Hierzu wurde im Sommersemester 2012 in Kooperation mit der Arbeitsgruppe „Didaktik der Informatik" (L. Humbert) der Bergischen Universität Wuppertal mit Teilnehmerinnen und Teilnehmern der jeweiligen fachdidaktischen Veranstaltungen mit Hilfe der Delphi-Methode

(Clayton, 1997) eine Einschätzung von Relevanz und Schwierigkeit informatischer Fachinhalte der Sekundarstufe I durchgeführt. Die den Studierenden vorgelegten Begriffe setzten sich einerseits aus den konkreten Fachinhalten zusammen, die von den befragten Lehrpersonen als unterrichtspraktisch relevant benannt worden waren, enthielten aber zudem auch aus diesen Begriffen generalisierte Oberthemen, wie sie im Rahmen einer Kurzbeschreibung eines Spiralcurriculums verwendet werden würden. Die Analyse der im Zuge der Anwendung dieser Methode erhobenen Daten sowie die Auswertung sich anschließender halbstrukturierter Interviews ergab mehrere Ansatzpunkte für die Fort- bzw. Neuentwicklung universitärer Lehrveranstaltungen in der Informatiklehrerausbildung (Danielsiek *et al.*, 2013): Obwohl die Methode primär als Lehrinstrument eingesetzt wurde, ergab sich im Verlauf der drei Delphi-Runden, dass das Vorgehen dennoch zu einer verteilungserhaltenden Konsensbildung führte. Die Studierenden schätzten fast durchgängig Oberbegriffe, die fachwissenschaftlichen Themen der Studieneingangsphase zuzuordnen sind, als schwieriger ein als die konkret benannten Ausprägungen. Umgekehrt wurden Oberbegriffe aus dem Bereich der Informationstechnischen Grundbildung als weniger anspruchsvoll eingestuft als die konkret im Unterricht behandelten Thematiken. Es ergibt sich somit, dass bereits auf universitärer Ebene explizit ein Zielgruppenbezug hergestellt und eingeübt werden sollte, um sowohl als „zu schwierig" als auch als „zu wenig anspruchsvoll" eingeschätzte Oberbegriffe so weit zu konkretisieren, dass den Studierenden ein möglichst breites Spektrum an Fachinhalten für den Informatikunterricht in der Sekundarstufe I an die Hand gegeben wird. Die Analyse der erfassten Daten zeigte dabei, dass das verwendete Forschungsinstrument gleichzeitig die Wirksamkeit einer Intervention zeigte: Studierende gaben an, durch die Beschäftigung mit der Delphi-Methode dazu veranlasst worden zu sein, sich intensiver damit zu befassen, welche Fachinhalte, die ihnen ggf. nicht aus ihrer eigenen Berufsbiographie bekannt waren, im Unterricht der Sekundarstufe I einsetzbar seien. Da diese Wirksamkeit jedoch immer auch an die übergeordnete Lehrveranstaltung gekoppelt wurde und die Studierenden direkte Arbeitsaufträge für ihre eigene unterrichtliche Praxis ableiteten, ergibt sich somit die Empfehlung, das oben beschriebene Vorgehen im direkten Vorfeld eines größeren Praxisanteils, also beispielsweise in der Vorbereitung auf das Praxissemester, anzulegen.

Phase 2 der Erstellung eines Concept Inventory: Analyse und Synthese von Testitems

Zeitgleich mit den Untersuchungen zur Phase 1 wurden zentrale Aspekte der zweiten Phase betrachtet. Schwerpunkt dieser Betrachtungen waren die Vorlesungen „Datenstrukturen, Algorithmen und Programmierung 1/2", die für alle Informatikstudierenden verpflichtender Bestandteil der ersten beiden Fachsemester sind. Neben der Validierung bekannter und Erhebung neuer fachlich unangemessener Vorstellungen ergab die Auswertung der entwickelten Testitems und durchgeführten Interviews vor allem eine methodische Erkenntnis (Danielsiek *et al.*, 2012): im Unterschied zu den bisherigen Einschätzungen zu schülerorientierten Befragungen

(Almstrum *et al.*, 2006) ergänzen sich Blitzlicht-Abfragen und Interviews in der Tat in dem Sinne, dass Interviews zwar detaillierte Erkenntnisse über die Form und ggf. Ursachen fachlich unangemessener Vorstellungen liefern, dass das Stellen der richtigen Fragen jedoch erheblich von den Erkenntnissen aus den Blitzlicht-Abfragen gesteuert wird.

Phase 3 der Erstellung eines Concept Inventory: Erprobung und Verifikation
Im Anschluss an diese erste Untersuchung wurde mit Blick auf die dritte Phase eine Validierungsstudie im Studienjahr 2011/2012 durchgeführt. Da sich die in der ersten Studie durchgeführten Interviews als zwar sehr aussagekräftig jedoch auch, wie bereits von Almstrum *et al.* (2006) festgestellt, als für den praktischen Einsatz zu auswertungsintensiv erwiesen hatten, wurde im Rahmen dieser Validierungsstudie zudem untersucht, ob und ggf. mit welcher Aussagekraft alternative, weniger auswertungsintensive Instrumente eingesetzt werden könnten. Die Auswertungen (Paul & Vahrenhold, 2013) zeigten bei mehreren Themen einen statistisch signifikanten Zusammenhang zwischen dem in Blitzlicht-Abfragen abgeprüften passiven Wissen sowie dem in Interviews erfassten aktiven Wissen. Sie ergaben jedoch auch, dass bei Fragestellungen, die konzeptuelles Wissen betrafen, fachlich unangemessene Vorstellungen, die aus der Literatur sowie der Pilotstudie bekannt waren, nicht mit Blitzlicht-Abfragen oder Begriffsdefinitionen nachgewiesen werden konnten. Auf methodischer Seite zeigte sich, dass eine Kontextualisierung von Blitzlicht-Abfragen wie sie im *Force Concept Inventory* (Hestenes *et al.*, 1992) fast überall vorgenommen wird, bei den Studierenden anscheinend zu einer stärkeren Reflexion ihres Wissens in Bezug auf die Distraktoren führt: Bei der Bearbeitung eines kontextualisierten Testitems zum Thema „Parameterübergabe bei Methoden" ließ sich keine der aus der Literatur bekannten und in den Distraktoren abgebildeten fachlich unangemessenen Vorstellungen nachweisen. Eine noch deutlichere Interventionswirkung eines Diagnoseinstruments konnte bei der Abfrage des *Divide-and-Conquer*-Paradigmas beobachtet werden. Die Studierenden wurden hier aufgefordert, das allgemeine Paradigma so zu beschreiben, dass die Beschreibung *falsch* wurde, und dazu anzugeben, welchen Fehler sie bei der Beschreibung bewusst eingebaut hatten. Die mit dieser Aufgabe verbundene Reflexionstätigkeit führte ohne weitere Lehrintervention zu einem signifikant höheren Anteil an korrekten Lösungen als die unmittelbar zuvor durchgeführte Blitzlicht-Abfrage, in der alle Antworten nahezu gleichverteilt gewählt worden waren, hätte erwarten lassen.

Als Empfehlung bleibt somit festzuhalten, dass eine routinemäßige Begleitung von Lehrveranstaltungen durch Blitzlicht-Abfragen durchgeführt werden sollte, um bereits frühzeitig erste Indikatoren für das Entstehen fachlich unangemessener Vorstellungen zu erhalten. Die aufwändiger auszuwertenden, jedoch aussagekräftigeren Messinstrumente wie beispielsweise die in der Pilotstudie durchgeführten Interviews sollten daher in der Praxis nur dann angewendet werden, wenn sich Anzeichen für neue, noch nicht untersuchte fachlich unangemessene Vorstellungen ergeben.

Über die Entwicklung eines Concept Inventory hinausgehende Projektergebnisse

Ausgehend von den bereits aus der Literatur bekannten Erkenntnissen über fachlich unangemessene Vorstellungen hinsichtlich der Objektorientierung (Eckerdal, 2006; McCracken *et al.*, 2001; Ragonis & Ben-Ari, 2005; vgl. auch Kapitel 3.1.2) wurde im Rahmen des Projektes ein unterrichtliches Konzept entwickelt, das auf die explizite Vermeidung des Entstehens prominenter fachlich unangemessener Vorstellungen ausgerichtet ist (Vahrenhold, 2011). Dieses Konzept basiert darauf, durch eine modifizierte Sequenzierung der Unterrichtsinhalte darauf hinzuwirken, dass Begrifflichkeiten wie „Objekt", „Klasse", „Zustand" oder „Identität" durch ähnliche Begrifflichkeiten aus dem Bereich „Datenbanken" so vorbereitet werden, dass die Kontrastierung mit diesen Begriffen das Entstehen fachlich unangemessener Vorstellungen weitestgehend ausschließt. Ergänzend hierzu wurden in einer Masterarbeit (Doherty, 2012) Lehrbücher für die Sekundarstufe I und II daraufhin untersucht, in welchem Maße die dort verwendeten Definitionen und Beispiele sich in ähnlicher Weise einsetzen oder als Grundlage für die Phase 1 (Vorbereitung) der Entwicklung eines *Concept Inventory* verwenden lassen. Diese Untersuchung ergab, dass an verschiedenen Stellen Darstellungsformen und Beispiele verwendet wurden, die nicht nur ungeeignet waren, das Entstehen fachlich unangemessener Vorstellungen zu vermeiden, sondern dazu führten, dass deren Entstehen teilweise sogar begünstigt wurde. Dies ist zwar nicht überraschend, da fast alle Lehrbücher zu einer Zeit entstanden, als nur sehr wenige Erkenntnisse über die Existenz fachlich unangemessener Vorstellungen bekannt waren, zeigt jedoch einen deutlichen Handlungsbedarf für die nahe Zukunft auf.

3.2.6 Konzeption der Lehrveranstaltungen

Zeitgleich mit der Durchführung des dortMINT-Projekts erfolgte an der Technischen Universität Dortmund die Umstellung der Lehramtsstudiengänge auf ein Bachelor-/Master-Modell, das auf dem im Jahr 2009 verabschiedeten Lehrerausbildungsgesetz (LABG 2009) beruht. Im Rahmen der Umsetzung des LABG 2009 ist in der Bachelor-Phase aller Lehramtsstudiengänge ein obligatorisches fachbezogenes Seminar zur Diagnose und individuellen Förderung vorgesehen. Dieses Seminar ergänzt im Fach Informatik die bereits existierenden Vorlesungen „Einführung in die Didaktik der Informatik" (Bachelor) und „Didaktik der Informatik" (Master) sowie das „Theorie-Praxis-Modul" (Master). Basierend auf diesem Konzept ergab sich die nachfolgend skizzierte Ausgestaltung der Lehramtsstudiengänge Informatik in Hinblick auf Diagnose und individuelle Förderung.

Durch den bereits in Kapitel 3.2.4 (Verbindung von Forschung und Lehre) angesprochenen Einsatz diagnostischer Instrumente in den Vorlesungen „Datenstrukturen, Algorithmen und Programmierung 1/2" kommen die Studierenden bereits frühzeitig im Sinne des Erlebens von Diagnose und individueller Förderung mit Diagnoseinstrumenten in Kontakt. Sie erleben dabei die Diagnostik zunächst passiv, ehe in einem Seminar zur Diagnose und individuellen Förderung (Kapitel 3.2.6 (1)) die theoretischen Grundlagen bei der Erstellung eines *Concept Inventory* vorgestellt werden. Der Prozess der aktiven Beschäftigung mit Diagnose und individueller Förderung beginnt für die Lehramtsstudenten in der Master-Vorlesung „Didaktik der Informatik" (Kapitel 3.2.6 (2)) durch die Auseinandersetzung mit für die Sekundarstufe I relevanten Fachinhalten anhand der Anwendung der Delphi-Methode. Das eigenständige Generieren und anschließende Erproben diagnostischer Instrumente oder prototypischer Interventionen bildet im schulpraktischen Theorie-Praxis-Modul (Kapitel 3.2.6 (3)) den Abschluss der Beschäftigung mit Fragen der Diagnose und individuellen Förderung im Rahmen des Studiums. In den folgenden Kapiteln wird skizziert, an welchen Punkten die Erkenntnisse des Projekts konkreten Einfluss auf die fachdidaktischen Lehrveranstaltungen genommen haben.

Seminar „Diagnose und individuelle Förderung"
Das Bachelor-Seminar „Diagnose und individuelle Förderung" schließt sich im Konzept der Lehramtsstudiengänge Informatik sowohl an ein erziehungswissenschaftliches Seminar gleicher Schwerpunktsetzung als auch an eine in die Breite gehende Vorlesung „Einführung in die Didaktik der Informatik" an; diese Vorlesung war bereits Bestandteil der zuvor implementierten Lehramtsstudiengänge. Es kann also davon ausgegangen werden, dass den Studierenden sowohl die erziehungswissenschaftlichen Grundlagen und Begrifflichkeiten zur Diagnose und individuellen Förderung als auch die fachdidaktischen Grundlagen bekannt sind.

Wie bereits einleitend bemerkt, sind aus der fachdidaktischen Literatur bislang nur wenige Erkenntnisse über die Diagnose fachlich unangemessener Vorstellungen und noch keine Erkenntnisse über korrespondierende Interventionen bekannt. Aus diesem Grund liegt der Schwerpunkt des neu gestalteten Seminars „Diagnose und individuelle Förderung" auf Aspekten der Diagnose. Dieses Seminar wurde während der Projektlaufzeit konzipiert und wird dem Studienverlaufsplan des LABG 2009 entsprechend erstmalig zum Sommersemester 2013, also nach Abschluss des Projekts angeboten werden.

Dem Vorgehen und den Erkenntnissen des Projekts folgend, orientiert sich das Seminarkonzept an dem Prozess der Erstellung und Validierung eines *Concept Inventory*. In der ersten Phase des Seminars sollen die Studierenden die Forschungsmethoden kennenlernen, die im weiteren Sinne für die Erstellung eines *Concept Inventory* von Bedeutung sind. Hierzu gehören insbesondere die verschiedenen, aus der fachdidaktischen Literatur bekannten bzw. im Projektverlauf untersuchten Diagnoseinstrumente, d. h. Blitzlicht-Abfragen, *Concept Maps*, die Methode des „Lauten Denkens", schriftliche Begriffserklärungen sowie informative Aufgaben. Diese Instrumente werden jeweils im Kontext der in den fachdidaktischen Originalarbeiten betrachteten fachwissenschaftlichen Themenbereiche vorgestellt. In der ersten Seminarplanung war vorgesehen, auch die oben angesprochene Delphi-Methode zur Konsensbildung ausführlich zu thematisieren und zu erproben. Basierend auf den Erkenntnissen zur kontextabhängigen Wirksamkeit dieser Methode als

Intervention wurde jedoch entschieden, dies erst in der Master-Vorlesung „Didaktik der Informatik" durchzuführen.

Um den Studierenden erste Einblicke in Förderansätze im Sinne alternativer Sichtweisen auf das zentrale Thema der Programmierung zu geben, werden in der zweiten Phase des Seminars mehrere für die Sekundarstufe I geeignete Programmiersprachen und Mikrowelten zur Programmierung vergleichend vorgestellt.

Vorlesung „Didaktik der Informatik"

Die Master-Vorlesung „Didaktik der Informatik" beschäftigt sich schwerpunktmäßig mit Fragen der Leistungsmessung und -bewertung sowie dem inhaltsangemessenen Einsatz unterrichtlicher Methodiken und eignet sich somit in besonderem Maße für das Aufgreifen der zuvor behandelten Aspekte des Diagnose und individuellen Förderung im Sinne eines Spiralcurriculums. Konkret werden anhand der inhaltlichen Schwerpunkte „Datenbanken" und „Objektorientierung" die zukünftig zu behandelnden Inhalte um Beispiele für fachlich unangemessene Vorstellungen und Ansätze zu ihrer Vermeidung ergänzt. Vor dem Hintergrund, dass Begrifflichkeiten aus der Fachwissenschaft Informatik in vielfältiger und teilweise unreflektierter Form Eingang in die Jugend- und Umgangssprache gefunden haben, soll dabei insbesondere die Bedeutung des korrekten Gebrauchs der Fachsprache bei der Vermeidung der Entwicklung fachlich unangemessener Vorstellungen betont werden. Hierzu soll neben den bereits punktuell in Vorlesung und Übungen erprobten schriftlichen Begriffserklärungen insbesondere das Erstellen und Analysieren informativer Aufgaben erprobt werden.

Basierend auf den in Kapitel 3.2.5 beschriebenen Erkenntnissen über die Wirksamkeit der Delphi-Methode als Intervention werden die begleitenden Übungen in diesem Sinne um das Anwenden der Delphi-Methode zur Konsensbildung über mögliche Unterrichtsinhalte des Informatikunterrichts in der Sekundarstufe I ergänzt. Die Evaluationen des bisherigen Einsatzes dieser Methode in der Studienabschlussphase geben deutliche Hinweise darauf, dass die Studierenden aus dem Prozess zur Konsensfindung selbstständig Arbeits- und Reflexionsaufträge für sich ableiten. Aus diesem Grund stellt der Einsatz dieser Methodik eine zielführende Vorbereitung auf die Arbeit im sich an diese Veranstaltung anschließenden Theorie-Praxis-Modul sowie die Planung des Praxissemesters dar.

Theorie-Praxis-Modul

Basierend auf der oben angesprochenen, auf das Theorie-Praxis-Modul vorbereitenden Thematisierung fachlich unangemessener Vorstellungen werden die Studierenden im Vorbereitungsseminar auf das Praxissemester dazu ermutigt, eigene Untersuchungen zur Diagnostik anzustellen und prototypische Interventionen zu konzipieren. Eine hierüber hinausgehende, praktische Beschäftigung mit Diagnose und individueller Förderung erscheint aktuell vor dem Hintergrund der noch sehr eingeschränkten fachdidaktischen Erkenntnisse als wenig zielführend.

3.2.7 Fazit und Ausblick

Als zentrales Ergebnis der durchgeführten Untersuchungen ist festzuhalten, dass eine Verbindung von Diagnose und individueller Förderung in Forschung und Lehre anhand des Einsatzes eines *Concept Inventory* entlang des Studienverlaufs möglich und zielführend ist.

Neben den erzielten Erkenntnissen hinsichtlich der Existenz und Diagnostik fachlich unangemessener Vorstellungen, die aus fachdidaktischer Sicht von unabhängigem Interesse sind, ergeben sich jedoch auch für die Lehrerausbildung mit Fokus auf der Sekundarstufe I weiterreichende Implikationen. Der Einsatz der Delphi-Methode scheint bei den Teilnehmerinnen und Teilnehmern eine hohe intrinsische Motivation zur Auseinandersetzung mit möglichen Fachinhalten des Informatikunterrichts der Sekundarstufe I zu erzeugen und deren Reflexion zu fördern. Aus diesem Grund sollte eine solche Methode in der Lehramtsausbildung veranstaltungsübergreifend, insbesondere aber in der Vorbereitung des Praxissemesters in der Studienabschlussphase, eingesetzt werden. Der bisherige Einsatz dieser Methodik zeigte jedoch auch die Notwendigkeit, der beobachteten Divergenz zwischen Unter- und Oberbegriffen durch stärkere Explikation entgegen zu wirken. Hier ist auch ein Ansatzpunkt für zukünftige Arbeiten zu sehen, in denen untersucht werden kann, in welcher Form die universitäre Lehre den kohärenten Übergang von den für die Fachwissenschaft Informatik typischen Abstraktions- und Generalisierungskonzepten zu den für den Unterricht notwendigen Konkretisierungen vorbereiten kann.

Literatur

Almstrum, V. L., Henderson, P. B., Harvey, V. J., Heeren, C., Marion, W. A., Riedesel, C., Soh, L.-K. & Tew, A. E. (2006). Concept inventories in computer science for the topic discrete mathematics. SIGCSE Bulletin, 38(4): 132–145.

Brinda, T., Foethe, M., Friedrich, S., Koerber, B., Puhlmann, H., Röhner, G. & Schulte, C. (2008). Grundsätze und Standards für die Informatik in der Schule: Bildungsstandards Informatik für die Sekundarstufe I. Beilage zu LOG IN, Heft 150/151, 28. Jahrgang.

Clayton, M. J. (1997). Delphi: a technique to harness expert opinion for critical decision-making tasks in education. Educational Psychology: An International Journal of Experimental Educational Psychology, 17(4): 373–386.

Danielsiek, H., Humbert, L. & Vahrenhold. J. (2013). Research-Based Learning Revisited: On Using a Delphi Process in Informatics Teacher Education. In Proceedings of the 6th International Conference on Informatics in Schools: Situation, Evolution and Perspectives (ISSEP 2013), Lecture Notes in Computer Science, Bd. 7780, Springer: 196–208.

Danielsiek, H., Paul, W. & Vahrenhold. J. (2012). Detecting and understanding students' misconceptions related to algorithms and data structures. In Proceedings of the 43rd ACM technical symposium on Computer Science Education (SIGCSE '12): 21–26.

Doherty, R. (2012). Fachliche und didaktische Aspekte der Vermittlung von Objektorientierung im Informatikunterricht, Masterarbeit, Fakultät für Informatik, Technische Universität Dortmund.

Eckerdal, A. (2006). Novice Students' Learning of Object-Oriented Programming. Dissertation, Department of Information Technology, Uppsala University.

Goldman, K., Gross, P., Heeren, C., Herman, G. L., Kaczmarczyk, L., Loui, M. C. & Zilles, C. (2010). Setting the Scope of Concept Inventories for Introductory Computing Subjects. ACM Transactions on Computing Education, 10(2): 1–29.

Herman, G. L., Loui, M. C. & Zilles, C. (2010). Creating the digital logic concept inventory. In Proceedings of the 41st ACM Technical Symposium on Computer Science Education (SIGCSE '10): 102–106.

Hestenes, D., Wells, M. & Swackhammer, G. (1992). Force concept inventory. The Physics Teacher, 30: 141–158.

McCracken, M., Almstrum, V. L., Diaz, D., Guzdial, M., Hagan, D., Ben-David Kolikant, Y., Laxer, C., Thomas, L., Utting, I. & Wilusz, T. (2001). A multi-national, multi-institutional study of assessment of programming skills of first-year CS students. SIGCSE Bulletin 33(4): 125–180.

Paul, W. & Vahrenhold, J. (2013). Hunting High and Low: Instruments to Detect Misconceptions Related to Algorithms and Data Structures. Proceedings of the 44th ACM Technical Symposium on Computer Science Education (SIGCSE '13), ACM Press: 29–34.

Ragonis, N. & Ben-Ari, M. (2005). A long-term investigation of the comprehension of OOP concepts by novices. Computer Science Education, 15(3): 203–221.

Starruß, I. (2010). Synopse zum Informatikunterricht in Deutschland: Analyse der informatischen Bildung an allgemein bildenden Schulen auf der Basis der im Jahr 2010 gültigen Lehrpläne und Richtlinien, Bakkalaureatsarbeit, Technische Universität Dresden. Online im Internet: http://dil.inf.tu-dresden.de/Synopse-zum-Informatikunterricht-in-Deutschland.290.0.html (Zugriff am 23.09.2012).

Tew, A. E. & Guzdial, M. (2010). Developing a validated assessment of fundamental CS1 concepts. In Proceedings of the 41st ACM Technical Symposium on Computer Science Education (SIGCSE '10): 97–101.

Vahrenhold, J. (2011). On Misconceptions and Implementing 'A Class Defines a Data Type'. In Proceedings of Selected Papers of the 5th International Conference on Informatics in Schools: Situation, Evolution and Perspectives (ISSEP 2011). 12 Seiten.

3.3 Concept-Maps und Multiple-Choice Aufgaben im Lehramtsstudium und im Biologieunterricht

Sandra Fischer, Patrícia Jelemenská und Dittmar Graf

Die Bedeutung individueller Voraussetzungen von Schülerinnen und Schülern für ein erfolgreiches Lernen im Unterricht ist seit langem im Fokus biologiedidaktischer Forschung. In diesem Kontext befassen sich zahlreiche Studien mit wissenschaftlich unangemessenen Schülervorstellungen (in diesem Band als Fehlvorstellungen bezeichnet) zu unterschiedlichen verständniskritischen Themen des Biologieunterrichts (Eschenhagen, Kattmann & Rodi, 2006). Die Ergebnisse dieser Untersuchungen bieten Grundlagen für die Konzipierung von Diagnoseverfahren, wurden aber bis heute nur in wenigen weiterführenden Studien in praktikable Diagnoseinstrumente umgesetzt (z.B. Anderson, Fisher & Norman, 2002; Dannemann & Krüger, 2010). Konzepte für einen individualisierten Unterricht auf der Grundlage von Schülervorstellungen zu biologischen Inhalten wurden zwar in Ansätzen entwickelt (Zabel & Gropengießer, 2010), darüber hinaus gibt es aber noch keine empirisch geprüften Unterrichtskonzepte, die eine standardisierte Diagnose von Schülervorstellungen mit einer darauf abgestimmten individuellen Förderung vereinen. Vor dem Hintergrund des aktuellen Standes der biologiedidaktischen Forschung zu Diagnose und individueller Förderung (DiF) tritt zunächst der Bedarf an schnell auswertbaren Instrumenten zur Erfassung von Schülervorstellungen zu wesentlichen Themenbereichen des Biologieunterrichts in den Vordergrund. Entsprechend wird in diesem Projekt primär auf die Entwicklung praxisrelevanter Diagnoseaufgaben für die Sekundarstufe I fokussiert und bereits ermittelte häufige Fehlvorstellungen als Grundlage bei der Konzipierung genutzt. Neben aus der fachdidaktischen Forschung bekannten Ansätzen, wie Concept-Mapping und Multiple-Choice Instrumenten zur Diagnose oder Förderung, werden ebenfalls eigene im Rahmen des Projekts erzielte Forschungsergebnisse in die Hochschulveranstaltungen für Biologie- Lehramtsstudierende der Studiengänge Sonderpädagogik und Grund-/, Haupt-/, Real-/, Gesamtschule integriert. Durch die Vernetzung der empirischen Ergebnisse der Diagnoseaufgaben mit der Lehramtsausbildung soll eine theoretisch fundierte und praxisbezogene Vorbereitung auf den späteren Schulunterricht ermöglicht werden. Ansätze, die im Rahmen von DiF bereits erprobt wurden und geeignet sind, in umfassende DiF-Konzepte zukünftig integriert zu werden, werden in den ausgewählten Veranstaltungen thematisiert.

In Rahmen einer Vorlesung wird DiF im Allgemeinen und in Bezug auf die Biologiedidaktik theoretisch behandelt und das Verständnis der Studierenden von DiF ermittelt. In einer Übungseinheit wird die Methode des Concept-Mapping erlernt und typische Schwierigkeiten beim Erlernen der Methode erfasst. In einem Seminar zur Evolutionsdidaktik werden selbst entwickelte Diagnoseaufgaben besprochen und das Erkennen enthaltener Schülervorstellungen geübt.

3.3.1 Entwicklung geeigneter Diagnoseaufgaben für die Sekundarstufe I

Die Evolution ist Grundlage für das Verständnis sämtlicher biologischer Themen, die im Unterricht vermittelt werden sollen (z.B. Kattmann, 1995, Graf, 2009a). Entsprechend wird vorgeschlagen, dieses Thema als Strukturierungsprinzip im Biologieunterricht zu nutzen. Offensichtlich sind die Ursachen für evolutionäre Anpassungsprozesse besonders schwer zu verstehen, weswegen zahlreiche Fehlvorstellungen vorliegen (Baalmann, Frerichs, Weitzel, Gropengießer & Kattmann, 2004). Das komplexe Thema erfordert zudem ein hinreichendes Verständnis von Vererbungsaspekten, die auf Grund der separaten Vermittlung im Unterricht oft nicht aufeinander bezogen werden. Träges Wissen kann dann zu mangelndem Verständnis des Anpassungsprozesses führen (Baalmann et al., 2004). Zur Diagnose dieser Fehlvorstellungen im Unterricht wurden zwei Methoden in Betracht gezogen:

Concept-Mapping wurde ausgewählt, weil das Verfahren in der biologiedidaktischen Forschung wiederholt zur Diagnose von Schülervorstellungen in unterschiedlichen inhaltlichen Bereichen erfolgreich eingesetzt wurde (z.B. Kinchin, 2000). Erste Ergebnisse unserer Vorstudie mit Studierenden zum Thema Evolution zeigten, dass primär offene Varianten (ohne Vorgaben von Begriffen und Verknüpfungen) für eine Diagnose der Vorstellungen geeignet waren (vgl. Ruiz-Primo, Schultz, Li & Shavelson, 2001). Da sich aber gerade die offenen Varianten auf Grund einer aufwendigen Auswertung und einer geringen Vergleichbarkeit (vgl. Peukert & Fischler, 2000, für den Physikunterricht) sowie eines hohen Übungsaufwands für eine schnelle Diagnose in der Schule als nur bedingt geeignet erwiesen, wurde Concept-Mapping als alleiniges Diagnoseverfahren für den Schulalltag verworfen. Für die Entwicklung praxistauglicher Diagnoseinstrumente wurde daher der Fokus auf Multiple-Choice-Aufgaben verlagert. Auf einige der Verständnisschwierigkeiten der Studierenden zum Aufbau von Concept-Maps wird in Kapitel „Hochschulveranstaltungen" eingegangen (s. 3.3.2).

Multiple-Choice Instrumente eignen sich auf Grund der schnellen und objektiven Auswertbarkeit besonders gut und werden in aktuellen Studien verschiedener Fächer entwickelt (z.B. D'Avanzo, 2008). Zu den hier ins Auge gefassten Inhalten Evolution und Genetik liegen nur vereinzelt Aufgaben vor, die im Rahmen dieser Arbeit an die Zielgruppe angepasst wurden. Zudem weisen mehrere Studien darauf hin, dass viele, meist über psychometrische Kriterien entwickelte, Multiple-Choice Aufgaben nur eine ungenügende Konstruktvalidität vorweisen können (z.B. Harlow & Jones, 2004). Da diese aber wesentlich ist für eine aussagekräftige Diagnose, ist es sinnvoll, die Aufgaben in einer qualitativen Interviewstudie mit Schülerinnen und Schülern zu validieren. Die Aufgaben, die verbreitete unangemessene Schülervorstellungen zu evolutionärer Anpassung und Vererbung als Distraktoren (inkorrekte

Antwortmöglichkeiten) enthalten, wurden zunächst Lernenden der Zielgruppe (7. und 9. Klasse) vorgelegt und deren Auswahlverhalten mit entsprechenden Begründungen verglichen, um Hinweise auf eine missverständliche oder ungeeignete Aufgabenkonzipierung zu bekommen (Fischer & Graf, 2012). Die Aufgaben wurden mehrmals auf der Grundlage des Auswahlverhaltens und der Begründungen der Auswahl der Schülerinnen und Schüler überarbeitet, bevor die letzte Version in einer leitfadengestützten Interviewstudie genauer hinsichtlich der Konstruktvalidität überprüft wurde. Das vorhandene empirische Material (z.B. Interviewtranskripte und Multiple-Choice-Aufgaben) wurde als Grundlage für eine Seminarveranstaltung zur Evolutionsdidaktik auf Hochschulebene verwendet (s. 3.3.2).

3.3.2 Hochschulveranstaltungen zu Diagnose und individueller Förderung

In ausgewählten Lehrveranstaltungen der Biologiedidaktik sollten die Studierenden für die Bedeutung und Notwendigkeit der Berücksichtigung der Heterogenität von Schülerinnen und Schülern bei der Konzeption von Biologieunterricht sensibilisiert werden. Im Rahmen der grundlegenden Biologiedidaktikvorlesung wurde den Studierenden auf theoretischer Ebene ein breiter Überblick über das Thema Diagnose und individuelle Förderung im Biologieunterricht gegeben. Darüber hinaus wurden vorhandene methodische Ansätze thematisiert, deren Effektivität für den Biologieunterricht empirisch geprüft ist (z.B. Concept-Maps und Multiple-Choice-Instrumente). In einer praktisch ausgerichteten Übungsveranstaltung haben die Studierenden sich mit der Methode des Concept-Mappings als Förder- und Diagnoseinstrument auseinandergesetzt und Vor- und Nachteile kennengelernt. Die für die Sekundarstufe I entwickelten Multiple-Choice-Aufgaben zur Diagnose von Vorstellungen zu Evolution und Vererbung wurden in einem Seminar zur Evolutionsdidaktik thematisiert. Diagnostische Kompetenzen sollten in diesem Zusammenhang zudem über das Erkennen von besonders verständniskritischen Schülervorstellungen zu biologischen Inhalten erweitert werden. Die auf das praktische Erlernen der Methoden ausgerichteten Veranstaltungen erlauben eine umfangreiche Vertiefung der Arbeit mit den Instrumenten, sodass eine nachhaltige Anwendungskompetenz erreicht werden kann.

Konzipierung der Vorlesung zur Vermittlung biologischer Themen
Die Vermittlung von grundlegenden Aspekten zur Diagnose und individuellen Förderung fand in einer Vorlesungseinheit statt. In der theoretisch angelegten Veranstaltung sollten die Studierenden Grundlagen zur Diagnose und individuellen Förderung kennenlernen, wobei die Bedeutung der Diagnose als wesentliche Voraussetzung für sinnvolle Förderung hervorgehoben wurde. Dabei wurde der aktuelle Forschungsstand der Biologiedidaktik vorgestellt. Bislang liegen keine empirisch abgesicherten Konzepte für den Biologieunterricht vor, die eine Diagnose mit einer

abgestimmten individuellen Förderung vereinen. Aus diesem Grund wurden aufbauend einzelne Ansätze thematisiert, die für den Biologieunterricht genutzt wurden. Dabei wurden vor allem Concept-Maps (z.B. Graf, 2009b, Haugwitz, 2009) und Multiple-Choice-Formate (z.B. Dannemann & Krüger, 2010) vorgestellt. Geschlossene Formate, wie Multiple-Choice-Aufgaben, werden zudem im Kontext aktueller Bildungsstandards zur Ermittlung verschiedener Kompetenzniveaus der Kompetenzbereiche entwickelt (z.B. Schmiemann, 2010). Diese sollen auch über den Kompetenzbereich Fachwissen hinaus unterschiedliche Voraussetzungen von Lernenden zu anderen Kompetenzen ermitteln. Aktuell werden in der Biologiedidaktik Multiple-Choice-Instrumente zur Ermittlung der Kompetenzen entwickelt, die oftmals Schülervorstellungen als Distraktoren enthalten. Diese werden daher für einen umfangreichen Einblick in den Gebrauch des Instruments in der Vorlesung genutzt. Zur Vertiefung der Bedeutung von Fehlvorstellungen für den Biologieunterricht wurden die häufigsten vorgestellt (Graf & Hamdorf, 2011 zur Evolution). Durch die Zusammenstellung der Inhalte der Vorlesungseinheit sollten die Studierenden die Bedeutung von Diagnose und individueller Förderung erkennen und die aktuellen Forschungsschwerpunkte der Biologiedidaktik überblicken können.

Evaluation der Vorlesung

Mit Hilfe eines fächerübergreifend einsetzbaren Fragebogens, der im Rahmen der Forschung der Chemiedidaktik (Kap. 3.4.2) entwickelt wurde, konnte das Kompetenzempfinden und die Einstellungen der Studierenden zu DiF in einem pre-post-Design (direkt vor und direkt nach der DiF-Einheit) erfasst werden. In einer zusätzlichen offenen Frage wurde ermittelt, was die Studierenden unter Diagnose und individueller Förderung verstehen, um vertiefende Aussagen der Studierenden zu dem Thema bekommen zu können.

Tab. 3.3.1: Mittelwerte und Alpha-Werte beider Erhebungszeitpunkte für das Kompetenzempfinden und die Einstellung für N = 45

	Vortest	Nachtest
	MW	*MW*
Kompetenzempfinden	2.64	2.28
	(α = 0.86)	(α = 0.79)
Einstellungen zu DiF	1.74	1.65
	(α = 0.73)	(α = 0.79)

Die Mittelwerte (*MW*) der 5-stufigen Likert-Skala zeigen insgesamt positive Tendenzen im Ankreuzverhalten der Studierenden (von 1= positive Einschätzung bis 5 = negative Einschätzung), wobei die Einstellungen zu DiF zu beiden Erhebungszeitpunkten positivere Werte aufweisen, als das Kompetenzempfinden (s. Tab. 3.3.1). Eine signifikante Steigerung ergab sich sowohl für das Kompetenzempfinden (***p

< .001, $d = 0.74$, mittelstarker Effekt) als auch für die Einstellung zu DiF (*$p = .019$, $d = 0.25$, kleiner Effekt). Das Kompetenzempfinden und besonders die Einstellungen der Studierenden zu DiF waren bereits vor der Intervention positiv, was darauf zurückgeführt werden kann, dass die Studierenden in anderen Veranstaltungen schon mit dem Thema in Berührung gekommen sind (wie von den Befragten im Fragebogen angegeben wurde).

Die qualitative Auswertung der offenen Frage (Was verstehen Sie unter Diagnose und individueller Förderung im Unterricht?), die zusätzlich gestellt wurde, vertiefte die Erkenntnisse, die durch die Fragebogenauswertung ermittelt wurden. Bei der Auswertung wurden inhaltlichen Aussagen kategorisiert. Im Hinblick auf Diagnose wurden Begriffe wie Fehlerdiagnose, Erhebung des Leistungsstandes oder Ermittlung von Stärken und Schwächen verwendet. *„Mängel ausgleichen"* und *„Stärken fördern"* waren die wesentlichen Aspekte aus Sicht der Studierenden. Zwar wurden auch Fähigkeiten und Fertigkeiten im Zusammenhang mit Diagnose genannt, in vielen Aussagen war aber erkennbar, dass sich die Studierenden meist auf eine Beurteilung konzentrierten: *„Diagnose ist Herausfinden. Was kann der Schüler und was kann er nicht."* Dabei hat die Wertung einen leistungsorientierten Charakter (vgl. Kap. 3.5.3). Wie weit ist der Schüler von einem Zielzustand entfernt? Entsprechend ist *„die individuelle Förderung dann das, was man macht, um die diagnostizierten Lernmissstände zu beheben."*

Die Aussagen der Studierenden nach der Intervention unterschieden sich nicht wesentlich von denen im Vortest. Änderungen in den Vorstellungen zu DiF zeigten sich darin, dass Studierende auch die Diagnose von Zwischenständen im Unterrichtsverlauf berücksichtigen: *„… immer wieder gucken, wie die Förderung wirkt."* Zudem stellten die Studierenden einen stärkeren Zusammenhang zwischen der Diagnose und der aufbauenden Förderung her: *„Je nach Diagnoseergebnis den Schüler in den Bereichen fördern, in denen er Förderung braucht."*

Zusammenfassend kann geschlussfolgert werden, dass in zukünftigen Veranstaltungen stärker darauf eingegangen werden sollte, dass die Diagnose von Lernständen nicht im Sinne einer Leistungsbeurteilung zu verstehen ist, sondern auf der Grundlage einer formativen Diagnostik die Bedingungen für einen adaptiven Biologieunterricht ermittelt werden sollen.

Übungseinheit zum Concept-Mapping

In einer Übungsveranstaltung zur Vertiefung ausgewählter Inhalte aus der Vorlesung zu biologiedidaktischen Themen (s.o.), sollte Concept-Mapping insbesondere als Methode zur individuellen Förderung praktisch eingeübt werden. Zudem sollte in diesem Rahmen ausführlicher auf Möglichkeiten und Schwachstellen (Diagnose, s. Vorstudie 3.3.1) der Methode eingegangen werden. Der erste von uns verwendete Ansatz der Einführung (angelehnt an Stracke, 2004) in die Methode des Concept-Mappings in der Vorstudie reichte nicht aus, um einen kompetenten Umgang mit der Methode zu ermöglichen. Die Studierenden hatten beispielsweise Schwierigkeiten aussagekräftige Relationen zu konstruieren, die über die Benutzung der

Verben „haben" und „sein" hinausgehen (vgl. Wandersee, 1990). Da Akzeptanz und Effizienz der Methode stark davon abhängen, wie kompetent Lernende in der Anwendung sind (McCagg & Dansereau, 1991), wurde eine intensive Übungseinheit konzipiert, um die Studierenden hinsichtlich des umfangreichen Potentials der Methode (trotz einiger Schwachstellen) nachhaltig zu befähigen. Nach Schmid & Telaro (1990) ist Concept-Mapping für das Lernen der komplexen Zusammenhänge in der Biologie besonders geeignet. Concept-Mapping ist zudem ein flexibles Instrument, das von Lernenden mit unterschiedlichen Ansprüchen genutzt werden kann (Kinchin, 2000) und bietet damit eine gute Grundlage für individualisierten Unterricht. Sollen Lehrkräfte zukünftig vor dem Hintergrund empirisch geprüfter DiF-Konzepte Concept-Mapping als individuelle Fördermaßnahme kompetent nutzen können, müssen diese zunächst den grundlegenden Umgang mit der Methode beherrschen. Die Vorstudie weist darauf hin, dass dazu intensives Üben nötig ist.

Konzipierung der Übungseinheit
Die Übungsveranstaltung für ca. 90 Studierende war auf praktische Möglichkeiten von DiF im Unterricht ausgerichtet und wurde in einem Zeitraum von 5 Übungseinheiten durchgeführt (s. Tab. 3.3.2). Die Teilnehmenden befanden sich überwiegend im Lehramts-Bachelorstudiengang. Nach dem theoretischen Input wurden in jeder Übungseinheit Concept-Maps zu verschiedenen Aufgabenstellungen angefertigt. Diese wurden vom Dozenten ausgewertet und häufige Schwachstellen in der folgenden Übungseinheit besprochen. Die Studierenden bearbeiteten dazu entsprechende Übungsaufgaben (Abb. 3.3.1).

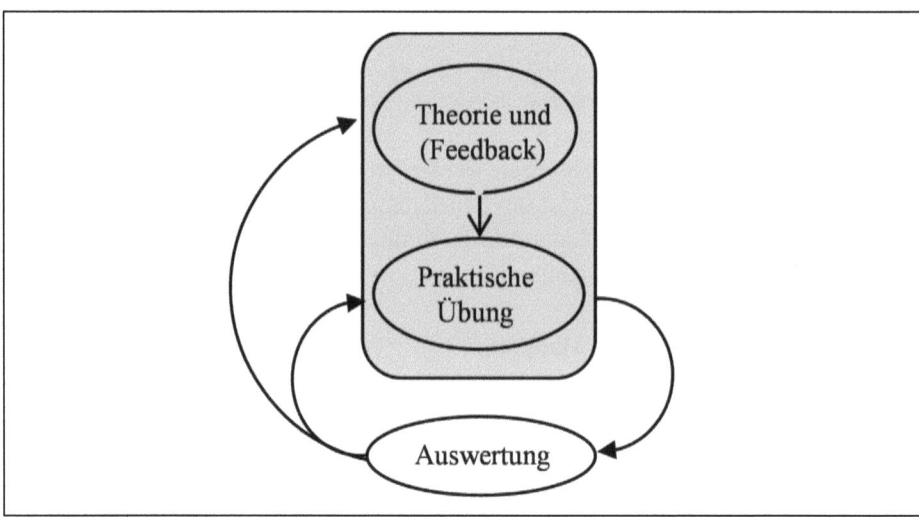

Abb. 3.3.1: Modell zur Vernetzung von Theorie (und Feedback), Übung und Auswertung (Übungseinheit dunkel hinterlegt)

Tab. 3.3.2: Themenschwerpunkte des Theorieteils

Aufbau und Merkmale von Concept-Maps
Verschiedene Concept-Mapping Varianten
Concept-Maps als Diagnose- und Förderinstrument
Mind-Maps im Vergleich zu Concept-Maps
Bewertung von Concept-Maps

Theorie (und Feedback):

Tabelle 3.3.2 zeigt die über den Zeitraum der Übungsveranstaltung vermittelten Themen. Dadurch, dass es viele verschiedene Varianten in der Aufgabenstellung zu Concept-Maps gibt und zudem verschiedene Möglichkeiten der Auswertung bestehen, wird die Methode als Diagnoseinstrument in der Literatur kritisch diskutiert (z.B. Ruiz-Primo & Shavelson, 1996). Davon ausgehend wurden Möglichkeiten und Grenzen von Concept-Maps als Diagnoseinstrumente für die Schulpraxis behandelt. Zudem wurden die Praktikabilität und Aussagekraft verschiedener Varianten (offene und geschlossene mit Vorgaben) im Hinblick auf die Diagnose mit Concept-Maps thematisiert. In Bezugnahme auf individuelle Fördermöglichkeiten wurden die individuelle Gestaltungsmöglichkeit von Concept-Maps und unterschiedliche kognitive Anforderungen verschiedener Varianten (z.B. Berücksichtigung einer Hierarchie oder eine freie Anordnung der Begriffe, wesentliche Verknüpfungen oder so viele wie möglich) hervorgehoben, wodurch verschiedene Lernende individuelle Lernmöglichkeiten nutzen können.

Ab der 2. Übungseinheit wurden zudem die häufigsten Schwierigkeiten angesprochen, die in den Auswertungen der Übungsmaps ermittelt wurden und entsprechende Informationen dazu gegeben.

Praktische Übung:

Für den praktischen Einstieg haben die Studierenden Lückenmaps (mit vorgegebener Struktur und leeren Kästchen für die Begriffe) und Concept-Maps zu einfachen vorgegebenen Konzepten (z.B. Fischler & Peukert, 2000) bearbeitet. Parallel zum eigenen Erlernen der Methode konnten sie so geeignete Varianten für einen schrittweisen Lernprozess im Hinblick auf das Unterrichten von Schülerinnen und Schülern kennenlernen. Neben der freien Anfertigung von Concept-Maps zu einem Zentralbegriff sollten die Studierenden Concept-Maps beispielsweise aus vorgegebenen Textmaterialien konstruieren. Die Wirksamkeit des Concept-Mappings für das Lernen aus Texten wurde zudem mehrfach empirisch bestätigt (z.B. Neuroth, 2007, Hilbert & Renkl, 2005). Es stellte sich allerdings als besonders schwierig heraus, eine lineare Textstruktur in eine netzwerkartige Graphik zu übersetzen. Hier bestand besonderer Übungsbedarf. Entsprechend der auffälligen Schwierigkeiten der Studierenden mit der Anfertigung der Maps wurden gezielte Korrekturaufgaben zu Map-Ausschnitten gestellt, um diesen entgegenzuwirken.

Auswertung der Übungsmaps:

In der betreffenden Aufgabenstellung sollten die Studierenden aus einem Text ein Begriffsnetz mit den wesentlichen Begriffen unter Berücksichtigung hierarchischer Strukturelemente konstruieren. Ein Auszug aus einer Concept-Map, der typische Schwierigkeiten bei der Konstruktion zeigt, ist in Abb. 3.3.2 dargestellt. Die Studierenden übersetzten die lineare Struktur des Textes in eine graphische Darstellung (von oben nach unten wie ein Text gelesen), ohne dabei auf eine hierarchische Anordnung der Begriffe zu achten und die Informationen des Textes präzise genug bei der Begriffs- und Verknüpfungsformulierung zu berücksichtigen (Abb. 3.3.2, 1.). Bei einer hierarchisch organisierten Concept-Map sollen die wesentlichen Begriffe aber möglichst nach einem sinnvollen Ordnungsprinzip vom Allgemeinen ins Spezielle angeordnet werden. In 2.–4. (Abb. 3.3.2) fand eine Umorganisation der Begriffe durch den Dozenten statt und eine Präzisierung der Zusammenhänge. Dabei wurde auf sinnvolle Propositionen (zwei Begriffe die mit einer Verknüpfung zu einer Aussage verbunden sind) geachtet (vgl. Derbentseva, Safayeni & Cañas, 2004).

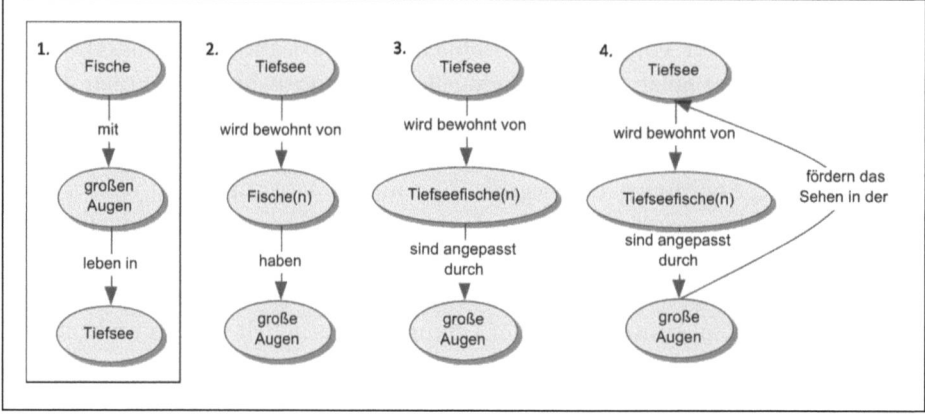

Abb. 3.3.2: Schwierigkeiten (eingerahmt) und Optimierungsvorschläge bei dem Aufbau von Concept-Maps

Evaluation der Übungseinheit

Für die Evaluation wurden zwei Concept-Maps verglichen, von denen eine zu Beginn (Thema Tiefseefische) und eine zu fortgeschrittener Intervention (Thema fleischfressende Pflanzen) angefertigt wurde. Dabei ging es um die Auswahl wesentlicher Begriffe und die Herstellung wesentlicher Propositionen, die einem vorgegebenen Textmaterial entnommen werden sollten. Es wurde eine Experten-Map angefertigt und die Interrater-Reliabilität von zwei Personen bezüglich der wesentlichen Begriffe und Propositionen ermittelt. Die Berechnung der Interrater-Reliabilität ergab eine Übereinstimmung von 87,5% für die Tiefseefische und eine Übereinstimmung von 86 % für die fleischfressenden Pflanzen. Anschließend wurde die Übereinstimmung der Propositionen und Begriffe von Studierenden und Experten berechnet (Anlehnung an Klein, Chung, Osmundson & Herl, 2002) (Tab. 3.3.3).

Zudem wurde der Vernetzungsgrad (VG) der beiden Maps verglichen, da häufig thematisierte Schwierigkeiten (s. Abb. 3.3.2) mit der Anfertigung sinnvoller Netzstrukturen zusammenhingen.

Tab. 3.3.3: Übereinstimmung der Propositionen und der Begriffsauswahl mit der Experten-Map und der Vernetzungsgrad (VG) der beiden Maps von zehn Personen

Personen	1	2	3	4	5	6	7	8	9	10
Propositionen (Map Fische) %	5	0	11	11	27	42	22	6	11	66
Propositionen (Map Pflanzen) %	70	65	20	55	65	70	65	50	60	80
Begriffe (Map Fische) %	35	42	28	35	78	42	42	42	35	85
Begriffe (Map Pflanzen) %	85	50	55	55	80	88	94	50	60	75
VG (Fische)	1,09	1	0,91	0,86	1	1	1,07	0,84	0,91	0,82
VG (Pflanzen)	0,91	0,96	0,8	0,74	0,9	0,9	1	0,9	0,95	0,85

Bei zehn ausgewählten Studierenden konnte eine signifikante Kompetenzzunahme in der Herstellung der wesentlichen Propositionen (**p = .005, d = 2.16, starker Effekt) und in der Auswahl der wesentlichen Begriffe (*p = .017, d = 1.26, starker Effekt) festgestellt werden. Auch der Vernetzungsgrad der Concept-Maps zeigte eine signifikante Zunahme (*p = .041, d = 0.68, mittelstarker Effekt). Dabei gibt ein kleiner Wert einen hohen Vernetzungsgrad an (s. Tab. 3.3.3). Signifikante, aber geringe Unterschiede im Vernetzungsgrad, können darauf zurückgeführt werden, dass der Text als Grundlage der Map-Anfertigung Zusammenhänge vorgibt, die oftmals keine größere Vernetzung zulassen. Der Vergleich von zwei unterschiedlichen Inhalten (Tiefseefische und fleischfressende Pflanzen) in der Vor- und Nacherhebung ist zwar kritisch zu betrachten, wurde aber verwendet, um Wiederholungseffekte auszuschließen. Die Ergebnisse sprechen für einen methodischen Kompetenzzuwachs der Studierenden. Zusammenfassend kann gesagt werden, dass die konzipierte Übungseinheit einen positiven Einfluss auf den Erwerb methodischer Kompetenzen der Studierenden hatte.

Seminarveranstaltung zu Multiple-Choice Instrumenten

Die Interventionseinheit zur Förderung der diagnostischen Kompetenzen der Studierenden umfasste drei Seminareinheiten mit jeweils einer Doppelstunde (90 Minuten) und wurde im Rahmen eines Seminars zur Evolutionsdidaktik durchgeführt. Die Teilnehmenden befanden sich im Lehramts-Masterstudiengang. Diese Seminareinheit hatte zum Ziel, den Studierenden den praktischen Umgang mit den selbst entwickelten Multiple-Choice Aufgaben (s. 3.3.1) zu vermitteln und die darin aufgegriffenen Schülervorstellungen kompetent einschätzen zu können.

Konzipierung des Seminars

Für den Umgang mit den im dortMINT-Projekt entwickelten Diagnoseaufgaben und empirischen Daten aus der Erhebung mit Schülerinnen und Schülern der Sekundarstufe I wurde das Seminar in einen theoretischen (Schwerpunkt psychometrische Kompetenz) und einen praktischen Teil (Schwerpunkt fachdidaktische Kompetenz) eingeteilt (Abb. 3.3.3). Im theoretischen Teil wurden allgemeine Aspekte zu Multiple-Choice-Tests, deren Entwicklung und praktischer Umsetzung diskutiert. Im praktischen Teil wurde dann über Interviewanalysen das Erkennen von Fehlvorstellungen erprobt. Im Ganzen sollten die Studierenden so die Grundlage für eine umfassende Diagnosekompetenz erhalten, die zu einem professionellen Umgang mit den auf Schulebene entwickelten Diagnoseaufgaben erforderlich ist.

Abb. 3.3.3: Modell zur Konzipierung des Seminars

Theoretische Grundlagen:
Im theoretischen Teil (Tab. 3.3.4) wurden zunächst allgemeine Ansätze zur Diagnose besprochen und dann auf Multiple-Choice-Instrumente fokussiert. Hinweise zur Aufgabenkonstruktion sowie Stärken und potentielle Schwachstellen wurden hervorgehoben und empirisch geprüfte Optimierungsansätze vorgestellt. Weiterführend wurden die selbst erstellten Aufgaben besprochen, die sowohl die Möglichkeit bieten konsistente als auch widersprüchliche Vorstellungen zu diagnostizieren.

Tab. 3.3.4: Übersicht über die Themen des theoretischen Teils

Verschiedene Ansätze zur Fremd- und Selbstdiagnose
Zusammenhang der Erhebung unterschiedlicher Wissensaspekte und der Diagnoseform (z.B. Martinez, 1999)
Multiple-Choice-Instrumente
Konstruktion von Multiple-Choice-Aufgaben
Schwachstellen: Ratewahrscheinlichkeit und Maßnahmen zur Minimierung (z.B. Odom & Barrow, 1995)
Praktikabilität im Schulkontext durch schnelle Auswertbarkeit
Vorstellung der entwickelten Diagnoseaufgaben (Schulebene)

Praktische Arbeitsphase (Fachdidaktische Kompetenz):
Da für die kompetente Bewertung des entwickelten Aufgabeninventars ein umfassendes Verständnis der Schülervorstellungen, die in den Distraktoren enthalten sind, nötig ist, wird im praktischen Teil intensiv auf die inhaltlichen Aspekte des Aufgabeninventars eingegangen. Dazu erhielten die Studierenden ausgewähltes Material von Interviews, die zur Verständnisprüfung der Aufgaben mit der Zielgruppe (7. und 9. Klasse, Gymnasium) durchgeführt wurden. Mit der Bearbeitung der Interviews sollten die Studierenden die fachlich unangemessenen Schülervorstellungen kennenlernen und die Problematik dieser Vorstellungen im Hinblick auf den Erwerb wissenschaftlich angemessener Vorstellungen diskutieren. Die in den Interviews gezeigten Schülervorstellungen wurden dazu nach eigenständiger Analyse des Materials in der Gruppe besprochen. Nach der intensiven Übungsphase anhand des Interviewmaterials wurden die Schülervorstellungen in einer Wiederholungsphase als einzelne Aussagen in verschiedenen Kontexten zur Diskussion gestellt. Abschließend wurden die eigenen Diagnoseaufgaben vorgestellt und auf darin enthaltene widersprüchliche und konsistente Schülervorstellungen aufmerksam gemacht. Bei den Themen „evolutionäre Anpassung" und „Vererbung" können beispielsweise Lernende fälschlich davon ausgehen, dass im Prozess der Anpassung Lebewesen aus Gründen der Anpassungsnotwendigkeit neue Merkmale erwerben. Die gleiche Person kann im Kontext der Vererbung aber auch davon überzeugt sein, dass Merkmale von Nachkommen denen der Vorfahren entsprechen müssen (vgl. Baalmann et al., 2004). Die Möglichkeit der Entstehung neuer Merkmale wird damit kontextabhängig akzeptiert oder abgelehnt. Diese widersprüchlichen Vorstellungen müssen im Unterricht für ein fachlich angemessenes Verstehen bewusst gemacht werden. Ebenso können verschiedene Schülervorstellungen zu einem Phänomen situativ und spontan generiert werden und in vergleichbaren Kontexten unterschiedlich ausfallen (Parallelvorstellungen), sodass auch die Überprüfung der Konsistenz von Vorstellungen in verschiedenen Zusammenhängen wichtig ist (vgl. Dannemann & Krüger, 2010).

Durch die Bearbeitung der Interviewtranskripte hatten die Studierenden die Möglichkeit, Schülervorstellungen in Gesprächsstrukturen zu erkennen. Im

Unterricht müssen Lehrpersonen permanent mit Schülervorstellungen umgehen, die sich meist in Gesprächsstrukturen während des Unterrichts offenbaren (vgl. Sumfleth, Ploschke & Geisler, 1999). Dazu bietet die Vorgehensweise in diesem Seminar eine gute Übungsmöglichkeit. Dieser Aspekt wurde aber in dieser Studie nicht evaluiert.

Evaluation des Seminars

Für die Evaluation wurde das Verständnis der Studierenden zu Schülervorstellungen erhoben. Die Seminarteilnehmer haben dazu einen Aufgabensatz (10 Multiple-Choice Fragen mit jeweils vier Antwortoptionen) erhalten, der beispielhaft für einen Schüler ausgefüllt war (Auswahl einer Antwortoption). Das Ankreuzverhalten und die damit verbundenen Schülervorstellungen sollten von den Studierenden aus fachlicher Perspektive bewertet werden (s. Tab. 3.3.5). Dabei sollten die Studierenden die angekreuzte Antwort als Fehlvorstellung oder korrekte Antwort identifizieren und genau beschreiben, warum diese Antwort aus fachlicher Perspektive angemessen oder unangemessen ist. Zudem sollten sie widersprüchliche, bzw. konsistente Vorstellungen erkennen, in dem die Antworten zu einzelnen Items verglichen wurden. Konsistente Schülervorstellungen waren diagnostizierbar, da einzelne Schülervorstellungen in mehreren Kontexten erfragt wurden. Der Fragebogen wurde in einem prä-post-Design (direkt vor und direkt nach der Intervention) eingesetzt. Für die Auswertung des Materials wurde eine Check-Liste entwickelt, die mit der Bearbeitung des Materials der Studierenden verglichen wurde (Tab. 3.3.5). Die Check-Liste berücksichtigt die Beschreibungen der Schülervorstellungen des beispielhaft ausgefüllten Fragebogens, die korrekte Benennung der Schülervorstellungen sowie die Beurteilung von Entschiedenheit (konsistente Vorstellungen) bzw. Widersprüchen. Die Aufgabenstellung in der Erhebung entspricht den in der Check-Liste zusammengestellten Anforderungen (Tab. 3.3.5).

Tab. 3.3.5: Check-Liste zur Auswertung der Bewertungskompetenz der Studierenden

Fehlvorstellung identifiziert (wurde die von dem Schüler ausgewählte Antwort als Distraktor erkannt)
Fachlich angemessene Vorstellung identifiziert (wurde die aus fachlicher Perspektive angemessene Antwort erkannt)
Fehlvorstellung beschrieben (konnte der Studierende die Fehlvorstellung fachlich angemessen beschreiben)
Fehlvorstellung benannt (konnte der Studierende die Fehlvorstellung in eine übergreifende Kategorie einordnen (z.B. final))
Parallelvorstellung erkannt (konnte der Studierende parallele Vorstellungen in unterschiedlichen Kontexten erkennen)
Widersprüche erkannt (konnte der Studierende dem Auswahlverhalten sich widersprechende Vorstellungen – Evolution, Genetik – entnehmen)

Die Aufgabenbearbeitung von 8 Studierenden im Vortest und Nachtest ging in die Auswertung ein. Der Mittelwert (*MW*) zeigt eine deutliche Verbesserung der Bewertungsleistung vom Vor- (*MW* = 0.69) zum Nachtest (*MW* = 0.93) bei möglichen Werten von 0–1 (0 = falsch, 1 = richtig). Bereits gute Vorkenntnisse zeigten sich darin, dass im Vortest durchschnittlich 69 % (s. *MW*) der Anforderungen erfüllt wurden. Die Berechnung ergab einen signifikanten Zuwachs der Bewertungskompetenz (**p = .001, d = 2.83, großer Effekt) vom Vor- zum Nachtest. Der große Effekt muss jedoch auf Grund der geringen Probandenzahl mit Vorsicht betrachtet werden.

Um die Ergebnisse der kleinen Stichprobe differenziert betrachten zu können, wurden auch die qualitativen Merkmale der Aufgabenbearbeitung analysiert. Beispielhaft sei eine Aufgabe dargestellt, welche die Studierenden im Vortest meist nicht korrekt bewertet haben. In der Aufgabe ging es um die Konsequenzen aus evolutionsbiologischer Sicht, wenn in einem Waldgebiet auf Grund von Umweltveränderungen die Verfügbarkeit von Nahrung für eine Buchfinkenpopulation abnimmt. Eine häufig von Schülerinnen und Schülern vertretene Vorstellung besteht darin, dass die Stärksten der Population überleben und die Schwächeren sterben. Die Studierenden beschrieben die Antwortoption (Überleben der Stärksten), die sie als fachlich angemessen bezeichneten, als *„natürliche Selektion"*, *„Das ist das Prinzip der Selektion"* oder *„Zunächst überleben die Stärksten."* (Vortest). Zwar können auch körperlich Überlegene bevorteilt sein, generell sollte der Lernende aber verstehen, dass für die Konkurrenz um Ressourcen nicht die Stärke sondern die Angepasstheit an die vorhandenen Lebensbedingungen und eine erfolgreiche Fortpflanzung derjenigen Individuen entscheidend ist. Entsprechend sollte die Lehrperson solche Vorstellungen als fachlich unangemessen einschätzen können. Im Nachtest trat dieser Fehler nicht mehr auf.

Schwierigkeiten hatten die Studierenden auch nach der Intervention dem Ankreuzverhalten Widersprüche zu entnehmen. Zukünftig sollte die Seminareinheit diesen Aspekt intensiver behandeln.

3.3.3 Allgemeines Fazit und Ausblick

Die Evaluationen der Veranstaltungen zeigen, dass die entwickelten Interventionen insgesamt zu einem Kompetenzzuwachs der angehenden Lehrkräfte beitragen konnten. Nicht nur die Förderung der methodischen Seite des Erstellens von Diagnoseinstrumenten ist sinnvoll. Auch eine Vertiefung der Kenntnisse zu fachlich unangemessenen Schülervorstellungen im Hinblick auf den Umgang mit Diagnoseinstrumenten (und Unterrichtsgesprächen) sind relevant für den Erwerb einer umfassenden Diagnose- und Förderkompetenz. Methoden, deren sichere Anwendung mit intensiver Übung verbunden ist, sollten entsprechend in Veranstaltungen ausführlich thematisiert werden, sodass die Voraussetzungen für einen Transfer in die Schulpraxis geschaffen werden können.

Die Inhalte der Intervention werden zukünftig im Hinblick auf die Beseitigung verschiedener Schwachstellen optimiert. Beispielsweise sollten in der praktischen Übungsphase (Analyse der Interviewtranskripte) gezielt solche Materialien zur Verfügung gestellt werden, die widersprüchliche Schülervorstellungen hervorheben, damit auch diese gezielt erkannt werden können und bei der Vermittlung biologischer Inhalte berücksichtigt werden können. Das Erkennen von Schülervorstellungen durch die Analyse von Interviewmaterialien wird künftig in weiteren Veranstaltungen zum Einsatz kommen und könnte auch in anderen Fächern verwendet werden. Die hier vorgestellten Ansätze zur Diagnose und individuellen Förderung (Concept-Mapping und Multiple-Choice-Aufgaben), sollten als Basis für die Entwicklung weiterer Veranstaltungen genutzt werden, in denen Konzepte zur Diagnose und einer darauf aufbauenden individuellen Förderung erlernt werden können, die als solche bislang für die Biologiedidaktik noch nicht empirisch fundiert vorliegen.

Die im Rahmen des Projekts verwendeten Aufgaben zur Diagnose von Schülervorstellungen zu evolutionärer Anpassung und Vererbung wurden im Rahmen eines Dissertationsprojekts entwickelt. Diese können bei Interesse bei Sandra Fischer angefordert werden.

3.3.4 Transfer

Zur Verbreitung der Erkenntnisse wurden die Ergebnisse der Studie u.a. für Lehrerfortbildungen aufbereitet. Dazu wurden Übungen zum Concept-Mapping und zur Entwicklung geeigneter Multiple-Choice-Aufgaben für die Erfassung von Schülervorstellungen als Workshop-Module zusammengestellt und auf einer Tagung des Vereins zur Förderung des mathematischen und naturwissenschaftlichen Unterrichts (MNU) durchgeführt.

Literatur

Anderson, D. L., Fisher, K. M. & Norman G. M. (2002). Development and evaluation of the conceptual inventory of natural selection. *Journal of Research in Science Teaching, 39* (10), 952–978.

Baalmann, W., Frerichs, V., Weitzel, H., Gropengießer, H. & Kattmann, U. (2004). Schülervorstellungen zu Prozessen der Anpassung- Ergebnisse einer Interviewstudie im Rahmen der Didaktischen Rekonstruktion. *Zeitschrift für Didaktik der Naturwissenschaften, 10*, 7–28.

Dannemann, S. & Krüger D. (2010). Evaluation eines Aufgabeninventars zur Ermittlung von Schülervorstellungen zum Sehen. In U. Harms & I. Mackensen- Friedrichs (Hrsg.), *Lehr- und Lernforschung in der Biologiedidaktik*, Band 4 (S. 134–154). Innsbruck: Studienverlag.

D'Avanzo, C. (2008). Biology Concept Inventories: Overview, Status and next Steps. *Bio Science, 58* (11), 1079–1085.

Derbentseva, N., Safayeni, F. & Cañas, A. J. (2004). Experiments on the Effect of Map Structure and Concept Quantification during Concept Map Construction. In A. J.

Cañas, J. D. Novak & F. M. Gonzáles (Hrsg.), *Concept Maps: Theory, Methodology, Technology.* Proceedings of the First International Conference on Concept Mapping. Pamplona, Spain: Universidad Publica de Navarra.

Eschenhagen, D., Kattmann, U. & Rodi, D. (2006). *Fachdidaktik Biologie.* Köln: Aulis Verlag Deubner.

Fischer, S. & Graf, D. (2012). Entwicklung von Diagnoseaufgaben zum Anpassungsprozess und zur Vererbung. In D. Krüger, A. Upmeier zu Belzen, P. Schmiemann, A. Möller & D. Elster (Hrsg.), *Erkenntnisweg Biologiedidaktik 11,* (S. 129–144).

Fischler, H. & Peukert, J. (2000). Concept Mapping in Forschungszusammenhängen. In J. Peukert & H. Fischler (Hrsg.), *Concept Mapping in fachdidaktischen Forschungsprojekten der Physik und Chemie* (S. 1–22). Berlin: Logos.

Graf, D. (2009a). Evolution – das Rückgrat der Biologie. *Der mathematische und naturwissenschaftliche Unterricht. Sonderheft Evolution,* S. 3–4.

Graf, D. (2009b). Concept-Mapping als Instrument zur Wissensdiagnostik. *Unterricht Biologie, 33* (347/348), 66–69.

Graf, D. & Hamdorf, E. (2011). Evolution: Verbreitete Fehlvorstellungen zu einem zentralen Thema. In D. Dreesmann, D. Graf & K. Witte (Hrsg.), *Evolutionsbiologie: Moderne Themen für den Unterricht* (S. 25–40). Heidelberg: Spektrum.

Haugwitz, H. (2009). *Kontextorientiertes Lernen und Concept Mapping im Fach Biologie* (online). Veröffentlichte Dissertation, Universität Duisburg-Essen.

Harlow, A. & Jones, A. (2004). Why students answer TIMMS science test items the way they do. *Research in Science Education, 34,* 221–238.

Hilbert, T. & Renkl, A. (2005). Individual differences in concept mapping when learning form texts. In B. Bara (Hrsg.), *Proceedings of the 27th Annual Conference of the Cognitive Science Society* (S. 947–952). Mahway, N.J.: Erlbaum.

Kattmann, U. (1995). Konzeption eines naturgeschichtlichen Unterrichts: Wie Evolution Sinn macht. *Zeitschrift für Didaktik der Naturwissenschaften, 1,* 29–42.

Kinchin, I. (2000). Concept mapping in biology. *Journal of Biological Education, 34* (2), 61–68.

Klein, D. C. D., Chung, G. K. W. K., Osmundson, E. & Herl, H. E. (2002). Examining the Validity of Knowledge Mapping as a Measure of Elementary Students' Scientific Understanding, *CSE Technical Report No. 557.* Los Angeles, CA: University of California/ National Center for Research on Evaluation, Standards, and Student Testing (CRESST).

Martinez, M. E. (1999). Cognition and the Question of Test Item Format. *Educational Psychology, 34,* 207–218.

McCagg, E. C. & Dansereau, D. F. (1991). A convergent paradigm for examining knowledge mapping as a learning strategy. *Journal of Educational Research, 84,* 317–324.

Neuroth, J. (2007). *Concept Mapping als Lernstrategie. Eine Interventionsstudie zum Chemielernen aus Texten.* Veröffentlichte Dissertation, Universität Duisburg Essen.

Odom, A. L. & Barrow, L. H. (1995). Development and application of a two-tier diagnostic test measuring college biology students' understanding of diffusion and osmosis after a course of instruction. *Journal of Research in Science Teaching, 32* (1), 45–61.

Peukert, J. & Fischler, H. (2000). Concept Maps als Diagnose- und Auswertungsinstrument in einer Studie zur Stabilität und Ausprägung von Schülervorstellungen. In J. Peukert & H. Fischler (Hrsg.), *Concept Mapping in fachdidaktischen Forschungsprojekten der Physik und Chemie* (S. 91–116). Berlin: Logos.

Ruiz-Primo, M. A. & Shavelson, R. J. (1996). Problems and issues in the use of concept maps in science assessment. *Journal of Research in Science Teaching, 33* (6), 56–600.

Ruiz-Primo, M. A., Schultz, S. E., Li, M. & Shavelson, R. J. (2001). Comparison of the Reliability and Validity of Scores from Two Concept-Mapping Techniques. *Journal of Research in Science Teaching, 38* (2), 260–278.

Schmid, R. F. & Telaro, G. (1990). Concept mapping as an instructional strategy for high school biology. *Journal of Educational Research, 84,* 78–85.

Schmiemann, P. (2010). Modellierung von Schülerkompetenzen im Bereich des biologischen Fachwissens. Berlin: Logos.

Stracke, I. (2004). Einsatz computerbasierter Concept Maps zur Wissensdiagnose in der Chemie. Empirische Untersuchungen am Beispiel des chemischen Gleichgewichts. Münster: Waxmann.

Sumfleth, E., Ploschke, B. & Geisler, A. (1999). Schülervorstellungen und Unterrichtsgespräche zum Thema Säure-Base. In E. Sumfleth (Hrsg.), *Chemiedidaktik im Wandel-Gedanken zu einem neuen Chemieunterricht* (S. 91–115). Münster: LIT.

Wandersee, J. H. (1990). Concept Mapping and the Carthography of Cognition. *Journal of Research in Science Teaching, 27* (19), 923–936.

Zabel, J. & Gropengießer, H. (2010). Darwins konzeptuelle Landkarte: Lernfortschritt im Evolutionsunterricht. In U. Harms & I. Mackensen-Friedrichs (Hrsg.), *Lehr- und Lernforschung in der Biologiedidaktik*, Band 4. (S. 209–224). Innsbruck: Studienverlag.

3.4 Diagnose und individuelle Förderung in der Sekundarstufe I am Beispiel des Faches Chemie

Sandra Anus und Insa Melle

Die individuelle Förderung in allen Unterrichtsfächern und Schulformen erhält seit der schulpolitischen Einforderung und durch die Verankerung in der Mehrzahl der Bundesländer eine wachsende Relevanz (z.B. Schulgesetz für das Land Nordrhein-Westfalen, 2005). Nach Ergebnissen der PISA-Studien gelingt es in Deutschland aktuell nicht, alle Lernenden entsprechend ihrer Vorkenntnisse zu fördern (Prenzel, Baumert, Blum, Lehmann, Leutner, Neubrand, Pekrun, Rolff, Rost & Schiefele, 2004). Daher ist es wichtig, bereits in der Lehrerausbildung erste Erfahrungen mit dieser Thematik und den Umgang mit Instrumenten der individuellen Förderung zu sammeln und zu erproben. Deshalb wurde eine Seminareinheit konzipiert und evaluiert, deren Ziel die Professionalisierung von Studierenden des Faches Chemie aller Schulformen hinsichtlich „Diagnose und individuelle Förderung im Chemieunterricht" (Abschnitt 2) ist. Außerdem wurde eine Studie in der Schulpraxis durchgeführt, in der eine Unterrichtseinheit im Fach Chemie evaluiert wurde, in der „Diagnose und individuelle Förderung" im Vordergrund standen (Abschnitt 3). Die Ergebnisse dieser Studie werden in die Seminareinheit einbezogen. So entsteht ein tieferes Verständnis der aktuellen Bildungsdiskussion, indem Elemente der Unterrichtsforschung (Design von Studien, Auswahl von Untersuchungsmethoden, Datenanalyse …) mit Ausbildungselementen verwoben werden.

3.4.1 Ziele des Projekts

Durch eine Seminareinheit zu Diagnose und individueller Förderung im Chemieunterricht sollen die Studierenden aller Lehramtsstudiengänge zum Umgang mit Diagnoseinstrumenten und Fördermöglichkeiten kompetent gemacht werden, so dass sie diese in ihrem späteren Schulalltag einsetzen und außerdem als Multiplikatoren an ihrer zukünftigen Schule fungieren können. Es werden sowohl theoretische Erkenntnisse als auch alltagsnahe Instrumente vorgestellt, der Umgang damit wird eingeübt. So sollen die Studierenden befähigt werden, die Instrumente in der nachfolgenden Unterrichtspraxis an veränderte Inhalte und Lernsituationen zu adaptieren.

Da jedoch für das Fach Chemie nur wenige evaluierte Diagnoseinstrumente und Förderkonzepte existieren (vgl. auch Krumm, Zimmerer & Kremer, 2008), besteht zudem ein großer Bedarf an Forschungs- und Entwicklungsarbeiten in diesem Bereich. Deshalb erfolgte die Entwicklung und Evaluation einer Unterrichtseinheit, deren Ziel die individuelle Förderung im Unterricht war. Die Unterrichtseinheit umfasst sowohl Diagnoseinstrumente als auch Fördermaterialien für den Chemieunterricht der Sekundarstufe I. Sie wurde hinsichtlich ihrer Praktikabilität und Effektivität evaluiert. Die hierbei erzielten Ergebnisse fließen unmittelbar in die Seminareinheit ein, so dass die Studierenden eine weitere Variante unterrichtlicher individueller Förderung kennenlernen. Gleichzeitig erlangen die Studierenden auch Kenntnisse über Forschungsmethoden in der Fachdidaktik.

Das Fach Chemie schlägt somit eine Brücke zwischen Universitätsebene und Schulebene. Durch diese Verzahnung von Forschung und Lehre wird auch deutlich, dass erstens theoretische Erkenntnisse in die Praxis übersetzbar sind und zweitens dort einer kritischen Überprüfung unterzogen werden müssen.

3.4.2 Universitätsebene: Ausbildung der Studierenden

Im Folgenden werden die grundlegenden Ziele und Methoden der Seminareinheit in der Lehrersausbildung des Faches Chemie vorgestellt und erläutert. Zunächst werden theoretische Hintergründe beleuchtet, daran anschließend wird die Konzeption der Seminareinheit sowie deren Erprobung über mehrere Semester und Fachdisziplinen vorgestellt.

Grundlagen

Individuelle Förderung stellt auf zweierlei Arten die Anforderung an Lehrkräfte die Schülerinnen und Schüler individuell zu diagnostizieren, zu fördern und zu fordern: Zum einen sind Lehrerinnen und Lehrer verpflichtet, individuelle Förderprogramme zu gestalten, zum anderen zeigen internationale Schulvergleichsstudien (wie TIMSS und PISA), dass integrative Schulsysteme, in denen differenziert diagnostiziert und aufbauend gefördert wird, dem deutschen Schulalltag überlegen sind (vgl. Paradies, Linser & Greving, 2007).

In der Literatur werden etwas unterschiedliche Definitionen für individuelle Förderung verwendet, wobei teilweise Durchmischungen der Begriffe Individualisierung, individualisiertes Lernen oder individualisierter Unterricht sowie individuelle Förderung stattfinden. Individualisierung beschreibt aus soziologischer Sicht einerseits den Trend, dem Einzelnen größere Freiheiten zu gewähren, und ihn andererseits auch die Verantwortung für die Ergebnisse, also auch für eventuelles Scheitern, aufzubürden (Kunze, 2009). Individualisierter Unterricht oder auch individualisiertes Lernen bedeutet ein auf den Einzelnen zugeschnittenes bzw. von ihm selbst gewähltes Lernangebot, das z.B. hinsichtlich der Ziele, der Inhalte, der Methode, der Lernorte oder der Lernzeit von dem der anderen Schülerinnen und Schülern abweicht (Kunze, 2009). Von individueller Förderung spricht man dann, wenn im Vorfeld des Lernprozesses eine möglichst passgenaue Diagnose erfolgt.

Im Folgenden wird in Anlehnung an Trautmann und Wischer (2008) folgende Definition gewählt: Unter individueller Förderung sollen differenzierende

Lernarrangements verstanden werden, bei denen nach einer Diagnose durch den variablen Einsatz von Materialien die Lernwege der Einzelnen so gestaltet werden, dass eine möglichst optimale Passung zu deren individuellem Kompetenzstand erreicht wird.

Diese Passung geeigneter Lernarrangements gelingt durch den Einsatz erprobter Diagnoseinstrumente, z.B. Multiple-Choice-Tests (MC-Test) oder Selbsteinschätzungsbögen, die in der Seminareinheit aufgegriffen werden und deren Erstellung erprobt wird:

Multiple-Choice-Aufgaben sind sehr gut in Fachwissenstests einsetzbar, da sie einen schnellen Überblick über das vorhandene Wissen und eindeutige Daten liefern. Zudem sind sie schnell und leicht zu kontrollieren. Außerdem eignen sie sich zur Diagnose möglicher Fehlvorstellungen (Barke, 2006). Darüber hinaus bieten sie Lehrkräften die Möglichkeit nach und nach eine Aufgabensammlung aufzubauen, wobei ein Austausch mit Kollegen wertvoll ist.

Unter Selbsteinschätzung wird nach Bohl (2009) die zusammenfassende Einschätzung einer Tätigkeit oder eines Lernfortschrittes gesehen, wobei die Lernenden die Leistung an einem festen Zeitpunkt selbstständig einordnen. Dies kann im Unterricht durch Selbsteinschätzungsbögen realisiert werden.

Konzeption der Seminareinheit

Es wurde eine Seminareinheit über die Dauer von vier Sitzungen mit je 90 Minuten zum Thema „Diagnose und individuelle Förderung" konzipiert. Diese wurde in verschiedene Seminare des bestehenden Master-Studienganges sowohl für das Lehramt an Grund-, Haupt- und Realschulen und Sonderpädagogik sowie Gymnasien und Gesamtschulen integriert, so dass alle Lehramtsstudierenden des Faches Chemie die Seminareinheit durchlaufen. Dabei wurde intendiert, das Seminar einerseits so zu konzipieren, dass es auch in verwandten Fächern eingesetzt werden kann. Andererseits sollen durch die Seminareinheit die Grundlagen der Thematik vermittelt werden, so dass eine Ergänzung und Erweiterung durch weitere, auch fächerspezifische Schwerpunkte möglich ist, beispielsweise dann, wenn im Studienplan mehr Zeit zur Verfügung steht. Einen groben Überblick über die Seminareinheit gibt Abbildung 1.

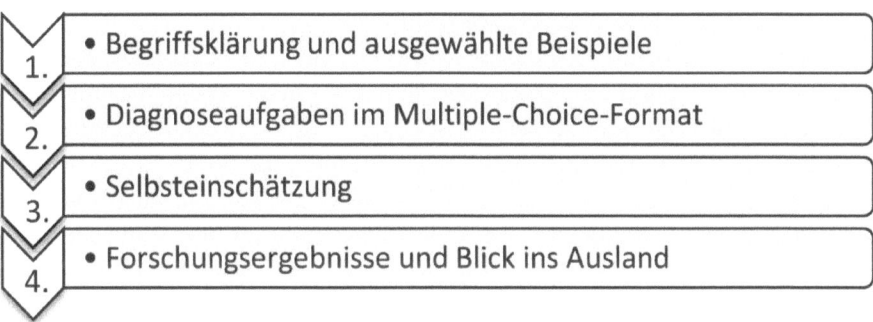

Abb. 3.4.1: Ablauf der Seminareinheit

In der ersten Seminarsitzung *Begriffsklärung und Beispiele* erfolgt eine theoretische Fundierung des Themenfeldes (vgl. Ostermann, 2010). Den Studierenden werden dabei die Definition von individueller Förderung und der Zusammenhang mit Differenzierungs- und Individualisierungsmöglichkeiten vorgestellt. Nach einer ersten Einordnung in die aktuelle Bildungsdiskussion, in der auch die Relevanz des Themas herausgestellt wird, werden exemplarisch einige Instrumente zur individuellen Förderung auf den unterschiedlichen Ebenen der Schule vorgestellt. Da die Diagnostik Ausgangspunkt jeder weiteren Förderung ist, kommt Ansätzen im Bereich der Diagnostik, Dokumentation und Bewertung eine besondere Bedeutung zu. Die erste Sitzung schließt mit einer Arbeitsphase, in der die Studierenden in Gruppenarbeit drei ausgewählte Methoden, die zur Diagnostik eingesetzt werden, das Lerntagebuch, Kompetenzraster und Selbsteinschätzungsbögen, anhand von ausgehändigten Textmaterialien eingehender betrachten und reflektieren. Im Anschluss stellen die Studierenden ihre zentralen Erkenntnisse zu den einzelnen Instrumenten durch eine Kurzpräsentation vor, in der die Verknüpfung zu dem Thema „Diagnose und individuelle Förderung" (DiF) deutlich werden soll. Sie erhalten außerdem den Auftrag, bis zur nächsten Seminarsitzung eine kurze Zusammenfassung zum bearbeiteten Thema zu erstellen, die eine Aufgabe dazu umfasst. Diese Datei ist an den Lehrenden zu schicken, der sie vor dem nächsten Seminar an die anderen Seminarteilnehmerinnen und -teilnehmer verschickt, welche nachfolgend den Text lesen und die Aufgabe bearbeiten.

In der zweiten Sitzung *Diagnoseaufgaben im Multiple-Choice-Format* unter Berücksichtigung von Schülerfehlvorstellungen erfolgt eine noch stärkere Einbindung der Studierenden in die Seminararbeit. Zunächst werden Hinweise und Erläuterungen zum Erstellen von Multiple-Choice-Aufgaben (MC-Aufgaben) gegeben. Im zweiten Teil des Seminars erstellen die Studierenden in Gruppen MC-Aufgaben zu einem vorgegebenen Thema (Chemische Reaktion). Als Hilfe wird ihnen eine Liste möglicher Fehlvorstellungen ausgehändigt, die sie bei der Formulierung der Aufgaben verwenden sollen. Die Seminareinheit schließt mit einer Präsentation und Diskussion der Ergebnisse. Vom Lehrenden werden die Arbeitsprodukte aller Gruppen eingesammelt und nachfolgend allen Seminarteilnehmern zur Verfügung gestellt, so dass diese beispielhaft für ein Thema über einen Grundstock an MC-Aufgaben verfügen, den sie in der späteren Berufspraxis einsetzen können.

Die dritte Seminarsitzung *Selbsteinschätzung* behandelt in Ausweitung der ersten Sitzung Zielsetzungen und Intentionen des Einsatzes von Selbsteinschätzungsbögen im Unterricht. Im Gegensatz zur ersten Sitzung, in der eine überblicksartige Beschäftigung mit verschiedenen Facetten von Diagnose und individueller Förderung im Mittelpunkt steht, geht es hier um eine stärker fachbezogene Auseinandersetzung mit den Instrumenten. Diese Sitzung wurde ab dem Wintersemester 2011/12 ergänzt. In dieser Sitzung erfolgt zu Beginn ein theoretischer Einstieg in die Dokumentation von individuellen Lernständen. Im weiteren Verlauf erhalten die Seminarteilnehmer die Aufgabe, eigenständig einen Selbsteinschätzungsbogen zum Thema Chemische Reaktion zu erstellen. Durch das Beibehalten des fachlichen

Themas, das bereits im zweiten Seminar gewählt wurde, entfällt eine intensivere thematische Einarbeitung der Studierenden, so dass der Schwerpunkt auf dem methodischen Instrument und nicht auf den fachlichen Inhalten liegt, so dass es gelingt, in der zur Verfügung stehenden Zeit zufriedenstellende Produkte zu erhalten.

Die vierte und somit letzte Seminarsitzung *Forschungsergebnisse zur individuellen Förderung* rundet die Einheit durch einen zusammenfassenden Überblick über Forschungsergebnisse zur individuellen Förderung ab. In Rückgriff auf die Definition zur individuellen Förderung in der ersten Seminarsitzung wird auf die Notwendigkeit und die Möglichkeiten dieser pädagogischen Maßnahme, ebenso jedoch auf Probleme und Grenzen hingewiesen (vgl. Kap. 3.4.3/Schulebene: Vorbemerkung und Ergebnisse bisheriger Studien). Außerdem wird ein innovativer Ansatz für eine Unterrichtseinheit zur individuellen Förderung im Chemieunterricht und damit ein aktuelles eigenes Forschungsvorhaben in der Schulpraxis vorgestellt (vgl. Kap. 3.4.3: Individuelle Fördereinheit), womit sowohl das Schließen von Fachwissensdefiziten als auch der Ausbau von bereits vorhandenen Kompetenzen intendiert wird. Ergebnisse aus der schulpraktischen Erprobung fließen somit unmittelbar in die Lehre von Lehramtsstudierenden des Faches Chemie ein. Durch die Auseinandersetzung mit Forschungsansätzen und ihrer Methodik entsteht ein deutlicher Kompetenzzuwachs für Studierende, indem Elemente der Unterrichtsforschung mit Ausbildungselementen verwoben werden und so ein tieferes Verständnis für aktuelle bildungsrelevante Themen entsteht. Abschließend erarbeiten die Studierenden in einer Gruppenarbeitsphase die Ergebnisse aus einem länderübergreifenden Projekt zur Identifikation von Gelingensbedingungen im Umgang mit Heterogenität im internationalen Vergleich, dem sog. EU-MAIL-Projekt (Höhmann, Kopp, Schäfers & Demmer, 2009). Durch die Beschäftigung mit den unterschiedlichen Schulsystemen und Zielsetzungen einzelner Länder und Schulen in Bezug auf die individuellen Lernerfolge ihrer Schülerinnen und Schüler soll der Blick auf weitere unterrichtsrelevante Differenzierungs- und Individualisierungsmaßnahmen geöffnet werden.

In allen vier Seminarsitzungen wird Wert auf eine Balance zwischen Wissensvermittlung und Eigenaktivität der Studierenden gelegt. Die Studierenden sollen mit dem Thema der individuellen Förderung vertraut gemacht und zum Reflektieren angeregt werden. Um eine bestmögliche Förderung der Studierenden zu ermöglichen, wurde die Seminareinheit evaluiert und kontinuierlich weiterentwickelt.

Evaluation der Seminareinheit

Die Erprobung der Seminareinheit schlüsselt sich in zwei Betrachtungen auf. Zum einen wurde die Seminareinheit in der fachdidaktischen Ausbildung von Studierenden des Lehramtes für Chemie durchgeführt und evaluiert, zum anderen wurde zur Überprüfung der Übertragbarkeit auf affine Fächer eine Erprobung mit leichten Adaptionen in einem Seminar von Lehramtsstudierenden des Faches Technik realisiert. Zur Evaluation der Seminareinheit wurde ein Einschätzungsfragebogen entwickelt, der das Kompetenzempfinden und die Einstellung der Studierenden in Bezug auf Diagnose und individueller Förderung misst. Der Test besteht aus 26 Items (fünfstufige Likert-Skala), wobei sich jeweils 13 Items auf das Kompetenzempfinden und die Einstellung beziehen. Getestet wird im Pre-Post-Design.

Die Seminareinheit wurde im Zeitraum vom Sommersemester (SoSe) 2010 (Pilotierung) bis zum SoSe 2012 erprobt und mit Ergänzungen und Änderungen fünf Mal durchgeführt. Es nahmen insgesamt rund 60 Studierende des Lehramtes an Grund-, Haupt- und Realschulen sowie des Lehramtes für Gymnasien und Gesamtschulen teil. Für die weitere Auswertung wird eine Trennung in die Seminareinheiten einerseits des Wintersemesters (WiSe) 2010/11 und SoSe 2011, mit jeweils drei Seminarabschnitten, und andererseits des WiSe 2011/12 und SoSe 12, mit jeweils vier Seminareinheiten, vorgenommen. Der eingesetzte Fragebogen war in allen Seminaren identisch.

Die Erhebung der Einschätzung der Studierenden belegt, dass sich die Studierenden nach der DiF-Seminareinheit als kompetenter einschätzen. Es zeigt sich in beiden Semesterzeiträumen (drei bzw. vier Seminarsitzungen) eine signifikante Steigerung des Kompetenzempfindens der Studierenden mit großen Effektstärken (Niedrige Werte bedeuten eine positive Einschätzung, hohe Werte stehen für eine ablehnende Haltung; Skala von 1 bis 5; 2010 bis 2011: M_{pre} = 2.73; M_{post} = 1.97; $p <$ .001; d = 1.48; 2011 bis 2012: M_{pre} = 2.70; M_{post} = 1.87; $p < .001$; d = 1.59). Die Erweiterung der Seminareinheit um die vierte Seminarsitzung zeigt somit einen leichten Anstieg hinsichtlich der Effektstärken. Eine signifikante Veränderung der Einstellung lässt sich in beiden Zeiträumen nicht nachweisen, jedoch lässt sich dies durch die bereits sehr positive Besetzung der Thematik vor Beginn der Intervention (1.83 bzw. 1.82 auf einer Skala von 1 bis 5) erklären.

Zusammenfassend kann also festgestellt werden, dass bei einer sehr stabilen positiven Besetzung der Thematik in der Einstellung der Studierenden die Steigerung des Kompetenzempfindens durch die Intervention von vier Seminareinheiten beachtlich ist.

Die Übertragung der Einheit in eine fachdidaktische Seminareinheit des Faches Technik für Lehramtsstudierende des Bachelors (*N* = 16) gelingt ohne konzeptionelle Änderungen und mit wenigen inhaltlichen, fachdidaktischen Ergänzungen und Übertragungen. Die Erhebung der Einschätzung der Studierenden belegt auch in dieser Erprobung, dass die DiF-Einheit zur Steigerung des Kompetenzempfindens geeignet ist. Es zeigt sich eine signifikante Steigerung mit großem Effekt (M_{pre} = 3.24; M_{post} = 2.17; $p < .001$; d = 2.14). Die im Vergleich zum Fach Chemie höheren Eingangs- sowie Ausgangswerte (und damit ein geringeres Kompetenzempfinden) erklären sich durch den im Fach Technik früheren Einsatz innerhalb des Studienverlaufes und die damit verbundene fehlende Auseinandersetzung mit der Thematik in anderen Lehrveranstaltungen. Die Einstellung änderte sich kaum, wie auch im Fach Chemie. Der Lehrende aus der Technik gab das Feedback, dass auch aus seiner Sicht die Einheit tragfähig und insgesamt gelungen war. Die zu der Einheit gehörenden Präsentationen seien weitgehend selbsterklärend gewesen, wobei die ergänzenden Hinweise hilfreich gewesen seien, so dass die Seminarsitzungen mit relativ geringem Vorbereitungsaufwand verbunden gewesen seien. Ergänzungen durch den Lehrenden waren vor allem dort erforderlich, wo Beispiele betrachtet wurden, die dann der Technik entnommen wurden. Es zeigt sich somit insgesamt, dass die Seminareinheit in beiden Fächern quasi identische Effekte hat, was auf die Übertragbarkeit auf andere Fächer schließen lässt.

3.4.3 Schulebene: Entwicklung und Evaluation einer individuellen Fördereinheit im Chemieunterricht

Bei der Planung der Seminareinheit (vgl. Kapitel 3.4.2: Konzeption der Seminareinheit) zeigte sich, dass aktuell in Deutschland ein Defizit hinsichtlich der individuellen Förderung im Chemieunterricht zu konstatieren ist. Deshalb wurde eine individuelle Fördereinheit für die Schule entwickelt und evaluiert.

Vorbemerkung und Ergebnisse bisheriger Studien
Um die individuellen Vorkenntnisse von Schülerinnen und Schülern ermitteln zu können, bedarf es im Vorfeld der Erschließung eines neuen Themengebietes einer genauen Diagnose durch die Lehrkraft. Besonders in der Chemie, einem hierarchisch aufgebauten Fach, ist es für den weiteren Lernprozess notwendig, Fehlvorstellungen zu überwinden und inhaltliche Lücken zu schließen (Helmke, 2009). Ein neuer Weg, mit dieser Heterogenität umzugehen und den Kompetenzerwerb im Chemieunterricht zu optimieren, stellt die individuelle Förderung einzelner Lerngruppen im Unterricht dar, und zwar auf Basis einer fachlich fundierten Diagnose. Es gilt, individuelle Interessen, Vorstellungen und Lernausgangslagen der Schülerinnen und Schüler stärker zu berücksichtigen und die gesammelten Erkenntnisse in die Gestaltung des Unterrichts mit einzubinden. Unterschiede zwischen den Lernenden gibt es zudem auch in Bezug auf die benötigte Lernzeit, die verwendete Lernmethode oder auch die zu erreichenden Lernziele. Im Fach Chemie sind aktuell erst einige Materialien sowohl für die Diagnostik (z.B. Selbst-/Partnereinschätzung, Kliemann, 2008; Kompetenzraster, Lanig, 2008; Concept Cartoons, Barke 2009; Themenheft Diagnose, Stäudel, Parchmann & Di Fuccia, 2011) als auch für Fördermaßnahmen vorhanden (vgl. auch Krumm et al., 2008).

Hinsichtlich der Effektivität individueller Förderung lassen sich in der Literatur nur wenige Studien finden. Teils stützt man sich erfahrungsbasiert auf praktische Erprobungen von Materialien, und vielfach können aufgrund der Komplexität des Themas und der sich daraus ergebenden empirischen Schwierigkeiten keine sicheren Aussagen über positive Effekte dieser pädagogischen Maßnahmen als Methoden der individuellen Förderung gezogen werden. Es lassen sich lediglich Hinweise in Bezug auf Teilaspekte der individuellen Förderung finden. Die Ergebnisse dieser Studien sind jedoch auf Grund unterschiedlicher Betrachtungsweisen, Fächer, Altersstufen und Fördermaßnahmen oft unterschiedlich. Daher soll an dieser Stelle die Konzentration auf einige Befunde erfolgen:

Helmke (1988) sowie Baumert und Roeder (1986) konnten zeigen, dass Schülerinnen und Schüler mit defizitärem Vorwissen von einem egalisierenden, also einem nicht nach dem Vorwissen differenzierenden, Unterricht profitieren, während deutliche Einbußen bei Lernenden im oberen Leistungsdrittel erkennbar wurden. Lediglich für die Gruppe der begabungsschwachen Schülerinnen und Schüler ist hinsichtlich ihrer Lernleistung kein Unterschied zwischen egalisierendem oder differenzierendem Unterricht feststellbar (Helmke, 1988). Zu ähnlichen Erkenntnissen führte eine Studie zum Instructional Tailoring (Bode, 1996). Dabei werden den Lernenden Aufgaben zugeordnet, die eine Anpassung im Schwierigkeitsniveau, in der Problemstellung oder der zur Verfügung stehenden Zeit an den Einzelnen realisieren. Hierbei lässt sich für leistungsstarke Schülerinnen und Schüler ein positiver Einfluss auf die Lernleistung nachweisen, wohingegen durchschnittliche und leistungsschwache Lernende nicht profitieren, aber auch nicht durch den Unterricht benachteiligt werden.

Gruehn (2000) konnte darüber hinaus signifikant negative Korrelationen zwischen Binnendifferenzierung und Lernzuwachs für die Fächer Mathematik, Biologie und Physik feststellen. Einen Erklärungsansatz für diesen Befund stellt der erhöhte Zeitbedarf durch die Strukturierung und Organisation des Unterrichts dar. Die erhöhte Vorbereitungsarbeit der Lehrkräfte wird von Klippert (2008) als kritisch betrachtet. Hierin liegt vermutlich eine Ursache dafür, dass Binnendifferenzierung und individuelle Förderphasen in deutschen Schulen nach wie vor selten stattfinden (vgl. Gruehn, 2000). Diese Ergebnisse passen zu denen von Rossbach und Wellenreuther (2002), die nach einer Sichtung des internationalen Forschungsstandes in Bezug auf die Grundschule feststellen konnten, dass Leistungsdifferenzierungen per se weder nutzen noch schaden, sondern lediglich einen Rahmen für wirksame pädagogische Maßnahmen schaffen. Entscheidend ist demnach vielmehr, wie lernförderlich die dabei eingesetzten Unterrichtsmaterialien sind. Es ist also vor allem die Qualität der Differenzierung wichtig.

Insgesamt kann die Schlussfolgerung gezogen werden, dass eindeutige Aussagen zur Effektivität von individueller Förderung aktuell kaum möglich sind, weshalb eine genauere Betrachtung und Erforschung erforderlich sind. Deshalb wurden alltagstaugliche Instrumente zur Diagnose und geeignete Fördermaßnahmen für den Chemieunterricht entwickelt und an Schulen evaluiert, deren Ziel eine möglichst optimale Förderung der Schülerinnen und Schüler war.

Individuelle Fördereinheit

Es wurde eine individuelle Fördereinheit mit vorgeschalteter Diagnostik über den Zeitraum von vier Unterrichtsstunden zum Basiskonzept Chemische Reaktion für die neunte Klasse des Gymnasiums bzw. die zehnte Klasse der Gesamtschule entwickelt und erprobt. Die unterschiedlichen Jahrgangsstufen sind dadurch bedingt, dass der Stand des Unterrichts im Fach Chemie an Gymnasien (G8) in der Klasse 9 und an Gesamtschulen in Klasse 10 in etwa vergleichbar sind. Die Fördereinheit ist so konzipiert, dass danach gewährleistet sein soll, dass die Schülerinnen und

Schüler über ein gesichertes und fundiertes Fachwissen zum Basiskonzept Chemische Reaktion (KMK, 2004) verfügen. Es sollen einerseits vorhandene Lücken oder Fehlvorstellungen geschlossen bzw. behoben werden, andererseits wird die Voraussetzung zur Behandlung für weitere Themen geschaffen. Die Einheit ist in drei Themenbereiche gegliedert (I Stoffumwandlung, II Teilchenebene und III Reaktionsgleichungen), die jeweils in drei Teilgebiete (z.B. I.A Eigenschaften, II.B Erhaltung der Masse, III.C Reaktionsgleichungen aufstellen) unterteilt wurden. Bei der Untersuchung handelt es sich um eine Interventionsstudie mit parallelisierten Gruppen auf Grundlage von kognitiven Fähigkeiten, Vorwissen und der Chemienote.

Als diagnostisches Instrument wurde ein Multiple-Choice-Test eingesetzt. Die Ergebnisse dieser Diagnose waren die Basis für die Erstellung eines individuellen Laufzettels für jeden Lernenden. Dieser Laufzettel gibt Aufgabensets, also Aufgaben aus dem zur Verfügung stehenden Arbeitsheft vor, welche an den jeweiligen Kompetenzstand der Schülerinnen und Schüler anknüpfen. Innerhalb der Fördereinheit bearbeiten die Lernenden Aufgaben aus einem Arbeitsheft (Abb. 3.4.2), verwenden dabei Erklärungen und Hinweise in einem Erklärungsheft (Abb. 3.4.3) und vergleichen ihre Bearbeitungen mit Musterlösungen. Nach dieser Beschäftigung der durch den Laufzettel vorgegebenen Aufgaben, dürfen die Schülerinnen und Schüler frei aus dem bestehenden Aufgabenpool sowie Zusatzaufgaben auswählen. Im Anschluss werden der Wissenszuwachs durch den erneut eingesetzten Diagnosetest (Post-Test) und die Attraktivität des Lernsettings mit einem Einschätzungsfragebogen überprüft. (vgl. auch Blaes, Naeve, Kallweit, Anus & Melle, 2012). Die Diagnostik und die Fördereinheit umfassen sechs Elemente, die im Folgenden näher erläutert werden.

Diagnosetest
Der Diagnosetest ist ein Fachwissenstest im Multiple-Choice-Format, welcher wichtige Inhalte und Themenbereiche zum Basiskonzept Chemische Reaktion abprüft. Er umfasst 36 Items mit jeweils 5 Antwortmöglichkeiten (4 Distraktoren, 1 richtige Antwortmöglichkeit) und ist identisch in allen Testzeitpunkten. Zu jedem Themenbereich (I bis III) sind 10 Items vorhanden, wobei auf die Teilgebiete A jeweils 4 Items, und auf B und C jeweils 3 Items pro Themenbereich entfallen. Sechs zusätzliche Items fragen weiterführende Kompetenzen ab. Die Items orientieren sich sowohl an Schulbuchaufgaben und lehrplanrelevanten Inhalten als auch an typischen Fehlvorstellungen (vgl. Horten, 2004).

Laufzettel
Der Laufzettel bildet in der Intervention die Rückmeldung des Diagnoseergebnisses an die Lernenden und ist somit das Bindeglied zwischen Diagnostik und Förderphase. Diese Übersicht ist die individuelle Komponente der gesamten Fördereinheit, da jedem Schüler ein eigener Lernweg mit unterschiedlichen Schwerpunkten vorgeschlagen wird. Die Diagnose schließt somit direkt an das Vorwissen der Lernenden an und bietet daraus resultierende Fördermaßnahmen.

Auf dem Laufzettel erhalten die Schülerinnen und Schüler differenzierte Arbeitsanweisungen sowie eine Zusammenstellung aller Aufgaben mit der Kompetenzbeschreibung und einer Angabe der Schwierigkeitsstufe. Die Darstellung soll zunächst eine Übersicht über das Material liefern und zudem als Strukturierungshilfe für die Bearbeitungsphase dienen. Weiter kann durch die Schülerinnen und Schüler der Bearbeitungsstand gekennzeichnet werden, um im Anschluss zu reflektieren, welche Bearbeitungen zur Schließung von Wissenslücken noch erforderlich sind. Ergänzend zu dieser Übersicht erhält die Interventionsgruppe Angaben über die erreichten und möglichen Punkte in den Teilen des Diagnosetests sowie Pflichtaufgaben, die die individuellen Förderbedingungen berücksichtigen: Sobald im Diagnosetest bei einem Teilgebiet zwei oder mehr Items falsch beantwortet wurden, musste dieses Teilgebiet im Aufgabenheft bearbeitet werden.

Aufgabenmaterial

Die Förderphase ist gekennzeichnet durch eine freie Bearbeitung von Aufgaben. Jede Schülerin und jeder Schüler arbeitet eigenständig und mit eigenem Lerntempo an den Aufgaben. Dazu erhält jeder Lernende ein Arbeitsheft (Abb. 3.4.2), in dem sich Aufgaben unterschiedlicher Art und Schwierigkeitsstufen zu jedem Teilgebiet sowie einige Zusatzaufgaben als Vertiefung befinden. Innerhalb des Arbeitsheftes werden unterschiedliche Aufgabentypen, von geschlossenen Aufgaben beispielsweise der Reproduktion (z.B. Kreuzworträtsel) bis hin zu offenen, interpretativen Aufgabenstellungen (z.B. theoretischen Experimenten) verwendet. Dabei werden die Kriterien für Aufgaben zur (individuellen) Förderung im Chemieunterricht (vgl. Leisen, 2006) berücksichtigt, indem differenzierte Lernwege ermöglich werden, Vorwissen durch inhaltliche Hilfen aktiviert und Könnensbewusstsein gestärkt wird. Um die Attraktivität einiger Aufgaben zu steigern und ein tieferes Verständnis zu fördern, erhalten die Schülerinnen und Schüler zudem die Möglichkeit Aufgaben mit experimentellem Zugang auszuwählen. Drei Aufgaben umfassen die selbstständige Durchführung von Experimenten unter Verwendung von Experimentierboxen. Eine Experimentierbox enthält alle benötigten Geräte sowie Chemikalien und eine Versuchsanleitung.

Erklärungsmaterial

Neben dem Arbeitsheft erhalten alle Schülerinnen und Schüler ein Erklärungsheft (Abb. 3.4.3) mit Hilfestellungen und Erläuterungstexten. Das Erklärungsheft stellt eine Ergänzung zum Arbeitsheft dar, indem gezielt Hilfestellungen mit Aufgaben aus dem Arbeitsheft verknüpft werden. Das Erklärungsheft ist somit in identischer Reihenfolge zum Arbeitsheft aufgebaut. Die Erklärungen beinhalten darüber hinaus alle notwendigen Informationen, die zur sinnvollen Bearbeitung erforderlich sind. Weiter werden verschiedene Lösungswege aufgezeigt und konkrete Beispiele erläutert.

Musterlösungen

Zur selbstständigen Kontrolle stehen Musterlösungsbögen für jede Aufgabe in Boxen auf dem Pult zur Verfügung, die für alle Schülerinnen und Schüler zu jeder Zeit frei verfügbar und zugänglich sind. Die Musterlösungen werden von dem Lernenden zur Kontrolle oder Korrektur ausgeliehen und anschließend wieder zurückgegeben. Sie dienen somit primär zur Überprüfung oder Überarbeitung der bearbeiteten Aufgaben, sekundär als Hilfestellung zum nachträglichen Verständnis. Der Einsatz und Gebrauch der Musterlösungen stellt ein wichtiges Instrument des selbstregulierten Lernens dar, welches eine notwendige Voraussetzung für individuelle Förderung ist, da die Schülerinnen und Schüler sich mit ihrem eigenen Lernprozess auseinandersetzen und permanent ihren Lernfortschritt überwachen (Artelt, Baumert & Julius-McElvany, 2003).

Lerncoaching

Zusätzlich zu den Arbeitsmaterialien erhalten die drei leistungsschwächsten Schülerinnen und Schüler der Interventionsgruppe über die Gesamtdauer der Fördereinheit ein Lerncoaching (vgl. Eschmüller, 2008), das heißt die Chemielehrkraft hilft den Lernenden im Beratungsprozess individuell bei Lern- und Verstehensprozessen und strukturiert zugleich den Lernweg. Die Beratung setzt dabei in erster Linie bei fachlichen, inhaltlichen Schwierigkeiten und Hindernissen im Lernprozess an.

Evaluation

In einer Interventionsstudie über die Dauer von vier Unterrichtsstunden wurde die Wirksamkeit der Einheit überprüft. Dazu wurde ein Kontrollgruppendesign innerhalb einer Klasse angewandt, wobei die Schüler der Interventionsgruppe (IG) und der Kontrollgruppe (KG) innerhalb eines Klassenraumes räumlich voneinander getrennt arbeiteten. Die Gruppen wurden anhand der kognitiven Fähigkeiten, den Ergebnissen des fachlichen Diagnosetests und der Halbjahresnote der Schülerinnen und Schüler vergleichbar eingeteilt. In der IG wurde den Lernenden das Arbeitsheft, das Erklärungsheft und ein individualisierter Laufzettel zur Verfügung gestellt. Die KG erhielt ebenfalls alle Unterlagen, allerdings wurden auf dem Laufzettel keine Vorgaben hinsichtlich Bearbeitungsempfehlungen von Aufgaben gemacht. Die Schüler der KG konnten frei aus dem Aufgabenpool wählen und eine eigene Bearbeitungsreihenfolge verfolgen. Insgesamt arbeiteten die Schülerinnen und Schüler der beiden Gruppen somit sehr eigenständig und selbstverantwortlich an denselben Aufgaben des Arbeitshefts. Bestanden Nachfragen zu Aufgaben oder Lösungswegen, stand die Lehrkraft als Aufsichtsperson und zur Beratung zur Verfügung.

| Datum: _____ | I. Stoffumwandlungen | Seite 4 |
| | Physikalische/chemische Vorgänge | |

Aufgabe 4: Entweder oder...!

Entscheide, ob es sich bei den folgenden Vorgängen um eine chemische Reaktion oder einen physikalischen Vorgang handelt. Wenn es sich um eine chemische Reaktion handelt, begründe kurz deine Entscheidung.

Vorgang	Chemische Reaktion	Physikalischer Vorgang	Begründung (nur für chemische Reaktion)
Ein Lagerfeuer brennt.	X		*Bei einem Lagerfeuer wird das Holz verbrannt. Es reagiert der Kohlenstoff (Holz) mit dem Sauerstoff aus der Luft.* *Es entsteht Kohlenstoffdioxid als gasförmiges Produkt.* *Nicht umkehrbar.*
Blei wird geschmolzen.			
Eisen und Schwefel werden gemischt.			
Ein Nagel rostet.			
Milch wird sauer.			
Benzin wird im Motor verbrannt.			
Wasser verdampft.			
Butter schmilzt in der Sonne.			

Hilfen erhältst du in den Erklärungen auf Blatt 4 und 5!

Abb. 3.4.2: Eine Seite aus dem Arbeitsheft

Erklärungen	I. Stoffumwandlungen	Blatt 4

Chemische Reaktion oder physikalischer Vorgang?

Im Alltag und in der Natur sind sowohl chemische Reaktionen als auch physikalische Vorgänge zu betrachten. Das Schmelzen von Schnee und Eis ist zum Beispiel eine Aggregatzustandsänderung, also ein physikalischer Vorgang und keine chemische Reaktion. Auch die Hinzugabe von Zucker in Tee ist keine chemische Reaktion, sondern ein Lösevorgang. Wenn man allerdings eine Brausepulvertablette in Wasser gibt, findet eine chemische Reaktion statt. Wie kann man nun chemische Reaktionen von physikalischen Vorgängen unterscheiden?

Physikalische Vorgänge

Bei physikalischen Vorgängen bleiben die Stoffe erhalten, es werden keine neuen Stoffe gebildet. Die Stoffe ändern nur ihren Zustand. Sie werden zum Beispiel in kleinere Teilchen aufgeteilt oder sie ändern ihren Aggregatzustand. Diese Zustandsänderung kann dabei durch einen physikalischen Vorgang (z.B. Abkühlen) wieder rückgängig gemacht werden. Auch das Mischen zweier Stoffe ist ein physikalischer Vorgang. Gemische können jederzeit durch physikalische Vorgänge wieder in ihre Bestandteile aufgeteilt werden.

Beispiele:

Lösen von Zucker in Tee

Die Zuckerkristalle werden beim Lösen in kleinere Zuckerteilchen zerteilt. Der Zucker bleibt allerdings erhalten. Er ist nur gelöst (zerteilt) worden. Lässt man das Wasser verdunsten, kann man den Zucker zurück gewinnen.

Schmelzen von Eis

Eis ist gefrorenes Wasser. Wenn dieses nun erwärmt wird, fängt es an zu schmelzen und bildet eine Pfütze aus flüssigem Wasser. Dieses Wasser kann dann wieder durch Abkühlung, gefrieren.

Mischen von Eisen- und Holzspänen

Beim Vermischen von Holz- und Eisenspänen entstehen keine neuen Stoffe. Das Gemisch kann jederzeit wieder aufgeteilt werden. Die Magnetspäne können leicht durch einen Magneten von den Holzspänen getrennt werden.

Abb. 3.4.3: Eine Seite aus dem Erklärungsheft

Im Folgenden werden die zentralen Ergebnisse der Studie vorgestellt, weitere Ergebnisse einer vorangegangenen Untersuchung finden sich in Blaes et al. (2012).

Es zeigt sich, dass die Fördereinheit zur Aufarbeitung des Themas für alle Lernenden (N = 178) lernwirksam ist, und zwar sowohl für die Gesamtschule als auch für das Gymnasium. Da an der Studie nur eine Gesamtschulklasse beteiligt war, werden im Folgenden ausschließlich die Ergebnisse für die neunten Klassen des Gymnasiums (n = 159) vorgestellt. Im Durchschnitt lernen die Schülerinnen und Schüler rund 13 Prozent (im Mittel wurden im Pre-Test 50 %, im Post-Test 63 % der Items richtig beantwortet) hinzu, welches in Schulnoten-Schritten etwa eine Zensur bedeuten würde. Dies bedeutet eine signifikante Steigerung des Fachwissens mit einem starken Effekt (p < .001, d = 0.91). Allerdings gilt dies unabhängig davon, ob die Bearbeitung der Materialien auf der Basis des Diagnoseergebnisses (IG) oder ohne dessen Kenntnis (KG) erfolgt, die Gruppen IG und KG weisen hinsichtlich des Fachwissenszuwachses keine signifikanten Unterschiede auf. Dieses Ergebnis bestätigt sich auch bei der Auswertung über Residuen. Somit scheint die vorgeschaltete Diagnostik nicht der bedeutende Faktor positiver Resultate im Lernzuwachs zu sein. Dies lässt sich schwerpunktmäßig durch die Qualität des Materials erklären. Das eingesetzte Material ist offenbar so gut, dass eine zusätzlich durchgeführte Diagnostik in der Länge über eine vierstündige Fördereinheit zu keinen signifikanten Unterschieden führt, oder es gelingt den Schülerinnen und Schülern hinreichend gut, sich selbst einzuschätzen und davon ausgehend die Bearbeitung vorzunehmen.

Zur Unterstützung leistungsschwächerer Schülerinnen und Schüler wurde zudem in jeder Klasse eine Lerncoaching-Situation mit den leistungsschwächsten Lernenden der IG (n = 17) untersucht. Es zeigt sich, dass diese Lernenden im Vergleich zu ihren leistungsschwachen Klassenkameraden der KG keinen signifikanten Unterschied weder im Fachwissenszuwachs noch in der Einschätzung der Fördereinheit aufweisen (p = .498; d = 0.23). Somit ist die zusätzliche Unterstützung durch die Lehrkraft weder hinderlich noch förderlich für einen erhöhten Lernerfolg leistungsschwacher Schülerinnen und Schüler.

Ein positiver Effekt durch die Integration von Experimenten in die Aufgaben konnte nicht bestätigt werden. Verglichen mit Aufgaben mit theoretischen Experimenten, wie sie in einer Voruntersuchung eingesetzt wurden, entstand kein Vorteil im Fachwissenszuwachs.

Über die Untersuchung des Kompetenzzuwachses wurde außerdem die Einschätzung der Unterrichtseinheit durch die Schülerinnen und Schüler mit einem fünfstufigen Likert-Fragebogen mit 22 Items evaluiert. Die Unterrichtseinheit wurde von den Schülerinnen und Schülern als attraktiv eingeschätzt (M_{IG} = 0.582, M_{KG} = 0.506 für Gymnasien; dichotomisiert; Skala von 0/Ablehnung bis 1/Zustimmung). Hier zeigt sich ein signifikanter Unterschied zwischen den Gruppen: Die IG bewertet die Unterrichtseinheit positiver als die KG (p = .037; d = 0.32). Somit scheinen die vorgeschaltete Diagnose und die zugeordneten Pflichtaufgaben attraktiver zu sein als die reine Materialbearbeitung ohne diese Art der Strukturierung (Anus & Melle, 2012).

Nachfolgende Studien sollen zeigen, ob durch eine Vorstrukturierung der Aufgaben unter Verzicht des Laufzettels und der Verkürzung der Einheit auf zwei Unterrichtsstunden die Lernzeit noch effektiver genutzt werden kann. Zudem soll die Nachhaltigkeit der Intervention untersucht werden.

Ein Fazit dieser Studie ist, dass die Evaluation von Unterrichtseinheiten zur individuellen Förderung sehr sorgfältig und unter Verwendung angemessener Vergleichsgruppen realisiert werden muss, um zuverlässige Schlussfolgerungen über die Effektivität solcher Maßnahmen ziehen zu können. Denn obwohl sich die Fördereinheit als sehr lernwirksam erwiesen hat, deuten die bisherigen Ergebnisse darauf hin, dass die vorgeschaltete Diagnostik nicht der bedeutende Faktor für den Erfolg war, sondern offenbar die Qualität und der Umfang der Übungsaufgaben entscheidend sind.

Diese Erkenntnisse wurden auch in der DiF-Seminareinheit vorgestellt und diskutiert.

3.4.4 Transferprojekte

Aufgrund der aktuell für die Schulpraxis bestehenden Forderung nach Realisierung von Diagnose und individueller Förderung ist der Bedarf an Hilfestellungen bei Lehrkräften aus der Schulpraxis sehr groß, daraus resultiert eine große Nachfrage an fachgebundenen Fortbildungen. Deshalb wurde als Transferprojekt eine eintägige Fortbildung zu diesem Thema konzipiert, mehrfach durchgeführt und evaluiert. Ein zweites Transferprojekt stellt die Adaption eines Diagnose- und Förderinstrumentes aus dem Teilprojekt I1 (Mathematik) in der Fachvorlesung Physikalische Chemie für Studierende des Lehramtes an Grund-, Haupt-, Real- und Gesamtschulen dar. Dahinter steht die Idee, im Fach Mathematik erprobte Ansätze auf das Fach Chemie zu transferieren und die Studierenden so in einer Fachvorlesung die Wirkung von Diagnostik und Förderung im Rahmen des eigenen Lernprozesses erleben zu lassen. In einem dritten Transferprojekt wurde die entwickelte Seminareinheit zu Diagnose und individueller Förderung in die Ausbildung von Studierenden im Fach Technik übertragen.

Transfer der Seminareinheit in das Fach Technik
Zur Überprüfung und Erprobung der Übertragbarkeit auf affine Fächer wurde die Seminareinheit auf ein Seminar des Faches Technik für Lehramtsstudierende übertragen. Durch leichte fachspezifische Veränderungen der Kontexte konnte die Einheit ohne Einschränkungen realisiert werden. Die Studierenden des Faches Technik profitierten in ähnlicher Weise wie die Studierenden im Fach Chemie, das

Kompetenzempfinden konnte gleichfalls gesteigert werden. Ergebnisse dieser Untersuchung lassen sich in Kapitel 3.4.2: Evaluation der Seminareinheit nachlesen.

Lehrerfortbildung

Die Lehrerfortbildung wurde unter Berücksichtigung der Erfahrungen der Seminareinheit zum Thema „Diagnose und individuelle Förderung" entwickelt und am Chemielehrerfortbildungszentrum Dortmund durchgeführt und evaluiert. Im ersten Teil der eintägigen Fortbildung wurden die Diagnoseinstrumente Multiple-Choice-Aufgaben und Selbstdiagnosebögen vorgestellt und die Erstellung durch die Lehrkräfte praktisch erprobt. Im zweiten Teil standen Möglichkeiten individueller Förderung im Mittelpunkt. An den sieben angebotenen Terminen im Zeitraum von Juni 2011 bis Oktober 2012 nahmen 111 Lehrerinnen und Lehrer naturwissenschaftlicher Fächer teil, jede Fortbildung konnte mit der maximalen Teilnehmerzahl realisiert werden.

Die erhobenen Einschätzungen der Teilnehmer durch standardisierte Fragebögen lieferten ein sehr zufriedenstellendes Bild der Veranstaltung. Die Lehrkräfte beurteilten sowohl die Quantität wie Qualität der Fortbildung als gut bis optimal. Die Erwartungen der Teilnehmer an die Veranstaltung wurden weiter in allen Bereichen erfüllt oder übertroffen.

Diagnose und individuelle Förderung von Studierenden in der Fachvorlesung Physikalische Chemie

Ein bereits in der Mathematik im Teilprojekt I1 eingesetztes Instrumentarium wurde an die Chemie adaptiert und in der Fachvorlesung Physikalische Chemie für Studierende des Lehramtes an Grund-, Haupt-, Real- und Gesamtschulen ($N = 7$) erstmals als Ergänzung zur traditionellen Vorlesungs-/Übungsstruktur eingesetzt. Es wurden Kompetenzchecklisten und Kompetenzchecks (Kompetenzen, dazugehörige Übungen, Musterlösungen) für die Abschnitte der Vorlesung (Gasgesetze, Faraday-Gesetze, elektrochemische Energiequellen, Energieumsätze und chemisches Gleichgewicht) in Masterarbeiten von Haupt- und Realschul-Lehramtsstudierenden (Honeker, 2011; Schlesiger, 2011; Saglic-Cakar, 2012; Porske, 2012) entwickelt. Diese wurden im Sommersemester 2012 erstmalig erprobt und durch einen Fragebogen sowie mit Einzelinterviews mit ausgewählten Studierenden evaluiert.

Dieses Instrument der Selbstdiagnose und damit ein Mittel des selbstregulierten Lernens wurde von den Studierenden positiv aufgenommen und als sinnvolle Bereicherung, sowohl zur Nachbereitung der Vorlesung als auch als Vorbereitung auf die Klausur angesehen. Mehrheitlich schätzten die Studierenden das Fördermaterial und die zeitliche Einordnung als positiv ($N = 7$; $M_{\text{Fördermaterial}} = 1.78$, $M_{\text{Einordnung}} = 2.00$; Skala von 1 bis 5, niedrigere Werte bedeuten eine positivere Einschätzung) ein. Die Einzelinterviews ($n = 3$) bestätigen diese positiven Rückmeldungen, besonders deutlich wurde auch der Stellenwert der Materialien als Strukturierungshilfe für den eigenen Lernprozess. Aufgrund dieser positiven Erfahrungen wird das Instrument in den folgenden Durchgängen der Vorlesung weiterhin eingesetzt.

3.4.5 Fazit und Ausblick

Wie bereits in den einzelnen Kapiteln angedeutet, bestehen vielfältige Ansatzpunkte für weitere Betrachtungen. In Hinblick auf die aktuelle schulpolitische Einforderung individueller Förderung im Unterricht erhält die Schulebene dieses Teilprojektes eine enorme Relevanz. Durch die Einbindung neuer Erkenntnisse auf dieser Ebene werden Seminare an der Hochschule bereichert und die zukünftigen Lehrkräfte noch besser auf die anstehenden Aufgaben vorbereitet.

Die nächsten Schritte sehen eine tiefergehende Betrachtung des Arbeitsverhaltens von Schülerinnen und Schülern in Arbeitsphasen der individuellen Förderung vor sowie eine noch weitergehende Analyse unter integrativer Verwendung quantitativer und qualitativer Daten. Im Zentrum der Betrachtung steht zudem die genauere Analyse zwischen verschiedenen Arbeitsstrategien der Lernenden und dem Lernerfolg.

Ausgehend von den Ergebnissen auf der Schulebene entstand zudem ein weiteres Forschungsprojekt, das ergänzend zur individuellen Förderung aus Perspektive der Lehrkraft an die Perspektive der Lernenden anknüpft und die Selbstständigkeit sowie die Selbstverantwortung in den Blick nimmt: Es wird das Instrument des Selbsteinschätzungsbogens als Verknüpfung der Konzepte der individuellen Förderung und des selbstregulierten Lernens für Themen des Chemieunterrichts konzipiert und evaluiert. Im Rahmen der Untersuchung wird die Effektivität des Einsatzes dieses Instrumentes im Unterricht untersucht (Kallweit & Melle, 2012).

Auf der Hochschulebene soll der Transfer in andere Fachdisziplinen ausgeweitet und fortlaufend evaluiert werden. So soll ermöglich werden, dass die Seminareinheit mit geringen Anpassungen aufgrund fachspezifischer Bedingungen in allen MINT-Fächern einsetzbar ist.

Literatur

Anus, S. & Melle, I. (2012). Diagnose und individuelle Förderung im Chemieunterricht – Konzeption und Evaluation einer Fördereinheit. In S. Bernholt (Hrsg.), *Inquiry-based learning – Forschendes Lernen*, Berlin: Lit.

Artelt, C., Baumert, J. & Julius-McElvany, N. (2003). Selbstreguliertes Lernen: Motivation und Strategien in den Ländern der Bundesrepublik Deutschland. In J. Baumert, C. Artelt, E. Klieme, M. Neubrand, M. Prenzel, U. Schiefele et al. (Hrsg.), *PISA 2000. Ein differenzierter Blick auf die Länder der Bundesrepublik Deutschland* (S. 131–164). Opladen: Leske + Budrich.

Barke, H.-J. (2009). Concept Cartoons – Hilfen zur Diagnose und Korrektur von Schülervorstellungen. *Der mathematische und naturwissenschaftliche Unterricht, 62 (6)*, 364–368.

Baumert, J. & Roeder, P. M. (1986). Leistungsentwicklung und Ausgleich von Leistungsunterschieden in Gymnasialklassen. *Zeitschrift für Pädagogik, 32(5)*, 639–660.

Blaes, C., Naeve, S., Kallweit, I., Anus S. & Melle, I. (2012). Diagnose und individuelle Förderung im Chemieunterricht. *Der mathematische und naturwissenschaftliche Unterricht, 65 (05)*, 293–300.

Bode, R. K. (1996). Is it ability grouping or the tailoring of instruction that makes a difference in student achievement? *Paper presented at the annual meeting of the American Educational Research Association.* New York (ERIC Document Reproduction Service No. ED 400 268).

Bohl, T. (2009): Schülerselbstbewertung. In: Kunze, I. & Solzbacher, C. (Hrsg.): *Individuelle Förderung in der Sekundarstufe I und II* (S. 159–164). Baltmannsweiler: Schneider-Verl. Hohengehren.

Eschmüller, M. (2008). *Lerncoaching – Vom Wissensvermittler zum Lernbegleiter.* Mülheim an der Ruhr: Verlag an der Ruhr.

GDCh, Fachgruppe Chemieunterricht (2008): Diagnostizieren und Fördern im Chemieunterricht. GDCh, Frankfurt am Main. Verfügbar unter: https://www.gdch.de/ausbildung-karriere/schule-studium-aus-und-fortbildung/downloads.html [11.01.2013].

Gruehn, S. (2000). *Unterricht und schulisches Lernen. Schüler als Quellen der Unterrichtsbeschreibung.* Münster u. a.: Waxmann.

Helmke, A. (1988). Leistungssteigerung und Ausgleich von Leistungsunterschieden in Schulklassen: unvereinbare Ziele? *Zeitschrift für Entwicklungspsychologie und pädagogische Psychologie, 20(1),* 45–76.

Helmke, A. (Hg.) (2009). *Unterrichtsqualität und Lehrerprofessionalität: Diagnose, Evaluation und Verbesserung des Unterrichts.* Seelze-Velber: Kallmeyer u. a.

Höhmann, K., Kopp, R., Schäfers, H., Demmer, M. (Hrsg.) (2009): Lernen über Grenzen. Auf dem Weg zu einer Lernkultur, die vom Individuum ausgeht. In: *Die Deutsche Schule, 101* (3).

Honeker, F. (2012). *Individuelle Förderung in der Ausbildung von Lehramtsstudierenden – Entwicklung von Aufgaben zum Thema „Elektrochemie".* Masterarbeit, Technische Universität Dortmund.

Horten, C. (2004). Student Alternative Conceptions in Chemistry (Student Misconceptions and Preconceptions in Chemistry). Verfügbar unter: http://www.daisley.net/hellevator/misconceptions/misconceptions.pdf [11.01.2013].

Kallweit, I. & Melle, I. (2012). Effektivität des Einsatzes von Selbsteinschätzungsbögen im Chemieunterricht. In S. Bernholt (Hrsg.), *Inquiry-based learning – Forschendes Lernen,* Berlin: Lit.

Kliemann, S. (2008): *Diagnostizieren und Fördern in der Sekundarstufe I, Schülerkompetenzen erkennen, unterstützen und ausbauen.* Berlin: Cornelsen Verlag.

Klippert, H. (2008). *Besser lernen. Kompetenzvermittlung und Schüleraktivierung im Schulalltag.* Stuttgart: Klett.

Krumm, B., Zimmerer, E. & Kremer, M. (Hrsg.) (2008). *Diagnostizieren und Fördern im Chemieunterricht.* Frankfurt am Main: Gesellschaft Deutscher Chemiker, Fachgruppe Chemieunterricht.

Kultusministerkonferenz (2004). Standards für die Lehrerbildung: Bildungswissenschaften. Verfügbar unter: http://www.kmk.org/fileadmin/veroeffentlichungen_beschluesse/2004/2004_12_16-Standards-Lehrerbildung.pdf [11.01.2013].

Kunze, I. (2009). Begründungen und Problembereiche individueller Förderung in der Schule – Vorüberlegungen zu einer empirischen Untersuchung. In I. Kunze & C. Solzbacher (Hrsg.), *Individuelle Förderung in der Sekundarstufe I und II* (S. 13–25). Baltmannsweiler: Schneider-Verl. Hohengehren.

Lanig, J. (2008): *Bessere Chancen für alle durch individuelle Förderung.* Mülheim an der Ruhr: Verlag an der Ruhr.

Leisen, J. (2006). Aufgabenkultur in mathematisch-naturwissenschaftlichen Unterricht. *Der mathematische und naturwissenschaftliche Unterricht. 59(5),* 260–266.

Ostermann, S. (2010): *Individuelle Förderung im Chemieunterricht – Darstellung und Diskussion konzeptioneller Ansätze.* Masterarbeit, Technische Universität Dortmund.

Paradies, L., Linser H. J. & Greving J. (2007): *Diagnostizieren, Fordern und Fördern.* Berlin: Cornelsen.

Porske, J. (2012). *Individuelle Förderung in der Ausbildung von Lehramtsstudierenden – Entwicklung von Materialien zum Thema „Energieumsätze bei chemischen Reaktionen".* Masterarbeit, Technische Universität Dortmund.

Prenzel, M., Baumert, J., Blum, W., Lehmann, R., Leutner, D., Neubrand, M., Pekrun, R., Rolff, H.-G., Rost, J. & Schiefele, U. (Hrsg.) (2004). *PISA 2003. Der Bildungsstand der Jugendlichen in Deutschland – Ergebnisse des zweiten internationalen Vergleichs.* Münster: Waxmann.

Rossbach, H. G. & Wellenreuther, M. (2002). Empirische Forschungen zur Wirksamkeit von Methoden der Leistungsdifferenzierung in der Grundschule. In F. Heinzel & A. Prengel (Hg.): *Heterogenität, Integration und Differenzierung in der Primarstufe* (S. 44–57). Opladen: Leske u. Budrich,.

Saglik-Cakar, E. (2012*). Individuelle Förderung in der Ausbildung von Lehramtsstudierenden – Entwicklung und Erprobung von Materialien zum Thema „Chemisches Gleichgewicht".* Masterarbeit, Technische Universität Dortmund.

Schlesiger, H. (2011). *Individuelle Förderung in der Ausbildung von Lehramtsstudierenden – Entwicklung von Aufgaben zum Thema „Gase und Faraday-Gesetze".* Masterarbeit, Technische Universität Dortmund.

Schulgesetz für das Land Nordrhein-Westfalen (SchulGNRW) vom 15. Februar 2005 (GV. NRW. S. 102) zuletzt geändert durch Gesetz vom 5. April 2011 (GV. NRW. S. 205).

Stäudel, L., Parchmann, I. & Di Fuccia, D. (Hrsg.) (2011). Themenheft Diagnose. *Naturwissenschaften im Unterricht Chemie, 124/125.*

Trautmann, M. & Wischer, B. (2008): Das Konzept der „Inneren Differenzierung" als Beispiel allgemeindidaktischer Reformsemantik – eine vergleichende Analyse der Diskussion der 1970er Jahre mit dem aktuellen Heterogenitätsdiskurs. In M. A. Meyer, M. Prenzel & S. Hellenkamps (Hrsg.): *Perspektiven der Didaktik* (S. 159–172). Wiesbaden: VS-Verlag.

3.5 Fachdidaktisch fundierte Reflexion von Diagnose und individueller Förderung im Unterrichtskontext – am Beispiel des Faches Mathematik unter Beachtung sonderpädagogischer Förderung

Annika Girulat, Marcus Nührenbörger und Franz B. Wember

Diagnosen sind eine notwendige Voraussetzung – nicht allein, um Schülerinnen und Schüler zu beurteilen, sondern insbesondere um diese individuell fördern zu können – denn „ohne diagnostische Daten lässt sich im konkreten Fall eine bestimmte Intervention nicht indizieren (…). Ohne differentielle diagnostische Daten ist auch nicht zu entscheiden, in welchen spezifischen Bereichen ein Kind gefördert werden soll und in welchen nicht" (Wember 1998, 116). Welches diagnostische Wissen, welche diagnostischen Fähigkeiten müssen aber angehende Lehrpersonen entwickeln, um diagnostisch tätig sein zu können? Aus pädagogisch-psychologischer Perspektive wird vor allem der Frage nachgegangen, wie Lehrkräfte diagnostisches Handwerk erwerben – z.B. diagnostische Begriffe und Instrumente kennen und adäquat anwenden, Tests durchführen und auswerten, Informationen über die Leistungen der Lernenden erheben und bewerten – und ob und in welchem Umfang sie zutreffende Lern- und Entwicklungsprognosen treffen und entsprechende Erwartungen und Urteile aufbauen können (vgl. v.a. *Diagnosegenauigkeit* und *diagnostische Urteilsfähigkeit* bei Helmke 2009). Hierbei geht es auch um die Frage nach der Kompetenz für diagnostisch sinnvolle Entscheidungen im alltäglichen Unterrichtsverlauf.

Aus der Perspektive der Fachdidaktik stellt sich in diesem Sinne weniger die Frage nach summativen Statusdiagnosen als vielmehr die Frage, inwiefern Studierende auch auf die anspruchsvollen und zukünftig zentralen Anforderungen vorbereitet werden können, im Unterrichtsgeschehen fachliches Lernverständnis bei einzelnen Schülerinnen und Schülern zu erfassen, um darauf bezogen individuell fördernde Lernprozesse anzustoßen (vgl. Moser Opitz & Nührenbörger, ersch. 2013). Denn „bei der Beurteilung mathematischer Bearbeitungen geht es um weitaus mehr als um die Bewertung ‚richtig' oder ‚falsch'. Erforderlich ist eine differenzierte Analyse von Lernprozessen und Überlegungen der Lernenden sowie von auftretenden Fehlern und möglichen Fehlerursachen" (Scherer & Moser Opitz 2010, 23).

3.5.1 Ziele

Als zentrales Ziel der Ausbildung von angehenden Lehrkräften hinsichtlich der Entwicklung von Kompetenzen im Bereich „Diagnose und individuelle Förderung" wird im vorliegenden Projekt die Fähigkeiten der Studierenden angesehen, die im Studium erworbenen grundlegenden fachlichen und fachdidaktischen Kenntnisse auszubauen. Dazu gehören im Besonderen die fachlichen und fachdidaktischen Kenntnisse um die Anregung und Begleitung sowie die Auseinandersetzung mit kindlichen Lernprozessen im Fach Mathematik. Hierzu lernen die Studierenden relevante Konzepte der Diagnose und individuellen Förderung einerseits kennen, andererseits lernen sie darauf bezogen, fachlich fundierte Passungen vorzunehmen zwischen verschiedenen diagnostischen Spannungsfeldern wie Diagnoseaufgaben, diagnostische Handlungsoptionen, kindliche Zugänge und mathematische Inhalte (s. Abb. 3.5.1). Von besonderer Relevanz ist, dass die Studierenden die Offenheit und Mehrdeutigkeit diagnostischer Tätigkeiten erkennen und gezielt diagnostische Situationen mit Blick auf die Aufgabe, die Lernenden, das Fach und die Interaktion zwischen Lehrkraft und Lernenden zu *deuten* lernen.

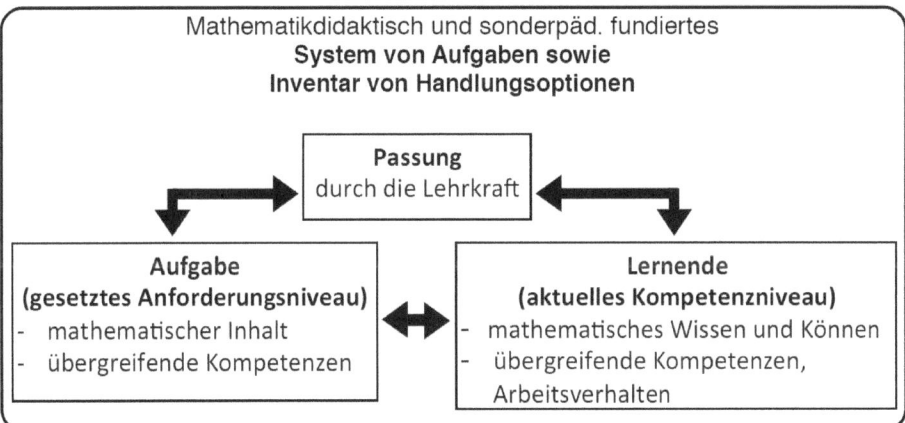

Abb. 3.5.1: Diagnostik als Passung zwischen Aufgaben und Lernenden auf der Basis von Fachwissen und Handlungsoptionen

3.5.2 Diagnose und individuelle Förderung in der fachdidaktischen Ausbildung Mathematik

In der pädagogisch-psychologischen Forschung wird diagnostische Kompetenz von Lehrkräften vorrangig unter dem Gesichtspunkt der Prognosegenauigkeit in Leistungssituationen auf der Basis von punktuellen Messungen untersucht; allenfalls wird gefragt, ob Lehrkräfte neben relevanten Merkmalen der Lernenden auch den Schwierigkeitsgrad von Aufgaben zutreffend einschätzen können. In diesem Sinne erscheinen diagnostische Situationen als eindeutig und kontrollierbar. Allerdings weist Wember (1998) auf vier Merkmale von Diagnosen in pädagogischen Kontexten hin. Diagnosen sind demnach „aspekthaft selektiv und nicht allumfassend vollständig, sie sind wertgeleitet und nicht wertneutral, sie sind theoriebestimmt und nicht in einem grundsätzlichen Sinne wahr oder falsch, und sie sind deskriptiv und als solche allein und für sich genommen nicht geeignet, Veränderungsmaßnahmen zu begründen oder zu leiten" (Wember 1998, 108). Besonders im Unterrichtsalltag stellen Situationen, in denen diagnostische Entscheidungen getroffen werden müssen, durch ihre Offenheit und Mehrdeutigkeit eine entscheidende Herausforderung für die Lehrkräfte dar. Denn Diagnosen müssen in diesen alltäglichen Situationen unter Zeit- und Handlungsdruck und mit informellen Verfahren erstellt werden. Zudem wirken sich die Konsequenzen dieser Entscheidungen direkt auf den Unterrichtsverlauf und damit auf das Lernen der Schülerinnen und Schüler aus (Wember, 2009).

Die der mathematischen Diagnose und Förderung eigene Komplexität sollte nicht durch Simplifizieren reduziert werden, etwa dadurch, dass Studierende in die Anwendung einzelner Testverfahren eingeführt werden oder die Anwendung spezifischer Trainingsprogramme erlernen. Auch wenn der Gebrauch solcher Instrumente hilfreich ist, gilt aus mathematikdidaktischer und pädagogischer Sicht, die Studierenden zu eigenständigem und reflexivem Handeln zu befähigen und sie in die Lage zu versetzen, die Lernenden „mit ihren Beziehungsgeflechten und Abhängigkeiten zu akzeptieren und die Lernprozesse der Schüler somit großschrittig zu begleiten" (Selter 1995, 117). Hierbei gewinnen die Fähigkeiten der Studierenden, anhand von „klinischen Interviews" (und somit experimentell-unterrichtlicher Situationen) diagnostische Erkenntnisse zu erheben und fördernde Lernprozesse anzustoßen, eine besondere Qualität für deren Ausbildung. Einerseits bereitet dies auf die zukünftige Tätigkeit einer Lehrperson im Diskurs mit dem Schüler bzw. der Schülerin vor, andererseits rückt die Auseinandersetzung mit dem Verständnis und den Lernprozessen in den Vordergrund (s. hierzu v.a. Bräuning & Nührenbörger 2010; Müller & Wittmann 1984; Selter 1990). Mit Wember (1998) kann hier von einer mathematikdidaktisch orientierten, curricular validen Diagnose gesprochen werden, welche die Bedingungen und Prozessqualitäten des Lernens in den Blick nimmt.

Mit Blick auf die fachdidaktische Ausbildung von Studierenden zum Themenfeld „Diagnose und individuelle Förderung" sind sowohl *theoretische* wie auch *praktische* Erfahrungen von besonderer Bedeutung: Auf der einen Seite sind dies die Ausprägungen der fachlichen Kompetenzen und des fachdidaktischen Wissens um diagnostische Instrumente und um das Design von mathematisch reichhaltigen Aufgabenstellungen, um die Fähigkeiten zur Analyse von Lernendenaktivitäten und Fehlermerkmalen sowie um die Kenntnisse über mathematische Entwicklungsprozesse, über interaktive Lehr- und Lernprozesse und über die Integration der Selbstdiagnose der Schülerinnen und Schüler in der Reflexion von Lernprozessen. Auf der anderen Seite geht es darum, dass die Studierenden Theorie und Praxis aufeinander beziehen können (s. Abb. 3.5.2). Mit Praxis ist dabei nicht allein die Analyse von aus der Praxis stammenden Schülerinnen- und Schülerdokumenten gemeint, sondern vielmehr die authentischen Aktivitäten von Studierenden, in interaktiven Situationen diagnostisch bzw. „handlungsleitend diagnostisch" (Wollring 2004) zu handeln und die spezifischen Charakteristika mathematischer Lernprozesse bei Schülerinnen und Schülern und eigener diagnostischer und fördernder Lehrprozesse wahrzunehmen und zu reflektieren. Die Beziehung zwischen einer handlungsleitenden, aktiven und reflexiven Auseinandersetzung mit der Praxis der interaktiven Aushandlung und Entwicklung von mathematischem Wissen in unterrichtlichen Szenarien bietet eine Grundlage, über zirkuläre Prozesse die eigene Praxis wie auch das eigene theoretische Wissen weiter zu entwickeln (vgl. Nührenbörger & Bräuning 2009). So dient „eine reflektierende, ‚forschende' Einstellung gegenüber dem eigenen Handeln [dazu], um einerseits durch Evaluation eigener Aktion situationsangepasstes Handeln zu erzeugen und um andererseits die eigene Erfahrung zugunsten späterer Handlungen auszuwerten" (Altrichter 2000, 155). Selter (1995) spricht in diesem Zusammenhang von der „Entwicklung von Bewusstheit" bei angehenden Lehrkräften, die sich im Zuge der produktiven und distanzierten Reflexion eigener diagnostischer Erprobungen einstellen kann. Dadurch können sich Kompetenzen in der Anregung und Organisation von Lernprozessen entfalten. Als ein wesentliches Kriterium der Entwicklung einer fachlich fundierten Diagnostik wird daher die Fähigkeit der Studierenden angesehen, fachliche Prozesse des Lernens von Mathematik diagnostisch zu reflektieren und darauf bezogene Förderprozesse anzustoßen.

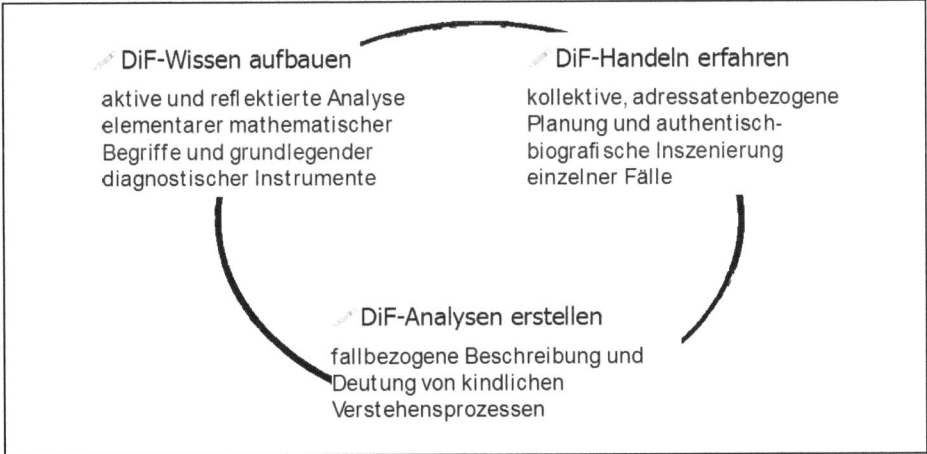

Abb. 3.5.2: Wissensbasierte, praxiskompetente und reflektierende Haltung zu Diagnose und individueller Förderung als Ziel der Lehrerausbildung

Seminarkonzeption

Die im Rahmen des Projekts durchgeführten Seminare bauen im Wesentlichen darauf, die zwei Kategorien *theoretisches Wissen* und *praktisches Handeln*, die als gemeinsame Einheit die Professionalität bedingen (vgl. Tenorth 2006), über die *reflexive Analyse* mit Blick auf diagnostische und individuell fördernde Prozesse zu verbinden (s. Abb. 3.5.2). Dazu wurde jeweils eine Seminarkonzeption mit dem

Schwerpunkt „Diagnose" bzw. „Förderung" entwickelt. Am Beispiel des *Diagnose-Seminars* sei im Folgenden konkret aufgezeigt, welche Ziele hierbei für die Studierenden des Lehramts für Grundschulen bzw. für sonderpädagogische Förderung im Fach Mathematik verfolgt werden:

Diagnostisches Wissen aufbauen: Der theoretische Hintergrund zur fachdidaktischen Diagnostik wird im Seminar anhand von ausgewählten diagnostischen Instrumenten und Szenen aufbereitet, die charakteristisch für unterschiedliche diagnostische Zugangsweisen sind. Die Studierenden lernen über die exemplarische Auseinandersetzung mit status-diagnostischen Instrumenten Ziele, Methoden und Grenzen der Leistungsüberprüfung und -bewertung sowie Grundlagen empirischer Kompetenzmessung ebenso kennen wie auch anhand klinischer Interviews die Möglichkeiten der Erhebung mathematischer Lernstände und typischer Lernschwierigkeiten sowie Fehlertypen. Sie bauen zudem Wissen um beeinträchtigte Lernprozesse, Merkmale von Rechenschwierigkeiten und spezifische Vorstellungen ebenso auf wie Wissen um besonders grundlegende Lerninhalte (z. B. Zahlbegriff und dezimales Stellenwertsystem) (vgl. Moser Opitz 2010). Die Entwicklung einer theoretisch fundierten diagnostischen Deutungskompetenz wird in dieser Phase über die Analyse von ausgewählten videografierten Fallbeispielen gestützt.

Diagnostisches Handeln erfahren: Mit Blick auf die Entwicklung diagnostischer Bewusstheit erstellen die Studierenden auf der Grundlage ihrer fachlichen und fachdidaktischen Kenntnisse über Diagnosen und mathematische Inhalte sowie unter Begleitung und Anregung durch die Seminarleitung Aufgabenstellungen und Impulse für ein klinisches Interview und planen unterrichtsnahe Interviewarrangements mit diagnostischem Potenzial. Sie führen ihre strukturierten Interviews als individualdiagnostische Verfahren durch und dokumentieren ihr Vorgehen und die erzielten Ergebnisse.

Diagnostische Analysen erstellen: Anhand der videografierten Fälle bzw. dazugehöriger Transkripte beschreiben die Studierenden das mathematische Denken der Lernenden, um typische Lernschwierigkeiten aufzuzeigen und mögliche Förderhinweise zu generieren. Die gemeinsame Reflexion des Einzelfalles in der Seminargruppe schafft die Grundlage für vielschichtige Deutungen und bietet somit die Möglichkeit, die Mehrdeutigkeit und Offenheit von Diagnosen zu erfahren. Zudem reflektieren die Studierenden auch ihr eigenes (Frage- und Impuls-)Verhalten als Interviewer bzw. Interviewerin, um Erkenntnisse über die eigene (interaktive) Rolle in der Diagnose zu erhalten (z.B. Nührenbörger & Steinbring 2009).

Fälle

Das Seminar setzt sich stets mit exemplarischen Fällen auseinander, die einerseits aus ausgewählten videografierten Fallbeispielen und andererseits aus von den Studierenden während des Seminars selbst generierten Fällen bestehen. So erkunden die Studierenden exemplarisch spezifische diagnostische Instrumente, analysieren die Entwicklungsprozesse von Kindern am Beispiel des Zahlbegriffs und des Stellenwertverständnisses, gewinnen Einblicke in besondere Merkmale von

Rechenschwierigkeiten, individuelle Denkwege und spezifische Vorstellungen von Lernenden anhand von vorgegebenen Fallbeispielen.

Mit Blick auf die Entwicklung diagnostischer Bewusstheit erstellen die Studierenden zunächst auf der Grundlage der fachlichen und fachdidaktischen Kenntnisse über Diagnosen und mathematischen Inhalten konkrete Aufgabenstellungen und Impulse für ein klinisches Interview, das sie selbst durchführen und videografieren. Anhand der eigenen videografierten Fälle bzw. dazugehöriger Transkripte entwickeln die Studierenden diagnostische Analysen. Um die Einzelfälle im Seminar als verallgemeinerbare Fälle zu verstehen, sind alle Studierenden stets aufgefordert, das Besondere eines Diagnosefalles herauszuarbeiten und zugleich das Allgemeine im besonderen Fall durch die Verknüpfung mit anderen Fällen und dem bisher gewonnenen diagnostischen Wissen zu sehen (vgl. Markovitz & Smith 2008). In diesem Sinne sind die individuellen Lernprozesse der Studierenden eingebunden in die kollektive Reinszenierung und Analyse der diagnostischen Handlungsprozesse.

Die diagnostischen Daten werden nicht allein für die Ausbildung der Studierenden genutzt; sie werden zugleich so von den Studierenden aufbereitet und ausgewertet, dass sie an die in der Praxis Lehrenden zurückgemeldet und von ihnen zur Optimierung des individuellen Lernens bzw. zur Verbesserung des Unterrichts genutzt werden können – in diesem Sinne gewinnen die diagnostischen Fallerprobungen für die Studierenden an Bedeutung und Authentizität.

3.5.2 Evaluation

Die im Rahmen des Teilprojekts angebotenen Seminare wurden auf zweifache Weise evaluiert, zum einen durch externe Studierendenbefragungen, die im Rahmen der allgemeinen Lehrveranstaltungsevaluation durch die Fachschaften der Fakultäten Mathematik bzw. Rehabilitationswissenschaften durchgeführt wurden, zum anderen durch qualitativ angelegte, explorative Interviews, in denen ausgewählte Studierende Auswertungsbögen eines Schulleistungstests sowie diagnostische Szenen auf Videoaufnahmen betrachteten, um diese anschließend kritisch zu analysieren und Vorschläge für weiterführende Diagnostik und/oder individueller Förderung zu formulieren. Im Folgenden werden zunächst ausgesuchte Ergebnisse der externen Seminarevaluation vorgestellt, bei denen die in den Fakultäten eingeführten Fragebögen eingesetzt wurden. Die Ergebnisse beziehen sich auf den Zeitraum Sommer 2010 bis Sommer 2012, die Teilnahme war den Studierenden freigestellt. Die Daten – klassische quantitative Akzeptanzdaten in Schätzurteilsskalen – sind mit einer gewissen Vorsicht zu interpretieren, weil z. B. die Sympathiewerte der Lehrenden großen Einfluss auf die sachlichen Urteile nehmen können oder weil niedrige Leistungsanforderungen in aller Regel zu tendenziell positiven Bewertungen führen (vgl. Kromrey 2006). Da die Fachschaften in den Fakultäten unterschiedliche Befragungsinstrumente einsetzen, werden die Ergebnisse schrittweise betrachtet.

Im Studiengang für das Lehramt an Grundschulen wurden 72 Studierende befragt, die Mathematik als gewähltes Unterrichtsfach studieren und die sich in der zweiten Hälfte der Studienphase Bachelor befinden. Für die Projektevaluation waren vor allem solche Fragen interessant, in denen die Befragten die Inhalte und Arbeitsweisen der Seminare sowie deren Nutzen kommentieren und zu ihrem eigenen Lernerfolg Stellung nehmen: Auf einer sechsstufigen Likert-Skala schätzten die Studierenden ihre persönlichen Lernfortschritte relativ hoch ein (M = 4.26, gewichteter arithmetischer Mittelwert aus vier Lehrveranstaltungen), sie hielten die Seminarinhalte im Hinblick auf das von ihnen angestrebte Studienziel für sehr relevant (M = 4.74) und beurteilten die Lerneffekte durch eigenständig erbrachte Seminarleistungen deutlich positiver als das Lernen aus den Beiträgen anderer Studierender (M = 4.59 bzw. 3.90). Hohe Mittelwerte bei relativ geringen Standardabweichungen zeigen, dass die Studierenden die als sinnvoll empfundene Abstimmung der Inhalte des Seminars nahezu einhellig als überaus positiv beurteilten (M = 4.97, sd = 0.82, gepoolte Varianzen) und sie bewerteten das Seminar insgesamt als sehr gut (M = 4.64, sd = 0.92). Dieses Ergebnis ist erfreulich, denn es geht vermutlich nicht auf zu niedrige Leistungsanforderungen zurück, weil die Befragten zugleich den Umfang der geforderten eigenständigen Seminarleistungen für zu hoch hielten (M = 3.35, sd = 1.25), auch wenn die relativ große Varianz darauf hinweist, dass die Studierenden sich in dieser Frage nicht einig waren.

Im Studiengang für das Lehramt für sonderpädagogische Förderung wurden 39 Studierende befragt, die bis auf wenige Ausnahmen Mathematik nicht als gewähltes Unterrichtsfach studieren und die sich in der Master-Studienphase befinden. Auch hier gilt, dass die Studierenden den Umfang der geforderten eigenständigen Seminarleistungen für zu hoch hielten (M = 3.64, sd = 1.87) und dass die Meinungen hinsichtlich der Leistungsanforderungen stark variierten. Bei allen anderen Fragen zeigten sich erfreuliche Ergebnisse mit Mittelwerten oberhalb 5: Die Studierenden waren der Auffassung, dass unterschiedliche Medien sinnvoll und zielführend eingesetzt wurden, dass unterschiedliche Arbeitsformen passend zu den Inhalten des Seminars eingesetzt wurden und dass die Arbeitsaufteilung in der Seminargestaltung zwischen Lehrenden und Studierenden angemessen war. Sie hielten das Seminar für das Erreichen ihres Studienziels für relevant und ihnen war der Nutzen für die Berufspraxis deutlich geworden – hier erreichte das Urteil der Studierenden den höchsten Zustimmungswert bei niedrigster Streuung (M = 5.57, sd = 0.90). Die Studierenden fühlten sich durch das Seminar bestärkt, ihr Studium fortzusetzen und sie wollten das Seminar anderen Studierenden weiterempfehlen.

Die Studierenden konnten neben Schätzurteilen in geschlossenen Mehrfachwahlaufgaben auch in offenen Fragen die Inhalte und Methoden der Seminare kommentieren. Eine inhaltsanalytische Durchsicht zeigt, dass durchgängig die Möglichkeit gelobt wird, theoretisch erarbeitete Inhalte in der schulischen Praxis aktiv auszuprobieren, sich in der Arbeit mit Schülerinnen und Schülern zu erleben, viel über sich selbst zu erfahren und in der gemeinsamen Reflexion fachlich und persönlich dazu zu lernen. Viele Studierende wünschen jedoch eine stärkere

Verknüpfung von Diagnose und Förderplanung bzw. individueller Förderung, denn es zeigt sich, dass die im Projekt geplante konsekutive Verzahnung von zwei Lehrveranstaltungen in aufeinanderfolgenden Semestern unter den gegenwärtigen Studienbedingungen von den Studierenden kaum angenommen werden kann. Hier zeigt sich Handlungsbedarf, zumal auch in den freien Kommentaren Umfang und Höhe der Leistungsanforderungen immer wieder bemängelt werden.

Im Folgenden wird nun die interne, qualitative Evaluation zusammenfassend dargestellt, die im Rahmen eines Dissertationsprojektes stattfindet. Dieses beschäftigt sich vorrangig mit einer qualitativen Erhebung der Entwicklung diagnostischer Deutungskompetenzen von Lehramtsstudierenden. Neben der Darlegung der aus der aktuellen Literatur entstandenen Forschungsfragen samt theoretischer Einbettung werden das Erhebungs- und das Analyseinstrument sowie erste ausgewählte Ergebnisse des Projekts dargestellt.

Ausgangspunkt und Forschungsfragen
Trotz der Wichtigkeit alltäglicher diagnostischer Tätigkeiten, die aufgrund ihres hohen Einflusses auf den Lernerfolg der Schülerinnen und Schüler möglichst reflektiert und theoretisch fundiert sein sollten (vgl. Schrader & Helmke 2001), finden diese sowohl in der bisherigen Forschung als auch in der Lehrerausbildung nur wenig Beachtung. Ein zentraler Grund dafür ist sicherlich die von Wember (1998) dargestellte Mehrdeutigkeit von Diagnosen, die dazu führt, dass die Interpretation von Diagnoseergebnissen mit dem Ziel der Entwicklung von fundierten Fördermaßnahmen eine große Herausforderung darstellt und sich nicht aus den diagnostischen Daten „ergibt". Dies trifft vor allem für diagnostische Entscheidungen im Unterrichtsalltag zu, die unter großem Zeit- und Handlungsdruck getroffen werden müssen. Besonders für Studierende mit wenig Berufserfahrung erscheint dieser Entscheidungsdruck in diagnostisch mehrdeutigen Situationen als große Herausforderung, auf die sie während ihrer universitären Ausbildung bestmöglich vorbereitet werden sollten. Dafür ist es unbedingt erforderlich sich mit den individuellen diagnostischen Deutungen sowie mit den subjektiven Hintergrundtheorien der Studierenden näher zu befassen. Es liegt nahe, dass die diagnostischen Deutungen stark von dem Inhaltsbereich, in dem sie angewandt werden, abhängig sind (vgl. Lorenz & Artelt 2009). Dementsprechend gilt es, fachintern die konkreten Komponenten diagnostischer Deutungen im Lernbereich Mathematik zu erheben. Die für das vorliegende Projekt formulierten Forschungsfragen lauten:

1. Welche diagnostischen Deutungen zeigen Studierende des Lehramts für sonderpädagogische Förderung bzw. Grundschulen im Lernbereich Mathematik?
2. Welche Theorien und Einstellungen bestimmen diese diagnostischen Deutungen?
3. Inwiefern verändern sich die zuvor untersuchten diagnostischen Deutungen im Laufe der Teilnahme an einem Seminar mit dem Schwerpunkt „Diagnose und individuelle Förderung im Lernbereich Mathematik"?

Erhebungs- und Analyseinstrument

Um die Forschungsfragen zu beantworten, wurden halb-standardisierte leitfadenge-stützte Einzelinterviews (vgl. Bortz & Döring 2006) entwickelt, die methodisch an die klinische Methode nach Piaget angelehnt sind. So wird etwa die befragte Person mit „möglichst natürliche[n], jedenfalls an konkretes Material gebunden[e] Problemsituation[en]" (Beck & Maier 1993, 148) konfrontiert. Die Interviews bestehen aus drei großen Abschnitten:

- In Abschnitt 1 geht es um die Deutungen von standardisierten Diagnoseverfahren. Dafür liegen die Aufgabenlösungen eines Schulleistungstests in Form des ausgefüllten Auswertungsbogens dieses Tests vor.
- Der zweite große Abschnitt des Interviews beschäftigt sich mit halbstandardisierten Interviewverfahren und dort konkret mit dem klinischen Interview. Hierfür sollen Aufgabenformate und deren Bearbeitungen von Kindern zu den mathematischen Bereichen des Stellenwertsystems bzw. des Zahlbegriffs beschrieben und gedeutet werden. Die Aufgabenformate liegen als unbearbeitetes Material mitsamt der schriftlichen Aufgabenstellung vor und deren Bearbeitungen durch Kinder in Form von videografierten diagnostischen Interviewszenen.
- In den ersten beiden Abschnitten sollen die Studierenden anhand ihrer Deutungen und Analysen mögliche Weiterführungen für vertiefende Diagnostik und individuelle Förderung vorschlagen, im dritten Abschnitt des Interviews werden sie aufgefordert, die beiden zuvor analysierten diagnostischen Instrumente auf einer Meta-Ebene und damit losgelöst von den konkreten Aufgaben und Bearbeitungen der ersten beiden Abschnitte, gegenüber zu stellen und deren Vor- und Nachteile hinsichtlich des Einsatzes in der Schule zu formulieren.

Um die dritte Forschungsfrage (s.o.) nach der Entwicklung der diagnostischen Kompetenz im Verlaufe des Seminars zu beantworten, wurde jede/r Studierende einmal direkt vor sowie direkt nach der Teilnahme am Seminar interviewt. Dafür wurden zwei aufbaugleiche Interviews entwickelt, die sich nur in der Wahl des Materials unterscheiden. Das Material spielt in der Studie eine besondere Rolle, weil erst in der konkreten Auseinandersetzung mit Materialien und Szenen die individuellen diagnostischen Deutungen der Studierenden zum Ausdruck kommen können.

Um die Äußerungen der Studierenden hinsichtlich der drei vorgestellten Fragestellungen auszuwerten, wurden diese transkribiert und mit Hilfe eines Analyseinstruments bearbeitet, bei dem sich Wembers (1998) Merkmale von Diagnose als hilfreich erwiesen. Diese beschreiben jene Bereiche von Diagnose, die entscheidend für die Ausprägung der diagnostischen Deutungen sind, aber nur indirekt erfasst werden können (s.o.). Der Selektionsfokus wird durch „theoretische Überlegungen bzw. Überzeugungen" (Wember 1998, 109) der diagnostizierenden Person bestimmt, unabhängig davon, „ob die Theorie, die als Entscheidungsgrundlage dient, eine ausformulierte, reflektierte und wissenschaftlich geprüfte Theorie ist" (ebd.) oder eher einer mehr oder weniger unreflektierten, subjektiven Alltagstheorie entspricht. Dies gilt ebenfalls für die Werte, die Entscheidungen hinsichtlich des Selektionsfokus' beeinflussen (ebd.).

Da die Werte und Theorien der Studierenden nicht direkt abbildbar sind, werden bei der Auswertung, ausgehend von der Wahl des diagnostischen Fokus', Rückschlüsse auf die vermutlich dahinter liegenden Theorien und Werte gezogen. Um den Diagnosefokus darzustellen, wurde ein Instrument entwickelt, welches die diagnostische Situation, die der bzw. die Studierende betrachtet und deutet, abbildet. Dieses ist in Anlehnung an das didaktische Dreieck entstanden (Jank & Meyer 2002, 55–60). Jede diagnostische Situation umfasst, wie jede didaktische Situation auch, den Schüler bzw. die Schülerin, die diagnostizierende Lehrkraft sowie einen Lernstoff, um den es in der inhaltlichen Auseinandersetzung geht. Alle drei stehen in einer wechselseitigen Beziehung. In den Interviews mit den Studierenden blicken diese auf eine solche Situation und sollen diese mit ihren subjektiven Theorien und Werten deuten. Je nachdem, welche Elemente der diagnostischen Situation fokussiert und damit ggf. auch selektiert werden, können Rückschlüsse auf diese Theorien und Werte gezogen werden, die die diagnostischen Deutungskompetenzen der Studierenden ausmachen. Besonders interessant sind dabei die Deutungen der unterschiedlichen Beziehungen zwischen den drei Elementen der diagnostischen Situation.

Ausgewählte vorläufige Ergebnisse
Durch einen Einblick in die Analyse ausgesuchter Interviewausschnitte zweier Studentinnen, in denen diese die auf Video dokumentierten Lösungsversuche der Schülerin Maja[1] bei Stellenwertaufgaben interpretieren, wird im Folgenden gezeigt, wie heterogen die Voraussetzungen der Lehramtsstudierenden sind. Zudem werden darauf aufbauend erste Ansatzpunkte für die Seminarplanung bezüglich einer tiefgreifenden Ausbildung diagnostischer Deutungskompetenz herausgearbeitet. Um die Analyse der diagnostischen Deutungen der Studierenden nachvollziehbar zu gestalten, wird in einem erstem Schritt die zu deutende Szene mit dem Kind Maja beschrieben und zusammenfassend werden die wichtigsten Aussagen der als Vergleichsmaßstab entwickelten Expertenanalyse dargestellt. Anschließend werden die Deutungen der Studierenden und deren Analyse im Vergleich untereinander und zur Expertenanalyse in den Blick genommen.

Bevor die Studierenden aufgefordert werden, die Videoszene hinsichtlich des Stellenwertverständnisses von Maja zu beschreiben und zu deuten, bekommen sie die folgenden Informationen zu Maja und der zu analysierenden Videoszene: Maja befindet sich zum Zeitpunkt der Videoszene am Anfang der dritten Klasse. Bevor die Szene beginnt, hat Maja zweistellige Zahlen in eine vorgegebene Stellenwerttafel der Konvention entsprechend eingetragen. Zudem hat sie diese Zahlen der Aufgabe entsprechend an einem leeren Rechenstrich von Null bis Hundert relational fehlerfrei verortet. Dieser Rechenstrich besteht aus einem Paketband, so dass er auf Zahlen größer 100 verlängert werden kann. Maja nutzt für das Verorten der

---

1   Alle vorkommenden Namen wurden verändert.

zweistelligen Zahlen zwischen Null und Hundert eine Unterteilung des Rechenstrichs in Äquidistanzen, die sie aus eigenem Antrieb heraus von links nach rechts
als Einerstriche auf dem Rechenstrich eingetragen hat. Sowohl die ausgefüllte Stellenwerttafel als auch der Rechenstrich mit Majas Eintragungen bekommen die Studierenden als Kopie vorgelegt.

In der Videoszene erhält Maja die Aufgabe, die Zahl 300 zunächst vorzulesen,
sie dann in eine Stellenwertwerttafel einzutragen und sie schließlich auf einem zuvor bereits bearbeiteten Rechenstrich zu verorten. Das Vorlesen und Eintragen in
die Stellenwerttafel gelingt ihr fehlerfrei. Nachdem sie festgestellt hat, dass sie die
300 auf dem vorgegebenen Rechenstrich nicht verorten kann, entwickelt sie eine
Lösungsstrategie: Sie konstruiert parallel zum vorgegebenen Rechenstrich eine vorgestellte „Hunderterreihe" und sortiert auf dieser die Zahl 300 direkt unterhalb der
zuvor verorteten Zahl 30 ein *(„Wenn das jetzt hier die Hunderterreihe ist, müsste hier
die 300 hinkommen")*. Auf Nachfrage der Interviewerin hin grenzt Maja die „Hunderterreihe" zum vorgegebenen „Zehnerstrich" ab und benennt die Zahl 1000 als
Ende ihrer „Hunderterreihe". Im weiteren Verlauf der Szene soll Maja nun für die
Zahlen 204 und 402 ebenfalls einen Ort auf dem Rechenstrich finden. Diese beiden
Zahlen verortet sie, ebenso wie die 300, in ihrer neukonstruierten „Hunderterreihe",
wobei sie die Zahl 204 parallel zur 24 einträgt und die Zahl 402 entsprechend parallel zur 42. Als die Interviewerin fragt, warum ihr die zuvor eingetragenen Hilfs-
striche bei der Verortung der dreistelligen Zahlen geholfen hätten, erklärt Maja,
dass im Vergleich zu dem vorgegebenen Rechenstrich die Zahlen auf ihrer „Hunderterreihe" eigentlich die gleichen Zahlen seien, *„nur eine Zahl eben mehr"*. Bei der
300 müsse man dann die letzte Null und bei den Zahlen 204 und 402 die mittlere
Null weghalten, damit jeweils *„eine sinnvolle Zahl"* entstehe und man sie verorten
könne. Die Null böte sich deswegen besonders an, weil man diese nicht mitspreche.

Die Eckpunkte der Expertenanalyse hinsichtlich mathematikdidaktischer Deutungen dieser Szene sehen wie folgt aus:

- Maja beherrscht offensichtlich sowohl die Konventionen des Zahlaufbaus sowie
die der Stellenwerttafel im Bezug auf zwei- und dreistellige Zahlen, wobei ungeklärt bleibt, ob hinter dieser Anwendung der Konventionen ein tiefgreifendes
mathematisches Verständnis steht oder sich Majas Fähigkeiten auf ein oberfläch-
liches Anwenden beschränken.
- Majas Umgang mit dem leeren Rechenstrich lässt darauf schließen, dass sie die
Aufgabe im Sinne des Maßzahlaspektes deutet und ihr ein Zahlenstrahl als Modell dient. In dieser Sichtweise beherrscht sie die relationale Ordnung von zwei-
und dreistelligen Zahlen und gibt jeder Zahl einen festen Platz in der entsprechenden Zahlenreihe.
- Durch die Übertragung der Zehnerschritte des vorgegebenen Rechenstrichs auf
Hunderterschritte auf einen parallel vorgestellten Rechenstrich, der mit 1000 endet, kann vermutet, jedoch nicht sicher belegt werden, dass Maja die relationale Übertragung von Zehner- auf Hunderterzahlen beherrscht. Dies würde bedeuten, dass Maja dreistellige Zahlen durch das Wegfallen der letzten Stelle auf

zweistellige Zahlen übertragen kann. Ob dies auf einem multiplikativen Verständnis oder auf dem Anwenden einer erlernten, aber mathematisch nicht vollständig durchdrungenen Konvention beruht, ist an dieser Stelle ebenfalls nicht eindeutig zu sagen. Anhand von Majas Erklärung zur Verortung der dreistelligen Zahlen an ihrer „*Hunderterreihe*" kann vermutet werden, dass sie ein rudimentäres Verständnis davon hat, dass durch das Entfernen einer Stelle aus dreistelligen Zahlen zweistellige Zahlen entstehen können, die dann zu den dreistelligen Zahlen dieselbe Relation haben wie Hundert zu Zehn. Woher diese Regel stammt, und ob es sich tatsächlich um die Anwendung einer Regel handelt, ist der Situation nicht zu entnehmen. Festzuhalten ist hingegen, dass sich ihre Betrachtung an dieser Stelle anscheinend auf den Zahlwert der jeweiligen Ziffer beschränkt, wobei sie den entsprechenden Stellenwert unbeachtet lässt. Durch diese Betrachtungsweise erscheint die Auswahl der von Nullen besetzten Stellen der einzutragenden Zahlen durchaus als sinnvolle Lösung des Problems. Ob Maja grundsätzlich aber kein vertieftes Verständnis des Stellenwertes der einzelnen Ziffern einer Zahl hat oder ob sie dieses Verständnis nur in dieser konkreten Situation nicht abrufen kann, ist aus dieser Szene allein nicht zu entnehmen.

Zusammenfassend können anhand der Szene sowohl mathematische Fähigkeiten von Maja im Bereich des Stellenwertverständnisses gesehen werden als auch einige Schwächen. Gleichzeitig bleiben viele Fragen hinsichtlich der Abklärung des zugrundliegenden mathematischen Verständnisses von Maja offen, deren Beantwortung eine weitere diagnostische Erhebung benötigen würden.

Mathematikdidaktische Deutungen von Diagnosesituationen:
Die beiden Studentinnen Lena und Sonja, die im Folgenden in den Blick genommen werden, zeigen in ihren individuellen diagnostischen Deutungen exemplarisch das weite Feld möglicher Deutungen auf. Da an dieser Stelle nicht der Raum für eine umfangreiche Darstellung der vorgenommenen Analysen ist, werden die Deutungen der beiden Studentinnen mit ihren jeweiligen Theorien und Werten nur hinsichtlich mathematikdidaktischer Aspekte dargestellt und exemplarisch durch einige prägnante Auszüge aus den Transkripten belegt.[2] Zusätzlich wird aufgezeigt, welche Ideen sich die Studentinnen für eine weiterführende Behandlung der Thematik im Mathematikunterricht vorstellen konnten; ob diese darin bestehen würden, diagnostisch mit dem Kind weiterzuarbeiten oder eher gezielt zu fördern, war den Studierenden überlassen. Diese Wahl und Umsetzung der Weiterführung gibt entscheidende Einblicke in die mathematikdidaktischen Deutungen der Videoszene durch die Studentinnen und wird deswegen ergänzend aufgeführt. Anhand der Expertenanalyse werden Ansatzpunkte für die Seminarplanung und -durchführung entwickelt.

---

2   Die vollständigen Transkripte, die in diesem Beitrag Erwähnung finden, sind bei den Autoren bzw. der Autorin auf Nachfrage erhältlich.

Fallanalyse 1: Die Studentin Lena fokussiert fachinhaltlich vorrangig ordinale Aspekte der Aufgabe und erwähnt Aspekte des Stellenwertverständnisses nur am Rande. Bei der Erwähnung der Stellenwertaspekte nimmt Lena Fähigkeiten in den Blick, die sich auf die Anwendung von Konventionen beziehen und keine Aussagen darüber zulassen, inwiefern Maja tatsächlich über ein tiefgreifendes Stellenwertverständnis verfügt (*„Also sie konnte die Zahlen auf jeden Fall korrekt in die Stellenwerttafel eintragen, das war kein Problem"*). An dieser Stelle ist es schwer, auf eine mathematikdidaktische Theorie zu schließen, die Lenas Fokussierung beeinflusst haben könnte, da nicht zu erkennen ist, inwiefern sie die ordinalen Aspekte der Aufgabe als Elemente des Stellenwertverständnisses ansieht und ob sie die ursprüngliche Aussage der Interviewerin, dass Maja mit Hilfe der bearbeiteten Aufgabe hinsichtlich ihrer Fähigkeiten im Bereich des Stellenwertsystems untersucht werden soll, noch mit bedenkt.

Auf die Frage nach der Weiterführung entwickelt Lena Vorschläge für die Förderung, wobei ihr erster Vorschlag mathematisch die Aspekte in den Blick nimmt, die sie als abschließendes Urteil ihrer Deutung formuliert hat (*„Ich würd' auf jeden Fall noch mal die Zahlen eh, die Dezimalsysteme hier wiederholen und irgendwie Übungen einbauen, dass die halt konstant sind"*). Didaktisch beschreibt sie ihr Vorgehen so, dass sie die für Maja problematischen Inhalte wiederholen und dann durch Übungen dieses Wissen sichern würde. Eine zugrunde liegende Theorie über das Fördern von Schülerinnen und Schülern mit Lernschwierigkeiten ließe sich dahingehend ableiten, dass bei Problemen im Lernen zuerst ein Verständnis für den Stoff durch die Lehrkraft bei den Schülerinnen und Schülern herbeigeführt und dieses dann durch wiederholte Übungen zum jeweiligen Aufgabenfeld trainiert werden sollte (*„Ja. Da würd' ich einfach noch mal viele Übungen zu machen"*). In der Konkretisierung dieser Aufgabe entwickelt Lena einen Vorschlag zur Behandlung des inhaltlichen Themas, der die gesamte Klasse mit einbezieht. Im Rahmen dieser klasseninternen Förderung verallgemeinert sie die Schülerin Maja zu einem Prototyp und beschreibt, dass sie solchen Kindern durch Fragen besondere Hilfestellungen geben würde, um die Aufgabe zu lösen (*„Und dann würd' ich jetzt bei so ‚nem Kind wie Maja würd' ich vielleicht eh auch noch, wenn ich merke, es klappt nicht, noch mal so 'ne Frage stellen, die dann bisschen so 'ne Hilfestellung ist"*). Durch diese Weiterentwicklung der zuvor erarbeiteten Diagnoseergebnisse kann bei Lena das theoretische Verständnis einer engen Verflechtung von individueller diagnostischer Arbeit und der Verwertung der entsprechenden Ergebnisse auf die Planung des Klassenunterrichts vermutet werden. Sie zeigt damit eine eher allgemein-pädagogische Ausrichtung von Diagnose und Förderung.

Der Vergleich mit der Expertenanalyse zeigt, dass sich Lena weniger mathematikdidaktisch mit der Szene auseinandersetzt. Ihre Deutungen beziehen sich vorrangig auf allgemein-pädagogische Aspekte, wobei sie auch die diagnostische Offenheit der Szene nicht in den Blick nimmt. Dies wird besonders in ihren konkreten Fördervorschlägen deutlich. Hinsichtlich der Seminarplanung ist für Lena sicherlich zu beachten, dass sie sowohl fachinhaltlich als auch fachdidaktisch grundlegend ausgebildet werden sollte, sowohl auf der Wissens- als auch auf der Anwendungsebene, um auf der einen Seite einen wissenschaftlich fundierten Rahmen für die diagnostische Arbeit zu gestalten und andererseits den diagnostischen Fokus auf dieser Grundlage zu spezialisieren.

Fallanalyse 2: Die Studentin Sonja zeigt bei der Analyse und Interpretation der videografierten Lösungsversuche ein anderes Vorgehen. Mathematisch nimmt Sonja zuerst ebenfalls die ordinalen Aspekte der Aufgabe in den Blick, bezieht sich dann im weiteren Verlauf der Analyse jedoch schwerpunktmäßig auf Aspekte des Stellenwertverständnisses. Sie fokussiert ebenfalls die von ihr ausgemachten Aspekte der Aufgabe, bei denen Maja Probleme zeigt. Auch Sonja expliziert nicht den Bezug ihrer Analyse zum Stellenwertverständnis von Maja, bezieht sich jedoch schwerpunktmäßig auf die Übertragung von Zahlen im Hunderterraum zu Zahlen im Tausenderraum sowie auf den Umgang mit Nullen bei diesem Vorgang. Ebenso wie Lena bewegt sich Sonja bei ihrer Analyse auf einer mathematisch-konkreten Ebene, wobei sie dabei stärker den Bereich des Stellenwertverständnisses fokussiert.

Die Frage nach der Weiterführung der gesehenen Szene, wenn sie Majas Mathematiklehrerin wäre, beantwortet Sonja mit einer Kombination aus Erklärung des mathematischen Zusammenhangs und anschließender diagnostischer Weiterarbeit („*Ehm da würde ich auf jeden Fall noch mal versuchen einfach mit anderen Zahlen, aber der gleichen Aufgabe ehm nachdem ich darauf eingegangen bin, wie der Zusammen- also wie diese Reihen denn zusammenhängen, dass es immer mal zehn ist ehm nochmal eine Aufgabe lösen lassen und mir dabei halt auch noch mal genau erklären lassen, wie geht sie vor, was denkt sie dabei*"). Anders als Lena bleibt sie dabei auf der individuellen Ebene, will die individuelle mathematische Aufgabenbearbeitung des Kindes möglichst genau erforschen und bezieht sich nicht auf einen möglichen Klassenunterricht. Dies zeigt sich auch in Sonjas Konkretisierung des Vorgehens bei der Vermittlung des mathematischen Zusammenhangs der Aufgabe („*Ja ehm. Vorab würde ich ja mit ihr, also würde ich eh durch ja durch gezieltes Fragen, welchen Zusammenhang diese beiden Reihen denn haben, ehm sie versuchen auf das Ergebnis noch mal zu bringen, dass die halt mit zehn multipliziert eh (…) Und ehm ja wenn sie mir diesen Zusammenhang selber erklärt hat, würde ich sie nochmal an 'nem neuen Zahlenstrahl mit neuen Zahlen zeigen lassen, wie das dann jetzt aufzuteilen ist*"). Vermutlich verbirgt sich hinter Sonjas konkreter Idee die mathematik-didaktische Theorie, dass Lernende durch eigenes Nachvollziehen und Erklären von mathematischen Zusammenhängen zu mathematischem Verständnis gelangen und dass die Rolle der Lehrkraft darin besteht, diesen Prozess durch das Vorlegen angemessener Aufgaben sowie durch geschicktes Nachfragen zu begleiten.

Grundsätzlich kommt Sonja der Expertenanalyse wesentlich näher als Lena. Allerdings ist einschränkend auch festzuhalten: Obwohl sie viele Aspekte, die durch die Expertenanalyse als zentrale Diagnosefokusse ausgewiesen werden, in den Blick nimmt, zeigt sie noch Unsicherheiten im mathematischen Fokus wie auch bei den genutzten Begrifflichkeiten. Damit ist es auch für Sonja sicherlich gewinnbringend, sich mit den zentralen mathematischen und mathematikdidaktischen

Begrifflichkeiten vertiefend auseinanderzusetzen und diese auf unterschiedliche Diagnosesituationen zu übertragen. Zudem ist der Übertrag auf die Klassensituation sicherlich noch ein weiterer Aspekt, der für Sonja von Relevanz ist, welcher von Lena bereits angesprochen und mitgedacht wird.

Zusammenfassend kann festgehalten werden, dass sich sowohl Lena als auch Sonja vorwiegend auf der Beziehungsebene zwischen Maja und der Aufgabenstellung bewegen und dies auf eine mathematisch-konkrete Weise. Durch die unterschiedliche Deutung dieser Beziehung lässt sich jedoch auf sehr verschiedene theoretische Grundlagen sowie Wertvorstellungen schließen. Während bei Lena eine vorwiegend allgemein-pädagogische Ebene der Analyse und besonders der didaktischen Weiterführung zu vermuten ist, scheint Sonja sich eher auf einer mathematik-didaktischen Ebene zu bewegen, die vor allem die individuellen Vorgehensweisen des Kindes fokussiert. Lena denkt in ihrer didaktischen Weiterführung dabei globaler und näher am Unterricht für eine ganze Klasse.

3.5.3 Fazit und Ausblick

Summative Statusdiagnosen können punktuell erstellt werden, manchmal sogar unter Einsatz von standardisierten und normierten Testverfahren, die eine objektive, reliable und valide Erhebung und Auswertung der Daten versprechen. Solche Tests liefern jedoch nicht die Informationen, welche die Lehrkraft bei der differenziellen Analyse der individuellen Lernvoraussetzungen und bei der Planung individueller unterrichtlicher Hilfen benötigt (Wember, 2009). Fachdidaktisch fundierte Diagnosen, die sich an curricular validen Aufgaben orientieren und das problemlösende Denken und Tun von Lernenden zu deuten suchen, um diagnostisch fundierte Fördervorschläge zu erarbeiten, sind komplex und mehrdeutig; sie bedürfen der fachlich fundierten Interpretation. Die in diesem Beitrag konzeptionell dargestellten Seminare bieten den Studierenden an, in der reflexiven Auseinandersetzung mit exemplarischen Fällen diese Mehrdeutigkeit diagnostischer Situationen zu erkunden und im Spannungsfeld zwischen dem theoretischen diagnostischen Wissen und den praktischen Diagnoseerfahrungen zu reflektieren. Die Ergebnisse der Lehrveranstaltungsevaluationen haben gezeigt, dass die Studierenden das Angebot annehmen und positiv bewerten. Insbesondere schätzen sie die Möglichkeit, in der Arbeit mit Schülerinnen und Schülern reale Erfahrungen zu gewinnen, die sie im Seminar gemeinsam mit anderen diagnostisch deuten können.

Der knappe Einblick in die Analyse ausgesuchter Interviews mit zwei Studentinnen zeigt, wie heterogen die unterschiedlichen diagnostischen Deutungen und damit die Voraussetzungen der Studierenden sind und dass es wichtige Ansatzpunkte für die Seminarplanung bezüglich einer tiefgreifenden Ausbildung diagnostischer Deutungskompetenz gibt. Hinsichtlich des diagnostischen Wissens ist bei beiden Studentinnen sicherlich eine fachinhaltliche Vertiefung um beeinträchtigte Lernprozesse sowie um grundlegende mathematische Lerninhalte wichtig, damit die rein konkrete Ebene der mathematischen Theorien sich weiter zu verallgemeinerbaren und wissenschaftlich fundierten Theorien entwickeln. Auf der Handlungs- und Analyseebene ist bei Lena und Sonja ebenfalls Ausbildungsbedarf zu vermuten. Für Lena ist sicherlich die konkrete Auseinandersetzung mit individuellen mathematischen Denkprozessen von einzelnen Lernenden bereichernd, während für Sonja eher der Blick für Unterrichtsarrangements mit diagnostischem Potenzial wertvoll scheint.

Fachlich fundierte diagnostische Deutungskompetenz ist nur durch eine umfassende theoretische wie auch praktische fachdidaktische Ausbildung zu erwerben, die in enger und reflexiv angelegter Verzahnung von Theorie und Praxis erfolgt. Die in diesem Beitrag vorgestellte Seminarkonzeption hat sich bewährt: Die verschiedenen Evaluationsdaten belegen, dass die Studierenden die anspruchsvolle Verknüpfung von theoretischer Analyse und pädagogisch-praktischer Tätigkeit schätzen, dass sie sich diagnostisches Grundlagenwissen erarbeiten und dass sie gewinnbringende Einstellungen hinsichtlich der Diagnose und individuellen Förderung in heterogenen Lerngruppen erwerben.

Literatur

Altrichter, H. (2000). Schulentwicklung und Professionalität. In J. Bastian, W. Helsper, S. Reh & C. Schelle (Eds.), *Professionalisierung im Lehrberuf* (S. 145–163). Opladen: Leske + Budrich.

Beck, C. & Maier, H. (1993). Das Interview in der mathematikdidaktischen Forschung. *Journal für Mathematikdidaktik, 14*, 147–179.

Bräuning, K. & Nührenbörger, M. (2010). Diagnoseaufgaben und Förderideen im mathematischen Anfangsunterricht. In P. Hanke, G. Möwes Butschko, A. K. Hein, D. Berntzen & A. Thieltges (Hrsg.), *Anspruchsvolles Fördern in der Grundschule* (297–304). Münster: Zentrum für Lehrerbildung.

Bortz, J. & Döring, N. (2006). *Forschungsmethoden und Evaluation für Human- und Sozialwissenschaftler*. Berlin: Springer.

Helmke, A. (2009). *Unterrichtsqualität und Lehrerprofessionalität: Diagnose, Evaluation und Verbesserung des Unterrichts* (2., aktual. Aufl.). Seelze-Velber: Klett Kallmeyer.

Jank, W. & Meyer, H. (2002). *Didaktische Modelle* (5. Aufl.). Berlin: Cornelsen Scriptor.

Kromrey, H. (2006). Qualität und Evaluation im System Hochschule. In R. Stockmann (Hrsg.), *Evaluationsforschung* (S. 234–259). Münster: Waxmann.

Lorenz, C. & Artelt, C. (2009). Fachspezifität und Stabilität diagnostischer Kompetenz von Grundschullehrkräften in den Fächern Deutsch und Mathematik. *Zeitschrift für Pädagogische Psychologie, 23*, 211–222.

Markovitz, Z. & Smith, M. (2008). Cases as Tools in Mathematics Teacher Education. In D. Tirosh & T. Wood (Eds.), *Tools and Processes in Mathematics Teacher Education* (pp. 39–64). Rotterdam: Sense Publishers.

Moser Opitz, E. (2010). Diagnose und Förderung: Aufgaben und Herausforderungen für die Mathematikdidaktik und die mathematikdidaktische Forschung. *Beiträge zum Mathematikunterricht, 44*, 11–18. http://www.mathematik.tu-dortmund.de/ieem/cms/de/forschung/ bzmu/bzmu2010.html [06.01.2013].

Moser Opitz, E. & Nührenbörger, M. (ersch. 2013). Diagnostik und Leistungsbeurteilung. In R. Bruder, L. Hefendehl-Hebeker, B. Schmidt-Thieme & H.-G. Weigand (Hrsg.), *Handbuch Mathematikdidaktik*. Rotterdam: Springer.

Müller, G. & Wittmann, E. Ch. (1984). *Der Mathematikunterricht in der Primarstufe*. Braunschweig: Vieweg.

Nührenbörger, M. & Bräuning, K. (2009). Teachers' reflections of their own mathematics teaching processes. An analytical tool for interpreting teachers' reflections. In ERME Proceedings (CERME 6, Lyon)

Nührenbörger, M. & Steinbring, H. (2009). Forms of mathematical interaction in different social settings – Examples from students', teachers' and teacher-students' communication about mathematics. *Journal of Mathematics Teacher Education, 12*, 111–132.

Scherer, P. & Moser Opitz, E. (2010). *Fördern im Mathematikunterricht der Primarstufe*. München: Spektrum.

Selter, C. (1990). Klinische Interviews in der Lehrerbildung. In K. P. Müller (Hrsg.), *Beiträge zum Mathematikunterricht* (S. 261–264). Bad Salzdetfurth: Franzbecker.

Selter, C. (1995). Entwicklung von Bewußtheit – eine zentrale Aufgabe der Grundschullehrerausbildung. *Journal für Mathematikdidaktik, 16*, 115–144.

Schrader, F.-W. & Helmke, A. (2001). Alltägliche Leistungsbeurteilung durch Lehrer. In. F. E. Weinert (Hrsg.), *Leistungsmessungen in Schulen* (S. 45–58). Weinheim: Beltz.

Tenorth, H.-E. (2006). Professionalität im Lehrerberuf. Ratlosigkeit der Theorie, gelingende Praxis. *Zeitschrift für Erziehungswissenschaft, 9*, 580–597.

Wember, F.B. (1998). Zweimal Dialektik: Diagnose und Intervention, Wissen und Intuition. *Sonderpädagogik, 28*, 106–120.

Wember, F. B. (2009). Individuelle Förderung – Kern der sonderpädagogischen Förderung und zentrales Instrument der Qualitätssicherung. In F. B. Wember & S. Prändl (Hrsg.), *Standards der sonderpädagogischen Förderung* (S. 89–108). München: Reinhardt.

Wollring, B. (2004). Individualdiagnostische Verfahren im Mathematikunterricht der Grundschule als Impulsgeber für Fördern, Unterrichten und Ausbilden. Teil II: Notwendiger Ausbau: Handlungsleitende Diagnostik. *SchulVerwaltung HRS, 8*, 297–298.

3.6 Zusammenfassung

Die in den vorangehenden Kapiteln dargestellten Projektarbeiten wurden gemäß dem eingangs skizzierten Prozessmodell forschungsgeleitet konzipiert und umgesetzt. Basierend auf der Analyse der im Projektverlauf vorgefundenen und bereitgestellten Lehrumfelder lässt sich dieses Modell um Annotationen ergänzen, die beschreiben, aus welchen Blickwinkeln den Studierenden in den verschiedenen Phasen ihres Studienverlaufs die erzielten bzw. bereits bekannten Forschungsergebnisse präsentiert werden sollten.

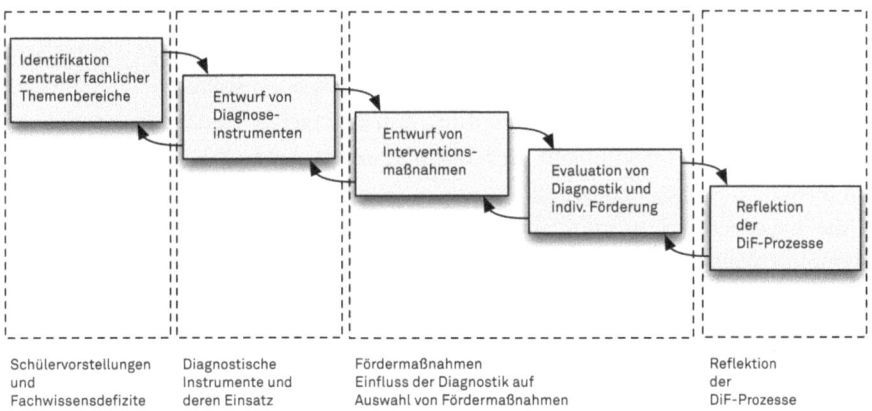

Abb. 3.6:   Annotiertes sequenzielles Prozessmodell von Diagnose und individueller Förderung mit Rückkopplungsmöglichkeiten und Gesamtreflexion

Die Abbildung zeigt das eingangs bereits vorgestellte Prozessmodell von Diagnostik und individueller Förderung und gliedert es in vier Phasen der vorbereitenden Sensibilisierung auf das Wahrnehmen von Schülerperspektiven, der ersten Diagnostik, der versuchsweisen Förderung und der grundlegenden Reflexion. Zwischen diesen Phasen bestehen Rückkopplungsmöglichkeiten, und der gesamte Prozess muss nicht linear durchlaufen werden. Es kann z.B. vorkommen, dass nach einer vorbereitenden Sensibilisierung ein erstes diagnostisches Instrument entworfen und praktisch erprobt wird und dass es sich als sinnvoll erweist, das diagnostische Instrument zu revidieren und erneut praktisch einzusetzen, diesmal vielleicht in Verbindung mit ersten Interventionsmaßnahmen, die ihrerseits erprobt und ggf. revidiert werden. Der Prozess studentischer Qualifikationsentwicklung ist folglich durchgängig erfahrungsbasiert und reflexiv angelegt – besonders betont wird dies in der abschließenden vierten Phase, in der eine Gesamtreflexion der individuellen Lern- und Entwicklungsprozesse angeregt wird.

Es wird empfohlen, in der ersten Phase der vorbereitenden Sensibilisierung die folgenden Aspekte zu thematisieren. Die Studierenden sollten

- insbesondere durch das Erleben von Diagnostik und individueller Förderung in den Veranstaltungen für die Notwendigkeit diagnostischen Unterrichtens sowie sach- und zielgerecht ausgewählter Fördermaßnahmen sensibilisiert werden, wie dies im Rahmen des ersten dortMINT-Teilprojekts realisiert worden ist (vgl. Kapitel 2 in diesem Band).

- exemplarisch fachlich unangemessene und auch individuell vielfältige Vorstellungen und Lösungswege sowie Themenbereiche, in denen diese verstärkt auftreten, kennenlernen.
- dafür sensibilisiert werden, die Begriffe „(fachlich) unangemessene Schülervorstellung" und „Fachwissensdefizit" klar voneinander zu trennen. Eine fachlich unangemessene Schülervorstellung impliziert nicht notwendig ein Defizit auf Ebene des Fachwissens, ihr Entstehen kann jedoch durch ein solches Defizit begünstigt werden.

In der zweiten Phase der ersten diagnostischen Versuche sollte der Lehrschwerpunkt auf den folgenden Aspekten liegen. Die Studierenden sollten

- exemplarisch Möglichkeiten der Identifikation von fachlich unangemessenen und auch vielfältigen Vorstellungen und Lösungswegen sowie Wissensdefiziten kennen lernen.
- in die Lage versetzt werden, diagnostische Instrumente hinsichtlich ihrer Einsatzmöglichkeiten sowie des für Einsatz und Auswertung notwendigen Aufwands vergleichend und fachdidaktisch kritisch zu beurteilen und sach- und zielgerichtet auszuwählen.
- Verständnis dafür entwickeln, dass diagnostische Erkenntnisse in Relation zu gesetzten Werten und Normvorstellungen zu sehen sind.

Für die dritte Phase der Förderung werden die folgenden Schwerpunktsetzungen empfohlen. Die Studierenden sollten

- exemplarisch Möglichkeiten der individuellen bzw. leistungsgerechten Förderung kennenlernen und studienbegleitend erproben.
- aktuelle Forschungsergebnisse zur Diagnostik und individuellen Förderung kennenlernen und diese mit den eigenen Erfahrungen abgleichen.
- ein Verständnis dafür entwickeln, dass die Auswahl und Auswertung diagnostischer Instrumente sowie die sich anschließende Entscheidung für oder gegen den Einsatz entsprechender Interventionen immer auch an eine Wertentscheidung für inhaltliche bzw. kompetenzorientierte Lernziele ist.

In der abschließenden vierten Phase sollten die Lernenden den gesamten Prozess reflektierend in den Blick nehmen und zu einem Verständnis dafür gelangen, dass die verschiedenen Phasen des unterrichtspraktischen Einsatzes von Diagnostik und individueller Förderung im Sinne der skizzierten Rückkopplungsschleifen miteinander in Beziehung stehen und nicht sinnvoll voneinander isoliert durchgeführt werden können. Fachlich fundierte diagnostische Kompetenz ist nämlich nicht allein durch die Anwendung vorgefertigter Diagnoseinstrumente und Förderprogramme zu erwerben, sondern nur durch eine umfassende theoretische wie auch praktische fachdidaktische Ausbildung, die in enger und reflexiv angelegter Verzahnung von Theorie und Praxis erfolgt. Die in diesem Kapitel dokumentierten Erfahrungen belegen, dass die Studierenden die anspruchsvolle Verknüpfung von theoretischer Analyse und pädagogisch-praktischer Tätigkeit annehmen und schätzen, dass sie sich diagnostisches Grundlagenwissen erarbeiten und dass sie in der Reflexion individueller Erfahrung gewinnbringende Einstellungen hinsichtlich der Diagnostik und individuellen Förderung in heterogenen Lerngruppen erwerben.

4.

Diagnose und Förderung schulpraktisch erproben – am Beispiel Mathematiklernen bei Deutsch als Zweitsprache

Susanne Prediger, Lena Wessel, Kristine Tschierschky,
Bettina Seipp und Erkan Özdil

Im studienbiographischen Dreischritt des dortMINT-Projektes kommt nach dem *Erleben* und *Erlernen* im dritten Schritt das *Erproben* von Diagnose und Förderung im schulpraktischen Teil des Studiums: Nach der Selbsterfahrung in fachinhaltlichen Veranstaltungen und dem Erwerb theoretischer Konzepte in fachdidaktischen Veranstaltungen steht dabei im Vordergrund, verschiedene Theorieelemente im Rahmen einer selbst verantworteten Sequenz zur Diagnose und Förderung in der Schule zu verknüpfen und aktiv zu nutzen. Dazu ist zunächst zu klären, wie die Kompetenzen zur *Diagnose und Förderung* hier konzeptualisiert werden (Abschnitt 4.1.1). Um der wissenschaftlichen Planung und Reflexion dieser schulpraktischen Erfahrung genügend Raum zu geben, verfolgen wir dabei hochschuldidaktische Ansätze des *theoriebasierten forschenden Lernens* (Abschnitt 4.1.2).

Forschendes Lernen sollte immer theoriegeleitet erfolgen und ist deshalb an ein bestimmtes *exemplarisches Themenfeld* zu binden. Um der ganzheitlichen Komplexität schulischen Lernens gerecht zu werden, haben wir uns für ein Thema entschieden, das einerseits schulisch hochaktuell ist, andererseits einer Integration unterschiedlicher disziplinärer Perspektiven bedarf, nämlich das *fachliche Lernen in der Zweitsprache*. In diesem Beitrag werden wir begründen, warum gerade dieses Themenfeld wichtig ist und aufzeigen, wie es für eine theoriebasierte, forschende Erprobung von Diagnose und Förderung aufbereitet werden kann (Abschnitt 4.2).

Die dabei zu klärenden Fragen lassen sich auf andere Themenfelder übertragen: Wie können Lehrkräfte darauf vorbereitet werden, Schülerinnen und Schüler beim Fachlernen unter Berücksichtigung ihrer spezifischen fachlichen und außerfachlichen Lernvoraussetzungen sensibel zu beobachten und zu begleiten? Welche Kenntnisse, Kompetenzen und Einstellungen sind dazu notwendig, und wie können diese im Praxismodul weiter entwickelt werden? Ausgehend von Vorüberlegungen zu Prinzipien des forschenden Lernens und zur diagnostischen Kompetenz (Abschnitt 4.1) und zum Themenfeld Mathematiklernen in der Zweitsprache (Abschnitt 4.2) wird ein Modul zur sprach- und fachintegrierten Professionalisierung und seine konzeptionellen Grundlagen vorgestellt (Abschnitt 4.3), seine Umsetzung illustriert (Abschnitt 4.4) und kurz aus der qualitativen und quantitativen Evaluation berichtet (Abschnitt 4.5).

4.1 Ziele und Gestaltungsprinzipien des Moduls: Forschendes Erproben von Diagnose und Förderung

Im Rahmen des dortMINT-Projektes I3 wurde in interdisziplinärer Kooperation zwischen Mathematikdidaktik (Susanne Prediger und Lena Wessel), Sprachdidaktik (Erkan Özdil und Kristine Tschierschky) und Erziehungswissenschaft (Bettina Seipp) ein schulpraktisches Modul zum Erproben von Diagnose und Förderung zum Mathematiklernen in der Zweitsprache entwickelt, mehrfach erprobt und evaluiert. Die ausführlichere Dokumentation (vgl. Prediger, Tschierschky, Wessel & Seipp, 2012) war auch Grundlage für diesen Beitrag.

In diesem Abschnitt werden zunächst die theoretischen Hintergründe erläutert, die zum einen die zentralen Ziele der Befähigung von Lehramtsstudierenden zur Diagnose und Förderung umfassen, zum anderen das zentrale Gestaltungsprinzip des theoriebasierten forschenden Lernens.

4.1.1 Fachdidaktisch sensible diagnostische Tiefenschärfe und adaptive Handlungsfähigkeit als Ziele der Professionalisierung

Um zu spezifizieren, was es bedeutet, Lehramtsstudierende zur Diagnose und Förderung zu befähigen, wird hier die Fähigkeit zur Diagnose als *fachdidaktisch sensible diagnostische Tiefenschärfe* und die Fähigkeit zur Förderung als *inhaltlich adaptive Handlungsfähigkeit* konzeptualisiert:

Die oft erhobene Forderung nach individueller Förderung wird häufig missverstanden im unterrichtsmethodischen Sinne eines vollständig individualisierten Unterrichts, in dem jede Schülerin, jeder Schüler andere Aufgabenstellungen bearbeitet und individuell mit der Lehrkraft darüber kommuniziert. Dem setzen wir ein fachdidaktisches Verständnis von „individueller Förderung" entgegen, das die *inhaltliche Adaptivität* statt der unterrichtsmethodischen Individualisierung fokussiert: Das Prinzip der Adaptivität leitet sich aus allgemeinen Untersuchungen der empirischen Unterrichtsforschung ab und zielt darauf, „mithilfe einer differenziellen Anpassung der Lehrstrategien bei möglichst vielen Schülern ein Optimum erreichbarer Lernfortschritte zu bewirken" (Helmke, 2009, S. 257), und zwar indem die fachdidaktisch-inhaltliche Passung der Lernangebote zu den Lernständen und Lernbedürfnissen der Lernenden im Vordergrund steht. Adaptive Handlungsfähigkeit meint also die Fähigkeit künftiger Lehrkräfte, ihre Förderangebote passend zu den Lernständen und Lernangeboten zu planen und die initiierten Lernprozesse subjektbezogen und zugleich zielorientiert zu begleiten.

Dies erfordert nicht nur ein reichhaltiges Repertoire an unterrichtlichen Handlungsoptionen (Aufgaben, Methoden, Strukturen, Moderationstechniken, …), sondern vor allem auch diagnostische Kompetenz, um die Passung zu den Lernständen herzustellen zu können.

Die Bedeutung *diagnostischer Kompetenz* als wesentlicher Bestandteil des Lehrerprofessionswissens ist in den letzten Jahren immer wieder betont worden (Baumert & Kunter, 2006; Helmke, 2009; Weinert, 2000). Dabei wurde auf ganz unterschiedliche Konzeptualisierungen von diagnostischer Kompetenz zurückgegriffen, die sich in ihren zentralen Aufgaben (z.B. Selektions- versus Förderdiagnostik, vgl. Ingenkamp, 2005), in ihren Bezugspunkten (bezogen auf einzelne Schülerleistungen oder auf die ganze Klasse, auf den Lernstoff oder auf Aufgaben, vgl. Helmke, 2009) und in den Zeitpunkten der Diagnose (Lernausgangslagendiagnostik, Lernprozessdiagnostik oder Lernergebnisdiagnostik, vgl. Hußmann, Leuders & Prediger, 2007) unterscheiden. Unterrichtlich relevant als Voraussetzung für die adaptive Handlungsfähigkeit ist eine Förderdiagnostik in Bezug auf Lernausgangslagen, Lernprozesse und Lernergebnisse. Weinert definiert diesbezüglich diagnostische Kompetenz als „Bündel von Fähigkeiten, um den Kenntnisstand, die Lernfortschritte und die Leistungsprobleme der einzelnen Schüler sowie die Schwierigkeiten verschiedener Lernaufgaben im Unterricht fortlaufend beurteilen zu können, sodass das didaktische Handeln auf diagnostischen Einsichten aufgebaut werden kann" (Weinert, 2000, S. 14f., ähnlich bei Artelt & Gräsel, 2009).

Konkret wird das Konstrukt diagnostische Kompetenz auch innerhalb von Weinerts Rahmen sehr unterschiedlich konzeptualisiert, z.B. als die *Geschwindigkeit* beim Diagnostizieren in einem Reaktionszeittest (Krauss & Brunner, 2008) oder als die *Vorhersagefähigkeit* für einzelne mathematische Lösungswege aufgrund einzelner gegebener Lösungswege („So löst Pia diese Aufgabe, wie löst sie die nächste?"). Die meisten Untersuchungen konzeptualisieren diagnostische Kompetenz in Anlehnung an Helmke, Hosenfeld und Schrader (2004) als *Diagnosegenauigkeit* im Sinne der Vorhersagefähigkeit für Testergebnisse (Schrader, 2009). Dabei werden die Vorhersagen mal auf Aufgabenniveaus, mal auf Schülerrangfolgen und mal auf die erwartete Streuung in der Klasse bezogen, immer jedoch auf standardisierte Tests (vgl. z.B. Brunner et al., 2011 oder Hachfeld et al., 2010).

Angesichts des Ziels der adaptiven Förderung geht es dagegen in unserem Professionalisierungsmodul weder um Schnelligkeit des Urteils (das halten wir sogar für kontraproduktiv!) noch um Treffsicherheit einer Prognose in standardisierten Test ohne Ansicht der individuellen Lernenden (dagegen wendet sich auch Merkel, 2005). Es geht im Gegenteil darum, in intensiver Auseinandersetzung mit einzelnen schriftlichen oder mündlichen Lernenden-Äußerungen die Lernstände und – bei Schwierigkeiten – die möglichen Hintergründe möglichst valide zu erfassen (Prediger & Wittmann, 2009). Diese Kompetenz wird als *diagnostische Tiefenschärfe* bezeichnet und durch vier Komponenten charakterisiert (Prediger, 2010; hier erweitert auf das Themenfeld des fachlichen und sprachlichen Lernens):

1. Bereichsunabhängige Haltung: Interesse am Denken der Lernenden
   Eine zwar nicht hinreichende, aber notwendige Voraussetzung für diagnostische Tiefenschärfe ist das pädagogische Interesse am individuellen Denken, also eine den Lernenden zugewandte und aufgeschlossene Haltung, die Bereitschaft und Neugier, sich mit Äußerungen und Denkweisen von Individuen intensiv auseinanderzusetzen. Das Interesse alleine kann jedoch, wenn es lediglich auf Fehler und Fehlvorstellungen gelenkt wird, durch eine Defizitorientierung hinderlich für eine Förderung sein.

2. Interpretative Grundkompetenz zum Nachvollziehen von Binnenperspektiven
   Um eine defizitorientierte Diagnose individuellen Denkens zu verhindern (Selter & Spiegel, 2001; Tajmel, 2008, S. 58), ist die Grundkompetenz entscheidend, individuelle Denkweisen aus einer Binnenperspektive nachzuvollziehen, in der die innere Rationalität der idiosynkratischen Sinnstrukturen rekonstruiert wird. Zahlreiche Beispiele zeigen, wie diese Kompetenz gerade durch die zeitweise Einnahme einer Forscherrolle in gemeinsamen interpretativen Analysen entwickelt werden kann (für Mathematik vgl. Jungwirth, Steinbring, Voigt & Wollring, 2001; Scherer & Steinbring, 2006; für Sprache Benholz & Lipkowski, 2008).

3. Allgemeines theoretisches Hintergrundwissen über fachliche und sprachliche Lernprozesse
   Bereichsunabhängiges allgemeines Hintergrundwissen, z.B. zum Verlauf von fachlichen und sprachlichen Lernprozessen, kann für viele Lerngegenstände zur Diagnose und Förderung eingesetzt werden, z.B. der oft anwendbare diagnostische Erklärungsansatz „Übertragung von Regeln auf neue Anwendungsbereiche" oder der Förderimpuls „Erzeugung eines kognitiven Konflikts". In diesen Bereich gehört auch die Rekonstruktion sprachlicher Wissensverarbeitungsprozesse mithilfe der funktional-pragmatischen Diskursanalyse (Ehlich & Rehbein, 1986; zusammenfassend Rehbein, 2001, bez. auf mehrsprachige Verständigungs- und Verstehensprozesse Rehbein, 2011 u. Özdil, 2011), die eine Grundlage für das theoretische Hintergrundwissen über sprachlicher Lernprozesse bildet.

4. Gegenstandsspezifisches sprachdidaktisches (4a) und fachdidaktisches (4b) Hintergrundwissen
   Für eine situativ tragfähige Diagnose und adaptive Förderung wird über das allgemeine Hintergrundwissen hinaus oft gegenstandsspezifisches Hintergrundwissen benötigt, insbesondere spezifisches Wissen über typische Schwierigkeiten und divergierende Deutungen. Dazu gehören etwa verschiedene Interpretationsmöglichkeiten eines (mathematischen) Begriffs, bereichsspezifische Diagnosekategorien (wie z.B. Grundvorstellungen, Wissen über Fehlvorstellungen etc.) im mathematischen Bereich oder Wissen beispielsweise über spezifische Wortstellungsprobleme im sprachlichen Bereich.

Gerade die bereichsspezifischen Elemente des Hintergrundwissens sind in einigen Diskursen zur Diagnostik oft übersehen worden. Helmke betont diese jedoch zu Recht: „Zu einer Diagnose wird die Beschreibung von Personen [bzw. ihren Äußerungen] erst dann, wenn sie auf einer expliziten theoretischen Basis, auf der Grundlage eines vorgegebenen kategorialen Rasters oder eines Konzepts erfolgt." (Helmke, 2003, S. 19). Diese kategorialen Raster erweisen sich für unsere Arbeit als essentiell, weil sie die Beziehung zwischen Theorie und diagnostischem und förderndem Handeln definieren. Sie sind daher in das Gestaltungsprinzip des forschenden Lernens durch das Attribut theoriebasiert integriert (vgl. folgenden Abschnitt).

Zum Erwerb diagnostischer Tiefenschärfe erfordert der Aufbau lernförderlicher Haltungen und Grundkompetenzen der Komponenten 1 und 2 Formen der Erarbeitung in einem Setting forschenden Lernens, das jedoch aufgrund der Wichtigkeit der Wissenselemente der Komponenten 3 und 4 immer auch theoriebasiert erfolgen muss. Der Erwerb inhaltlich adaptiver Handlungsfähigkeit baut substantiell auf der diagnostischen Tiefenschärfe auf, erfordert aber auch die Bereitstellung von Handlungsoptionen. Aufgrund des begrenzten Zeitrahmens wurde im Modul die diagnostische Tiefenschärfe stärker fokussiert, während die adaptive Handlungsfähigkeit als abgeleitete Kompetenz weniger Raum einnahm.

4.1.2 Prinzip des theoriebasierten forschendes Lernens

Das im Teilprojekt realisierte Seminarkonzept ist an das Prinzip des forschenden Lernens angelehnt, das in vielen verschiedenen Varianten Einzug in die Lehreraus- und -weiterbildung gefunden hat (Altrichter & Posch, 1998; Dirks & Hansmann, 2002; Schneider, 2009). Insbesondere im Bereich der schulpraktischen Studienelemente bewährt sich dabei die Verknüpfung von Theorien, Methoden und Berufspraxis entlang des klassischen Forschungszyklus (Themenfindung, Formulierung von Fragestellungen, Forschungsdesign, Durchführung, Auswertung, Vermittlung, Anwendung), in dem Professionalisierungsprozesse angestoßen und begleitet werden können für ein konsequentes Wechselspiel von Aktion und Reflexion (Altrichter & Posch, 1998). Diese Ausrichtung ist verbunden mit dem Ziel, dass Praxiserfahrungen und Alltagsverständnisse mittels einer wissenschaftsorientierten Distanznahme zu einer Reflexion und damit wieder zu einem neuen Blick auf die Wirklichkeit führen können (Schneider & Wildt, 2009).

Während andere Konzepte forschenden Lernens der eigenständigen Themenfindung ein großes Gewicht geben und ausgehend von der Themenfindung die Datenerhebung individuell planen lassen, starten wir in unserem Seminarkonzept mit einem gemeinsam geplanten Design-Experiment die Datenerhebung zur Diagnose fachlichen und sprachlichen Lernens (vgl. Abschnitt 4.3.2) und begrenzen die individuelle Themenfindung auf den jeweils spezifischen Fokus bei der Datenauswertung. Dadurch sind Thema und Forschungsmethoden stärker vorgegeben, so dass die Aufmerksamkeit auf die im vorangehenden Abschnitt genannten Aspekte des Diagnostizierens fachlichen und sprachlichen Lernens gelenkt werden kann.

Wie in anderen Konzepten steht dabei die eigene Felderfahrung im Zentrum des Professionalisierungsmoduls. Sie dient nicht nur der Wissensaneignung, sondern auch der Weiterentwicklung von Haltungen, Überzeugungen und Selbstkonzepten, in die diagnostische Tiefenschärfe einzubetten ist.

4.2 Exemplarisches Themenfeld Mathematiklernen bei Deutsch als Zweitsprache

Der Diskussionsstand rund um Mathematiklernen in der Zweitsprache ist in Prediger & Özdil (2011) in mehreren Beiträgen aufbereitet und wird hier nur zusammengefasst, um das exemplarische Themenfeld zu umreißen. Rund 30 % aller Schülerinnen und Schüler in Deutschland haben einen Migrationshintergrund (Mikrozensus, 2011), etwa 20 % sprechen laut Schätzungen eine nicht deutsche Erstsprache (Chlosta & Ostermann, 2008; IT NRW, 2012). Empirische Studien zeigen den geringeren Schulerfolg der Lernenden mit Deutsch als Zweitsprache gegenüber Lernenden deutscher Erstsprache (z.B. Burns & Shadoian-Gersing, 2010, S. 20), auch im Fach Mathematik (Heinze et al., 2009; Prediger et al., 2013). Dieser Befund zu differentiellen Lernerfolgen verweist insofern auf eine Schwäche des deutschen Schulsystems, als es Deutschland nachweislich schlechter als vergleichbaren Ländern gelingt, Schülerinnen und Schüler mit nicht deutscher Erstsprache zu fördern (OECD, 2007, S. 120).

Als Reaktion wird in den letzten Jahren zunehmend gefordert, dass jeder Fachunterricht einen Beitrag zur Aneignung der mündlichen und schriftlichen Unterrichtssprache auf bildungssprachlichem Niveau leisten muss (z.B. Ahrenholz & Oomen-Welke, 2008; Benholz & Lipowski, 2000; Krüger-Potratz & Supik, 2008; MSWF, 1999; Prediger & Özdil, 2011). Dies stellt allerdings hohe und keineswegs selbstverständliche Anforderungen an praktizierende Fachlehrkräfte, deren Problembewusstsein für die spezifischen Herausforderungen von Lernenden nicht deutscher Erstsprache oft noch gering ist (Hachfeld et al., 2010). In einem sehr lebendigen Feld der fachdidaktischen Unterrichtsentwicklung entstehen derzeit erste theoretisch begründete und praktisch erprobte, zum Teil auch empirisch beforschte Ansätze für eine fach- und sprachintegrierte Förderung (Leisen, 2005, 2010; Verboom, 2008; Benholz & Lipowski, 2010; Prediger & Özdil, 2011; Meyer & Prediger, 2012).

Auch für die Lehrerbildung rücken die spezifischen Anforderungen eines sprachsensiblen Fachunterrichts zunehmend in den Fokus der Aufmerksamkeit (Baur & Scholten-Akoun, 2010; Burns & Shadoian-Gersing, 2010; Chitera, 2011; Tajmel, 2010). In Nordrhein-Westfalen wurde den neuen Anforderungen an die Fachlehrerbildung im Lehrerausbildungsgesetz (MSWF, 2009) bildungspolitisch Nachdruck verliehen, indem im universitären Lehramtsstudium aller Fächer und Schulformen ein verpflichtendes DaZ-Modul (d.h. ein Modul zum fachlichen

Lernen bei Deutsch als Zweitsprache) verankert wurde (Baur et al., 2009). Das von uns entwickelte Modul soll daher sowohl den Anforderungen an die schulpraktische Professionalisierung als auch an das DaZ-Modul für künftige Lehrkräfte ohne sprachwissenschaftliche Ausbildung Rechnung tragen.

4.3 Umsetzung im Professionalisierungsmodul

Das Professionalisierungsmodul zur fach- und sprachintegrierten Diagnose und Förderung für Mathematiklernen in der Zweitsprache wurde im Rahmen des dort-MINT-Projektes in einem iterativen Prozess von Entwicklung und Erprobung in insgesamt sechs Durchgängen erarbeitet und im Jahr 2011 qualitativ und quantitativ evaluiert.

Das Modul wurde realisiert in einem Seminar (mit 4 SWS und 6 ECTS) für jeweils 18–30 Lehramtsstudierende im 4.–7. Semester mit Unterrichtsfach Deutsch und / oder Mathematik, vorrangig für die Sekundarstufe I. Alle teilnehmenden Lehramtsstudierenden haben im Rahmen eines didaktischen Grundlagenstudiums im jeweils anderen Fach ebenfalls einige fachliche und fachdidaktische Veranstaltungen und mindestens eine Veranstaltung zur DaZ-Didaktik besucht.

4.3.1 Gestaltungsprinzipien des Seminars

Folgende drei Prinzipien leiten die inhaltliche und methodische Gestaltung des Seminars und werden auch von anderen Arbeiten zur Lehrerbildung in diesem Themenbereich als bedeutsam herausgestellt:

a. Theoriebasiertes forschendes Lernen als Ansatz der Aktion und Reflexion
   Insbesondere Haltungen ändern sich nur durch intensive eigene Erfahrungen, nicht durch Textarbeit allein, deswegen werden Ansätze des forschenden Lernens vielerorts betont. Nach dem Prinzip von Aktion und Reflexion (Breen, 2003) wird daher ins Zentrum des Seminars die praktische Erprobung von Diagnose und Förderung gestellt und immer mit handfesten Wissenselementen fundiert.

b. Durchgängige Sensibilisierung für die Bedeutung des Themas Mehrsprachigkeit
   Auch wenn wir in der Entwicklung des Moduls auch übergreifende Ziele zur Diagnose und Förderung generell verfolgen, bedarf das ausgewählte Thema einer besonderen Beachtung. Denn selbst bei den Studierenden, die sich freiwillig für das Thema entschieden haben, zeigt sich eine weitergehende Sensibilisierung für die Bedeutung der sprachlichen Ebene beim fachlichen Lernen als dringend erforderlich (vgl. Burns & Shadoian-Gersing, 2010; Tajmel, 2008).

c. Integration statt Addition interdisziplinärer Perspektiven

Die für das Thema Mathematiklernen in der Zweitsprache notwendige Integration sprach- und fachdidaktischer Perspektiven steht exemplarisch für eine Herausforderung, die Lehrkräfte täglich zu bewältigen haben, nämlich die notwendige Integration verschiedener disziplinärer Perspektiven (z.B. fachliche, fachdidaktische, pädagogische, psychologische, sprachdidaktische usw.) auf Lehr-Lernprozesse. Die Entwicklung des Professionalisierungsmoduls nutzen wir daher auch für eine Sondierung der Frage, was die Berufswissenschaften der Lehrkräfte zunächst an interdisziplinärer Integrationsleistung leisten müssen, um diese Arbeit nicht allein der Schule zu überlassen. Konkret ist die in Abschnitt 4.2 begründete Integration fachlicher und sprachlicher Aspekte der Diagnose und Förderung im Seminar ein durchgängiges Prinzip der Inhaltsaufbereitung, denn gerade wenn ein Großteil der Literatur die Integration noch nicht leistet, kann dies den Studierenden nicht allein zugemutet werden, sondern muss permanenter Bestandteil im Seminar sein.

4.3.2 Designexperiment im Zentrum des forschenden Lernens

Zur praktischen Erprobung von Diagnose und Förderung nach dem Prinzip des theoriebasierten forschenden Lernens steht ein Designexperiment (Cobb et al., 2003) im Zentrum des Seminars, in dem Studierende mit je 2–3 Schülerinnen und Schülern einer meist selbst gewählten Schule arbeiten. Die Arbeit der Kinder an einer gemeinsamen mathematisch und sprachlich herausfordernden Aufgabenstellung (ein Beispiel für Klasse 6 ist abgedruckt in Abb. 1) wird videographiert, transkribiert und analysiert im Hinblick auf die Verstehens- und Denkprozesse der Kinder. Die fach- und sprachintegrierte Diagnose wird durch die Entwicklung von Förderansätzen für die beobachteten Kinder abgerundet.

Studie zur Koordinationsfähigkeit
In einer Gesamtschule in Nordrhein-Westfalen wurde eine Studie zur Koordinationsfähigkeit von Schülern durchgeführt, in der untersucht wurde, wie viele Schüsse beim Schießen auf eine Torwand ins Tor gingen. Insgesamt wurden vier Gruppen und ihre Trefferquoten verglichen:
Gruppe 1 traf bei 10 Schüssen 7 mal, während bei der zweiten Gruppe 50% der Schüsse ins Tor gingen. In Gruppe 3, der auch die meisten Schüler angehörten, traf man 4 mal bei 6 Versuchen. In Gruppe 4 wurde bei jedem vierten Schuss ein Treffer erzielt.
Welcher Gruppe gehören die Schüler an, die über die höchste Koordinationsfähigkeit verfügen?

Abb. 4.1: Text für das Designexperiment

Das Designexperiment ist durch die Think-Pair-Share-Methode strukturiert: In einer ersten Phase (Think) beschäftigen sich zwei oder drei Kinder in Einzelarbeit mit einer ausgewählten Aufgabe und notieren mögliche Lösungsideen. In der zweiten Phase (Pair) tauschen sie sich über ihre Lösungsideen aus und versuchen, die Erklärung der anderen nachzuvollziehen. Anschließend sollen sie sich möglichst auf eine

Lösung einigen, die für alle nachvollziehbar und begründbar ist. In der dritten Phase (Share) teilen die Kinder der interviewenden Person, die sich bis dahin aus dem Lösungsprozess herausgehalten hat, ihre Lösung mit und erklären den Lösungsweg. Hinzu kommt in dieser Phase der Auftrag, die Lösung auch graphisch darzustellen (vgl. Abb. 2).

Abb. 4.2: Schülerlösung zum Vergleich mit Bruchstreifen

Inhaltlich bezieht sich die Aufgabenstellung „Studie zur Koordinationsfähigkeit" (in Abb. 1) auf den Vergleich von Anteilen in verschiedenen Darstellungsformen, die ineinander umgewandelt werden müssen, um sie zu vergleichen. Intendiert ist weiterhin eine Diskussion, ob ein Vergleich relativer oder absoluter Häufigkeiten fairer wäre. Mit den Bruchstreifen wird in der Share-Phase ein zentrales Anschauungsmittel zum Vergleich von Anteilen zur Verfügung gestellt.

4.3.3 Inhalte und Vorgehensweisen im Seminar

Die Durchführung und Auswertung des Designexperiment ist im Seminar eingebettet in Theoriearbeit und gemeinsames Durchlaufen des forschenden Prozesses in vier Themenblöcken, die gleichermaßen thematische Tiefe und analytische Breite ermöglichen sollen. Die Themenblöcke sind in Tabelle 1 für das exemplarische Themengebiet Brüche aufgeführt.

Durch spezifische Eingangsanforderungen an alle Teilnehmenden des Seminars (Absolvierung von sprach- und mathematikdidaktischen Grundlagenveranstaltungen), wird zwar formal eine gemeinsame Wissensbasis gesichert. Da diese aber nicht bei allen Studierenden gleichermaßen gefestigt ist, werden in *Block I* einige Aspekte noch einmal aufgegriffen, wiederholt und / oder ergänzt und so für die praktische Nutzung verfügbar gemacht.

Tab. 4.1: Seminarfahrplan

Block I: Basiswissen	1	• Einführung (Organisatorisches, Vorstellung) • Vorerhebung (Fragebogen und Diagnoseaufgabe) • Textarbeit und Diskussion zur Mehrsprachigkeit und Klären der Begriffe Erst-, Zweit- und Fremdsprache im Plenum
	2	• Recherche zur Mehrsprachigkeit in Bevölkerungsstatistiken • Exemplarischer Sprachvergleich in Gruppenarbeit: Deutsch versus Türkisch, Russisch und Marathi
	3	• Mathematikdidaktische Literaturarbeit zum Umgang mit Brüchen • Erste Überlegungen zum Entwickeln einer Forschungsfrage
	4	• Entdecken von Merkmalen von Fachsprache, Bildungssprache und Alltagssprache in Gruppenarbeit • Sprachliche und mathematikdidaktische Aufgabenanalyse
Block II: Vorbereitung und Durchführung des Designexperiments	5	• Einarbeitung in Designexperimente, Simulation zur Weiterentwicklung der Gesprächsführung, Konkretisierung des Leitfadens
	6	• Entwicklung eines Lernbiographie-Fragebogens im Hinblick auf die Datenerhebung • Vorbereitung des Designexperiments (Herstellen bzw. Organisieren der benötigten Materialien und Unterlagen) • Technische Einführung in Transkribieren mit EXMARaLDA
	7	• Durchführung des Designexperiments an den Schulen
Block III: Analyse des Design-experiments	8	• Exemplarische Analyse eines Transkriptausschnitts • Entwicklung einer Forschungsfrage anhand des eigenen Transkripts
	9	• Konkretisierung der Fragestellung in Kleingruppen
Block IV: Ausweitung des Repertoires zur Diagnose und Förderung		• Diagnostik: Sprachprofilanalyse nach Grießhaber anhand selbst erhobener Sprachdaten aus den Interviews
	10	• Erproben weiterer diagnostischer Instrumente in Deutsch und Mathematik: C-Test und Sprachbiographie, Diagnoseaufgaben Mathematik
	11	• Diagnose und Förderung unter dem Fokus Mehrsprachigkeit: Zweitspracherwerbsprozesse
	12	• Förderung (Stationsrundgang mit vorbereitetem Material): Leseverstehen, Wechsel von Darstellungsformen, Schreiben, Scaffolding
Fortsetzung Block III	13	• Erstellen eigener Materialien zur fach- und sprachintegrierten Förderung der Kinder aus den Designexperimenten • Entwicklung eines Förderplans
	14	• Präsentation der Ergebnisse
	15	• Abschlussbesprechung • Nacherhebung (Fragebogen und Diagnoseaufgabe)

In *Block II* werden die Studierenden auf das Designexperiment im Interviewsetting vorbereitet. Dazu eignen sie sich Fertigkeiten zur Datenerhebung mit Videographie und zur Gesprächsführung in diagnostischen Interviews (Selter & Spiegel, 1997) an. Das Setting der Designexperimente wird vorgestellt und durch gemeinschaftliche Ausarbeitung eines Leitfadens konkretisiert sowie in Rollenspielen simuliert, um die individuellen Techniken der Gesprächsführung weiter zu entwickeln. Die Durchführung der Designexperimente wird von den Studierenden als Höhepunkt des Seminars wahrgenommen.

Im Zentrum steht die Durchführung und Analyse des Designexperiments (ausführlicher beschrieben in Özdil, 2011), dazu werden Transkripte und Schrifterzeugnisse der Kinder diskutiert. In Block III entwickeln die Studierenden anhand ihrer selbst erstellten Transkripte und Dokumente der Kinder eine Fragestellung, die sie vertieft beforschen wollen. Dabei werden sie durch die Seminarleitung und die anderen Seminarteilnehmer unterstützt, indem die Transkripte und Schrifterzeugnisse der Kinder diskutiert und mögliche Fragestellungen und ihre Anbindung an die Theorie besprochen werden. Dadurch sollen die Teilnehmenden dazu befähigt und angeregt werden, einerseits ihre diagnostischen Kompetenzen zu schulen und zu erweitern und andererseits ihre wissenschaftlichen Fähigkeiten weiter auszubauen.

Die Studierenden erstellen im Anschluss an das Seminar einen Projektbericht, der folgendes beinhaltet: Forschungsfrage, theoretischer Hintergrund, Analysen, mögliche Fördermaßnahmen sowie selbstreflexive Elemente. Beispiele für Forschungsfragen sind:

- Welchen Einfluss hat das sprachliche Lehrerverhalten auf die Denkweisen der Kinder?
- Inwiefern beeinflusst die Kompetenz in der Erstsprache die Bearbeitung in der Zweitsprache?
- Wie gehen mehrsprachige Schülerinnen und Schüler mit sprachrelevanten Besonderheiten in mathematischen Textaufgaben um?

Komplementär zur Lernprozessdiagnostik aus dem Designexperiment lernen die Studierenden in *Block IV* weitere diagnostische Instrumente kennen und erproben diese, z.B. sprachbezogene Diagnoseinstrumente wie Profilanalyse, Sprachbiographie-Erhebung sowie C-Tests. Im mathematischen Kontext werden Kriterien für gute Diagnoseaufgaben diskutiert.

Für den Aufbau einer adaptiven Handlungsfähigkeit werden (über die im Designexperiment genutzten Ansätze des Darstellungswechsels und Think-Pair-Share hinaus) weitere fach- und sprachintegrierte Förderansätze thematisiert, theoretisch beleuchtet und auf die eigene Forschungsfragen praktisch bezogen. Auch wenn die Zeit für eine weitere Erprobung der Förderung im Designexperiment in diesem Seminar nicht gegeben ist, wird der Ernsthaftigkeit dadurch Nachdruck verliehen, dass sich die Planung auf die konkret jeweils diagnostizierten Schülerinnen und Schüler bezieht.

Insgesamt gelingt so eine abgestimmte Komposition von Theoriebasierung durch Erarbeitungsphasen und eigenständigem forschenden Lernen auf theoretischer Basis in vorgegebenen Designexperimenten und der Fokussierung auf eigene Fragestellungen hinterher.

4.4 Einblicke in die qualitative und quantitative Evaluation

Evaluiert wurde das Modulkonzept im Wintersemester 2010/11 und Sommersemester 2011 in zwei Interventionsgruppen. Die quantitative Analyse bezog sich auf die Erhebung seminarspezifischer Selbstkonzepte und mit vier offenen Items auf Wissen über Diagnose und Förderung in einem Prä-Post-Kontrollgruppendesign (vgl. Abschnitt 4.4.2). Die qualitative Evaluation fokussierte (der Priorisierung im Seminar entsprechend) auf die Analyse des Zuwachses an diagnostischer Tiefenschärfe (vgl. Abschnitt 4.4.1). Beide Teile sind hier mit einigen Kürzungen aus Prediger et al. (2012) übernommen.

4.4.1 Qualitative Analyse des Zuwachses an diagnostischer Tiefenschärfe

Reichhaltiger diagnostischer Auftrag

Um die Entwicklung der diagnostischen Tiefenschärfe der Seminarteilnehmenden zu erfassen, wurde ein reichhaltiger diagnostischer Auftrag entwickelt, der schriftlich zu bearbeiten war (vgl. Abb. 3, zu Aufgabe und Schülerlösung vgl. Prediger & Wessel, 2011).

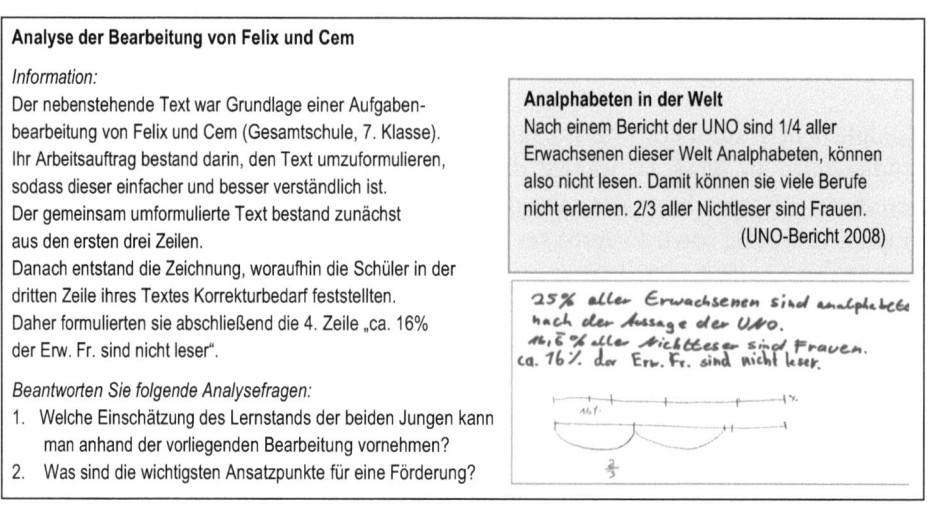

Abb. 4.3: Reichhaltiger diagnostischer Auftrag

Die Analyse der Dokumente der Schülerinnen und Schüler ist anspruchsvoll, da man zur Einschätzung des Lernstands auf Feinheiten der sprachlichen und mathematischen Beziehungen achten muss, die bei rein oberflächlicher Betrachtung unentdeckt bleiben können.

Aus sprachlicher Sicht ist der Fokus darauf zu richten, wie Felix und Cem den Ausgangstext vereinfachen, also die erste Aufgabenstellung umsetzen. Den ersten Satz stellen sie um, übernehmen aber die Genitivkonstruktion (*aller Erwachsenen*), die a priori als schwierig eingestuft wurde. Dies deutet entweder darauf hin, dass die beiden hier keinen Vereinfachungsbedarf sehen, weil ihnen die Konstruktion nicht schwierig erscheint, oder dass sie keine alternative Formulierung finden. Das Genitivattribut *dieser Welt* lassen sie dagegen weg, evtl. weil es ihnen redundant erscheint. Die Präpositionalphrase des Satzanfangs greifen sie in leicht abgewandelter Form (z.B. *Aussage* statt *Bericht*) auf und stellen es an das Ende des Satzes. Mit dieser Umstellung wird die Zahlenangabe stärker betont. Zusätzlich nehmen sie eine symbolische Umwandlung des Bruchs in eine Prozentzahl vor, die ihnen vertrauter zu sein scheint. Die Genitivkonstruktion in Zeile 3 wird ebenfalls übernommen. Die zentralen Inhalte des Textes erscheinen also hinreichend erfasst, die sprachliche Komplexität wenig reduziert.

Aus *mathematischer Sicht* sind die Bezüge der Anteile zentral: Sie berechnen direkt den Anteil vom Anteil ($\frac{2}{3}$ von 25% sind 16%, oder $\frac{2}{3}$ mal $\frac{1}{4}$ = $\frac{1}{6}$ oder 16,66%). Den berechneten Anteil 16% beziehen sie allerdings nicht auf *alle Menschen*, sondern behalten den Wortlaut des Originaltextes mit der nun falschen Bezugsgröße *alle Nichtleser* bei. An ihrem Prozentstrahl erkennen sie, dass sie die Zahlen fehlerhaft zueinander in Beziehung gesetzt haben, denn sie sehen, dass $\frac{2}{3}$ nicht gleich 16% sind. Die sich anschließende Korrektur misslingt wieder, sie ziehen nun die *erwachsenen Frauen* als Ganzes heran statt des weiblichen Nichtlesers. Die Jungen scheinen also über eine Vorstellung des Anteils-vom-Anteil zu verfügen, allerdings noch nicht stabil, wie ihre für Brüche durchaus typischen Schwierigkeiten mit wechselnden Bezugsgrößen zeigen. Die Identifikation der aktivierten Grundvorstellung ‚Anteil vom Anteil' und der typischen Schwierigkeit mit der Bezugsgröße erfordern die Verfügbarkeit stoffdidaktischen Wissens als bereichsspezifische diagnostische Kategorie im Inhaltsbereich Anteile und Brüche. Die mögliche Verstärkung des mathematischen Problems durch eine eingeschränkte sprachliche Ausdrucksfähigkeit (wie formuliert man Beziehungen zwischen Teil, Anteil und Ganzem sprachlich sauber?) gibt ein Beispiel für die Verknüpfung sprachlicher und konzeptueller Hürden.

Vergleich der Vor- und Nacherhebung

Der reichhaltige diagnostische Auftrag (Abb. 4.3) wurde zu Beginn und Ende des Sommersemesters 2011 als Vor- und Nacherhebung eingesetzt, um die Entwicklung der diagnostischen Tiefenschärfe der Studierenden zu erfassen. Am Fallbeispiel der Studentin Elisa wird gezeigt, wie sich die diagnostische Tiefenschärfe individuell entwickeln kann: In der Vorerhebung schreibt Elisa (unter anderem):

(zu 1) „Auffällig sind grundsätzliche Schwierigkeiten in Bezug auf das Textverständnis. (…)"

(zu 2) „Ansatzpunkte für eine Förderung könnten die gezielte Förderung des Deutschen in Bezug auf die Fachsprache Mathematik sein, häufiger Umgang mit Texten, Textaufgaben, und Klärung fremder / unbekannter Begriffe (…)"

Elisa aktiviert sowohl allgemeines als auch bereichsspezifisches Hintergrundwissen mithilfe von sprachlichen Analysekategorien. Die mathematikdidaktische Perspektive ist in Elisas Analyse noch ausgeklammert, wodurch wichtige Aspekte, die zur Durchdringung des Denkprozesses der Schüler nötig wären, nicht thematisiert werden. In der Nacherhebung dagegen bezieht Elisa auch mathematikdidaktische Aspekte in die Analyse mit ein und erkennt, dass die Lernenden erst sukzessive verstehen, „dass die ⅔ nicht lesen könnende Frauen innerhalb der Gruppe der Nichtleser zu verorten sind". Sie aktiviert also die für Bruchrechnung zentrale Kategorie des von den Lernenden betrachteten Bezugsganzen. Bezogen auf die Förderung stellt sie fest: „Arbeit mit Brüchen stärken, zusätzlich Transfer zwischen verschiedenen Darstellungsformen fördern".

Diesen Ansatzpunkt ergänzt Elisa mit ausdifferenzierteren sprachdidaktischen Überlegungen: „gezielter Aufbau der sprachlichen Fertigkeiten durch Förderung selbstverfasster Texte -> in Verbindung mit Mathematik möglich -> sinnvolle, problemorientierte Sachaufgaben, die sowohl sprachlich als auch mathematisch herausfordern und fördern".

Elisa integriert also nun sprach- und mathematikdidaktische Perspektiven, auch wenn sie mit ihren Vorschlägen noch auf einer recht allgemeinen Ebene bleibt, ohne konkret zu benennen, welche Art von Aufgaben sich eignen würde.

Ähnlich wie Elisa zeigen die meisten Studierenden in ihren Analysen eine den Jungen gegenüber aufgeschlossene Haltung, wenn sie den Lernprozess von Felix und Cem in dieser Szene nachvollziehen (Komponente 1). Allerdings wird in den Vorerhebungen noch nicht immer tiefenanalytisch gearbeitet im Sinne der Komponenten 2 bis 4, so dass in einigen Fällen der Lernstand nicht adäquat eingeschätzt werden kann. Als Konsequenz verbleiben auch die Fördervorschläge auf allgemeiner Ebene und treffen nicht alle den Kern.

Bzgl. Komponente 4 ist die Aktivierung fach- und sprachdidaktischer Kategorien entscheidend. Am Ende des Semesters zeigt sich bei vielen Studierenden eine deutliche Veränderung hin zu einer *Erweiterung, Ausdifferenzierung und Verschränkung bereichsspezifischer sprach- und fachdidaktischer Kategorien.* Auffällig ist ebenfalls eine bessere Passung der Fördervorschläge ausgehend von der Lernstandsanalyse. Dabei werden u.a. Fördervorschläge zur fach- und sprachintegrierten Förderung aktiviert, die im Seminar erarbeitet worden sind (wie z.B. die Arbeit mit einem Wortspeicher) und auch sprachwissenschaftliche Analysevorgehen wie ein Analyseraster werden herangezogen.

Von insgesamt 14 Studierenden konnten schriftliche Bearbeitungen von beiden Zeitpunkten ausgewertet werden. Eine Analyse hinsichtlich der vier Komponenten diagnostischer Tiefenschärfe hat gezeigt, dass sich die Bearbeitungen bei zehn Studierenden von der Vor- zur Nacherhebung deutlich intensiviert haben, bei den übrigen vier Studierenden ist das Niveau gleich geblieben. Davon waren allerdings die Analysen von drei Studierenden schon in der Vorerhebung sehr reichhaltig, so dass ihre Weiterentwicklung nicht erfassbar war.

4.4.2 Quantitative Evaluation des Zuwachses im Wissen und in den Selbstkonzepten

Design und Evaluationsgegenstände

Komplementär zur qualitativen Untersuchung des Zuwachses an diagnostischer Tiefenschärfe wurden im Wintersemester 2010/11 und Sommersemester 2011 weitere Aspekte des Professionswissens einer quantitativen Evaluation im quasiexperimentellen Prä-Post-Kontrollgruppen-Design unterzogen. Unter Berücksichtigung der Komponenten 3 und 4 der diagnostischen Tiefenschärfe, d.h. dem bereichsübergreifenden und gegenstandspezifischen Wissen, sowie der adaptiven Förder-Fähigkeit wurden vier Teilbereiche und ihre konsequente Verknüpfung spezifiziert, nämlich Wissen über

- tragfähige Kategorien zur Beschreibung typischer *sprachlicher Herausforderungen und Ressourcen* zweitsprachlicher Lernender im Mathematikunterricht (z.B. Unterschied Alltags- und Bildungssprache, Mündlichkeit-Schriftlichkeit, mathematikrelevante sprachwissenschaftliche Kategorien wie Nominalisierungen, Referenzketten zur Herstellung von Textkohäsion, …)
- tragfähige Kategorien zur Beschreibung typischer fachlicher Herausforderungen und Ressourcen zweitsprachlicher Lernender (z.B. Grundvorstellungen von Brüchen, Rolle der Bezugsgröße für das Bruchverständnis)
- Ansätze zur sprachlichen Förderung (z.B. gezieltes Angebot von Sprachmitteln im Scaffolding)
- Ansätze zur Förderung des fachlichen Verständnisses (z.B. Prinzip inhaltliches Denken vor Kalkül oder Darstellungswechsel).

Da im Studium erworbenes Wissen meist nur dann für konkretes didaktisches Handeln aktiviert wird, wenn es mit dafür zuträglichen Überzeugungen und Selbstkonzepten verknüpft ist, haben wir in der Evaluation des Professionalisierungsmoduls auch die Selbstkonzepte über dieses Wissen erfasst.

Um Selbstkonzept- sowie Wissenszuwächse weitestgehend auf das Seminar als Intervention zurückführen zu können, wurden die Konstrukte zu zwei Messzeitpunkten vor und nach der Vorlesungszeit in diesem Seminar in einem quasiexperimentellen Design mit Interventionsgruppe und zwei Kontrollgruppen erhoben.

Stichproben

Die Interventionsgruppe aus dem Seminar (SG, n=32), bestehend aus allen Teilnehmern an dem in Abschnitt 4.3 beschriebenen Seminar, wurde mit zwei Kontrollgruppen verglichen, die Diagnose- und Förder-Seminare besuchten, in denen entweder sprachliche oder mathematikdidaktische Aspekte thematisiert wurden ohne Integration beider Bereiche (KG, zusammen n=56). Interventions- und Kontrollgruppe waren in wesentlichen thematischen Einflussgrößen (Vorerfahrungen, Semesterzahl, Erfahrung mit multikulturellen Klassen, u.ä.) vergleichbar.

Erhebungsinstrumente

Als Erhebungsinstrumente dienten Skalen zur Selbsteinschätzung des Wissens und Könnens im Bereich Diagnose und Förderung im sprachsensiblen Mathematikunterricht mit Items auf einer vierstufigen Likert-Skala 1. zur Mathematik (Item-Beispiel: „Ich kann Fördermaterialien hinsichtlich ihrer mathematikdidaktischen Eignung beurteilen.“), 2. zur Sprache (Item-Beispiel „Ich kenne Möglichkeiten der Diagnose des Sprachstandes von Schülerinnen und Schülern nicht deutscher Muttersprache.“), 3. zur Sprachlichkeit mathematischen Lernens (Item-Beispiel „Ich kenne Ansätze zur Sprachförderung im Mathematikunterricht.“) und 4. zu Forschung (Item-Beispiel „Ich kenne Ergebnisse aktueller Studien zur Thematik sprachlicher Herausforderungen im Mathematikunterricht.“) (Prediger, Seipp, Tschierschky & Wessel, 2010a).

Hinzu kamen offene Wissensfragen zu mathematischen und sprachlichen Herausforderungen und Förderansätzen: zu mathematischen Herausforderungen („Bitte nennen Sie typische Schwierigkeiten, die viele Schülerinnen und Schüler im Umgang mit Brüchen haben.“), sprachlichen Herausforderungen, sprachlichen Förderansätzen („Beschreiben Sie bitte Ansätze/Strategien, … wie jede Schülerin und jeder Schüler im Mathematikunterricht sprachlich gefördert werden kann.“) und mathematischen Förderansätzen (Prediger, Seipp, Tschierschky & Wessel, 2010b). Zur Beurteilung der Antworten wurde die individuelle Veränderung der Antwortqualitäten durch den jeweiligen Vergleich der Antworten in Vor- und Nacherhebung erfasst.

Auswertung der Gruppenvergleiche zur Selbsteinschätzung des Wissens und Könnens zu Diagnose und Förderung im sprachsensiblen Mathematikunterricht

Die Auswertung der Gruppenvergleiche bzgl. der Selbsteinschätzungsskalen erfolgte über Varianzanalysen mit Zeit als Messwiederholungsfaktor. Daneben wurden Effektstärken (ES) sensu Glass (1976) (standardisierte Mittelwertdifferenzen mit der Wurzel aus der gepoolten Varianz als Standardisierungsfaktor) herangezogen. Entsprechend einer Klassifikation von Cohen (1977) und Orwin (1983) sind Effektstärken unter 0.2 als klein, von ca. 0.5 mittelgroß und von über 0.8 als groß einzuschätzen.

Die Varianzanalysen zum Vergleich der Zuwächse in Vor- und Nacherhebung im Vergleich der Gruppen zeigen, dass die Interventionsgruppe in allen Subskalen den größten Zuwachs hat. Dieser wird zwar bei den Subskalen Mathematik und Sprache nicht signifikant, ist aber mit einer mittleren (ES = + 0.51) bzw. großen Effektstärke (ES = + 0.99) verbunden. In der Fähigkeitsselbsteinschätzung im Bereich der Sprachlichkeit mathematischen Lernens, des Konstrukts also, das den besonderen Gegenstand des Seminars ausmacht, verzeichnen die Kontrollgruppen geringe Zuwächse (ES = +.35 bzw. ES = +.61), die Interventionsgruppe entwickelt dagegen ihre Fähigkeitsselbsteinschätzung signifikant höher weiter (ES = + 1.64, $F_{(Gruppe)}$ = 7.50, p = .001, $F_{(Zeit)}$ = 81.01, p ≤ .0001 und $F_{(Gruppe x Zeit)}$ = 9.06, p ≤.0001). Auch bzgl. Forschung wächst der Fähigkeitsselbsteinschätzungswert der Interventionsgruppe mit einer Effektstärke von +.96 (vgl. Tabelle 2 in Prediger et al., 2012).

Auswertung der Gruppenvergleiche zum Zuwachs bei den offenen Fragen
zu mathematischen und sprachlichen Herausforderungen und Förderansätzen
Die Rangdaten der Codierung der Veränderung der offenen Fragen zwischen den Messzeitpunkten (schlechter, gleich / gleich auf hohem Niveau, besser) wurden je einer parameterfreien Kruskal-Wallis Rangvarianzanalyse (auch H-Test, nach Kruskal & Wallis, 1952) mit den drei Gruppen als unabhängiger Variable unterzogen. Die so ermittelten Unterschiede zwischen den Gruppen sind mit Ausnahme der vierten Frage signifikant (vgl. Tabelle 2).

Tab. 4.2: Signifikanz der Gruppenunterschiede in der Veränderung der Qualität der Aufgabenbearbeitung zum Wissen …

… über mathematische Herausforderungen	H= 8.99, p = .011, n = 80
… über sprachliche Herausforderungen	H= 6.16, p = .046, n = 77
… über sprachliche Förderansätze	H= 15.25, p ≤.0001, n = 77
… über mathematische Förderansätze	H= 1.37, n.s., n = 77

Außer den mathematischen Förderansätzen, die auch in anderen Seminaren gelernt wurden, ist das mathematik- oder zweitsprachdidaktische Wissen zur Diagnose und Förderung im hier dargestellten Seminar demnach am besten gelernt worden.

4.4.3 Fazit der Evaluationen

Insgesamt zeigen die qualitative und quantitative Auswertung die Veränderungen, die im Wissen, Können und vor allem in den Selbsteinschätzungen der künftigen Fachlehrkräfte durch ein Seminar zu erzielen sind. Auch wenn aufgrund der geringen Zahl an Probanden nicht alle Veränderungen signifikant werden, sind die Effektstärken für die Interventionsgruppe deutlich und ermutigend, das Konzept weiter anzuwenden und auszubauen. Die eine Kontrollgruppe, die im Rahmen eines Sprachförderprojektes zwar im Interventionszeitraum breite praktische Erfahrungen machte, aber weniger fokussierte theoretische Reflexionsangebote erhielt, schnitt trotz der praktischen Erfahrungen in einigen Bereichen schwächer ab. Dies zeigt, wie wichtig es ist, praktische Erfahrungen immer mit fokussierten theoretischen Reflexionen zu verknüpfen und bekräftigt damit die Bedeutung theoriebasierten forschenden Lernens. Gleichzeitig zeigen die Evaluationsdaten, dass sich eine weitere Intensivierung der Professionalisierung zum fachlichen Lernen in Kombination mit sprachlichem Lernen unbedingt lohnt.

4.5 Ausblick

Mit den angedeuteten Evaluationsergebnissen erweist sich das Konzept zum schulpraktischen Modul zur Diagnose und Förderung in seiner konkreten Umsetzung für das exemplarische Thema Mathematiklernen in der Zweitsprache als wirksam und auch als ausbaufähig für andere Fächer (vgl. Abschnitt 4.5.1). Auch jenseits der Thematik des Fachlernens in der Zweitsprache erscheint der Ansatz, das praktische Erproben von Diagnose und Förderung zu rahmen mit theoriebasiertem forschendem Lernen in Designexperimenten, auch auf andere Themen übertragbar (vgl. Abschnitt 4.5.2).

4.5.1 Übertragung des fach- und sprachintegrierten Diagnose- und Fördermoduls auf andere MINT-Fächer

Die Thematik des Fachlernens unter Berücksichtigung sprachlicher Benachteiligungen ist nicht nur für Mathematik von großer Bedeutung, sondern für alle Schulfächer (MSWF, 1999). Daher sind Nachfolgeprojekte erstrebenswert, die das entwickelte Modulkonzept auf andere Fächer übertragen. Dabei erscheint die Berücksichtigung der Fächerspezifika so zentral, dass eine Übertragung wiederum die interdisziplinäre Zusammenarbeit zwischen Fachdidaktik und Sprachdidaktik notwendig macht.

Für alle Fächer tragfähig scheint der Ansatz zu sein, Designexperimente ins Zentrum zu stellen und dabei gerade die Integration fachlicher und sprachlicher Herausforderungen in den Blick zu nehmen. Ob diese eher im sprachproduktiven oder im sprachrezeptiven Bereich besonders zentral sind und welche sprachlichen Herausforderungen dabei auftauchen, wird von Fach zu Fach variieren.

4.5.2 Übertragung auf andere Themen der schulpraktischen Erprobung von Diagnose und Förderung

So wichtig das Thema des sprachlichen und fachlichen Lernens ist, ist es natürlich dennoch nicht das einzige, mit dem sich künftige Fachlehrkräfte bzgl. Diagnose und Förderung beschäftigen müssen. Auch andere, rein innerfachliche oder erziehungswissenschaftliche Aspekte der Diagnose und Förderung sollten im schulpraktischen

Teil des Studiums fokussiert werden, wie zum Beispiel das Verstehen fachlicher Inhalte, unterschiedliche Denkstile oder geschlechterspezifische Interessenlagen und Zugangsweisen.

Gerade die Thematik von Diagnose und Förderung ist für forschende Lernprozesse der Studierenden insofern hoch geeignet, als die forschende Grundhaltung durch die Diagnoseanforderung ausgeschärft wird: Wer rekonstruieren will, wie Lernende denken, muss genau hinschauen, dies ist ein wesentliches Merkmal für forschendes Lernen. Da wissenschaftliche Diagnostik immer die Aktivierung theoretisch begründeter Kategorien voraussetzt, ist die Theoriebasiertheit der forschenden Aktivitäten dabei sehr natürlich.

Gleichzeitig ermöglicht die Beziehung zwischen Diagnose und adaptiver Förderung eine für viele Studierende einleuchtende Auflösung des viel beklagten Theorie-Praxis-Dilemmas, weil Forschung und praktisches Handeln hier genuin zusammen spielen. Die individualdiagnostische Perspektive ist zwar nur eine unter vielen wichtigen Perspektiven für Forschung, aber aus unserer Erfahrung diejenige, die im Unterricht unmittelbarer handlungswirksam wird als z.B. Interaktionsanalysen oder large scale assessments. Daher plädieren wir dafür, auch für andere Themenbereiche Designexperimente in das Zentrum des forschenden Lernens in schulpraktischen Modulen des universitären Studiums zu stellen.

Literatur

Ahrenholz, B. & Oomen-Welke, I. (Hrsg.) (2008). *Deutsch als Zweitsprache*. Baltmannsweiler: Schneider.

Altrichter, H. & Posch, P. (1998). *Lehrer erforschen ihren Unterricht. Eine Einführung in die Methoden der Aktionsforschung*. Bad Heilbrunn: Klinkhardt.

Artelt, C. & Gräsel, C. (2009). Diagnostische Kompetenz von Lehrkräften. *Zeitschrift für Pädagogische Psychologie* 23 (3–4), 157–160.

Baumert, J. & Kunter, M. (2006). Stichwort: Professionelle Kompetenz von Lehrkräften. *Zeitschrift für Erziehungswissenschaft* 9 (4), 469–520.

Baur, R. & Becker-Mrotzek, M. et al. (2009). *Modul „Deutsch als Zweitsprache" (DaZ) im Rahmen der neuen Lehrerausbildung in Nordrhein-Westfalen*. Essen: Stiftung Mercator. Verfügbar unter: http://www.mercator-foerderunterricht.de/fileadmin/user_upload/ INHALTE_UPLOAD/Microsite%20Foerderunterricht/Fachmaterialien/DaZ_Modul_ Endversion_20090507.pdf [30. April 2011].

Baur, R. & Scholten-Akoun, D. (Hrsg.) (2010). *Deutsch als Zweitsprache in der Lehrerausbildung. Bedarf – Umsetzung – Perspektiven*. Dokumentation der Fachtagungen zur Situation in Deutschland und in Nordrhein-Westfalen am 10. und 11. Dezember 2009. Essen: Stiftung Mercator.

Benholz, C. & Lipkowski, E. (2000). Förderung in der deutschen Sprache als Aufgabe des Unterrichts in allen Fächern. *Deutsch Lernen* 1, 3–11.

Benholz, C. & Lipkowski, E. (2008). Fehler und Fehlerkorrektur bei schriftlichen Arbeiten von mehrsprachigen Schülerinnen und Schülern. In: Bainski, C. & Krüger-Potratz, M. (Hrsg.), *Handbuch Sprachförderung* (S. 123–154). Essen: NDS-Verlag

Benholz, C. & Lipkowski, E. (2010). Sachtexte verstehen, wenn Deutsch die Zweitsprache ist. *Grundschule Mathematik* 24 (1), 16–19.

Breen, C. (2003). Mathematics teachers as researchers: Living on the edge? In: Bishop, A. J., Keitel, C., Kilpatrick, J. & Leung, F.K.S. (Hrsg.), *Second International Handbook of Mathematics Education* (S. 523–544). Dordrecht: Kluwer.

Brunner, M., Anders, Y., Hachfeld, A. & Krauss, S. (2011). Diagnostische Fähigkeiten von Mathematiklehrkräften. In: Kunter, M. & Baumert, J. et al. (Hrsg.), *Professionelle Kompetenz von Lehrkräften. Ergebnisse des Forschungsprogramms COACTIV* (S. 215–234). Münster u.a.: Waxmann.

Burns, T. & Shadoian-Gersing, V. (2010). The importance of effective teacher education for diversity. In: OECD (Hrsg.), *Educating Teachers for Diversity. Meeting the Challenge* (S. 19–40). Paris: OECD.

Chitera, N. (2011). Language of learning and teaching in schools: an issue for research in mathematics teacher education? *Journal of Mathematics Teacher Education* 14, 231–246.

Chlosta, C. & Ostermann, T. (2008). Grunddaten zur Mehrsprachigkeit im deutschen Bildungssystem. In: Ahrenholz, B. & Oomen-Welke, I. (Hrsg.), *Deutsch als Zweitsprache* (S. 17–30). Baltmannsweiler: Schneider.

Cobb, P., Confrey, J., diSessa, A., Lehrer, R. & Schauble, L. (2003). Design experiments in educational research. *Educational Researcher* 32 (1), 9–13.

Cohen, J. (1977). *Statistical Power Analysis for the Behavioral Sciences*. New York: Academic Press.

Dirks, U. & Hansmann, W. (Hrsg.) (2002). *Forschendes Lernen in der Lehrerbildung. Auf dem Weg zu einer professionellen Unterichts- und Schulentwicklung*. Bad Heilbrunn: Klinckhardt.

Ehlich, K. & Rehbein, J. (1986). *Muster und Institution*. Tübingen: Narr.

Glass, G.V. (1976). Primary, secondary and meta-analysis of research. *Educational Researcher* 5, 3–8.

Hachfeld, A., Anders, Y., Schroeder, S., Stanat, P. & Kunter, M. (2010). Does immigration background matter? How teachers' predictions of students' performance relate to student background. *International Journal of Educational Research*, 49, 78–91.

Heinze, A., Reiss, K., Rudolph-Albert, F., Herwartz-Emden, L. & Braun, C. (2009). The development of mathematical competence of migrant children in German primary schools. In: Tzekaki, M. et al. (Hrsg.), *Proceedings of the 33rd Conference of the International Group for the Psychology of Mathematics Education (PME-33)* (S. 145–152). Thessaloniki: PME.

Helmke, A. (2003). *Unterrichtsqualität – erfassen, bewerten, verbessern*. Seelze: Kallmeyer.

Helmke, A. (2009). *Unterrichtsqualität und Lehrerprofessionalität. Diagnose, Evaluation und Verbesserung des Unterrichts*. Seelze: Kallmeyer.

Helmke, A., Hosenfeld, I. & Schrader, F.-W. (2004). Vergleichsarbeiten als Instrument zur Verbesserung der Diagnosekompetenz von Lehrkräften. In: Arnold, R. & Griese, C. (Hrsg.), *Schulleitung und Schulentwicklung* (S. 119–144). Hohengehren: Schneider-Verlag.

Hußmann, S., Leuders, T. & Prediger, S. (2007). Schülerleistungen verstehen – Diagnose im Alltag. *Praxis der Mathematik in der Schule* 49 (15), 1–8.

Ingenkamp, K. (2005). *Lehrbuch der Pädagogischen Diagnostik*. 5. Auflage. Weinheim u.a.: Beltz.

IT NRW – Information und Technik NRW (Hrsg.) (2012). *Statistik Kompakt. Bildungsbeteiligung von Schülerinnen und Schülern mit Zuwanderungsgeschichte*. Düsseldorf: IT NRW.

Jungwirth, H., Steinbring, H., Voigt, J. & Wollring, B. (2001). Interpretative classroom research in teacher education. In: Weigand, H.-G. et al. (Hrsg.), *Developments in mathematics education in Germany*. (S. 46–56). Hildesheim: Franzbecker.

Krauss, S. & Brunner, M. (2008). Professionelles Reagieren auf Schülerantworten: Ein Reaktionszeittest für Mathematiklehrkräfte. *Beiträge zum Mathematikunterricht*, 400–403.

Krüger-Potratz, M. & Supik, L. (2008). Deutsch als Zweitsprache in der Lehrerbildung. In: Ahrenholz, B. & Oomen-Welke, I. (Hrsg.), *Deutsch als Zweitsprache* (S. 29–311). Baltmannsweiler: Schneider.

Kruskal, W.H. & Wallis, W.A. (1952). Use of ranks in one-criterion variance analysis. *Journal of the American Statistical Association 47*, 583–621.

Leisen, J. (2005). Wechsel der Darstellungsformen. Ein Unterrichtsprinzip für alle Fächer. *Der fremdsprachliche Unterricht Englisch 78*, 9–11.

Leisen, J. (2010). *Handbuch Sprachförderung im Fach: sprachsensibler Fachunterricht*. Varus: Bonn.

Merkel, J. (2005). *Warum das Pferd von hinten aufzäumen? Grundsätze zur Sprachförderung im Elementarbereich, insbesondere von Kindern mit anderer Muttersprache*. Verfügbar unter: http://www. kindergartenpaedagogik.de/1296.html [18.12.2011].

Meyer, M. & Prediger, S. (2012). Ausgesprochen Mathe – Sprachen fördern. *Themenheft der Zeitschrift Praxis der Mathematik in der Schule 54* (45).

Mikrozensus (2011). *Bevölkerung nach Migrationsstatus und Altersgruppen. Angaben des Statistischen Bundesamtes*. Verfügbar unter: http://www.destatis.de/jetspeed/portal/cms/ Sites/destatis/Internet/DE/Content/Statistiken/Bevoelkerung/MigrationIntegration/ Migrationshintergrund/Tabellen/Content100/MigrationshintergrundAlter,templateId=r enderPrint.psml [5. November 2011].

Ministerium für Schule und Weiterbildung des Landes NRW (2009). Gesetz zur Reform der Lehrerausbildung vom 12. Mai 2009. In: *Gesetz- und Verordnungsblatt für das Land Nordrhein-Westfalen*, Nr. 14. 25.5.2009.

Ministerium für Schule und Weiterbildung, Wissenschaft und Forschung des Landes NRW (Hrsg.) (1999). *Förderung in der deutschen Sprache als Aufgabe des Unterrichts in allen Fächern*. Empfehlungen. Frechen: Ritterbach.

OECD (2007). *Science Competencies for Tomorrow's World (PISA 2006)*. Vol. 2. Paris: OECD.

Orwin, R.G. (1983). A fail-safe N for effect size in meta-analysis. *Journal of Educational Statistics 8*, 157–159.

Özdil, E. (2011). Zur linguistischen Analyse mathematikdidaktischer diagnostischer Interviews. In: Prediger, S. & Özdil, E. (Hrsg.), *Mathematiklernen unter Bedingungen der Mehrsprachigkeit – Stand und Perspektiven der Forschung und Entwicklung*. (S. 117–142). Münster u.a.: Waxmann.

Prediger, S. (2010). How to develop mathematics for teaching and for understanding. The case of meanings of the equal sign. *Journal of Mathematics Teacher Education 13* (1), 73–93.

Prediger, S. & Özdil, E. (Hrsg.) (2011). *Mathematiklernen unter Bedingungen der Mehrsprachigkeit – Stand und Perspektiven der Forschung und Entwicklung*. Münster u.a.: Waxmann.

Prediger, S. & Wessel, L. (2011). Darstellen – Deuten – Darstellungen vernetzen: Ein fach- und sprachintegrierter Förderansatz für mehrsprachig Lernende im Mathematikunterricht. In: Prediger, S. & Özdil, E. (Hrsg.), *Mathematiklernen unter Bedingungen der Mehrsprachigkeit – Stand und Perspektiven der Forschung und Entwicklung* (S. 163–184). Münster u.a.: Waxmann.

Prediger, S. & Wittmann, G. (Hrsg.) (2009). Falsch bringt weiter. Aus Fehlern lernen. *Praxis der Mathematik in der Schule 51* (27), 1–8.

Prediger, S., Renk, N., Büchter, A., Gürsoy, E. & Benholz, C. (2013). Family background or language disadvantages? Factors for underachievement in high stakes tests. Manuscript submitted for PME 2013.

Prediger, S., Seipp, B., Tschierschky, K. & Wessel, L. (2010a). Selbsteinschätzung zu Wissen und Können im Bereich Diagnose und Förderung im sprachsensiblen Mathematikunterricht. Projektinterne Skalenentwicklung.

Prediger, S., Seipp, B., Tschierschky, K. & Wessel, L. (2010b). Offene Wissensfragen zu mathematischen und sprachlichen Herausforderungen und Förderansätzen. Projektinterne Skalenentwicklung.

Prediger, S., Tschierschky, K., Wessel, L. & Seipp, B. (2012). Professionalisierung für fach- und sprachintegrierte Diagnose und Förderung im Mathematikunterricht. Entwicklung und Erprobung eines Konzepts für die universitäre Fachlehrerbildung. *Zeitschrift für Interkulturellen Fremdsprachenunterricht*, 17 (1), 40–58.

Rehbein, J. (2001). Das Konzept der Diskursanalyse. In: Brinker, K.; Antos, G.; Heinemann, W. & Sager, S.F. (Hrsg.). *Text- und Gesprächslinguistik / Linguistics of Text and Conversation*. HSK 16.2 (S. 927–945). Berlin, New York: de Gruyter.

Rehbein, J. (2011). ‚Arbeitssprache‘ Türkisch im mathematisch-naturwissenschaftlichen Unterricht der deutschen Schule – ein Plädoyer. In: Prediger, S. & Özdil, E. (Hrsg.), *Mathematiklernen unter Bedingungen der Mehrsprachigkeit – Stand und Perspektiven der Forschung und Entwicklung in Deutschland* (S. 205–232). Münster u.a.: Waxmann.

Scherer, P. & Steinbring, H. (2006). Noticing children's learning processes – teachers jointly reflect on their own classroom. Interaction for improving mathematics teaching. *Journal of Mathematics Teacher Education* 9 (2), 157–185.

Schneider, R. (2009): Forschendes Lernen in der Lehrerausbildung. Entwicklung einer Neukonzeption von Praxisstudien am Beispiel des Curriculumbausteins „Schulentwicklung“: Eine empirisch-qualitative Untersuchung zur Ermittlung hochschuldidaktischer Potentiale. Dissertation, Universität Dortmund.

Schneider, R. & Wildt, J. (2009). Forschendes Lernen in Praxisstudien – Wechsel eines Leitmotivs. In: Roters, B., Schneider, R., Koch-Priewe, B., Thiele, J. & Wildt, J. (Hrsg.), *Forschendes Lernen im Lehramtsstudium. Hochschuldidaktik, Professionalisierung, Kompetenzentwicklung* (S. 8–36). Bad Heilbrunn: Klinkhardt.

Schrader, F.-W. (2009). Anmerkungen zum Themenschwerpunkt Diagnostische Kompetenz von Lehrkräften. *Zeitschrift für Pädagogische Psychologie 23* (3–4), 237–245.

Selter, C. & Spiegel, H. (1997). *Wie Kinder rechnen*. Leipzig et al.: Klett.

Selter, C. & Spiegel, H. (2001). Der kompetenzorientierte Blick auf Leistungen. *Die Grundschulzeitschrift* 15 (147), 20–21.

Tajmel, T. (2008). Sensitizing science teachers to the needs of second language learners. In: Benholz, C., Kniffka, G. & Winters-Ohle, E. (Hrsg.). *Fachliche und sprachliche Förderung von Schülern mit Migrationsgeschichte* (S. 53–72). Münster u.a.: Waxmann.

Tajmel, T. (2010). DaZ-Förderung im naturwissenschaftlichen Fachunterricht. In: Ahrenholz, B. (Hrsg.), *Fachunterricht und Deutsch als Zweitsprache* (S. 167–184). Tübingen: Francke.

Verboom, L. (2008). Mit dem Rhombus nach Rom. Aufbau einer fachgebundenen Sprache im Mathematikunterricht der Grundschule. In: Bainski, C. & Krüger-Potratz, M. (Hrsg.), *Handbuch Sprachförderung* (S. 95–112). Essen: Neue Deutsche Schule Verlagsgesellschaft.

Weinert, F.E. (2000). Lehren und Lernen für die Zukunft – Ansprüche an das Lernen in der Schule. *Pädagogische Nachrichten Rheinland-Pfalz* 2, 1–16.

5.

Die dortMINT-Forschungswerkstatt – ein innovativer Lernort in der Lehrerbildung

Monika Schwingen, Ralf Schneider und Johannes Wildt

„Wir drücken uns oft so aus, als ob eigenes Forschen ein besonderes Vorrecht der Forscher oder wenigstens der fortgeschrittenen Studierenden wäre. *Alles Denken* ist jedoch *Forschung*, alle Forschung ist *eigene Leistung* dessen, der sie durchführt, selbst wenn das, wonach er sucht, bereits der ganzen übrigen Welt restlos und zweifelsfrei bekannt ist."

John Dewey, (1916) 1993

5.1 Eine interdisziplinäre Forschungswerkstatt

Im Zentrum des Gesamtprojekts dortMINT stehen das Themenfeld Diagnose und individuelle Förderung (DiF) sowie das Ziel, dieses in den fachwissenschaftlichen, fachdidaktischen und schulpraktischen Teilen des Lehramtsstudiums an der TU Dortmund zu verankern. Gemeinsames, wenngleich mit unterschiedlichen Schwerpunktsetzungen verfolgtes Ziel der insgesamt fünf Teilprojekte ist es, den Professionalisierungsprozess von Lehramtsstudierenden im Hinblick auf die Entwicklung von Diagnosefähigkeit, Handlungs- und Förderkompetenz zu unterstützen und damit die Lehrerbildung unter diesen Gesichtspunkten qualitativ zu verbessern. Die dortMINT-Forschungswerkstatt soll dabei Unterstützung leisten.

Im Mittelpunkt des Aufbaus dieser Werkstatt steht die Idee, einen interdisziplinären Rahmen für eine kompetente und vernetzte Betreuung von Studien- und Abschlussarbeiten von MINT-Studierenden zu entwickeln. Gleichzeitig soll eine Stärkung der interdisziplinären Vernetzung der beteiligten Lehrenden sowie eine gezieltere Gewinnung von wissenschaftlichem Nachwuchs über Fächergrenzen hinaus ermöglicht werden.

Die grundlegende hochschuldidaktische Idee liegt dabei in der Ausgestaltung des Konzepts „*Forschendes Lernen*" (vgl. Wildt 2009, Schneider 2009, Schneider/Wildt 2009 a und b). Das Konzept forschendes Lernen wird mittlerweile als einer der zentralen Bestandteile des Kompetenzerwerbs im Rahmen eines Lehramtsstudiums angesehen. Fragestellungen – insbesondere bezüglich des Rahmenthemas „Diagnose und individuelle Förderung" – und Forschungsmethoden besitzen dabei in allen MINT-Fächern große Überschneidungen, die in studentischen Arbeits- und Projektgruppen mehrperspektivisch er- und bearbeitet werden können.

5.1.1 Forschendes Lernen

Im Begriff „Forschendes Lernen" werden mit „Forschen" und „Lernen" zwei zentrale Aufgabenbereiche der Hochschule zusammengeführt, die institutionell zumeist getrennt voneinander bearbeitet werden. Die Wissenschaftlichkeit von Lehre und Studium wird dabei in erster Linie als Einheit in dem Sinne verstanden, dass die Lehrinhalte aus der Forschung generiert und begründet werden (vgl. Schneider & Wildt 2009). In welcher Weise in diesem Zusammenhang Lernen integriert wird bzw. werden kann wird dabei zumeist nicht thematisiert. Gegenüber diesen erhobenen Einwänden hat Huber (1999) in der Folgezeit aus hochschuldidaktischer Sicht den von der Forschung unterschiedenen Eigensinn des Lernens hervorgehoben, der aber nicht daran hindere, forschungstypische Tätigkeiten in den Lernprozess zu integrieren. Er zeigt vielmehr, dass viele theoretische und methodische Tätigkeiten in Projekten Forschenden Lernens analog auch in Forschungsprojekten aufzufinden sind (vgl. für das Fächerspektrum der Hochschule die repräsentativen Fallbeispiele in Huber u.a. 2009 und für die Lehrerbildung Roters & Schneider u.a. 2009). Aus Sicht des Lernens verdeutlicht Huber (2009, 28) in einer Übersicht auf welchen Komplexitätsstufen des Lernens Forschendes Lernen stattfinden kann:

- Recherche und Essay (Exposé): Auffinden, Strukturieren und kritische Diskussion der erreichbaren Informationen; Problemfindung, -definition; Hypothesenbildung;
- Komplexere Laboraufgaben mit Offenheit der Ergebnisse, nicht nur der einen richtigen Lösung (open end labs);
- Untersuchung einzelner konkreter Problemfälle und Fallstudien, dem Ansatz des problem based or case oriented learning folgend;
- Exkursionen, field studies;
- Erprobung von Methoden „im kleinen" an noch nicht untersuchten Problemen: Lehrforschung;
- Hospitationen oder Volontariate, phasenweise, in Forschungs- oder Konstruktionslaboren, evtl. mit vorbereiteten Beobachtungsaufgaben (auch u.U. als Hilfskrafttätigkeit);
- Planspiele und andere Simulationen;
- Projektstudien in unterschiedlichster Größenordnung
- eigene Untersuchungen („thesis")

Eine Thematisierung des Zusammenhangs von Forschen und Lernen, die bereits in der neuhumanistischen Bildungstradition des Humboldt'schen Universitätskonzepts angelegt ist (vgl. Huber 2009), wurde erstmals 1970 von der Bundesassistentenkonferenz (BAK) in der Denkschrift „Forschendes Lernen – wissenschaftliches Prüfen" vorgenommen. Als Zeitdokument spiegelt die Denkschrift „die kritische Auseinandersetzung der BAK mit der Ende der 1960er, Anfang der 1970er Jahre geführten Hochschulreformdebatte um die Entwicklung projektorientierter Studiengänge im Kontext zukünftiger integrierter Gesamthochschulen [wider]". Die in dieser Diskussion in Frage gestellte herkömmliche Organisation der Wissenschaften an Hochschulen und die sie flankierende Bildungspolitik waren Ausgangspunkte für die Forderung nach einem Wissenschaftsverständnis, das Erkenntnis, Wissen und Handeln im Wissenschaftsprozess im Zusammenhang reflektiert und sich in der Wissenschaft nicht nur durch den statischen Besitz von Kenntnissen und Techniken, sondern durch einen sich dynamisierenden Prozess zwischen Forschung und Reflexion auszeichnet. Gleichzeitig sollte mit dieser Einbettung von Wissenserwerbsprozessen in Forschungskontexte eine Dynamisierung studentischer Selbstorganisationsprozesse durch schrittweise Etablierung projektorientierter und experimentieroffener Phasen verbunden sein (Schneider 2011). Als zentrale Merkmale Forschenden Lernens hob die BAK folgende Aspekte hervor, die es Studierenden ermöglichen sollten, forschungsbezogen zu lernen:

- Selbständige Wahl des Themas
- Selbständige „Strategie", besonders bezüglich Methoden, Versuchsanordnungen und Recherchen
- Entsprechendes Risiko an Irrtümern und Umwegen einerseits, Chancen für Zufallsfunde, „fruchtbare Momente", … andererseits
- dem Anspruch der Wissenschaft gemäßes Arbeiten (z.B. hinreichende Prüfung des schon vorhandenen Wissens, Ausdauer, …)
- Selbstkritische Prüfung des Ergebnisses hinsichtlich seiner Abhängigkeit von Hypothesen und Methoden
- Bemühen das erreichte Resultat so darzustellen, dass seine Bedeutung klar und der Weg zu ihm nachprüfbar wird.

Im Abstand von nahezu 20 Jahren gewinnt Ende der 1990er-Jahre das hochschuldidaktische Konzept Forschendes Lernen in der Hochschulentwicklung und dort insbesondere im Reformprozess der Lehrerinnen- und Lehrerbildung und durch die binnenstrukturellen Entwicklungsprozesse in den Hochschulen zunehmend an Bedeutung. Zunächst spannten sich Diskussionen darüber auf, ob „Forschendes Lernen" als zentrales Ausbildungsparadigma figuriert und implementiert werden könne (vgl. Dirks & Hansmann 2002). Dabei ging es vor allem um das Herstellen eines Brückenschlags zwischen Wissenschaftssystem und schulpraktischem Handlungssystem in Form von zum Beispiel neu zu entwickelnden berufspraktischen Phasen (vgl. die Diskussion um das Berufspraktische Halbjahr an der TU Dortmund vor allem Glumpler 1999, Glumpler & Wildt 2000, Schneider & Wildt 2002, 2003 und

Schneider 2009) und um Überlegungen zur Integration neu zu entwickelnder Praxisphasen als Kern einer Masterphase in der Lehrerbildung. Mit dem in Kraft treten der Lehramtsprüfungsordnung (LPO 2003) in Nordrhein-Westfalen wird das Konzept Forschendes Lernen Bestandteil der Studien- bzw. Praktikumsordnungen Lehrer ausbildender Hochschulstandorte und löst mit dieser Praxisstudienkonzeption und der neuen Formatierung hochschulischen Lernens alte Formen von Blockpraktika und schulpraktischen Studien ab (vgl. Schneider & Wildt 2003). An der TU Dortmund bildet dieses Konzept, das 2005 als Modellversuch gestartet ist, die tragende Figur in der Entwicklung und Gestaltung einer Masterphase als sogenanntes Theorie-Praxis-Modul (TPM). In der Auseinandersetzung mit Möglichkeiten und Formen pädagogischer Professionalisierung und der Auslotung der Bedeutung, die Hochschulen in diesem Prozess haben, sind u.a. an den Hochschulstandorten Bremen, Hamburg, Oldenburg, Aachen, Kassel, Köln, Freiburg, Linz, Klagenfurt und Dortmund Forschungswerkstätten mit Modellcharakter entstanden, die aus je eigener Perspektive mit einem spezifischen Ansatz Forschenden Lernens empirische Forschung für die Lehrerausbildung fruchtbar zu machen suchen (vgl. vor allem Obolenski & Meyer 2003 und Roters & Schneider u.a. 2009). In den Beiträgen von Altrichter (1987) und Altrichter & Posch (1998) ist das Prinzip Forschendes Lernen als Instrument unterrichtsbegleitender Reflexion in der dritten Phase und für diese programmatisch entwickelt und von Altrichter & Lobenwein (1999) auch als Bestandteil reflexiver Lehrerausbildung in der ersten Phase am Beispiel von Unterricht bzw. Forschung über Unterricht vorgestellt und diskutiert worden. An der TU Dortmund haben Schneider und Wildt u.a. mit der didaktischen Transformation in der Kombination von Forschung und Lernen experimentiert und dies hochschuldidaktisch ausgearbeitet. Der Transformation liegt die Einsicht zugrunde, dass Forschungsprojekte der Methodologie wissenschaftlicher Erkenntnisgewinnung folgend typische Zyklen von Forschungshandlungen durchlaufen, die mit einem dazu synchron konzeptualisierten Lernzyklus korrespondieren (vgl. Abbildung 5.1).

In der Ausgestaltung der Beziehungen dieser Zyklen zueinander besteht die eigentliche hochschuldidaktische Leistung. Dies gilt insbesondere dann, wenn der Wechsel von einer erfahrungsbasierten, pragmatischen wie rezeptiven zu einer wissenschaftlich-empirischen und theoriegeleiteten Erkenntnishaltung vollzogen werden soll. Mit besonderem Blick auf die Theorie-Praxis-Integration in der Lehrerbildung hat Schneider (2009) die Entwicklung forschender Lernprozesse im Modellversuch Berufspraktisches Halbjahr (vgl. Schneider & Wildt 2002, 2003) an den studentischen Arbeitsergebnissen inhaltsanalytisch untersucht. In der Nachzeichnung dieses hochschuldidaktischen Entwicklungs- und Forschungsprojekts hat er aufzeigen können, dass Lernprozesse in der alleinigen Orientierung am formalen Forschungszyklus nicht ausreichen – also Lehre nur aus Forschung zu generieren –, um wissenschaftlich anspruchsvolle Lernprozesse hervorzubringen. Ohne Rückbindung an bzw. Einbettung in einen theoretischen Bezugsrahmen, der vor dem Hintergrund der jeweils ermittelten (Praxis-)Forschungsfrage von den Studierenden in Begleitung erarbeitet werden muss, verbleiben die einzelnen

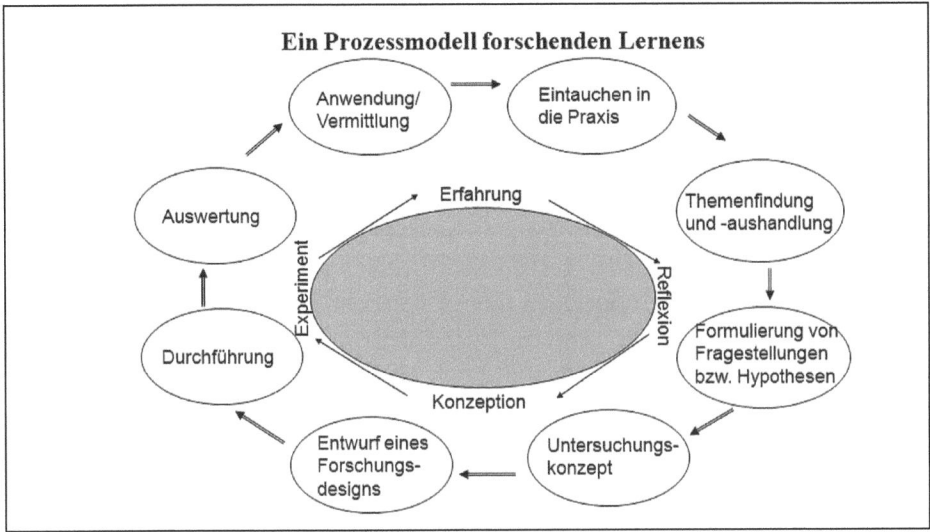

Abb. 5.1: Forschungszyklus (außen) verbunden mit dem Lernzyklus (innen)

Untersuchungsvorhaben auch empirisch auf einer trivialen Ebene: man beobachtet, misst und befragt, was schon beobachtet, gemessen und beantwortet ist. Lernen im Format des Forschens ergibt sich aus den Befunden nicht emergent, sondern stellt die Frage danach wie der je eigene, zumeist auf Alltagserfahrungen beruhende Erkenntnisprozess von Studierenden mit den Formen wissenschaftlicher Erkenntnisgewinnung didaktisch zu synchronisieren ist immer wieder neu.

So auch im Projekt dortMINT, in dem diese didaktische Zusammenführung von Forschen und Lernen im Lernraum Forschungswerkstatt im Themenbereich DiF erfolgen soll.

Viele der Konzepte, die im Rahmen der 3. Säule des Qualitätspakts Lehre an Hochschulen gefördert werden – nicht zuletzt an Technischen Hochschulen, wie in Aachen, Berlin, Darmstadt, Karlsruhe, München oder Stuttgart bzw. Universitäten mit starken Ingenieurwissenschaften wie Bochum, Bremen oder Kiel – haben studierendenzentrierte Lehrkonzepte vom Typus eines problembasierten, projektorientierten bzw. forschenden Lernens auf die Agenda der Studienreform gesetzt.

Während in Lernwerkstätten zumeist didaktische bzw. pädagogische Fragen im Vordergrund stehen und es um die Gestaltung von Lernsituationen, Unterrichtsvorbereitung, Lehrmaterialien und Medien, Curricula und Lernumgebungen, Methodeneinsatz oder Lernarrangements geht, steht in den Forschungswerkstätten die Verbindung von Lehre und Studium auf der einen und Forschung auf der anderen Seite im Mittelpunkt. Zwar werden dort Forschungsprojekte ersonnen, konzipiert, vorbereitet, begleitet und ausgewertet; im Sinne des forschenden Lernens, wird daraus jedoch ein didaktisches Format, insofern als hier die Perspektive auf dem Lernen im Kontext von Forschung ausgerichtet ist.

Diese Ausrichtung ist nicht allein damit begründet, dass auch die lehrerbildenden Studiengänge ein akademisches Feld sind, das im Gebiet der Wissenschaft lokalisiert ist und in Folge dessen auch mit wissenschaftlichen Verfahren zu bearbeiten ist. Es geht vielmehr um eine Auffassung von einer Professionalisierung durch Lehrerbildung (vgl. Schneider & Wildt 2010), an deren Ausgang die Kompetenz von Lehrerinnen und Lehrern steht, ihre pädagogischen bzw. didaktischen Aufgaben wissenschaftlich zu betrachten, zu reflektieren und zu gestalten. Wenn auf diese Weise durch forschendes Lernen dem Leitbild gefolgt wird, das Altrichter & Posch (2007) mit „Lehrer erforschen ihren Unterricht" bezeichnet haben, so ist damit nicht gemeint, dass jede Lehrerin/jeder Lehrer zum hauptberuflichen Forscher werden sollte. Mindestens jedoch sollte sich als Lernergebnis einer akademischen Lehrerbildung so etwas wie ein – wie es der Wissenschaftsrat 2008 genannt hat – „wissenschaftlicher Habitus" herausgebildet haben, der zu einer wissenschaftlich reflektierten und zugleich praktisch wirksamen Berufsausübung befähigen sollte. In einem professionstheoretisch ausbuchstabierten Leitbild verbindet sich also praktisches Engagement und kritische Distanznahme gegenüber vorfindlicher Praxis, die auf diese Weise innovationsfähig bleibt.

Nur im Grenzfall wird ein so angelegtes Forschendes Lernen zu Forschung, die die Wissenschaft durch neue Erkenntnisse erweitert. Wichtiger unter didaktischen Gesichtspunkten ist der Neuigkeitswert für die forschenden Studierenden und gegebenenfalls auch für die Schulpraxis, an die die studentischen Vorhaben adressiert sind, die in der theoretisch und methodisch angetriebenen Erkenntnistätigkeit neue Erkenntnisse gewinnen.

Forschungswerkstätten bieten in diesem Sinne die Bereitstellung eines Experimentalraumes für angestrebte bzw. noch zu entwickelnde (empirische) Untersuchungen.

5.1.2 Konzeption und Zielsetzung der dortMINT-Werkstatt

Die Forschungswerkstatt ist als ein, verglichen mit anderen semesterbegleitenden Veranstaltungsangeboten, dynamischeres und flexibleres Lehr-Lernformat zu verstehen, in dem projektbezogene und individuell gestaltete Beratungs- und Unterstützungsleistungen angeboten werden können. Ein ständiges „Work in Progress" und die Begleitung unterschiedlicher Arbeitstempi mit unterschiedlicher Unterstützung werden angestrebt. Darüber hinaus soll eine Forschungswerkstatt in diesem Format im Rahmen wissenschaftlich-forschenden Lernens einen sichtbaren Kontrapunkt zu den vielfach beklagten „Verschulungstendenzen" im sogenannten Bologna-Prozess darstellen. Es soll ein Lernformat angeboten werden, das die Kompetenzentwicklung in den Mittelpunkt des studentischen Lernens rückt und es ermöglicht Leistungen der Studierenden sichtbar zu machen.

Studierende sollen unterstützt werden einen forschenden, eigenständigen Zugang zum Lernen zu entdecken und zu entwickeln. Unter individueller Beratung soll die Werkstatt ihnen Raum geben, sich mit den einzelnen Schritten des in Abbildung 5.1 gezeigten Forschungszyklus detailliert auseinanderzusetzen, mit dem Ziel, sich sicher und bewusst in diesem Feld zu bewegen.

Das dortMINT-Projekt und besonders das Themenfeld „Diagnose und individuellen Förderung" für künftige Lehrkräfte bieten einen idealen Anknüpfungspunkt, sich dem forschenden Zugang über Forschungs- und Projektarbeiten aus diesem Themenfeld anzunähern.

Darüber hinaus soll die Werkstatt sowohl als Vernetzungspunkt für den Austausch innerhalb des gesamten Projektes dienen, als auch durch öffentliche Veranstaltungen eine Repräsentation nach außen, so wie eine gezielte Nachwuchsgewinnung unterstützen.

5.2 Die Arbeit in der Forschungswerkstatt

5.2.1 Die Lernumgebung – Ausstattung der Werkstatt

Für die Forschungswerkstatt wurde ein Raum ausgewählt, der zentral auf dem Campus lokalisiert ist. Neben der dortMINT-Werkstatt beheimatet er auch kooperativ die FLEx-Werkstatt (FLEx: „Forschen – Lernen – Experimentieren") für Studierende der Geistes-, Kultur- und Sozialwissenschaften sowie seit 2012 die FLEx-Werkstatt für Studierende der Ingenieurswissenschaften.

Die Einrichtung der Werkstatt ist so zusammengestellt, dass der Raum jederzeit den individuellen Ansprüchen angepasst werden kann. Abbildung 5.2 zeigt den hinteren Teil des Raumes während der Öffnungszeiten für Studierende. Es lassen sich neben den vier feststehenden Vitrinen, der Tafel und der Projektionsleinwand mit Beamer alle Elemente flexibel im Raum anordnen. Der Raum bietet Platz für bis zu 50 Personen sowie eine entsprechende Bestuhlung.

Um den Ansprüchen einer gelungenen Lernumgebung speziell auch für Projekte forschenden Lernens zu genügen, ist die Werkstatt mit zahlreichen Präsentations- und Moderationsmaterialien (Flipcharts, Whiteboards, Moderations- und Magnetwände, Moderationskoffer, Tafel, Beamer mit Soundsystem) sowie einem Kopierer, Laptops mit Internetzugang und einer Präsenzbibliothek ausgestattet.

In der Präsenzbibliothek finden sich eine umfangreiche Auswahl an Texten sowohl zum Themenfeld „Diagnose und individuelle Förderung" als auch fächerübergreifende Literatur zur Lehr-Lernforschung, Schulentwicklungs-forschung sowie zum wissenschaftlichen Arbeiten. Darüber hinaus regen eine Vielzahl von Arbeitsmaterialien zum Kennenlernen und der praktischen Erprobung verschiedener Diagnose- und Förderinstrumente sowie der Planung von Forschungsvorhaben zum Thema DiF in den MINT-Fächern an. Der Bestand der Bibliothek wurde über die Projektlaufzeit hinweg – und unter Einbezug von Vorschlägen der Projektmitglieder – sukzessive erweitert (siehe Abbildung 5.3).

Abb. 5.2: Ausschnitt der Werkstatt   Abb. 5.3: Bestand der Präsenzbibliothek
                                                                  (Auszug)

Mit dieser Ausstattung ist die Basis für ein intaktes Werkstattgeschehen geschaffen, indem sie die notwendigen Freiheiten für die Ausgestaltung flexibler, selbstorganisierter Arbeits- und Lernprozesse gewährleistet.

Da die Videografie (z.B. zur Unterrichtsbeobachtung oder bei Interviews) zu einer häufig eingesetzten Methode bei Forschungs- und Abschlussarbeiten in den Didaktiken der mathematisch-naturwissenschaftlichen Fächer geworden ist, besteht weiterhin die Möglichkeit Videokameras samt Zubehör für derartige Arbeiten auszuleihen.

Eine „virtuelle Werkstatt" (www.werkstatt.dortmint.de), eingebettet in die elektronische Arbeitsumgebung EWS, die allen in Dortmund Studierenden vertraut ist, stellt unter anderem Materialien und ergänzende Informationen aus den vergangenen Workshops sowie nützliche Literatur zum Download (siehe Abbildung 5.4) zur Verfügung, bietet Möglichkeiten zum Austausch und sorgt zudem für eine bessere Erreichbarkeit der Studierenden durch eine Mailingliste aller angemeldeten Nutzer. Die „virtuelle Werkstatt" gliedert sich in einen öffentlichen, für jeden direkt zugänglichen und einen internen, anmeldepflichtigen Bereich.

5.2.2 Angebotsstruktur der Forschungswerkstatt – Kommunikation und Vernetzung nach außen und innen

Wie bereits aus der Konzeption und Zielsetzung der Forschungswerkstatt deutlich wird, bietet sie ein vielseitiges, sich veränderndes und weiterentwickelndes Angebot an Veranstaltungen.

Abbildung 5.5 zeigt auszugsweise die diversen Angebotsfacetten und angesprochenen Zielgruppen. Aus der Abbildung geht deutlich hervor, dass die einzelnen Veranstaltungen zum Teil verschiedene Zielgruppen vernetzt miteinander ansprechen.

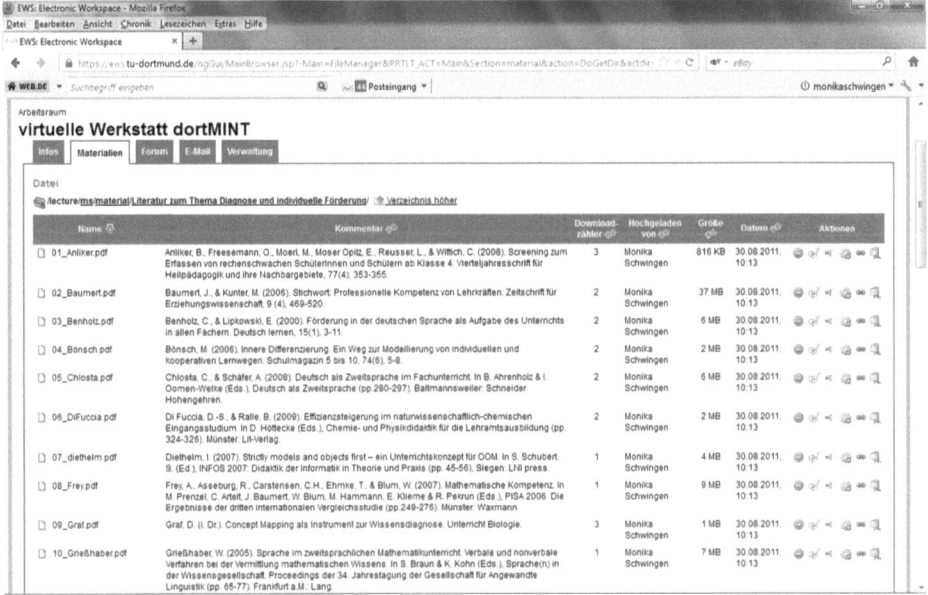

Abb. 5.4: Screenshot: Literaturdatenbank der virtuellen Werkstatt

dortMINT-Projekt	dortMINT-Doktoranden	dortMINT-Studierende	Uni-interne Personen	Externe Personen
Öffnungszeiten zum freien Arbeiten				
dortMINT-Veranstaltungen				
	DoktorandInnen-Seminar			
		Ringvorlesung		
		Forschungsseminar		
		Workshops für Studierende (Working on DiF-ferences, Videoaufzeichnungen von Unterricht und Interviews,…)		
Projekttreffen				
			Vorstellung der Werkstatt und Nachwuchsgewinnung (Schnupperuni, Tag der offenen Tür, MinTU-Matheworkshop,…)	
Interdisziplinäre Veranstaltungen Flex-dortMINT				
		Workshops zum wissenschaftlichen Arbeiten (Literaturrecherche, Präsentationen, Projekt- und Zeitmanagement, Sience Slam, …)		
		Grenzen sprengen		
			Vorstellung der Werkstatt(Tag der offenen Tür, Vorstellung in der Orientierungswoche,…)	

Abb. 5.5: Auszug zur Angebots- und Vernetzungsstruktur der Forschungswerkstatt

Um einen klareren Eindruck des Werkstattgeschehens zu vermitteln, sollen die verschiedenen Veranstaltungsformate im Folgenden genauer vorgestellt werden.

5.2.2.1 Freies Arbeiten in der Forschungswerkstatt

Die Forschungswerkstatt ist während des Semesters montags zwischen 9.00 und 14.00 Uhr sowie dienstags und mittwochs zwischen 11.00 und 16.00 Uhr zum freien Arbeiten geöffnet. In den Semesterferien wird die Öffnungszeit auf Dienstag und Mittwoch reduziert. Weiterhin haben die Studierenden die Möglichkeit, Öffnungszeiten nach individuellem Bedarf zu vereinbaren. Die Öffnungszeiten werden von allen drei an der Werkstatt beteiligten Projekten kooperativ angeboten; so werden sie montags und mittwochs durch Tutorinnen und Tutoren der beiden FLEx-Projekte und dienstags durch dortMINT-Tutorinnen und Tutoren betreut.

Während der Öffnungszeiten haben Studierende die Möglichkeit, (alleine oder in Gruppen) an eigenen Studien- oder Forschungsprojekten zu arbeiten.

Dabei stehen ihnen die Tutorinnen und Tutoren beratend zur Seite. Für ihre Aufgaben werden sie zu Beginn ihrer Tätigkeit speziell qualifiziert und im Prozess immer wieder geschult. Dazu dienen beispielsweise Workshops zu Themen wie dem wissenschaftlichen Schreiben, Beraten von Gruppen und einzelnen oder forschendem Lernen. Diese Workshops können entweder extern sein oder werden von Projektmitgliedern bzw. bereits erfahreneren Tutorinnen und Tutoren in geschlossener Runde für das gesamte Werkstatt-Team veranstaltet.

Die Werkstatt positioniert sich mit ihrem Beratungsverständnis im großen Feld des Coachings. In einer vertrauensvollen Atmosphäre wird an den eigenen Kompetenzen gearbeitet. Ernsthaftes Interesse und ein Gespür für Nähe und Distanz sind den Tutorinnen dabei ein großes Anliegen. Mit Respekt vor den Anliegen und Schwierigkeiten der Studierenden beraten die Tutorinnen und Tutoren u.a. im Forschungsprozess, beim Schreiben von Studien- und Abschlussarbeiten, bei Literaturrecherchen und der Planung von Studienprojekten, aber auch bei ganz allgemeinen Problemsituationen im Studium.

5.2.2.2 dortMINT-Veranstaltungen

Hier handelt es sich um Veranstaltungen mit einem direkten Bezug zum Projekt dortMINT, die im Wesentlichen zwei unterschiedliche Zielsetzungen verfolgen: Zum einen steht dabei das Bestreben im Vordergrund, die Projektmitglieder über ihre Fächer- oder Teilprojektgrenzen hinweg ins Gespräch zu bringen und den Austausch, stets mit besonderem Blick auf Transfermöglichkeiten, im Gesamtprojekt zu befördern. Zum anderen sollen Lehramtsstudierende der MINT-Fächer das Projekt näher kennenlernen und über den beschriebenen Ansatz des forschenden Lernens Zugang zu den Projektinhalten erlangen und sich so selbständig mit Fragestellungen aus dem Themenfeld DiF auseinandersetzen.

Einige der unter diesen Gesichtspunkten entwickelten Veranstaltungen (vgl. Abbildung 5.5) werden nachfolgen kurz und exemplarisch erläutert.

Die *Ringvorlesung* fand zu einer recht frühen Phase des Projekts statt und erstreckte sich über zwei Semester. Neben Vorträgen von internationalen Gästen haben dort alle dortMINT-Teilprojekte den aktuellen Stand ihrer Forschungs- und Entwicklungsarbeiten vor und zur Diskussion gestellt. Das Programm ist in Abbildung 5.6 illustriert.

Die Ringvorlesung war an alle Beteiligten des Gesamtprojekts dortMINT sowie die interessierte Hochschulöffentlichkeit gerichtet. Am Ende jeder Veranstaltung stand jeweils ein ausreichend großes Zeitfenster für Fragen, Austausch und Reflexion zur Verfügung, das insbesondere von Mitarbeiterinnen und Mitarbeitern der Teil-Projekte zum interdisziplinären Austausch genutzt wurde. Die Ringvorlesung bildete eine gute Basis, um in der Anfangsphase des Projektes über die Fächergrenzen hinweg miteinander ins Gespräch zu kommen und Anregungen aus den verschiedenen Teilprojekten diskutieren und zum Teil auch in die eigenen Arbeiten einfließen lassen zu können.

Termine	Thema	Referenten
12.04.2011	Eröffnung und Eröffnungsvortrag	Labudde (FH Nordwestschweiz)
26.04.2011	I1- Überblick: Diagnose und individuelle Förderung in der fachwissenschaftlichen Ausbildung I1- Physik: Diagnose und individuelle Förderung in der Physikausbildung	Theyßen / Pusch
10.05.2011	I1-Mathematik: Diagnose und individuelle Förderung als Unterstützung zur Entwicklung mathematischer Kompetenz	Hußmann
31.05.2011	I1- Chemie: Concept Mapping im Chemiestudium – Ein Projekt zur Förderung der Strukturierungskompetenz I1 – Technik: Denken in Vernetzungen	Ralle / NN
21.06.2011	I3: Diagnose und individuelle Förderung erproben am Beispiel des Mathematiklernens unter Bedingungen der Mehrsprachigkeit	Özdil / Prediger / Wessel / Tschierschky
05.07.2011	S1: Forschendes Lernen	Wildt
18.10.2011	Eingeladener Vortrag: Revealing and using what students know.	van den Heuvel-Panhuizen (Freudenthal Institut, NL)
08.11.2011	I2-Biologie: Diagnose und individuelle Förderung im Biologieunterricht	Graf
22.11.2011	I2-Chemie: Diagnose und individuelle Förderung im Chemieunterricht	Melle
06.12.2011	I2-Informatik: Diagnose und individuelle Förderung im Informatikunterricht	Vahrenhold
10.01.2012	I2-Mathe/Reha: Weiterentwicklung der fachdidaktischen Ausbildung für den Mathematikunterricht an Grundschulen und Förderschulen	Nührenbörger / Wember

Abb. 5.6: Programm der Ringvorlesung im Sommersemester 2011/Wintersemester 2012

Im *Forschungsseminar* wurden Forschungsmethoden vorgestellt und behandelt, die in fachdidaktischen Forschungsvorhaben Anwendung finden (können). Die Veranstaltung war stets gegliedert in einen theoretischen und einen praktischen Teil. Die einzelnen Themen (siehe Abbildung 5.7) wurden im Wesentlichen von Projektmitgliedern, zum Teil aber auch von projektexternen Vortragenden präsentiert und wurden möglichst praxisnah und anwendungsbezogen gestaltet. Das Forschungsseminar fand im Wechsel mit der Ringvorlesung statt und das Publikum setzte sich ähnlich, jedoch mit einem verstärkten Anteil an Doktoranden und Doktorandinnen sowie auch Studierenden, zusammen.

Termine	Thema	Referenten
30.11.2010	Doktorandenseminar	
14.12.2010	Klinisches Interview	Selter/Deutscher
17.12.2010 Sondertermin!	Design Research from a learning perspective	Gravemeijer (Universität Eindhoven, NL)
11.01.2011	Doktorandenseminar	
25.01.2011	Videoanalyse	Theyßen/Schreiber
08.02.2011	Doktorandenseminar	
01.03.2011	Doktorandenseminar	
05.04.2011	Doktorandenseminar	
19.04.2011	Begriffe und Begriffssysteme und ihre Rolle im Unterricht	Graf
03.05.2011	Doktorandenseminar	
17.05.2011	Rezente Leistungsverleichsstudien	Gebauer/Klukas
07.06.2011	Doktorandenseminar	
28.06.2011	Transkriptanalyse	Hußmann
12.07.2011	Doktorandenseminar	
09.08.2011	Doktorandenseminar	
06.09.2011	Doktorandenseminar	
11.10.2011	Qualitative Inhaltsanalyse	Friese (Universität Hannover)
25.10.2011	Doktorandenseminar	
15.11.2011	Peer Assessment in der Lehrerbildung	Di Fuccia (Universität Kassel)
29.11.2011	Doktorandenseminar	
13.12.2011	Über das Verhältnis von Theorien und wissenschaftlichen Praktiken	Prediger
17.01.2012	Doktorandenseminar	
31.01.2012	Fachdidaktische Forschungsprojekte konzipieren	Melle/Ralle

Abb. 5.7: Programm des Forschungsseminars (im Wechsel mit dem DoktorandInnenseminar) im Wintersemester 2011 und Sommersemester 2012

Im *DoktorandInnen-Seminar* tauschen sich die dortMINT-Doktorandinnen und Doktoranden über ihre Projekte und deren Fortgang aus und ordnen sich selbst in das fachdidaktische Forschungsfeld ein. Diese Form des interdisziplinären Austauschs unterscheidet sich oftmals vom Austausch innerhalb der eigenen Fächergrenzen. Die gegenseitige kollegiale Beratung außerhalb des eigenen Expertisebereichs fordert die Teilnehmer und Teilnehmerinnen zu einem anspruchsvollen Perspektivwechsel heraus, der zu einer Erweiterung des Verständnisses für unterschiedliche Forschungsparadigmen wie auch zu einer Einsichtnahme in abweichende Untersuchungssettings, die wiederum in Zusammenhang mit unterschiedlichen didaktischen Zielsetzungen stehen, führt. Insofern werden durch das gegebene Peer-Arrangement zukünftig mögliche, interdisziplinäre Kooperationen mit angedacht und Bezugnahme aufeinander gefördert, so dass die eben dadurch entstehenden Diskussionen facettenreiche und oftmals bereichernde neue Denkanstöße und Aspekte mit sich bringen.

5.2.2.3 dortMINT-Workshops für Studierende – das Beispiel von „Working on DiF-ferences"

Der semesterbegleitende Workshop „Working on DiF-ferences" bildet das Herzstück der dortMINT-Veranstaltungen für Studierende und soll aus diesem Grunde hier exemplarisch vorgestellt werden:

In der Anfangsphase der Forschungswerkstatt zeigte sich, dass Studierende mit der Art des hier angestrebten Arbeitens und Lernens nicht hinreichend vertraut waren.

Der Workshop sollte helfen, diese Barriere zu überwinden, indem er Studierenden selbstorganisiertes und dennoch begleitetes und in ein Workshop-Setting eingebettetes Forschendes Lernen zu Themen aus dem Bereich „Diagnose und Individuelle Förderung" ermöglichte. Die Studierenden waren aufgefordert, eigene Themenvorschläge einzubringen und selbstgewählte Forschungsfragen zu bearbeiten.

Während fünf Präsenzterminen lernten die Teilnehmer und Teilnehmerinnen zunächst überblicksartig einzelne Methoden und Instrumente des Themenfeldes Diagnose und individuelle Förderung kennen. Das folgende exemplarische Zitat stammt aus der Workshopreflexion einer Teilnehmerin zu dieser Einstiegsphase:

> *„Im Studium lernt man einerseits die theoretischen Aspekte seiner Unterrichtsfächer, andererseits fehlt aber das Lehren von Möglichkeiten der Diagnose und Förderung. […] Die Diagnose und Förderung ist in der Schule äußerst wichtig und sollte einen dauerhaften Platz im Unterricht einnehmen. Durch die im Seminar kennengelernten Möglichkeiten der Diagnose und Förderung kann ich nun eine Auswahl treffen, um individuell auf den Schüler/ die Schülerin oder die ganze Klasse eingehen zu können und diese gezielt zu fördern."*

Im weiteren Verlauf bildeten die Teilnehmer und Teilnehmerinnen Gruppen, handelten gemeinsam Themen für eigene kleine Forschungsprojekte aus und entwickelten anhand der Formulierung von Fragestellungen ein erstes Untersuchungskonzept. Der ständige Austausch mit der Workshop-Leitung stellte dabei sicher, dass sie sich bewusst entlang des in Abbildung 5.1 gezeigten Forschungszyklus bewegten und die einzelnen Arbeitsschritte stets reflektierten. Dass der Schritt von einem angeleiteten Workshop in diese sehr selbständige Projektarbeit sowie die erforderliche Gruppenperformanz auf Schwierigkeiten und Widerstände stößt zeigt auch das folgende Zitat:

> *„Die genaue Planung des Projektes unserer Arbeitsgruppe fiel nicht leicht. Oft verwarfen wir Themen, änderten die Bezüge oder Planungen. Auch die Entscheidung zwischen dem Bereich Förderung und dem Bereich Diagnose gestaltete sich schwierig"*

Gerade darum erscheint es als überaus wichtig, den Übergang in diese andere Arbeitsform behutsam und Schritt für Schritt zu gestalten. Es muss der Leitung gelingen sich gleichzeitig aus dem Prozess herauszuziehen und dennoch weiterhin für die Teilnehmerinnen und Teilnehmer präsent zu bleiben und ihnen die nötige Unterstützung zu bieten.

Es schloss sich eine freie Arbeitsphase an, in der die entstandenen Forschungsgruppen ihren Arbeitsprozess eigenständig strukturierten und organisierten. Sie hatten die Aufgabe des Entwurfs, der Durchführung und Auswertung ihres eigenen Forschungsdesigns. Mit den einzelnen Gruppen wurde zu verschiedenen Zeitpunkten dieser Phase – je nach individueller Bedarfslage – ein Supervisionstreffen durchgeführt.

Mit der Abgabe eines Berichtes zu den einzelnen Arbeitsphasen, einer schriftlichen Reflexion des Workshop-Verlaufs sowie des Gruppenarbeitsprozesses (alle Unterlagen können im internen Materialbereich der virtuellen Werkstatt eingesehen werden) und zuletzt einer Präsentation der Gruppenergebnisse in einer öffentlichen Abschlussveranstaltung schlossen die Studierenden den Workshop ab. Sie erhielten für ihre erfolgreiche Teilnahme ein Zertifikat, auf dem ihnen die Teilnahme am Workshop durch das ZHB (Zentrum für HochschulBildung) der TU Dortmund und durch das Projekt „dortMINT" bescheinigt wurde.

Zum gesamten Workshop hat eine Gruppe folgende Reflexion abgegeben:

> *„Während des ganzen Workshops haben wir uns gut aufgehoben gefühlt, da die beiden Leiterinnen stets für Fragen offen waren und immer erreichbar waren. Ebenso konnten wir bei ihnen immer die verschiedenen Arbeitsphasen reflektieren und haben hilfreiche Anregungen erhalten. Außerdem hat uns sehr gut gefallen, dass der Workshop offen gestaltet war und eigene Wünsche und Vorstellungen berücksichtigt wurden. Gerade im praktischen Teil hatten wir einen großen Spielraum, unser selbstgewähltes Thema zu bearbeiten."*

Einige Teilnehmerinnen und Teilnehmer haben Interesse an einer Projektarbeit im Fach Germanistik gezeigt und wurden darin von der Workshopleitung unterstützt. Die fächerübergreifende Arbeit über die Grenzen der MINT-Fächer hinaus hat sich als eine Bereicherung für den gesamten Workshop erwiesen, wie auch die nachstehende Ausarbeitung einer Teilnehmerin bestätigt:

> *„Ich war zudem überrascht, dass wir auch ein Projekt im Bereich Deutsch durchführen konnten, obwohl dortMINT sich sonst nicht mit diesem Fachbereich beschäftigt. Für mich war diese Entscheidung sehr sinnvoll, da ich so auch ein Projekt zu Diagnose und individueller Förderung in meinem Kernfach Germanistik machen konnte. Gerade in diesem Fach gehen praktische Bezüge während des Studiums oft unter und so war ich dankbar für diese Gelegenheit"*

Der Anschaulichkeit halber sei hier die Arbeit einer Projektgruppe exemplarisch vorgestellt:

Eine Teilnehmerin der Gruppe hatte im Rahmen eines Praktikums in einer Klasse gemeinsam mit der Klassenlehrerin einen Mathematik-Test eingesetzt, der nur die Richtigkeit von Ergebnissen erfasste, ohne den Lösungsweg in die Auswertung einzubeziehen. Die Gruppe plante einige der Testaufgaben und deren Auswertung aufzuarbeiten, um detaillierter zu erfassen, was der einzelne Schüler/die einzelne Schülerin kann und in welchen Bereichen noch Probleme bestehen. Vor allem die Lösungswege der Schülerinnen und Schüler und das mathematische Vorgehen sollten erfassbar werden. Auf diese Weise wollte die Gruppe so genaue diagnostische Informationen erheben, dass sich eine individuelle Förderung auf der Grundlage der Erkenntnisse aus den Testergebnissen anschließen könnte.

Die ersten Schritte (Aushandlung des Themas, Formulierung erster Fragestellungen bzw. Hypothesen, Entwicklung eines Ansatzes für das Untersuchungskonzept sowie für ein Forschungsdesign; vgl. Abbildung 5.1) vollzog die Gruppe im Zuge der Präsenztermine. Dabei erhielt sie immer wieder nützliche Anregungen und Hinweise durch die Workshopleitung. Die weitere Planung sowie die Durchführung und Auswertung unternahm die Gruppe selbständig. In einem Supervisionstreffen mit der Leitung stellten die Teilnehmerinnen die von ihnen ausgewählten Testaufgaben vor und diskutierten sie. Daran anschließend führten sie den Test in derselben Schule und Klasse durch, in der die Teilnehmerin ihr Praktikum absolviert hatte (zeitlich lag dazwischen etwa ein Schuljahr). Für die Auswertung entschieden sie sich für die Vergabe von Punkten nach bestimmten Bewertungskriterien. Ihre Ergebnisse präsentierte die Gruppe dann in der Abschlussveranstaltung in Form einer Präsentation, in der sie auch ausgewählte, anonymisierte Aufgabenbearbeitungen von Schülerinnen und Schülern vorstellte. In Ihrer schriftlichen Reflexion zog eine Teilnehmerin folgendes Fazit:

> *„Diese praktische Diagnosearbeit war für mich eine sehr gewinnbringende Erfahrung, in der ich mein bisher erworbenes Wissen aus der Mathematikdidaktik anwenden und vertiefen konnte. Das Wissen, dass es sich*

hierbei um selbst gewonnene, echte Schülerdokumente handelte, die sonst kein „Professioneller" begutachtet, war ungeheuer motivierend, da ich das Gefühl hatte, meine Diagnose sei wichtig für den jeweiligen Schüler. Daher war ich hier viel mehr bestrebt, eine zutreffende, vollständige Diagnose abzuliefern und wirklich zu versuchen, die Gedankengänge der Schüler anhand ihrer Dokumente nachzuvollziehen, als dies in einer reinen Übungssituation der Fall gewesen wäre."

5.2.2.4 Interdisziplinäre Veranstaltungen der an der Werkstatt beteiligten Projekte

Seit der Eröffnung der Werkstatt ist nach und nach eine Kooperation der daran beteiligten Projekte bezüglich der Planung von Veranstaltungen für Studierende erwachsen und, da sie sich in einigen Punkten als sehr fruchtbar erwiesen hat, kontinuierlich intensiviert worden.

Geeignete Anknüpfungspunkte für gemeinsame Veranstaltungen sind die fächerübergreifend relevanten Aspekte für die Planung und Durchführung eigenständiger Forschungsarbeiten. Es werden interdisziplinäre Workshops und Seminare zu Themen aus dem Bereich des wissenschaftlichen Arbeitens (vgl. Abbildung 4) angeboten. Als besondere Bereicherung bei dieser Kooperation kann neben der Arbeitsteilung ein gelungener Austausch über die Fächergrenzen hinaus angesehen werden, der sonst nur selten Teil des Studienalltags ist jedoch im Kontext einer gemeinsamen Forschungswerkstatt angestrebt wird.

Auch ist es denkbar diese Kooperation zukünftig für einen Transfer der in dortMINT gewonnenen Erkenntnisse in andere Fächer zu nutzen.

In der Veranstaltung „Grenzen sprengen" sollen in Zukunft die einzelnen Fächergruppen noch einmal gezielter miteinander ins Gespräch gebracht werden. Je ein Vertreter aus dem Bereich MINT bzw. der Ingenieurwissenschaften und den Geistes-/Kultur-/Sozialwissenschaften sollen sich in Podiumsdiskussionen zu ausgewählten Themen äußern. Dabei kann das Plenum eigene Vorstellungen, Meinungen und Gedankenanstöße einbringen.

5.2.2.5 Maßnahmen zur Bekanntmachung der Werkstatt sowie zur Förderung der Nachwuchsgewinnung

In regelmäßigen Abständen werden Gelegenheiten genutzt, die Forschungswerkstatt und ihre Konzeption bei öffentlichen Veranstaltungen vorzustellen und die Maßnahmen zur gezielten Nachwuchsgewinnung im Projekt dortMINT zu unterstützen. Die häufige Durchführung solcher Veranstaltungen hat sich als sehr wichtig erwiesen, um Studierenden die Werkstatt als für sie ansprechende und gewinnbringende Lernumgebung nahezubringen. Dies ist von umso größerer Relevanz, da für den Ort der Werkstatt mit dem Zentrum für Hochschulbildung ein zwar zentraler

Punkt auf dem Campus gewählt wurde, so aber ein räumlicher Abstand zu den üblichen, vertrauten Veranstaltungsorten der Studierenden besteht.

5.2.3 Entwicklungsprozess

Die Forschungswerkstatt hat über die gesamte Projektlaufzeit hinweg einen ständigen, und noch nicht als abgeschlossen anzusehenden, Entwicklungsprozess durchlaufen. Dies ist bereits in der Konzeption bedingt, die allen Akteurinnen und Akteuren Möglichkeiten einräumt, das Werkstattgeschehen aktiv mitzubestimmen und zu beeinflussen.

Als wesentliche Entwicklung lässt sich die kontinuierliche Zusammenführung der an der Werkstatt beteiligten Projekte zu einer gemeinsamen Forschungswerkstatt mit verschiedenen inhaltlichen Schwerpunktsetzungen bemerken. Führten anfangs die parallel nebeneinander herlaufende Nutzung der gemeinsamen Öffnungszeiten und die getrennten Werbemaßnahmen für denselben Raum bei den Studierenden oftmals zu Verwirrung, kann die entstandene Zusammenarbeit nur als Gewinn angesehen werden und hat diese Probleme aufgehoben. Dennoch ist dabei darauf zu achten, dass jedes Projekt seine Identität wahrt und der Projektbezug vorhanden und transparent bleibt. Für das dortMINT-Projekt wird dies durch die Fortführung dortMINT-spezifischer Veranstaltungen gewährleistet.

Weiterhin ist mit der Zeit ein verstärkter Fokus auf die Konzeption von Veranstaltungen für Studierende mit Bezug zum forschenden Lernen gelegt worden. Die Gründe dafür wurden bereits unter 5.2.2.3 als ausschlaggebend für die Planung des Workshops „Working on DiF-ferences" beschrieben. Die Veranstaltungen sollen dazu dienen „Forschendes Lernen" zu „lernen" indem, eingebettet in vertrautere Lernformen, wie ein Workshop-Setting, erste Erfahrungen damit gemacht werden können. Die von den Teilnehmern und Teilnehmerinnen solcher Workshops angefertigten Reflexionen sowie eine spürbare Zunahme der Nutzung der Werkstatt durch Studierende im angestrebten Sinne lassen auf den Erfolg dieser Herangehensweise schließen.

5.3 Gelingensbedingungen und Ausblick

Die gewonnenen Erfahrungen lassen sich zu zehn Gelingensbedingungen zusammenfassen:

- Grundvoraussetzung für das Gelingen einer Forschungswerkstatt ist die Ausstattung. Erforderlich ist eine Räumlichkeit mit ansprechender Atmosphäre, die zum Verweilen von einzelnen und Arbeitsgruppen einlädt. Sie sollte mit entsprechenden Arbeitsplätzen ausgestattet sein, die individuelles und kooperatives Arbeiten ermöglichen. Dies betrifft sowohl das Mobiliar als auch die digitale Arbeitsumgebung, aber auch Visualisierungs- und Moderationsequipment.

- Attraktiv wird eine Forschungswerkstatt, wenn sie eine förderliche Lernumgebung für die Forschungsaufgaben, die in ihr bearbeitet werden sollen bereithält, insbesondere also Lern- und Arbeitsmaterialien, im Falle der dortMINT-Werkstatt z.B. diagnostische Instrumentarien, Testmaterialien, Forschungskompendien und Grundlagenliteratur.
- Forschungswerkstätten sind Räume, die flexibles und kontinuierliches Arbeiten ermöglichen sollten. Dazu sollten ausreichende Zugänge und Zeitfenster offen stehen, auch über längere Zeiträume hinweg. Die Kontinuität erfordert auch verschlusssichere Vorkehrungen für die Lagerung von Arbeitsmaterialien.
- Wenn die Werkstatt im Sinne der genannten Komponenten wertvolle Ausstattungen beherbergt, ist ihre Öffnung an Aufsicht gebunden. Die Aufsicht sollte von Studierenden oder Wissenschaftlerinnen bzw. Wissenschaftlern wahrgenommen werden, die auch Betreuungs- und Beratungsfunktionen ausüben können. Das können Tutorinnen oder Tutoren wie Lehrende aller Statusgruppen sein. Nicht zuletzt lebt eine Forschungswerkstatt aber auch von den studentischen Peers, die sich in ihr begegnen.
- Auch wenn alle genannten Bedingungen mustergültig geschaffen werden, wird eine Forschungswerkstatt ihre Attraktivität nur in dem Maße entfalten können, wie sie in der Hochschulöffentlichkeit wahrgenommen wird. In den hauptsächlichen Kommunikationsmedien und -wegen, an denen sich Studierende orientieren, sind Forschungswerkstätten meist nicht oder nur an untergeordneter Stelle repräsentiert. Kritisch ist insbesondere für außerfachliche bzw. fachübergreifende Einrichtungen, zu denen auch die zentral angelegte dortMINT-Forschungswerkstatt gehört, dass sie leicht aus den fachlich geprägten Wahrnehmungsrastern der Studierenden herausfallen. Forschungswerkstätten bedürfen deshalb einer klugen kommunikativen Vernetzung mit den Kommunikationsmustern der Studierenden.
- Eine noch so klug angelegte Marketingstrategie bleibt aber wirkungslos, wenn Forschungswerkstätten nicht zu einem integralen Bestandteil der Fachkulturen werden, die die Lern- und Lehrpraxen in den beteiligten Studiengängen bzw. Fächern prägen. Wenn dort keine wertschätzende Orientierung auf Werkstätten als einem Raum der Möglichkeiten erfolgt, wird nur eine ohnehin hochmotivierte und selbstständige Gruppe von Studierenden erreicht werden können.
- Ausstrahlungskraft hat deshalb insbesondere ein attraktives Veranstaltungsangebot in der Werkstatt, an dem die zuständigen Fächer beteiligt sind und die sinnstiftende Brücke zwischen dem üblichen Studium und dem Add on der Forschungswerkstatt bilden.
- Angesichts der beschränkten Zeitbudgets sowohl der Lehrenden wie der Studierenden sollte allerdings auch nach Mitteln und Wegen gesucht werden, Aktivitäten in der Werkstatt in den workload einzubeziehen und für die Kreditierung der Studienleistungen der Studierenden wie den Deputaten der Lehrenden anrechnungsfähig zu machen.

- Forschungswerkstätten finden umso größere Resonanz je mehr „Forschendes Lernen" als „Hochform aktiver und kooperativer Lernformate" der Lehr-Lernkultur in den fraglichen Lehr- und Studiengebieten an den Trägerhochschulen bzw. Fakultäten oder Studiengängen eingeschrieben ist.

- Alle genannten Gelingensbedingungen sind keine Selbstläufer. Sie bilden vielmehr nur den Kontext, innerhalb dessen sich das Leben in der Forschungswerkstatt erst entfaltet, wenn es von einem Kooperationsprozess der beteiligten Akteurs-Gruppen getragen wird. Dazu gehören Studierende wie Lehrende aber auch Akteure auf der Leitungsebene und die „new professions in Higher Education" aus Hochschuldidaktik und Qualitätsmanagement, die den Entwicklungs- und Verbreitungsprozess in einem strategisch und operativ angelegten Innovationsprozess vorantreiben.

Erst aus dem Innovationsprozess und -erfolg erwachsen die Perspektiven einer Forschungswerkstatt.

Ihre Existenzberechtigung und Zukunftsfähigkeit ergibt sich schon neben und unabhängig aller Maßnahmen in der Studienreform allein daraus, dass jedenfalls auch an „normalen" Hochschulen eine kritische Masse von Studierenden existiert, die im freien Selbststudium Bereitschaft und Interesse zu selbstregulierten Projekten Forschenden Lernens mitbringen und die sich vergleichsweise unkompliziert in ein Forschungsabenteuer stürzen. Auch diese Gruppe kann erheblich von einer Forschungswerkstatt profitieren, die förderlich Lernumgebungen bereithält und Beratung anbietet.

In die institutionell stabilen Organisations- und Studiengangstrukturen wird eine Forschungswerkstatt integrierbar sein, wenn dazu förderliche Lehr- und Prüfungsverfahren implementierbar sind. Dass die Entwicklungsdynamik in diese Richtung weist, lässt sich an den zahlreichen Anträgen der Hochschulen im Rahmen der sogenannten dritten Säule des Qualitätspakts ablesen, die in zahlreichen Hochschulen auf die Agenda gesetzt worden ist. Die Zukunft des „forschenden Lernens" ist infolgedessen in hohem Maße an ein auch darauf ausgerichtetes strategisches Management gebunden.

Die Nachhaltigkeit der Entwicklung lebt aber vom lebendigen Engagement der Studierenden. Wenn es gelingt, den Geist epistemischer Neugier und zugleich das Engagement für praktische Problemlösungen wach zu halten und intelligent zu kombinieren, braucht man sich über die Zukunftsperspektiven der Forschungswerkstatt nicht zu sorgen.

In der Zukunft soll weiter daran gearbeitet werden das Prinzip des „Forschenden Lernens" in der Forschungswerkstatt zu etablieren und die Bedürfnisse der (MINT)Studierenden für eine gewinnbringende, den Studienalltag ergänzende und interdisziplinäre Lernumgebung wahrzunehmen und umzusetzen.

Der dortMINT-Projektkontext soll dabei erhalten bleiben. Es wird angestrebt, die Werkstatt verstärkt für den Transfer der in dortMINT entwickelten Instrumente und Methoden in andere Fächer an der Hochschule oder auch in Schulen zu nutzen.

Literatur

Altrichter, H. (1987). Forschendes Lernen in der Lehrerausbildung. Ein Projekt kooperativer Hochschullehrerweiterbildung und Curriculumentwicklung. In Larcher, D. (Hrsg.), *Weiterbildung an der Universität* (S. 313–334). Wien.

Altrichter, H. & Lobenwein, W. (1999). Forschendes Lernen in der Lehrerbildung? Erfahrungen mit reflektierenden Schulpraktika. In Dirks, U. & Hansmann, W. (Hrsg.), *Reflexive Lehrerbildung. Fallstudien und Konzepte im Kontext berufsspezifischer Kernprobleme* (S. 169–196). Weinheim.

Altrichter, H. & Posch, P. (1998). *Lehrer erforschen ihren Unterricht. Eine Einführung in die Methoden der Aktionsforschung* (3. Auflage). Bad Heilbrunn.

Altrichter, H. & Posch, P. (2007). *Lehrerinnen und Lehrer erforschen ihren Unterricht.* Bad Heilbrunn.

Bundesassistentenkonferenz (BAK) (1970). Forschendes Lernen – wissenschaftliches Prüfen, mit einem Vorwort von Ludwig Huber. *Schriften der Bundesassistentenkonferenz 5.* Bonn.

Dirks, U. & Hansmann, W. (Hrsg.) (2002). *Forschendes Lernen in der Lehrerbildung. Auf dem Wege zu einer professionellen Unterrichts- und Schulentwicklung.* Bad Heilbrunn.

Glumpler, E. (1999). *Forschendes Lernen im Lehramtsstudium. Einführung zur Forschungswerkstatt Schulprofilanalyse.* Dortmund.

Glumpler, E. & Wildt, J. (2000). Das Berufspraktische Halbjahr im Lehramtsstudium. Ein Modellvorhaben zur Integration von 1. und 2. Lehrerausbildungsphase. In Bayer M., Bohnsack, F., Koch-Priewe, B. & Wildt, J. (Hrsg.), *Lehrerinnen und Lehrer werden ohne Kompetenz? – Professionalisierung durch eine andere Lehrerbildung* (S. 207–225). Bad Heilbrunn.

Huber, L. (1999). An- und Aussichten der Hochschuldidaktik. In *Zeitschrift für Pädagogik*, 45, 25–44.

Huber, L. (2009). Warum Forschendes Lernen nötig und möglich ist. In Huber, L., Hellmer, J. & Schneider, F. (Hrsg.), *Forschendes Lernen im Studium. Aktuelle Konzepte und Erfahrungen* (S. 9–35). Bielefeld.

Huber, L., Hellmer, J. & Schneider, F. (Hrsg.) (2009). *Forschendes Lernen im Studium. Aktuelle Konzepte und Erfahrungen.* Bielefeld.

Obolenski, A. & Meyer, H. (Hrsg.) (2003). *Forschendes Lernen. Theorie und Praxis einer professionellen LehrerInnenausbildung.* Bad Heilbrunn.

Roters, B., Schneider, R., Koch-Priewe, B., Thiele, J. & Wildt, J. (Hrsg.) (2009). *Forschendes Lernen im Lehramtsstudium. Hochschuldidaktik – Professionalisierung – Kompetenzentwicklung.* Bad Heilbrunn.

Schneider, R. & Wildt, J. (2009a). Forschendes Lernen und Kompetenzentwicklung. In Huber, L., Hellmer, J. & Schneider, F. (Hrsg.), *Forschendes Lernen im Studium. Aktuelle Konzepte und Erfahrungen* (S. 53–68). Bielefeld.

Schneider, R. & Wildt, J. (2009b). Forschendes Lernen in Praxisstudien – Wechsel eines Leitmotivs. In Roters, B., Schneider, R., Koch-Priewe, B., Thiele, J. & Wildt, J. (Hrsg.), *Forschendes Lernen im Lehramtsstudium. Hochschuldidaktik – Professionalisierung – Kompetenzentwicklung* (S. 8–36). Bad Heilbrunn.

Schneider, R. & Wildt, J. (2010). Konturen der Didaktik einer professionalisierten LehrerInnenbildung. In Köker, A., Romahn, S. & Textor, A. (Hrsg.), *Herausforderung Heterogenität. Ansätze und Weichenstellungen* (S. 65–81). Bad Heilbrunn.

Schneider, R. (2009). *Forschendes Lernen in der Lehrerausbildung. Entwicklung einer Neukonzeption von Praxisstudien am Beispiel des Curriculumbausteins „Schulentwicklung": Eine empirisch-qualitative Untersuchung zur Ermittlung hochschuldidaktischer Potentiale.* Dortmund. Verfügbar unter: http//hdl.handle.net/2003/26029 [12.2012].

Schneider, R. (2009). Kompetenzentwicklung durch Forschendes Lernen? In *Journal Hochschuldidaktik*, 20. Jg. Nr. 2, 33–37, Dortmund.

Schneider, R. (2011). Rezension von: Bolland, Angela: Forschendes und biografisches Lernen, Das Modellprojekt Forschungswerkstatt in der Lehrerbildung. Bad Heilbrunn: Klinkhardt 2011. In *EWR 11* (2012), Nr. 1 (Veröffentlicht am 24.02.2012), Verfügbar unter: http://www.klinkhardt.de/ewr/978378151517.html

Schneider, R. & Wildt, J. (2002). Forschendes Lernen in Praxisstudien. Das Beispiel des Berufspraktischen Halbjahres in der Lehrerausbildung. In Berendt, B., Voss, H.-P. & Wildt, J., *Neues Handbuch Hochschullehre*, Teil G 3.1: Schlüsselqualifikationen und wissenschaftliches Arbeiten. Berlin.

Schneider, R. & Wildt, J. (2003). Das Berufspraktische Halbjahr in Dortmund. Forschendes Lernen in Praxisstudien einer professionalisierten Lehrerausbildung. In Obolenski, A. & Meyer, H. (Hrsg.), *Forschendes Lernen. Theorie und Praxis einer professionellen LehrerInnenausbildung* (S. 165–183). Bad Heilbrunn.

Schneider, R. & Wildt, J. (2009). Forschendes Lernen in Praxisstudien – Wechsel eines Leitmotivs. In Roters, B., Schneider, R., Koch-Priewe, B., Thiele, J. & Wildt, J. (Hrsg.), *Forschendes Lernen im Lehramtsstudium. Hochschuldidaktik – Professionalisierung – Kompetenzentwicklung* (S. 8–36). Bad Heilbrunn.

Schneider, R. & Wildt, J. (2009). In Huber, L., Hellmer, J. & Schneider, F. (Hrsg.), *Forschendes Lernen im Studium. Aktuelle Konzepte und Erfahrungen* (S. 53–68). Bielefeld.

Wissenschaftsrat (2008). *Empfehlungen zur Qualitätsverbesserung von Lehre und Studium,* Köln. Verfügbar unter: *www.wissenschaftsrat.de/download/archiv/8639-08.pdf [12.2012].*

6.

dortMINT S2 – Personen gewinnen

Expertise zur Diagnose und Förderung an nicht gymnasialen Sekundarschulen

Susanne Schnell, Susanne Prediger, Hannah B. Busch,
Thomas Toczkowski und David-S. Di Fuccia

Auch wenn gut ausgebildete Lehrkräfte in allen Schulformen von großer Bedeutung sind, ergibt sich aus mehreren Gründen vor allem für die nicht gymnasialen Sekundarschulen (je nach Bundesland Haupt- und Realschulen, Mittel- und Oberschulen, Gesamt- und Stadtteilschulen) ein besonderer Bedarf, Expertise für Diagnose und Förderung in den MINT-Fächern aufzubauen. Dies stellt spezifische Anforderungen an die Lehrerbildung, die sich nicht nur *qualitativ* auf den gezielten Erwerb von fachdidaktischen Kompetenzen der Diagnose und Förderung, sondern auch *quantitativ* auf die Anwerbung geeigneter Personen beziehen.

6.1 Problemaufriss

6.1.1 Bedarf für spezifische Schülerinnen und Schüler

Die nicht gymnasialen Schulformen der Sekundarstufe I weisen eine besonders heterogene Schülerschaft auf, die einerseits bis zur gymnasialen Oberstufe hin gefördert werden soll, andererseits gerade auch die Lernenden mit erheblichen Schwierigkeiten in den MINT-Fächern umfasst:

Fast 40 % der Fünfzehnjährigen in Deutschland erreichen am Ende der Pflichtschulzeit lediglich das mathematische Kompetenzniveau der 6. Klasse, rund ein Fünftel rechnet laut der PISA-Studie 2006 nur auf Grundschulniveau und kann Anforderungen, die über elementare Standardaufgaben hinausgehen, nicht bewältigen (Prenzel et al. 2007). Diese jährlich ca. 150.000 Schülerinnen und Schüler in Deutschland müssen im Hinblick auf ihre weiteren Bildungs- und Berufschancen als ‚Risikogruppe‘ angesehen werden, deren gesellschaftliche Teilhabe massiv erschwert ist (Baumert et al. 2001).

Eine zentrale Ursache für Schwierigkeiten in der Sekundarstufe I ist bereits in der Grundschule zu suchen: Wie TIMSS 2007 gezeigt hat, verfügen am Ende der

Grundschulzeit bereits 18 % der Schülerinnen und Schüler lediglich über mathematische Grundkenntnisse, in etwa auf dem Niveau des frühen dritten Schuljahres, und 4 % der Kinder erreichen am Ende von Klasse 4 noch nicht einmal diese Kompetenzstufe (Bos et al. 2008).

Gleichwohl legen erste Längsschnittstudien nahe, dass die Sekundarstufe diese Probleme verstärkt: Es scheinen dieselben Schülerinnen und Schüler zu sein, die am Ende der Grundschul- und am Ende der Pflichtschulzeit massive Schwierigkeiten haben. Zumindest zeigen sich fehlende elementare Kenntnisse im mathematischen Basisstoff am Ende der Grundschulzeit als zentrale Prädiktoren für Schwierigkeiten mit Mathematik in der Sekundarstufe I (Moser Opitz 2007). Die Kultusministerkonferenz hat daher die gezielte Förderung der leistungsschwächeren Schülerinnen und Schüler zu einem neuen Schwerpunktfeld schulischer Aktivitäten erklärt, ohne allerdings bisher konkrete, fachbezogene Maßnahmen zu starten (KMK 2010).

Auch im Bereich der naturwissenschaftlichen Kompetenzen zeigen sich in PISA 2006 in Deutschland große Leistungsunterschiede zwischen den Schülerinnen und Schülern mit erheblichen Überschneidungen zwischen den einzelnen Schulformen (Prenzel & Hammann 2008).

Dabei dürfen nicht nur die leistungsschwachen Lernenden in den Blick genommen werden, sondern auch in den nicht gymnasialen Schulformen diejenigen, die in ihrer Schul- und Berufslaufbahn hohe Kompetenzen erwerben können. Daher sind Diagnose und Förderung auf vielen Niveaus in differenzierten Settings gefragt.

Insgesamt erweist sich die Heterogenität der Schülerschaft an den nicht gymnasialen Sekundarschulen sowohl hinsichtlich der Eingangsvoraussetzungen als auch bezüglich ihrer beruflichen Ziele gerade in den mathematisch-naturwissenschaftlichen Fächern als besondere Herausforderung, die gezielte Differenzierungs-, Diagnose- und Fördermaßnahmen in jeder Unterrichtsstunde erfordert.

Empirische Studien zur Unterrichtsrealität dieser Schulformen (vgl. z.B. Rost 2004; Duit 2006a, b; Tiemann et al. 2006) zeigen jedoch, dass in den letzten Jahren gerade an den genannten Schulformen diese Leitprinzipien weniger umgesetzt werden konnten als an anderen Schulformen.

6.1.2 Bedarf durch Mangel an MINT-Lehrerinnen und -Lehrern

Dass diese nicht gymnasialen Schulformen der Sekundarstufe in den letzten Jahren die Grundsätze fachdidaktisch fundierter Diagnose und individueller Förderung noch weniger umsetzen konnten als andere Schulformen wie zum Beispiel die Grundschule, hat nicht zuletzt mit einem sich zuspitzenden Mangel an nachwachsenden, qualifiziert ausgebildeten Lehrkräften in allen MINT-Fächern zu tun (vgl. KMK 2003). Dieser führt schon jetzt dazu, dass ein erheblicher Teil des Unterrichts in den MINT-Fächern der nicht gymnasialen Schulformen fachfremd erteilt wird: In Mathematik beispielsweise lag im Jahr 2006 der Anteil fachfremd erteilter Unterrichtsstunden bei 16,7 Prozent an Realschulen und sogar bei 30,2 Prozent an

Hauptschulen in Nordrhein-Westfalen (Törner & Törner 2008). Dieser Mangel an Fachlehrkräften wird gemäß den Prognosen des Ministeriums für Schule und Weiterbildung des Landes Nordrhein-Westfalen in den nächsten 20 Jahren kontinuierlich weiter zunehmen (vgl. Abb. 6.1).

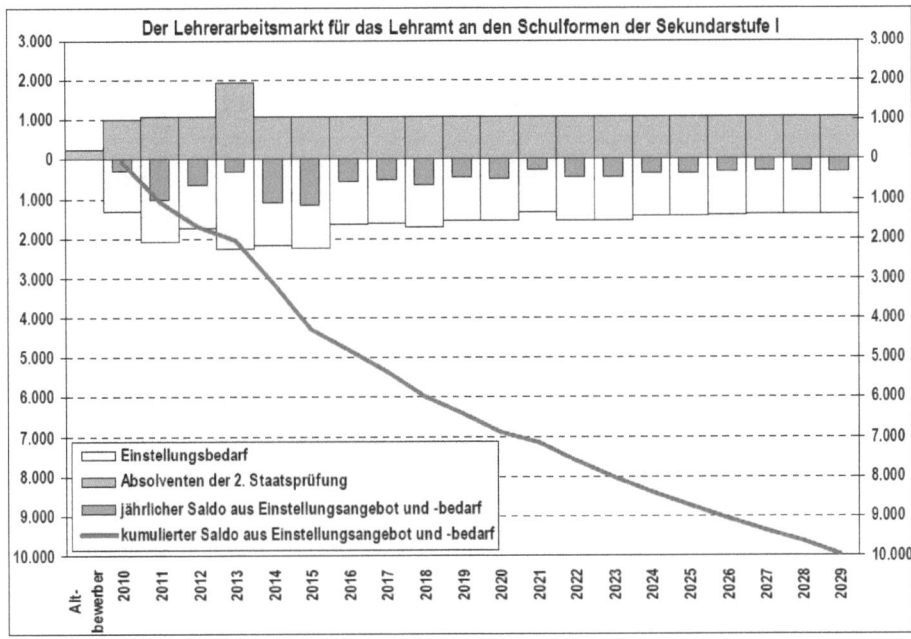

Abb. 6.1: Prognose des Schulministeriums NRW zu steigendem Fachlehrkräftemangel (Ministerium für Schule und Weiterbildung NRW 2011, S. 12)

Wie die Abbildung 6.1 verdeutlicht, wird der Einstellungsbedarf die Anzahl der Absolventen der zweiten Staatsprüfung in jedem Jahr übersteigen. Obwohl diesem Mangel durch Einstellung von Lehrkräften mit anderen Lehrämtern (zum Beispiel Grundschule) und der verstärkten Besetzung von Stellen durch einen Seiteneinstieg ins Lehramt entgegengewirkt wird (vgl. Ministerium für Schule und Weiterbildung NRW 2011, S. 12), stellt die steigende Zahl der fehlenden Fachkräfte für diese Schulform ein wachsendes Problem dar.

Bezüglich des Mangels nehmen die MINT-Fächer eine herausragende Rolle ein: Besonders in den Fächern Mathematik, Physik, Technik und Informatik kann bereits die aktuelle Lehrkräftekapazität den Bedarf an zu erteilendem Unterricht nicht decken (vgl. Ministerium für Schule und Weiterbildung Nordrhein-Westfalen 2011, S. 1 & S. 11). Nur die Fächer Biologie und Chemie bilden hier positive Ausnahmen mit einer Deckung des Bedarfs. Für alle MINT-Fächer außer Biologie sagen die Prognosen bis 2030 hervorragende bis gute Einstellungschancen an Schulformen der Sekundarstufe I, aber auch an Gymnasien in Nordrhein-Westfalen voraus. Im Umkehrschluss zeigt dies den massiven quantitativen Bedarf an Lehrkräften für diese Schulformen und Fächer.

6.1.3 Bedarf durch Mangel an Lehramtsstudierenden

Eine Besserung der Situation ist derzeit auch insofern nicht in Sicht, als im Gegensatz zu Gymnasien und Grundschulen der jährliche Einstellungsbedarf an Schulformen der Sekundarstufe I die Anzahl der Absolventinnen und Absolventen deutlich übersteigt, so dass zunehmend mehr Stellen unbesetzt sind.

Tabelle 6.1: Neueinschreibungen in allen Lehramtsfächern an der TU Dortmund (Anzahlen mit Anteilen der Schulformen an allen Lehramtseinschreibungen)

Schulformen:	WS 2009/10	WS 2010/11	WS 2011/12
Berufskolleg	119 (9,2 %)	141 (10,2 %)	226 (13,0 %)
Gymnasium / Gesamtschule	517 (39,8 %)	547 (39,7 %)	693 (40,0 %)
Grundschule	421 (32,4 %)	419 (30,4 %)	257 (14,9 %)
Haupt-/Real-/Gesamtschule	45 (3,5 %)	60 (4,4 %)	291 (16,8 %)
Sonderpädagogik	197 (15,2 %)	210 (15,3 %)	265 (15,3 %)
Lehramt Gesamt	**1299**	**1377**	**1732**

Quelle: Studierendenstatistiken der TU Dortmund

Das Ungleichgewicht zwischen den Schulformen wurde zu Beginn des Projekts dortMINT auch durch die Neueinschreibungen an der TU Dortmund bestätigt, wie Tabelle 6.1 zeigt. Im Laufe der Zeit zeigt sich zwar beim Blick auf alle Lehrämter der nicht gymnasialen Sekundarstufe eine deutliche Steigerung (bedingt vor allem durch Neuregelungen der Zulassungsbeschränkungen), in den MINT-Fächern fällt sie dagegen deutlich geringer aus. Tabelle 6.2 dokumentiert die Verteilung der Fächer im Lehramt für Haupt-, Real und Gesamtschulen an der TU Dortmund. Dargestellt sind jeweils die Anzahlen der Personen, deren Fächerkombination mindestens ein MINT-Fach enthält. Deutlich wird, dass sich auf die sechs MINT-Fächer nur 105 Lehramtsstudierende verteilen, also ungefähr 36% dieses Lehramts. Davon nimmt das Fach Mathematik den größten Teil ein: Hier beginnen fast so viele Studierende ein Studium für das Lehramt an Haupt-, Real- und Gesamtschulen wie in Chemie, Physik und Technik zusammengenommen.

Tabelle 6.2: Fächerverteilung der Studienanfängerinnen und -anfänger im Lehramt an Haupt-, Real- und Gesamtschulen im WS 2011/12

	Anzahl und Anteil Studierende[1]	
Mathematik	52	(17,9 %)
Informatik, Biologie[2]	0	(0,0 %)
Chemie	17	(5,8 %)
Physik	13	(4,5 %)
Technik	23	(7,9 %)
keine MINT-Fächer	186	(63,9 %)
Gesamt	291	

Mathematik 17,9%
Informatik 0,0%
Chemie 5,8%
Physik 4,5%
Technik 7,9%
Biologie 0,0%
keine MINT-Fächer 63,9%
n=291

[1] Studierende mit zwei MINT-Fächern (insgesamt 13) wurden jeweils dem Erstfach zugeordnet.
[2] Biologie und Informatik können an der TU Dortmund aktuell nicht im Lehramt an Haupt-, Real- und Gesamtschulen studiert werden

Quelle: Studierendenstatistik der TU Dortmund

6.1.4 Bedarf an veränderter Eingangsselektivität

Neben den rein quantitativen Problemen zeigen sich für den Bereich der nicht gymnasialen Lehrerbildung auch Effekte einer ungünstigen Eingangs-Selbstselektion der Studienanfängerinnen und -anfänger, die sich durch leicht schwächere Abiturdurchschnittsnoten und geringere Leistungen in Tests zum fachinhaltlichen und fachdidaktischen Professionswissen im Vergleich zu Gymnasiallehrkräften konkretisieren (Blömeke et al. 2010, S. 161 & S. 197ff.). Die Autorinnen der internationalen Vergleichsstudie TEDS-M interpretieren und erklären die Werte als „ungünstigere Eingangsvoraussetzungen aufgrund geringerer Attraktivität des Haupt- und Realschullehrerberufs im Vergleich zum Gymnasiallehramt sowie ein geringerer Studienumfang an Mathematik und Mathematikdidaktik angesichts der Kürze der Zwei-Fach-Ausbildung" (Blömeke et al. 2010, S. 6). Studien wie diese zeigen, dass neben der Optimierung der Inhalte des Studiums auch die Attraktivität des Lehrberufs an dieser Schulform gesteigert werden muss.

6.1.5 Zwischenfazit

Zusammenfassend reagiert das hier beschriebene Teilprojekt also auf einen Bedarf an MINT-Lehrkräften in allen Schulformen, besonders aber im Bereich der nicht gymnasialen Sekundarstufe. Während die Weiterentwicklung der inhaltlichen und fachdidaktischen Ausbildung im Zentrum der inhaltlichen Teilprojekte I1 bis I3 stand, hat sich das Strukturprojekt S2 daher auf die *quantitative* Erhöhung der Neueinschreibungszahlen und *qualitativ* auf das Anwerben von Studierenden mit besseren Voraussetzungen bemüht. Dies wurde einerseits durch gezielte

Öffentlichkeitsarbeit (Abschnitt 2), anderseits durch die Imagekampagne der dort-MINT-Bestenförderung (Abschnitt 3) angestrebt.

6.2 Gezielte Öffentlichkeitsarbeit

Persönliche Erfahrungen in der Beratungstätigkeit mit Schülerinnen und Schüler der Abschlussjahrgänge spiegeln die Prognosen des Schulministeriums wider: Die Zahl der Interessenten am Lehramt für die Primarstufe übersteigt um ein Vielfaches die Anfragen zu den weiteren Schulformen; insbesondere Haupt- und Realschulen (oder ihre Folge-Schulformen im nicht gymnasialen Bereich) scheinen die meisten zukünftigen Studierenden nicht in ihre Überlegungen einzubeziehen.

Die Öffentlichkeitsarbeit des Teilprojekts S2 fokussiert deshalb darauf, ein Interesse an diesen Schulformen zu wecken und gezielt über die universitäre Ausbildung in den MINT-Fächern sowie Einstellungschancen, Herausforderungen und Chancen der nicht gymnasialen Sekundarstufe I zu informieren.

Zu diesem Zweck werden bei außer- und inneruniversitäre *Informationsveranstaltungen* individuelle Beratungen, Vorträge, Podiumsdiskussionen und Workshops angeboten. Dazu zählen unter anderem die EINSTIEG Abi Messe in Köln und Dortmund (mit 34.000 bzw. 14.000 Besucherinnen und Besuchern) sowie Veranstaltungen der TU Dortmund wie die Informationsreihe „Abi! Und dann?", die „Nacht der Beratung" oder die „Dortmunder Hochschultage". In den Vorträgen wurden Informationen zusammengefasst zur aktuellen Stellenlage und Studierendenzahlen bezüglich der verschiedenen Schulformen sowie zum Studienverlauf und der Einbindung des Projekts dortMINT in diesen.

Weiterhin ergänzten Teilnehmende der dortMINT-Bestenförderung ihre persönlichen Erfahrungen zum Studium der MINT-Fächer (vgl. Abschnitt 3). Als besonders fruchtbar wurden die persönlichen Gespräche nach den Vorträgen erlebt, in denen sich die Zuhörenden beispielsweise Rückmeldungen zu ihren individuellen Voraussetzungen oder detaillierte Beschreibungen zu Inhalten des Studiums einholten.

Einen besonderen Stellenwert nehmen die Angebote von *Workshops und Seminaren* ein: Die zu bewerbenden Studiengänge sollen nicht nur theoretisch vorgestellt, sondern erlebbar beworben werden. Daher wurde mit jeweils einem Vertreter bzw. einer Vertreterin jedes MINT-Fachs ein kollaboratives Workshop-Konzept entworfen, in dem die Teilnehmenden eigenaktiv fachdidaktische Tätigkeiten in Form verschiedener Stationen erproben können. In der Mathematik werden beispielsweise schriftliche Bearbeitungen von Lernenden der siebten Klasse zum Thema Bruchrechnung analysiert, um einen Einblick in die sensible Bewertung von Aufgabenformaten und Lernendenvorstellungen zu ermöglichen. Im Bereich der Informatik werden Aufgaben aus dem Wettbewerb „Informatik-Biber" für Schülerinnen und Schüler hinsichtlich der geforderten Kompetenzen untersucht und in der Chemie didaktisch und methodisch sinnvollen Versuchsaufbauten reflektiert und konstruiert. Die meisten der Beispiele stammen dabei aus dem Lehramtsstudium für Haupt-, Real- und Gesamtschulen. So soll eine aktive Auseinandersetzung mit den verschiedenen fachdidaktischen Tätigkeiten dazu führen, die Attraktivität dieses Studiengangs erlebbar zu machen. Neben der aktiven Teilnahme an den Stationen stehen den Interessenten betreuende Studierende zur Verfügung, die über den Studienverlauf, Anforderungen und individuelle Erfahrungen informieren können.

Um die Werbung und Informationen zum nicht gymnasialen Lehramt zu verstetigen und zu verbreitern, wurde ein kurzer *Imagefilm* produziert, in dem exemplarisch eine Realschullehrerin in ihrem engagierten Berufsalltag portraitiert wird (online unter http://www.dortmint.de). Die Vielfalt unterschiedlicher Anforderungen wird durch Momente aus dem Unterricht einer achten Klasse, Szenen der Einzelarbeit mit Lernenden und dem organisatorischen Alltag aufgezeigt und die besondere Bedeutung der persönlichen Ebene der Kommunikation mit nicht gymnasialen Schülerinnen und Schülern betont. Der Bezug zur universitären Lehrerbildung an der TU Dortmund wird hergestellt, indem vier Studierende des Lehramts für Haupt-, Real- und Gesamtschulen unterschiedlicher MINT-Fachrichtungen über die von ihnen wahrgenommenen Besonderheiten und Herausforderungen des eigenen Fachstudiums berichten. Mit dieser Verknüpfung authentischer Einsichten in den Berufsalltag einer Lehrerin mit individuellen Erfahrungen von Studierenden soll ein kurzer, aber möglichst umfassender Eindruck des Berufsbilds Lehrkraft an nicht gymnasialen Schulformen der Sekundarstufe I entstehen und das Interesse von Schülerinnen und Schüler der Oberstufe für diese Schulformen geweckt werden.

Neben diesen Angeboten wurde weiterhin Informationsmaterial über das Lehramt an Haupt-, Real- und Gesamtschulen konzipiert, in dem neben einer Kurzvorstellung des Projekts auch die MINT-Fächer und typische Fragestellungen aus den jeweiligen Lehramtsstudiengängen vorgestellt wurden (vgl. Abb. 6.2).

6.3 Bestenförderung

6.3.1 Intention, Aufbau, Umsetzung

Ausgehend von der insbesondere in Abschnitt 1.4 angerissenen Ausgangslage besteht ein wesentliches Ziel dieses Teilprojekts darin, hinsichtlich ihrer Motivation und fachlichen Voraussetzungen besonders geeignete Studierende für ein Studium der Mathematik und/oder Naturwissenschaften für das Lehramt an Haupt- und Realschulen zu gewinnen. Um das Prestige des Studiengangs der unbeliebtesten Schulformen zu erhöhen, wurde daher als weitere Maßnahme zur Öffentlichkeitsarbeit ein *Programm zur Bestenförderung* eingerichtet.

Das Programm richtet sich an Studienanfängerinnen und -anfänger und bietet sowohl einen inhaltlichen als auch einen finanziellen Anreiz: Inhaltlich wird eine besondere Förderung angeboten in einem Programm aus Exkursionen und Veranstaltungen zum Themenkomplex „Diagnose und individuelle Förderung". Weiterhin

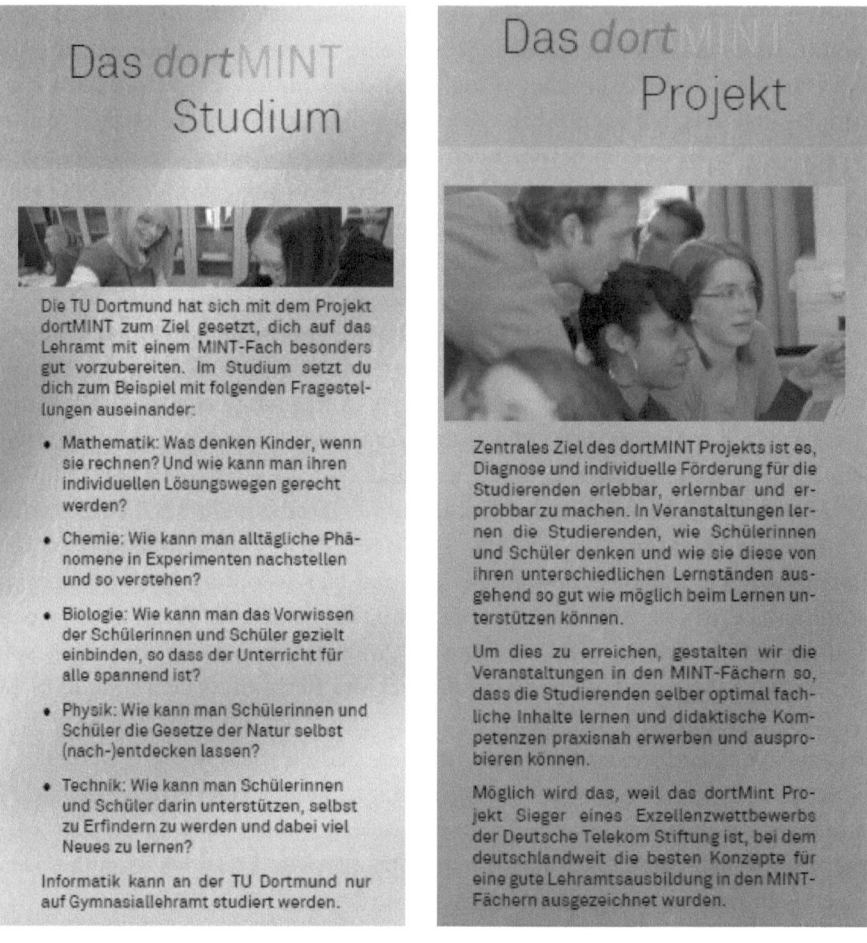

Abb. 6.2:   Ausschnitte des dortMINT-Flyers mit Informationen für Studieninteressierte

findet eine unmittelbare Einbindung der Geförderten in diesbezügliche Forschungsprojekte der Dortmunder Fachdidaktiken statt. Letzteres ist eng verknüpft mit dem finanziellen Anreiz, der darin besteht, dass die Geförderten Verträge als studentische Hilfskräfte erhalten, die aus Projektmitteln finanziert werden und die Anbindung der Geförderten an aktuelle Forschungsprojekte garantieren.

Um in die Bestenförderung aufgenommen zu werden, bedarf es einer Eigenbewerbung der Studierenden, deren zentraler Bestandteil neben dem Nachweis sehr guter Leistungen in Schule und (sofern zutreffend) Studium ein einseitiges Motivationsschreiben ist. Aus diesem Schreiben soll hervorgehen, wieso sich der Bewerbende für ein Lehramt an Haupt- und Realschulen entschieden hat, wieso er sich für sein MINT-Fach entschieden hat, was er sich vom Studium erhofft und welche Fähigkeiten er aus seiner Sicht mitbringt, die ihn zu einem besonders geeigneten Kandidaten für dieses Lehramt machen. Auf der Grundlage dieser Bewerbungsunterlagen trifft ein Gremium bestehend aus den Leiterinnen und Leitern sowie

Mitarbeitenden dieses Teilprojekts sodann eine Vorauswahl, an die sich Auswahl-
gespräche anschließen. Besonderer Wert wird dabei darauf gelegt, dass an den Aus-
wahlgesprächen immer auch eine Person als Vertretung mindestens eines MINT-
Studienfachs des Bewerbenden teilnimmt. Die Bewerbungsverfahren finden dabei
zu Beginn jeden Semesters statt, wobei die Zahl der jeweils Aufgenommenen je
nach Bewerberlage variiert.

6.3.2 Bestenförderung – das Fallbeispiel Johanna

Die Studentin Johanna befindet sich seit dem Wintersemester 09/10 in der dort-
MINT Bestenförderung. Sie studiert Mathematik und Englisch für das Lehramt
an Haupt-, Real- und Gesamtschulen, schloss das Bachelorstudium im Sommer
2012 ab und hat im Wintersemester 2012/13 mit dem Masterstudiengang begonnen. Bereits in ihrer Bewerbung zeigte sie ihre Fähigkeiten zum flexiblen Umgang
mit fachlichen Anforderungen sowie ihre positive und reflektierte Einstellung zu
Schulform und Fächerwahl. In ihrem Motivationsschreiben betonte sie den sozialen Aspekt, möglichweise benachteiligte Schülerinnen und Schüler unterstützen zu
wollen: „Natürlich kann nicht jeder Schüler gleich gut in Fächern wie Mathematik
oder Deutsch sein. Aus diesem Grund ist es notwendig, die verschieden Schulformen beizubehalten. Alle Schulen sollten aber das gleiche Ansehen haben und nie-
manden benachteiligen. Durch meine zukünftige Tätigkeit als Lehrerin an Haupt-
und Realschulen möchte ich dazu beitragen, dass die zurzeit bestehenden Nachteile
gemildert bzw. abgeschafft werden und jeder Schüler auf Grund seiner guten Bildung die Möglichkeit erhält, eine gute Ausbildung zu bekommen".

Seit ihrer Aufnahme in das Programm der Bestenförderung arbeitet sie im Rahmen von Forschungs- und Entwicklungsprojekten der Fakultät für Mathematik mit
und übernimmt zum Beispiel die Erprobung und Evaluation von Fördermaterialien
für rechenschwache Schülerinnen und Schüler an Haupt- und Gesamtschulen. Bei
allen Tätigkeiten wird sie von Wissenschaftlerinnen und Wissenschaftlern betreut
und erhält neben der praktischen Erfahrung auch Einblick in die fachdidaktischen
Prinzipien und Ziele der Maßnahmen zur Diagnose und individuellen Förderung.

Inzwischen schreibt Johanna ihre Masterarbeit in Mathematikdidaktik, es geht
– natürlich – um Diagnose und Förderung, diesmal zur Förderung der Lesekompe-
tenz bei mathematischen Textaufgaben. Ihre Erfahrungen bringt sie dabei gewinnbringend ein und produziert für die Schulen einsatzfähige, erprobte Materialien.

Wie viele andere Studierende in der Bestenförderung hat Johanna im Laufe ihrer Studienzeit viel gelernt und selbstständige und verantwortungsvolle Tätigkeiten
in verschiedenen Projekten übernommen. Die zusätzliche Betreuung durch Exkursionen und Beratungen führt dazu, dass ihre aufgebaute fachdidaktische Kompetenz
in Hinblick auf Diagnose und individuelle Förderung sehr gewinnbringend eingesetzt werden kann.

Aufgrund dieser Erfahrungen können diese Studierenden als ideale Botschafter für unser zentrales Motto fungieren: *Die besten Lehrkräfte für herausfordernde Schülerinnen und Schüler!* Neben der fachdidaktischen Tätigkeit unterstützen die Studierenden der Bestenförderung daher die Maßnahmen zur Öffentlichkeitsarbeit des Teilprojekts S2. Johanna zum Beispiel berichtete bei der Informationsveranstaltung „Abi! Und dann? Ich möchte Lehramt studieren! Was muss ich beachten?" des Zentrums für Information und Beratung der TU Dortmund vor circa 100 Abiturientinnen und Abiturienten aus ihren einen Erfahrungen und Motivationen. Dabei erzählte sie beispielsweise über ihre Eindrücke zum Einsatz von Selbstdiagnoseplänen und Forschungsheften in einer der Veranstaltungen aus dem Teilprojekt I1 (Diskrete Mathematik), die sie persönlich als besonders hilfreich für die Vorbereitung auf die Abschlussklausur wahrgenommen hatte.

6.4 Bilanz und Perspektiven

Haupt- und Realschulen sind nicht nur außerhalb des Blickfelds der Abiturientinnen und Abiturienten, sondern auch im öffentlichen Ansehen die unattraktivste Schulform. Aus Erfahrung wissen wir jedoch, dass gerade die Schülerinnen und Schüler mit kognitiven, sozialen oder motivationalen Schwierigkeiten sensibel auf die pädagogische und didaktische Qualität des Unterrichts reagieren. Deswegen sind sehr gut qualifizierte und für die MINT-Fächer gezielt ausgebildete Lehrkräfte gerade für diese Lernenden von großer Bedeutung.

Zwar gibt es keine wissenschaftlich stichhaltigen Belege für die breite *Wirkung* der im Projekt initiierten Öffentlichkeitsarbeit und ihren genauen Beitrag zu den gestiegenen Studierendenzahlen im nicht gymnasialen Lehramt. Zumindest aber berichten uns immer wieder Studierende, dass sie von diesen Veranstaltungen in der Studienwahl beeinflusst oder positiv bestärkt wurden. Die individuelle Bewerbung und Beratung vieler einzelner Studieninteressierter erscheint daher als zwar mühsame, aber doch lohnende Maßnahme, an deren Fortsetzung die Hochschule ein großes Interesse hat.

Die zunehmende Aufmerksamkeit in der Öffentlichkeit für herkunftsbedingte Benachteiligungen einiger Schülerinnen und Schüler hilft zudem, die Bedeutung dieser spezifischen Schulform im öffentlichen Bewusstsein weiter zu heben.

Es kann davon ausgegangen werden, dass die Ausbildung der Lehramtsstudierenden der nicht gymnasialen Schulformen nunmehr aufgrund der neuen Vorgaben des Lehrerausbildungsgesetzes in NRW auf deutlich bessere Rahmenbedingungen stößt. Die Ausweitung der Studiendauer auf sechs (Bachelor) plus vier (Master) Semester für die bislang mit dem zweisemestrigen Masterstudium ausgestatteten Grund-, Haupt- und Realschulstudiengänge sowie die ins Studium integrierten Querschnittsmodule „Deutsch für Kinder mit Zuwanderungsgeschichte" und „Diagnose und individuelle Förderung" treffen mit der hier beschriebenen Intention der Projektinitiative insofern zusammen, als der Stellenwert dieser

Lehramtsstudiengänge in der Wahrnehmung der Abiturientinnen und Abiturienten deutlich steigen dürfte. Es ist zu hoffen, dass es dadurch zukünftig leichter möglich sein wird, die an einem Lehramtsstudium Interessierten für einen Lehrberuf an den nicht gymnasialen Schulformen zu gewinnen.

Ein wesentlicher Faktor für die Studienwahl und die Studienzufriedenheit der Studierenden ist darüber hinaus sicher eine Ausbildungsqualität, die die Wünsche und Bedarfe der Adressaten hinreichend berücksichtigt. Die im dortMINT-Projekt verankerten und zu verstetigenden Maßnahmen hinsichtlich der Diagnose und individuellen Förderung in den fachwissenschaftlichen und fachdidaktischen Anteilen des Studiums berücksichtigen das nunmehr in hohem Maße. Es kann daher erwartet werden, dass die Studienabbruchsrate zukünftig sinken wird.

Literatur

Blömeke, S., Kaiser, G. & Lehmann, R. (Hrsg.) (2010). *TEDS-M 2008. Professionelle Kompetenz und Lerngelegenheiten angehender Mathematiklehrkräfte für die Sekundarstufe I im internationalen Vergleich.* Münster: Waxmann.

Bos, W., Bonsen, M., Baumert, J., Prenzel, M., Selter, C. & Walther, G. (Hrsg.) (2008). *TIMSS 2007: Mathematische und naturwissenschaftliche Kompetenzen von Grundschulkindern in Deutschland im internationalen Vergleich.* Münster: Waxmann.

Duit, R. (2006a). Schülervorstellungen und Lernen von Physik – Forschungsergebnisse und die Realität der Unterrichtspraxis. In R. Girwidz, M. Gläser-Zikuda, M. Laukenmann & T. Rubitzko (Hrsg.), *Lernen im Physikunterricht – Festschrift für C. von Rhöneck* (S. 13–22). Hamburg: Verlag Dr. Kovac.

Duit, R. (2006b). Initiativen zur Verbesserung des Physikunterrichts in Deutschland. *Physik und Didaktik in Schule und Hochschule, 2*(5), 83–96.

KMK – Ständige Konferenz der Kultusminister der Länder in der BRD, (2003). *Einstellung von Lehrkräften 2003.* Statistische Veröffentlichungen der Kultusministerkonferenz.

KMK – Ständige Konferenz der Kultusminister der Länder in der BRD, (2010). *Förderstrategie für leistungsschwächere Schülerinnen und Schüler.* Beschluss der Kultusministerkonferenz vom 04.03.2010.

Ministerium für Schule und Weiterbildung des Landes Nordrhein-Westfalen (2011). *Prognosen zum Lehrerarbeitsmarkt in Nordrhein-Westfalen.* Online zugreifbar unter: http://www.schulministerium.nrw.de/BP/Schulsystem/Statistik/Veroeffentlichungen/ Prognosen.pdf [18.01.2013].

Moser Opitz, E. (2007). *Rechenschwäche / Dyskalkulie. Theoretische Klärungen und empirische Studien an betroffenen Schülerinnen und Schülern.* Bern: Haupt.

Prediger, S. & Selter, C. (2008). Diagnose als Grundlage für individuelle Förderung im Unterricht. *Schule NRW, 60*(3), 113–116.

Prenzel, M. & Hammann, M. (2008). Ergebnisse des internationalen PISA Naturwissenschaftstests 2006. *MNU, 61*(2), 67–74.

Prenzel, M., Artelt, C., Baumert, J., Blum, W., Hammann, M., Klieme, E. & Pekrun, R. (Hrsg.) (2007). *PISA 2006. Die Ergebnisse der dritten internationalen Vergleichsstudie.* Münster: Waxmann.

Rost, J. (2004). Psychometrische Modelle zur Überprüfung von Bildungsstandards anhand von Kompetenzmodellen. *Zeitschrift für Pädagogik, 50*(5), 662–678.

Studierendenstatistik der TU Dortmund, Wintersemester 2011/2012 (2011). Online zugreifbar unter http://www.tu-dortmund.de/uni/Uni/Zahlen__Daten__Fakten/Statistik/Publikationen/Studierendenstatistik/StuSta_WiSe2011_12_web1.pdf [18.01.2013].

Tiemann, R., Rumann, S., Jatzwauk, P. & Sandmann, A. (2006). Aufgaben aus Lehrersicht. *Der Mathematische und Naturwissenschaftliche Unterricht, 59*, 304–307.

Törner, G. & Törner, A. (2010). Fachfremd erteilter Mathematikunterricht – ein zu vernachlässigendes Handlungsfeld? *Mitteilungen der DMV, 18*, 244–251. Online zugreifbar unter http://page.math.tu-berlin.de/~mdmv/archive/18/mdmv-18-4-244.pdf [18.01.2013].

7.

Kompetenzen angehender Lehrkräfte – ein Vergleich von MINT- und Nicht-MINT-Studierenden

Miriam M. Gebauer, Stephanie Mönig und Wilfried Bos

Das Projekt dortMINT zeichnet sich insbesondere durch die Vielzahl der Teilprojekte aus, die in den verschiedenen Fachbereichen angesiedelt sind, in welchen die fachliche Ausbildung der Lehramtsanwärterinnen und -anwärter stattfindet.

Zudem gibt es, ergänzend zu den fachspezifischen Teilprojekten, übergreifende Teilprojekte: die wissenschaftliche Begleitforschung des Projekts dortMINT stellt eines dieser fachübergreifenden Strukturelemente dar. Ziel der Begleitforschung ist die quantifizierte Darstellung ausgewählter Kompetenzen von angehenden Lehrkräften.

Die Begleitforschung erfolgte durch das Institut für Schulentwicklungsforschung (IFS), Federführung und wissenschaftliche Leitung lagen bei Prof. Dr. Wilfried Bos. Die theoretische Rahmenlegung der wissenschaftlichen Begleitforschung folgt dabei Theorien und Konzeptionen, die Fähigkeiten von Lehrenden zusammenfassen, die sowohl für einen gelungenen und erfolgreichen Unterricht notwendig als auch empirisch messbar sind. Das Studiendesign ist ausgerichtet an den fachspezifischen Teilprojekten, aber auch an der rahmengebenden Semesterstruktur, die das Angebot spezieller Lehrveranstaltungen nicht in aufeinanderfolgenden Semestern vorsieht. Das vorliegende Kapitel wird im Folgenden die theoretische Rahmenlegung darlegen, dies umfasst auch die erfassten Kompetenzen. Anschließend wird das Studiendesign der wissenschaftlichen Begleitforschung vorgestellt sowie ausgewählte Forschungsfragen Analysen zu einem Teilbereich der Begleitforschung dargelegt.

7.1 Modelle der professionellen Kompetenz von Lehrenden

Professionelle Handlungskompetenz von Lehrenden setzt sich aus einer Vielzahl an Fertigkeiten und Fähigkeiten zusammen (z.B. Baumert & Kunter, 2006) über die eine Lehrkraft verfügen sollte, um gelungenen Unterricht vorzubereiten, zu organisieren und nachzubereiten. Ein Teil dieser Fähigkeiten und Fertigkeiten kann anhand empirisch messbarer Konstrukte quantifiziert und abgebildet werden. Aktuelle

Studien setzen sich dabei mit Modellen auseinander die, aufbauend auf Shulmans (1986) Taxonomie und dem Weinertschen Kompetenzverständnis (2001), zu einer Zusammensetzung aus fachbezogenen Kompetenzen und fachübergreifenden Determinanten gelangen. Orientiert an diesen Modellen, die neben dem Fachwissen auch fachdidaktisches Wissen und pädagogisches Wissen sowie Überzeugungen und Aspekte der psychologischen Funktionsfähigkeit[1] der motivationalen Orientierung und der Selbstregulation berücksichtigen, wurde eine theoretische Rahmenlegung gefunden, mittels derer eine angemessene Testung und Befragung der Studierenden stattfinden kann. In vergleichbaren Untersuchungen erwies sich eine dementsprechende theoretische Rahmenlegung als sinnvoll.

Die Erforschung der professionellen Lehrerhandlungskompetenz haben sich u.a. die Studien COACTIV (z.B. Krauss et al., 2004) sowie MT 21, TEDS-M (Blömeke et al., 2008, 2010) für Mathematiklehrkräfte und TEDS-LT (Blömeke et al. 2010), bei der auch Deutsch- und Englischlehrkräfte eingeschlossen sind, zum Ziel gesetzt. Die wissenschaftliche Begleitforschung von dortMINT reiht sich somit ein in einen eher neuen Forschungsstrang, der die Kompetenzen von angehenden Lehrenden als messbare Konstrukte empirisch untersucht. Theoretischer Rahmen dieser Studien ist, wie oben bereits angedeutet, ein Modell der professionellen Handlungskompetenz (Baumert & Kunter, 2006), das sich grundsätzlich in eine kognitive Komponente und eine affektiv-motivationale Komponente einteilen lässt (vgl. auch z.B. Blömeke, 2011). Nachfolgend sollen beide Komponenten, die in der wissenschaftlichen Begleitung des dortMINT-Projekts untersucht wurden, näher beschrieben werden.

7.1.1 Kognitive Komponente: Professionswissen

Das Professionswissen von Lehrenden lässt sich nach Shulman (1986) und Bromme (1997) gliedern in Fachwissen, fachdidaktisches Wissen und pädagogisches Wissen (vgl. auch Baumert & Kunter, 2006). Inwiefern diese drei Bereiche inhaltlich ausdifferenziert werden können, wird mit Bezug auf die o.g. Studien nachfolgend dargestellt, wobei all diese Studien das Professionswissen anhand dieser drei Bereiche empirisch erfassen.

---

1   Aspekte der motivationalen Orientierungen und Selbstregulation stehen in der Verantwortung menschliches Handeln und Verhalten zielorientiert auszuführen, es zu regulieren, kontrollieren und zu evaluieren.

Abb. 7.1:   Komponenten des Professionswissens von Lehrenden

Fachwissen

Die Tiefe und die Breite des zur Verfügung stehenden konzeptuellen Fachwissens bilden das Fundament für das fachdidaktische Repertoire von Lehrenden. Die lernprozessbezogene Tiefenstruktur der unterrichtlichen Wissensvermittlung, wie zum Beispiel die fachspezifischen kognitiven Aktivitäten, basieren zu einem bedeutendem Ausmaß auf der Repräsentations- und Erklärungsvielfalt, die angemessen und orientiert an den Voraussetzungen und Talenten der Schülerinnen und Schüler konzertiert werden muss (Baumert & Kunter, 2006; Ball & Bass, 2003; Lipowsky, 2006).

Trotzdem ist das Fachwissen bisher nur selten empirisch erforscht worden, sodass die Studien COACTIV, MT21 und TEDS-M einen ersten Beitrag zu theoretischen Modellierung und empirischen Erfassung dieses Wissensbereiches leisten. Die international angelegte Studie TEDS-M unterteilt unter Bezugnahme auf die TIMS-Studie das Fachwissen von Mathematiklehrkräften inhaltlich in die Komponenten *Arithmetik, Geometrie, Algebra* und *Stochastik* sowie hinsichtlich der erforderlichen kognitiven Prozesse in die Bereiche *Kennen, Anwenden* und *Begründen* (Döhrmann, Kaiser & Blömeke, 2010). Neuere Studien fokussieren weitere fachliche Aspekte wie z.B. naturwissenschaftliches Professionswissen von Lehrenden (Borowski et al., 2010) oder sprachliche Kompetenzen (Bremerich-Vos, Dämmer, Willenberg, Schwippert, 2011).

Fachdidaktisches Wissen

Das Verhältnis von Fachwissen und fachdidaktischem Wissen ist bisher nicht eindeutig geklärt. Einerseits gibt es Ergebnisse, die dafür sprechen, beide Facetten sowohl theoretisch als auch empirisch getrennt voneinander zu betrachten (Brunner et al., 2006); andererseits vernetzen sich beide Bereiche mit zunehmender Expertise (ebd.). Auch wird für mathematikdidaktisches Wissen ausreichend mathematisches Wissen benötigt, sodass man davon ausgehen kann, dass beide Wissensfacetten miteinander in Beziehung stehen (Blömeke, Kaiser & Lehmann, 2008).

Inhaltlich ausdifferenziert wird das fachdidaktische Wissen in MT21 und TEDS-M in *Curriculares und planungsbezogenes Wissen* (z.B. Kenntnis von Lehrplänen und Lernzielen, Fähigkeiten der Unterrichtsplanung) sowie *Interaktionsbezogenes Wissen* (v.a. Analyse- und Diagnosefähigkeiten) (Döhrmann, Kaiser & Blömeke,

2008). Die Autoren der COACTIV-Studie zählen zum fachdidaktischen Wissen das *Wissen über das kognitive Potential von Aufgaben, Didaktisch adäquate Reaktion in kritischen Situationen* und den *Umgang mit Fehlern* (Krauss et al., 2004). Hierzu gehört ebenfalls das Wissen über die kognitiven Anforderungen von Aufgaben, Diagnostik von Schülerleistungen und Vorstellungen sowie die didaktisch aufbereitete Repräsentation und Erklärung des Stoffes, die vor dem Hintergrund langfristiger und curricular orientierter Planung die Lernprozesse begleitet.

Pädagogisches Wissen

Auch das pädagogische Wissen von Lehrkräften ist bisher nicht ausreichend erforscht, was unter anderem an der schwer vorzunehmenden Abgrenzung von pädagogischem Wissen zu fachdidaktischem Wissen liegen kann; sodass bisher ungeklärt ist, was genau unter diesem zu verstehen und wie es strukturiert und empirisch erfassbar ist (Blömeke & König, 2010).

Einen ersten Ansatz zur standardisierten Erfassung des pädagogischen Wissen über direkte Indikatoren liefern MT 21 bzw. TEDS-M (Blömeke & König, 2010; König, Blömeke & Doll, 2011): Unter der grundlegenden Annahme, dass das Unterrichten die Kernaufgabe der Lehrenden darstellt sowie auf Basis der Erkenntnisse der Allgemeinen Didaktik und der Unterrichtsforschung wird das pädagogische Wissen ausdifferenziert in die Dimensionen *Strukturierung von Unterrichtsprozessen (Phasierung, Orientierungsstrategien), Klassenführung (Störungsprävention, Zeitnutzung)* und *Motivation (Leistungsmotivation, Motivierungsstrategien im Unterricht)* (ebd.).

Nach der Darstellung des Professionswissens von Lehrkräften erfolgt nun ein Überblick über affektiv-motivationale Professionsmerkmale.

7.1.2 Motivationale Orientierung und Überzeugungen

Zur affektiv-motivationalen Komponente im Modell professioneller Lehrerhandlungskompetenz zählen die o.g. Studien zum einen Überzeugungen zur Mathematik, lehr- und lerntheoretische Überzeugungen und *Überzeugungen zum Lehrerberuf und zur Schule* und zum anderen Berufsmotive, Selbstregulation, Zielorientierung und Selbstwirksamkeit. Nachfolgend sollen diejenigen Bereiche näher erläutert werden, die auch im Rahmen dieser Studie erfasst wurden.

Selbstwirksamkeitsüberzeugung

Das Konstrukt der Allgemeinen Selbstwirksamkeit wird verstanden als Überzeugung einer Person, über diejenigen Fähigkeiten und Handlungsmöglichkeiten zu verfügen, die zu einer bestimmten Zielerreichung notwendig sind (Bandura, 1997). Zudem sind Selbstwirksamkeitsüberzeugungen als handlungsbezogen und domänenspezifisch zu betrachten (Pajares, 1992), sodass auch spezifisch für Lehrkräfte das Konstrukt der berufsbezogenen Selbstwirksamkeit theoretisch ausdifferenziert

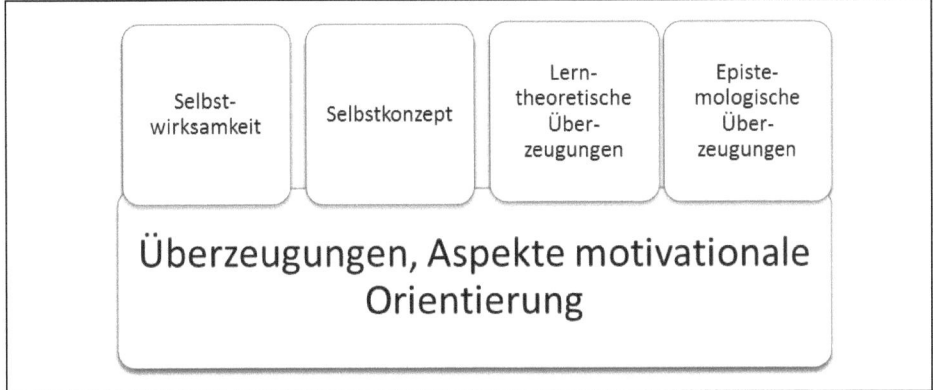

Abb. 7.2:   Aspekte der motivationalen Orientierung und Überzeugung

und mit entsprechenden Instrumenten erfasst wurde (Bandura, 1997; Schwarzer & Schmitz, 1999; Tschannen-Moran & Woolfolk Hoy, 2001), wobei diesbezüglich die Bereiche berufliche Leistung, berufliche Weiterentwicklung, soziale Interaktion mit Schülerinnen und Schülern, Eltern, Kolleginnen und Kollegen und Umgang mit Berufsstress herausgestellt wurden. Insofern ließe sich die berufsbezogene Selbstwirksamkeit von Lehrenden definieren als ihre Einschätzung darüber, wie gut es ihnen gelingt, auch unmotivierte oder problematische Schülerinnen und Schüler zu unterstützen und zu fördern (Tschannen-Moran & Woolkfolk Hoy, 2001).

Selbstkonzept
Das Selbstkonzept kann definiert werden als mentale Repräsentation individueller Fähigkeiten oder Eigenschaften (Gerrig & Zimbardo, 2008; Möller & Köller, 2004) und steht in einer sich wechselseitig beeinflussenden Beziehung zur Leistung (Möller & Trautwein, 2009). So beeinflussen z.B. gute Leistungen die Herausbildung von hoch ausgeprägten Selbstkonzepten, während hoch ausgeprägte Selbstkonzepte zu guten Leistungen führen können.

Grundsätzlich lassen sich Selbstkonzepte für mehrere Bereiche identifizieren, wie z.B. für Mathematik und Sprache (z.B. Shavelson et al., 1976; Schwanzer et al., 2005).

Lerntheoretische Überzeugungen
Grundsätzlich lassen sich hinsichtlich lehr- und lerntheoretischer Überzeugungen *transmissive* und *konstruktivistische* Sichtweisen unterscheiden (Staub & Stern, 2002), auf diese Unterscheidung greifen auch die o.g. Studien zurück. Bei der transmissiven Sichtweise wird der Lehrer als Wissensvermittler betrachtet, während die Schülerinnen und Schüler das Wissen aufnehmen und durch Einüben verinnerlichen; konstruktivistische Perspektiven hingegen sind eher schüler orientiert und betrachten Schüler als aktive Konstrukteure ihres Wissens.

Lehrkräfte, die ein eher konstruktivistisch orientiertes Verständnis von Lehren und Lernen haben, gestalten auch den eigenen Unterricht eher konstruktivistisch (Pauli, Reusser, Grob & Waldis, 2005; Hartinger, Kleickmann & Hawelka, 2006; Chan & Elliot, 2004). Dabei steht hier die selbstständige aktive Wissenskonstruktion im Vordergrund und die Schülerinnen und Schüler erwerben im Rahmen einer lernunterstützenden anregenden Unterrichtsumgebung das Wissen eigenständig und kumulativ. Solche Wissenserwerbsprozesse angemessen zu begleiten, setzt ein hohes Maß an Kenntnis über die Leistungen der Schülerinnen und Schüler voraus: So muss die Aufgabenschwierigkeit den Voraussetzungen der Kinder entsprechen, um beispielsweise deren Interesse nicht zu verlieren oder die Kinder nicht zu unter- oder zu überfordern.

Epistemologische Überzeugungen
Epistemologische Überzeugungen lassen sich verstehen als Überzeugungen hinsichtlich Wissenserwerbsprozesse und Wissensentstehung, wobei dies sowohl auf allgemeiner Ebene als auch auf bestimmte Domänen bezogen sein kann (Hofer & Pintrich, 1997; Duell & Schommer-Aikins, 2001). Es geht dabei sowohl um die *Struktur*, den *Erwerb*, die *Verlässlichkeit* und die *Rechtfertigung* von Wissen (Hofer & Pintrich, 1997), wobei davon ausgegangen wird, dass reifere Überzeugen eher relativistisch bzw. konstruktivistisch und weniger absolut ausgerichtet sind.

Verstanden als metakognitive Überzeugungen, nehmen epistemologische Überzeugungen Einfluss auf andere kognitive Prozesse und können somit handlungsleitende Funktionen innehaben (*Köller, Baumert &* Neubrand, 2000).

Dass epistemologische Überzeugungen von Lehrenden bedeutsam für deren unterrichtliches Handeln sind, zeigten Stipek, Givvin, Salmon, und MacGyvers (2001) am Beispiel Mathematik. Die Forscher berichten, dass mit größerer Zustimmung zum einem eher transmissiv zu verstehenden Bild von Lernen, die Ergebnisorientierung und Durchnahmegeschwindigkeit im Unterricht zunimmt, infolgedessen die Gelegenheiten *für Schülerinnen und Schüler selbstständig mathematisch zu denken, reduzieren.*

7.2 Ziele und Intentionen der wissenschaftlichen Begleitforschung

In den vorangegangenen Abschnitten erfolgte die Darstellung der Aspekte, die empirisch erfasst wurden. Nun erfolgen die Erläuterung der Ziele der wissenschaftlichen Begleitforschung sowie die Darlegung der eingesetzten Instrumente. Hier wird neben der Darstellung der erfassten Konstrukte auch der Bezug zum Gesamtprojekt hergestellt.

Ziel der Begleitforschung des Projekts dortMINT war es, mit zur Verfügung stehenden validen Instrumenten die Kompetenzen von angehenden Lehrenden zu quantifizieren. Diese erfolgte einerseits fachbezogen, andererseits fachübergreifend.

Aufgrund der geringen Studierendenzahlen in den beteiligten Fachdidaktiken Informatik, Naturwissenschaften und Technik konnte jedoch eine *fachbezogene* Untersuchung lediglich mit angehenden Mathematiklehrkräften durchgeführt werden.

Die Erfassung des mathematischen Wissens erfolgte anhand ausgewählter Aufgaben aus TIMSS III (Baumert et al., 1999); das fachdidaktische Wissen wurde anhand mehrerer Items aus TEDS-M (Blömeke, Kaiser, Döhrmann & Lehmann, 2010) erfasst, wobei Primar- und Sekundarstufen-I-Studierenden jeweils unterschiedliche Items vorgelegt wurden. Das pädagogische Wissen wurde mithilfe der Items von Blömeke und König (2010) erfasst. Zudem wurden Items zur Erfassung von Wissen im Bereich erziehungswissenschaftlicher Forschung erfasst, die im Rahmen einer angegliederten Qualifikationsarbeit von Mönig (in Vorb.) entwickelt wurden. Aus Platzgründen erfolgt in diesem Beitrag die Darstellung der Ergebnisse der fachübergreifenden Befragung.

Hier wurden Instrumente eingesetzt, um die Einstellungen von den angehenden Lehrenden zu erfassen, die Voraussetzungen für eine adäquate individuelle Förderung von Schülerinnen und Schülern sind. Dabei wurde auf valide Befragungsinstrumente zurückgegriffen, die eine grundlegende Einstellung zum Lernen und Lehren sowie zur Struktur und Genese des Wissens erfassen, um anhand dessen darauf schließen zu können, inwieweit die angehenden Lehrkräfte davon überzeugt sind, dass sie selbstständig, durch eigenes Erleben, Wissen erwerben können.

Hinsichtlich der Selbstwirksamkeit wurde sowohl die allgemeine (Schwarzer & Jerusalem, 1999) als auch die berufsbezogene Selbstwirksamkeit erfasst (Schwarzer & Schmitz, 1999) sowie auch die Selbstwirksamkeitsüberzeugungen bezogen auf Mathematik (in Anlehnung an Jerusalem & Salto, 1999). Zum Bereich des Selbstkonzept wurde zum einen das akademische Selbstkonzept (Dickhäuser, 2003) und das mathematische Selbstkonzept (Schwanzer et al., 2005) untersucht. Auch wurde eine Skala entwickelt, die das Selbstkonzept hinsichtlich wissenschaftlicher Reflexionsfähigkeit erfassen soll (Mönig, in Vorb.). Die lehr- und lerntheoretischen Überzeugungen wurden sowohl allgemein (Rakoczy, Buff & Lipowsky, 2005) als auch speziell auf Mathematik (in Anlehnung an ebd.) bezogen erfasst. Im Bereich der epistemologischen Überzeugungen im Allgemeinen wurden die Skalen von Moschner, Gruber und EPI (2005) genutzt; für die Erfassung der epistemologischen Überzeugungen zur Mathematik wurden die Skalen aus COACTIV (Dubberke et al., in Anlehnung an Grigutsch, 1996) eingesetzt.

7.3 Forschungsfragen, Hypothesen und Design

Das Gesamtprojekt hatte zum Ziel, die Fähigkeiten der individuellen Förderung und Diagnostik bei Lehramtsstudierenden der MINT-Fächer durch ein entsprechendes Lehrangebot zu fördern. Nun gab es zum Zeitpunkt der Datenerhebung in den sechs beteiligten MINT-Fächern kein verbindliches dortMINT-Curriculum, an dem jede/r Studierende zwangläufig teilgenommen hatte. Die dortMINT-Vorerfahrungen der untersuchten Studierenden streuen daher erheblich, so dass es nicht möglich ist, Wirkungen der Intervention von dortMINT über alle Studierenden hinweg zu untersuchen. Dieses erscheint eher im Kontext von konkreten Veranstaltungen sinnvoll zu sein und wird demnach in anderen Kapiteln dieses Bandes beschrieben.

Insofern stellen sich die Begleitforschung und für den vorliegenden Beitrag Forschungsfragen, die Bezug nehmen auf den Kontext des dortMINT-Projekts, indem die unterschiedlichen motivationalen Orientierungen und Überzeugungen von MINT- und Nicht-MINT-Lehrkräften untersucht werden. Folgende Forschungsfragen sollen daher beantwortet werden:

1. Können bei den Lehramtsstudierenden der MINT-Fächer, die im Rahmen eines Trenddesigns einen nicht-fachbezogenen Fragebogen beantworteten, höhere Ausprägungen in den Konstrukten die zu dem Bereich der *Motivationalen Orientierung und Überzeugung* gehören (Epistemologische Vorstellungen, Lerntheoretische Überzeugungen, Selbstkonzept, Selbstwirksamkeitsüberzeugung) festgestellt werden als bei Nicht-MINT-Studierenden?
2. Sind Differenzen in den jeweiligen Gruppen zwischen zwei Messzeitpunkten 1 und 2 zu beobachten, die ein Jahr auseinander liegen?

Die diesen Forschungsfragen zugrundeliegende Hypothese lautet:
H1: Aspekte der psychologischen Funktionsfähigkeit und die Einstellungen bezüglich Lernen und Lehren führen bei beiden Gruppen und zu beiden Messzeitpunkten zu keinem Unterschied. Zur näheren Erläuterung des Gesamtvorhabens und dazu, um welchen ausgewählten Teilbereich es sich bei dem vorliegenden Beitrag handelt, soll im Folgenden das gesamte Studiendesign der wissenschaftlichen Begleitforschung vorgestellt werden.

7.3.1 Anlage der Studie

In diesem Abschnitt werden die zwei Säulen der Begleitforschung erläutert: einerseits die längsschnittlich angelegte Testung und Befragung der Mathematikstudierenden sowie andererseits die fachübergreifende Befragung der MINT-Studierenden in einer Trendstudie. Zudem werden deskriptive Merkmale der Stichprobe zur Vorstellung der Daten berichtet.

Wie bereits ausgeführt, teilt sich die Begleitforschung der Studie dortMINT in zwei Teile auf: In den Sommersemestern 2011 und 2012 wurden Lehramtsstudierende, die mindestens ein mathematisch-naturwissenschaftliches Fach studieren, hinsichtlich derjenigen professionellen Handlungskompetenzen untersucht, die auf Mathematik bezogen sind: Dazu zählten im Wissensbereich das mathematische Fachwissen und das fachdidaktische Wissen; im Überzeugungsbereich wurden die mathematikbezogene Selbstwirksamkeit, das mathematische Selbstkonzept, die lehr- und lerntheoretischen Überzeugungen zur Mathematik sowie die epistemologischen Überzeugungen zur Mathematik untersucht (vgl. Abb. 3). Diese fachbezogene

Testung war als längsschnittliche Erhebung geplant, in der sich die Studierenden zum ersten Messzeitpunkt im zweiten Fachsemester befanden und zum zweiten Messzeitpunkt im vierten Fachsemester, sodass Lernzuwächse im Wissensbereich und Veränderungen hinsichtlich ihrer fachlichen Überzeugungen festgestellt werden sollten.

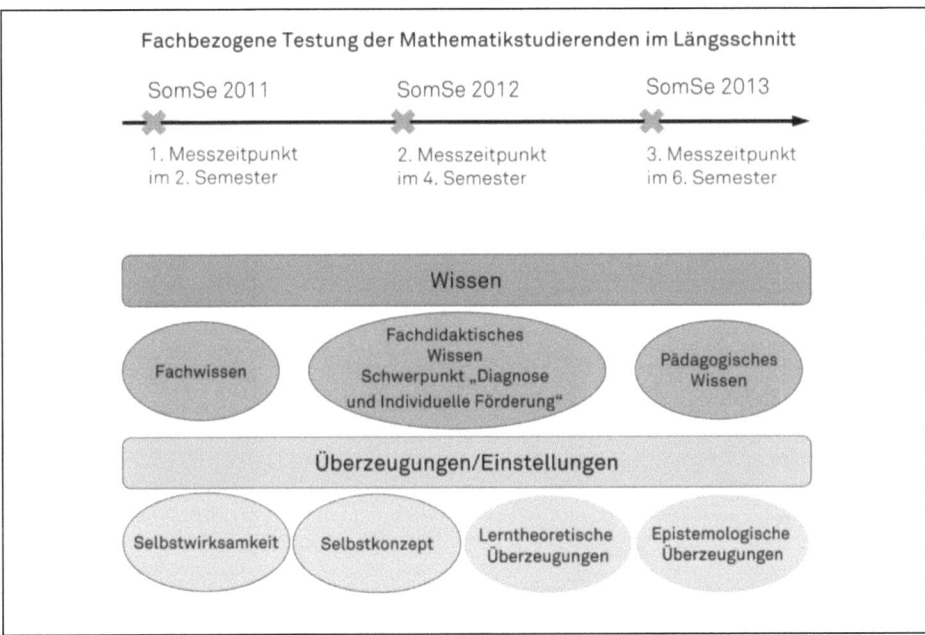

Abb. 7.3:   Studiendesign der fachbezogenen Testung der Mathematikstudierenden

In den aufeinanderfolgenden Wintersemestern 2010/11, 2011/12 und 2012/13 fanden weitere Erhebungen statt, bei denen nicht nur Lehramtsstudierende mathematisch-naturwissenschaftlicher Fächer untersucht wurden, sondern auch Studierende anderer Fächer wie Deutsch, Fremdsprachen, Sozial- und Geisteswissenschaft sowie Musik, Kunst und Sport. Dementsprechend erfolgte hier die Erfassung derjenigen professionellen Handlungskompetenzen, die nicht mathematikspezifisch, sondern fachübergreifend sind (vgl. Abb. 7.4).

Erfasst wurde hier demnach das pädagogische Wissen sowie das Wissen über erziehungswissenschaftliche Forschung, die allgemeine und berufsbezogene Selbstwirksamkeit, das akademische sowie wissenschaftsorientierte Selbstkonzept, allgemeine lehr- und lerntheoretische sowie epistemologische Überzeugungen.

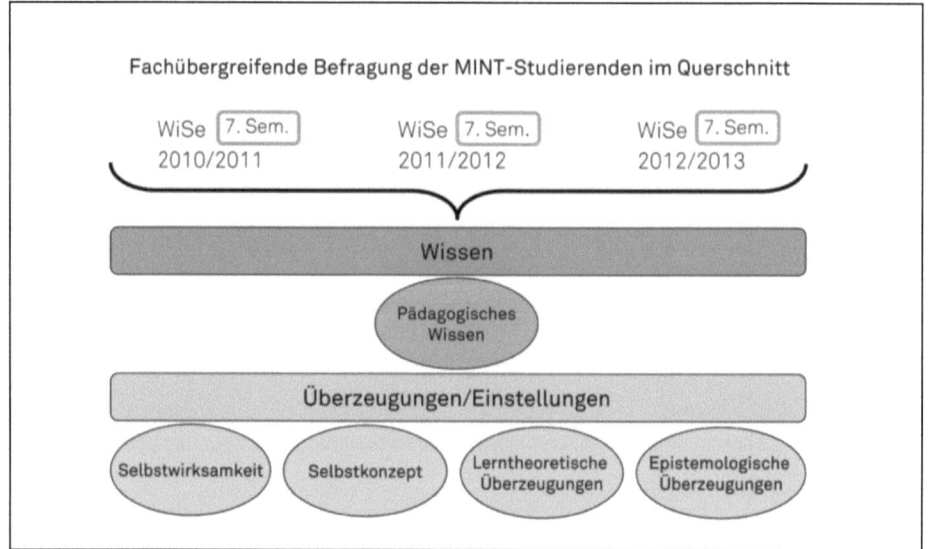

Abb. 7.4: Studiendesign der fachübergreifenden Erhebungen

7.3.2 Daten

Zur Überprüfung der ersten Forschungsfrage werden die Daten der Studierenden herangezogen, die im Wintersemester 2010/2011 befragt wurden und mit den Daten verglichen, die aus der Studierendenbefragung des Wintersemesters 2011/2012 hervorgingen. Dabei handelt es sich Studierende zweier aufeinander folgender Studienjahre. Insofern kann man die Daten im Sinne einer Trendaussage verwenden, aber die beiden Kohorten nicht direkt vergleichen. Um die Fähigkeiten der MINT-Studierenden mit mindestens einem Studienfach einem MINT-Studienfach einordnen zu können, wurden demgegenüber Studierende betrachtet, die sprachliche, sozialwissenschaftliche oder künstlerische Fächer bzw. Sport studieren. Damit wurden zu beiden Messzeitpunkten insgesamt 500 Studierende befragt.

Tab. 7.1: Anzahl der Befragten Studierenden differenziert nach Fächerprofil

Messzeitpunkt	Fächerprofil	Anzahl der Befragten
WS 2010/11	Sprachlich/ Sozialwissenschaftlich/ Künstlerisch	103
	MINT	132
	Gesamt	234
WS 2011/12	Sprachlich/ Sozialwissenschaftlich/ Künstlerisch	122
	MINT	144
	Gesamt	266

Im Durchschnitt waren die Befragten des ersten Messzeitpunkts im Jahr 2011 25.7 Jahre alt und die des zweiten Messzeitpunkts 24.4 Jahre alt. Zum ersten Messzeitpunkt nahmen 57,3% weibliche Studierende an der Befragung teil und zum zweiten Messzeitpunkt 82 % weibliche Studierende.

Die Reliablilitäten der geprüften Konstrukte erwiesen sich alle als gut bis akzeptabel.

Tab. 7.2: Reliabilitäten der zur Prüfung von Forschungsfrage 1 genutzten Skalen bzw. Subskalen differenziert nach Messzeitpunkt und Fächerprofil

Konstrukte	Reliabilitäten der Skalen Cronbachs α			
	MZP I		MZP II	
	MINT	nicht MINT	MINT	nicht MINT
Selbstwirksamkeit allgemein	,83	,84	,81	,80
Selbstwirksamkeit berufsbezogen	,76	,76	,75	,78
Selbstkonzept				
Subskala "Allgemein"	,88	,85	,90	,85
Subskala "Anforderungen Studium"	,80	,80	,82	,80
Subkkala "Entwicklung"	,83	,84	,85	,84
Subskala "Vergleich"	,87	,87	,990	,87
Epistemologische Vorstellungen				
Subskala "Sicherheit von Wissen"	,76	,77	,76	,77
Subskala "Umgang mit Autoritäten"	,70	,71	,70	,71
Subskala "Reflexive Vorstellung von Wissen"	,81	,82	,81	,82
Subskala "Soziale Aspekte von Wissen"	,64	,68	,68	,64
Subskala "Wertigkeit von Wissen"	,69	,73	,69	,73
Subskala "Lernen"	,67	,66	,66	,67
Lerntheoretische Überzeugungen				
Subskala "Konstruktivistisch"	,83	,82	,83	,79
Subskala "Transmissiv"	,82	,86	,79	,80

7.4 Ergebnisse

In diesem Abschnitt erfolgt die Darlegung der Ergebnisse. Orientiert an den Forschungsfragen werden die dort genannten Aspekte und Konstrukte vorgestellt und die Ergebnisse teils in Tabellenform, teils in Abbildungen visualisiert.

7.4.1 Statistische Vorgehensweise zur Prüfung der ersten Forschungsfrage

Zur Prüfung der Fragestellung, ob höhere Ausprägungen in den Konstrukten (Selbstwirksamkeitsüberzeugung, Selbstkonzept, Epistemologische Überzeugungen und Lerntheoretische Überzeugungen) festgestellt werden können, werden die Skalenmittelwerte der überprüften Konstrukte verglichen. In einem ersten Schritt werden Mittelwerte und Standardabweichungen für jeweils beide Messzeitpunkte differenziert nach den Gruppen MINT-Studierende und Nicht-MINT-Studierende dargestellt. Zur Prüfung der Unterschiede zwischen den Gruppen sowie der Differenzen von Messzeitpunkt I zu Messzeitpunkt II und Absicherung gegen 0 werden t-tests vorgenommen.

7.4.2 Ergebnisse der gestellten Forschungsfrage

Die ermittelten Ergebnisse der Subskalen zur Erfassung der epistemologischen Vorstellungen, Selbstkonzept, Lerntheoretischen Überzeugungen und der Selbstwirksamkeitsüberzeugung sind in Tabelle 3 dargestellt.

Tab. 7.3: Mittelwerte und Standardabweichung der geprüften Skalen zum ersten Messzeitpunkt

MZP I	Nicht MINT			MINT		
	N	M	SD	N	M	SD
Epistemologische Vorstellungen						
Subskala "Sicherheit von Wissen"	80	3,42	0,91	131	3,59	0,95
Subskala "Umgang mit Autoritäten"	80	2,15	0,74	129	2,21	0,67
Subskala "Soziale Aspekte von Wissen"	77	2,41	0,85	127	2,24	0,85
Subskala "Wertigkeit von Wissen"	77	3,15	1,05	127	3,30	0,93
Subskala "Lernen"	77	4,58	1,05	127	4,52	0,92
Subskala "Reflexive Vorstellung von Wissen"	77	4,78	0,90	127	4,75	0,83
Selbstkonzept						
Subskala "Anforderungen Studium"	80	4,84	0,77	131	4,84	0,69
Subskala "Entwicklung"	81	4,90	0,81	131	4,87	0,73
Subkkala "Vergleich"	75	4,27	0,74	127	4,27	0,65
Subskala "Allgemein"	75	4,69	0,77	127	4,66	0,71
Lerntheoretische Überzeugungen						
Subskala "Konstruktivistisch"	78	3,21	0,49	130	3,54	0,43
Subskala "Transmissiv"	78	2,09	0,51	129	1,76	0,42
Selbstwirksamkeit allgemein	79	2,97	0,40	131	2,90	0,36
Selbstwirksamkeit berufsbezogen	75	2,97	0,36	128	2,98	0,32

Es zeigt sich zwischen den Gruppen der MINT bzw. der Nicht-MINT-Studierenden zum ersten Messzeitpunkt eine statistisch signifikante Differenz bei den Subskalen zur Erfassung der lerntheoretischen Überzeugungen (Lerntheoretische Überzeugung Subskala transmissiv: $t(204) = 5,01$; $p < ,001$ sowie Lerntheoretische Überzeugungen Subskala konstruktivistisch: $t(204) = 4,76$; $p < ,001$).

Zum zweiten Messzeitpunkt zeigt sich zwischen der Gruppe der MINT und der Studierenden Gruppe der Nicht-MINT-Studierenden abermals ein signifikanter Unterschied bei den Subskalen zur Erfassung der lerntheoretischen Überzeugung.

Tab. 7.4: Mittelwerte und Standardabweichung der geprüften Skalen zum zweiten Messzeitpunkt

MZP II	Nicht MINT			MINT		
	N	M	SD	N	M	SD
Epistemologische Vorstellungen						
Subskala "Sicherheit von Wissen"	117	3,67	0,95	142	3,83	0,83
Subskala "Umgang mit Autoritäten"	117	2,15	0,71	142	2,38	0,65
Subskala "Soziale Aspekte von Wissen"	115	2,14	0,73	142	2,14	0,70
Subskala "Wertigkeit von Wissen"	114	3,24	0,93	142	3,26	0,73
Subskala "Lernen"	114	4,63	0,94	141	4,70	0,95
Subskala "Reflexive Vorstellung von Wissen"	116	4,92	0,72	142	4,93	0,65
Selbstkonzept						
Subskala "Anforderungen Studium"	115	4,87	0,73	141	4,81	0,69
Subskala "Entwicklung"	116	4,84	0,80	141	4,87	0,70
Subkkala "Vergleich"	115	4,35	0,66	141	4,43	0,64
Subskala "Allgemein"	116	4,68	0,78	141	4,83	0,74
Lerntheoretische Überzeugungen						
Subskala "Konstruktivistisch"	117	3,34	0,46	139	3,50	0,42
Subskala "Transmissiv"	117	2,08	0,40	139	1,79	0,39
Selbstwirksamkeit allgemein	115	2,91	0,36	139	2,91	0,35
Selbstwirksamkeit berufsbezogen	117	3,07	0,37	139	3,08	0,32

Gruppendifferentielle Prüfung anhand von t-Tests zeigten auch zum zweiten Messzeitpunkt signifikante Unterschiede zwischen den MINT Studierenden und der Gruppe der Nicht-MINT-Studierenden bei den Subskalen zur Erfassung der lerntheoretischen Überzeugungen (Lerntheoretische Überzeugung Subskala transmissiv: $t(254) = 5,90$; $p < ,001$; Lerntheoretische Überzeugungen Subskala konstruktivistisch: $t(254) = 2,98$; $p < ,001$).

Die Überprüfung von Differenzen vom ersten zum zweiten Messzeitpunkt ergab keine statistisch signifikanten Ergebnisse.

7.5 Diskussion der Ergebnisse und Grenzen der Studie

Vor dem Hintergrund der Grenzen der Durchführbarkeit sollen in diesem Abschnitt die Ergebnisse erläutert und diskutiert werden sowie deren Relevanz für weitere Forschungen und universitäre Lehrpraxis erörtert werden.

Die Fragestellung dieses Beitrags richtete den Blick auf die Gruppe der MINT-Studierenden im Vergleich zu den Studierenden, deren Fächerkombination einem eher sprachlichen, künstlerischen und sozialwissenschaftlichem Profil entsprach. Diese beiden Gruppen wurden im Rahmen eines Trenddesigns zu zwei

Messzeitpunkten betrachtet. Die Studierenden beider Gruppen befanden sich zum Zeitpunkt der Befragung am Beginn ihres Masterstudiengangs. Der Vergleich der beiden Gruppen erfolgte in diesem Beitrag hinsichtlich Aspekte der Überzeugung und der motivationalen Orientierung. Dabei konnte zu beiden Messzeitpunkten eine statistisch signifikante Differenz zwischen den beiden betrachteten Gruppen lediglich in Bezug auf die lerntheoretischen Überzeugungen festgestellt werden. Die lerntheoretischen Überzeugungen der MINT-Studierenden sind eher konstruktivistisch orientiert als die ihrer Nicht-MINT Kommilitonen. Auch zeigen die Nicht-MINT Studierenden weitaus höhere Ausprägungen bei der Skala der transmissiven lerntheoretischen Überzeugungen.

Eine eher transmissive Perspektive könnte in der schulischen Praxis zu einer Form von Frontalunterricht *führen,* in der sich der Lehrende ausschließlich als Wissensvermittler sieht. Eine eher konstruktivistische Einstellung zum Lernen und Lehren kann dazu führen, dass Lehrende einen vielmehr schülerorientierten Unterricht verfolgen, in dem Schülerinnen und Schüler den Unterrichtsstoff aktiv erarbeiten und kumulativ begreifen. Diese Einstellung ist, wie bereits in Punkt 7.1 dieses Beitrags verdeutlicht, von großer Bedeutung für die Unterrichtspraxis und den schulischen Bildungserfolg von Schülerinnen und Schülern (vgl. z.B. Staub & Stern, 2002).

Die Frage, warum es bereits zum ersten Messzeitpunkt einen bedeutsamen Unterschied zwischen den beiden Studierenden Gruppen gibt, kann möglicherweise mit Blick auf die Vielzahl bereits bestehender Studien an den MINT Fakultäten beantwortet werden: Die Thematik individuelle Förderung von Schülerinnen und Schülern stellt bereits seit vielen Jahren ein zentrales Forschungsziel der dort angesiedelten Wissenschaftlerinnen und Wissenschaftler dar. Infolgedessen kann vermutet werden, dass die MINT-Studierenden bereits in Lehreveranstaltungen, die sie unabhängig von dortMINT-Veranstaltungen besuchten, bezüglich dieser Thematik sensibilisiert wurden. Andererseits könnte auch vermutet werden, dass Studierende mit einer eher konstruktivistischen Vorstellungen von Lernen und Lehren eher dazu tendieren ein MINT Fach zu studieren. Auf welche Gründe dieser Unterschied tatsächlich zurückzuführen ist, *könnte in anschließenden Studien erörtert werden: Es wäre zu prüfen, ob ein solcher Unterschied an anderen Universitäten festzustellen ist und ob ein solcher Unterschied bereits zu Beginn des Studiums besteht.*

Alle Ergebnisse dieser Untersuchung sind unter Vorbehalt der sozialen Erwünschtheit zu betrachten, die bei der Beantwortung von Survey-Studien dazu führt, dass einige der Befragten die Fragen nicht wahrheitsgemäß, sondern orientiert an sozialen Werten, beantworten. Auch ist ein Vergleich der beiden Messzeitpunkte ausschließlich als Trend zu betrachten und nicht als Entwicklung, da es sich bei den beiden Messzeitpunkten nicht um die gleichen Studierenden handelt. Aufgrund der geringen Stichprobengröße und der Betrachtung ausschließlich einer Hochschule mit einem sehr besonderen Lehrangebot, lassen sich die Ergebnisse nur bedingt generalisieren. Inwieweit die hier gewonnenen Ergebnisse übertragbar sind, gilt es ebenfalls in anschließenden Forschungen zu prüfen.

Literatur

Ball, D.L. & Bass, H. (2003). Toward a practice-based theory of mathematical knowledge for teaching. In B. Davis & E. Simmt (Eds.), *Proceedings of the 2002 Annual Meeting of the Canadian Mathematics Education Study Group*, (pp. 3–14). Edmonton, AB: CMESG/ GCEDM.

Bandura, A. (1997). *Self-Efficacy. The exercise of control*. New York: Freeman.

Baumert, J. & Kunter, M. (2006). Stichwort. Professionelle Kompetenz von Lehrkräften. *Zeitschrift für Erziehungswissenschaft, 9* (4), 469–520.

Baumert, J., Bos, W., Klieme, E., Lehmann, R., Lehrke, M., Hosenfeld, I. et al. (Hrsg.) (1999). *Testaufgaben zu TIMSS/III* (Materialien aus der Bildungsforschung, Bd. 62). Berlin: Max-Planck-Institut für Bildungsforschung.

Blömeke, S., Kaiser, G. & Lehmann, R. (Hrsg.) (2008). *Professionelle Kompetenz angehender Lehrerinnen und Lehrer. Wissen, Überzeugungen und Lerngelegenheiten deutscher Mathematikstudierender und -referendare. Erste Ergebnisse zur Wirksamkeit der Lehrerausbildung*. Münster: Waxmann.

Blömeke, S., Kaiser, G., Lehmann, R., König, J., Döhrmann, M., Buchholtz, C. et al. (2010). TEDS-M. Messung von Lehrerkompetenzen im internationalen Vergleich. In O. Zlatikin-Troitschanskaia, K. Beck, D. Sembill, R. Nickolaus & R. Mulder (Hrsg.), *Lehrprofessionalität. Bedingungen, Genese, Wirkungen und ihre Messung* (S. 181–210). Weinheim, Basel: Beltz.

Blömeke, S. & König, J. (2010). Messung des pädagogischen Wissens: Theoretischer Rahmen und Teststruktur. In S. Blömeke, G. Kaiser & R. Lehmann (Hrsg.), *TEDS-M 2008 – Professionelle Kompetenz und Lerngelegenheiten angehender Mathematiklehrkräfte im internationalen Vergleich* (S. 239–269). Münster: Waxmann.

Borowski, A., Neuhaus, B. J., Tepner, O., Wirth, J., Fischer, H. E., Leutner, D., Sandmann, A. & Sumfleth, E. (2010). ProwiN: Das Professionswissen von Lehrkräften in den Naturwissenschaften. *Zeitschrift für Didaktik der Naturwissenschaften*.

Bremerich-Vos, A., Dämmer, J., Willenberg, H., Schwippert, K. (2011). Professionelles Wissen von Studierenden des Lehramts Deutsch. In: S. Blömeke, A. Bremerich-Vos, H. Haudeck, G. Kaiser, G. Nold, K. Schwippert, H. Willenberg (Hrsg.), *Kompetenzen von Lehramtsstudierenden in gering strukturierten Domänen* (S. 47–76). Münster: Waxmann.

Bromme, R. (1997). Kompetenzen, Funktionen und unterrichtliches Handeln des Lehrers. In F. E. Weinert (Hrsg.), *Psychologie des Unterrichts und der Schule* (Enzyklopädie der Psychologie, Bd. 3, S. 177–212). Göttingen: Hogrefe. Verlag für Psychologie.

Brunner, M., Kunter, M., Krauss, S., Klusmann, U., Baumert, J., Blum, W. et al. (2006). Die professionelle Kompetenz von Mathematiklehrkräften. Konzeptualisierung, Erfassung und Bedeutung für den Unterricht. In M. Prenzel & L. Allolio-Näcke (Hrsg.), *Untersuchungen zur Bildungsqualität von Schule. Abschlussbericht des DFG-Schwerpunktprogramms* (S. 54–82). Münster: Waxmann.

Chan, K.-W; Elliot, R. G. (2004). Relational analysis of personal epistemology and conceptions about teaching and learning. In: *Teaching and Teacher Education* 20, 817–831.

Dickhäuser, O. (2003). Überprüfung des erweiterten Modells des internal/external frame of reference. *Zeitschrift für Entwicklungspsychologie und Pädagogische Psychologie, 35*, 200–207.

Döhrmann, M., Kaiser, G. & Blömeke, S. (2010). Messung des mathematischen und mathematikdidaktischen Wissens: Theoretischer Rahmen und Teststruktur. In S. Blömeke,

G. Kaiser & R. Lehmann (Hrsg.), *TEDS-M 2008 – Professionelle Kompetenz und Lerngelegenheiten angehender Primarstufenlehrkräfte im internationalen Vergleich* (S. 169–194). Münster: Waxmann.

Duell, O.K. & Schommer-Aikins M. (2001). Measures of peoples belief about knowledge and teaching. *Educational Psychology Review*, 13 (4), 419–449.

Gerrig, R. J. & Zimbardo, P. G. (2008). *Psychologie* (18. Aufl.). München [u.a.]: Pearson Studium.

Grigutsch, S. (1996). *Mathematische Weltbilder von Schülern. Struktur, Entwicklung, Einflussfaktoren.* Duisburg: Fachbereich 11/Mathematik der Gerhard-Mercator-Universität, Gesamthochschule Duisburg.

Hartinger, A., Kleickmann, T. & Hawelka, B. (2006). Der Einfluss von Lehrervorstellungen zum Lernen und Lehren auf die Gestaltung des Unterrichts und motivationale Schülervariablen. In: *Zeitschrift für Erziehungswissenschaft* 9, 110–126.

Hofer, B. K. & Pintrich, P. R. (1997). The development of epistemological theories. Beliefs about knowledge and knowing and their relation to learning. *Review of Educational Research, 67,* 88–140. Verfügbar unter http://rer.sagepub.com/cgi/reprint/67/1/88.

Jerusalem, M. & Satow, L. (1999). Schulbezogene Selbstwirksamkeitserwartung. In R. Schwarzer & M. Jerusalem (Hrsg.), *Skalen zur Erfassung von Lehrer- und Dokumentation der psychometrischen Verfahren im Rahmen der Wissenschaftlichen Begleitung des Modellversuchs Selbstwirksame Schulen* (S. 15–16). Berlin.

Köller, O., Baumert, J. & Neubrand, J. (2000). Epistomologische Überzeugungen und Fachverständnis im Mathematik- und Physikunterricht. In J. Baumert, W. Bos & R. Lehmann (Hrsg.), *Dritte internationale Mathematik- und Naturwissenschaftsstudie – Mathematische und naturwissenschaftliche Bildung am Ende der Schullaufbahn* (Bd. 2, S. 229–269). Opladen: Leske + Budrich.

König, J., Blömeke, S. & Doll, J. (2011). Pädagogisches Wissen von Deutsch-, Englisch- und Mathematiklehramtsstudierenden. In S. Blömeke, A. Bremerich-Vos, H. Haudeck, G. Kaiser, R. Lehmann, G. Nold et al. (Hrsg.), *Kompetenzen von Lehramtsstudierenden in gering strukturierten Domänen. Erste Ergebnisse aus TEDS-LT* (S. 135–157). Münster: Waxmann.

Krauss, S., Kunter, M., Brunner, M., Baumert, J., Blum, W., Neubrand, M. et al. (2004). COACTIV. Professionswissen von Lehrkräften, kognitiv aktivierender Mathematikunterricht und die Entwicklung von mathematischer Kompetenz. In J. Doll & M. Prenzel (Hrsg.), *Bildungsqualität von Schule. Lehrerprofessionalisierung, Unterrichtsentwicklung und Schülerförderung als Strategien der Qualitätsverbesserung.* Münster: Waxmann.

Lipowsky, F. (2006). Lehrerkompetenz und Schülerleistung. *dipf informiert. Journal des Deutschen Instituts für Internationale Pädagogische Forschung, 10,* 7–11.

Möller, J. & Köller, O. (2004). Die Genese akademischer Selbstkonzepte: Effekte dimensionaler und sozialer Vergleiche. Psychologische Rundschau, 55, 19–27.

Möller, J. & Trautwein, U. (2009). Selbstkonzept. In *Pädagogische Psychologie* (S. 179–204). Zugriff am 08.01.2013.

Mönig, S. (in Vorb.). Wissenschaftliche Reflexionsfähigkeit von Lehrenden und Lehramtsstudierenden – theoretische Kompetenzmodellierung und empirische Überprüfung.

Moschner, B, Gruber, H. & EPI (2005). Epistemologische Überzeugungen (Forschungsbericht Nr. 18). Regensburg: Universität Regensburg, Lehrstuhl für Lehr-Lern-Forschung. Zugriff am 08.01.2013. Verfügbar unter http://www.uni-regensburg.de/psychologie-paedagogik-sport/paedagogik-3/medien/forschungsberichte/fb18.pdf.

Pajares, M. F. (1992). Teachers' beliefs and educational research: cleaning up a messy construct. *Review of Educational Research, 62* (3), 307–332.

Pauli, C., Reusser, K., Grob, U. & Waldis, M. (2005): *Teaching for Understanding and/ or Self-directed Learning?* A Videobased Analysis of Reform-oriented Approaches of

Mathematics Instruction at Lower Secondary Level in Switzerland. Paper Presented at the Annual Meeting of the American Research Association. Montreal.

Rakoczy, K., Buff, A. & Lipowsky, F. (2005). Teil 1: Befragungsinstrumente. In E. e. a. Klieme (Hrsg.), *Dokumentation der Erhebungs- und Auswertungsinstrumente zur schweizerisch-deutschen Videostudie „Unterrichtsqualität, Lernverhalten und mathematisches Verständnis"* (S. 297). Frankfurt a.M.: GFPF.

Schwanzer, A., Trautwein, U., Lüdtke, O. & Sydow, H. (2005). Entwicklung eines Instruments zur Erfassung des Selbstkonzepts junger Erwachsener. *Diagnostica, 51*, 181–193.

Schwarzer, R. & Jerusalem, M. (Hrsg.) (1999). *Skalen zur Erfassung von Lehrer- und Dokumentation der psychometrischen Verfahren im Rahmen der Wissenschaftlichen Begleitung des Modellversuchs Selbstwirksame Schulen.* Berlin

Schwarzer, R. & Schmitz, G. S. (1999). Kollektive Selbstwirksamkeitserwartung von Lehrern. Eine Längsschnittstudie in zehn Bundesländern. *Zeitschrift für Sozialpsychologie, 30* (4), 262–274.

Shavelson, R. J., Hubner, J. J. & Stanton, G. C. (1976). Self-concept: Validation of Construct Interpretations. *Review of Educational Research, 46* (3), 407–441.

Shulman, L. S. (1986). Those Who Understand. Knowldge Growth in Teaching. *Educational Researcher, 15* (2), 4–14.

Staub, F. C. & Stern, E. (2002). The Nature of Teachers' Pedagogical Content Beliefs Matters for Students' Achievement Gains. Quasi-Experimental Evidence From Elementary Mathematics. *Journal of Educational Psychology, 94* (2), 344–355.

Stipek, D., Givvin K., Salmon, J. & MacGyvers, V. (2001). Teachers' beliefs and practices related to mathematics instruction. In: *Teaching and Teacher Education* 17 (2), 213–226.

Tschannen-Moran, M. & Woolfolk Hoy, A. (2001). Teacher efficacy. capturing an elusive construct. *Teaching and Teacher Education, 17*, 783–805.

Weinert, F. E. (2001). Concept of Competence. A Conceptual Clarification. In D. S. Rychen (Hrsg.), *Defining and selecting key competencies* (S. 45–65). Seattle: Hogrefe & Huber.